甘肃省文化资源名录

（第二十七卷）

文学艺术 II

艺术

总 主 编：陈　青　王福生
副总主编：马廷旭
总 校 对：刘玉顺
本卷主编：梁仲靖

中国书籍出版社

图书在版编目(CIP)数据

甘肃省文化资源名录. 第二十七卷 / 陈青, 王福生总主编; 甘肃省社会科学院编. — 北京: 中国书籍出版社, 2017.9
ISBN 978-7-5068-6485-5

Ⅰ.①甘… Ⅱ.①陈… ②王… ③甘… Ⅲ.①文化遗产—甘肃—名录 Ⅳ.①K294.2-62

中国版本图书馆CIP数据核字(2017)第228878号

甘肃省文化资源名录　第二十七卷
陈　青　王福生　总主编
甘肃省社会科学院　编

责任编辑	牛　超
责任印制	孙马飞　马　芝
封面设计	楠竹文化
出版发行	中国书籍出版社
地　　址	北京市丰台区三路居路97号（邮编：100073）
电　　话	（010）52257143（总编室）　　（010）52257140（发行部）
电子邮箱	eo@chinabp.com.cn
经　　销	全国新华书店
印　　刷	三河市顺兴印务有限公司
开　　本	787毫米×1092毫米　1/16
字　　数	596千字
印　　张	26.75
版　　次	2017年10月第1版　2017年10月第1次印刷
书　　号	ISBN 978-7-5068-6485-5
定　　价	240.00元

版权所有　翻印必究

甘肃省文化资源普查和分类分级评估工作领导小组

组　长　　连　辑

副组长　　张广智

成　员　　俞建宁　张建昌　范　鹏　武来银　伏晓春　赵海林
　　　　　　王智平　周继尧　史志明　李宗锋　阿　布　李　堋
　　　　　　曹玉龙　陈　汉　梁文钊　陈德兴　妥建福　樊　辉
　　　　　　肖立群　王兰玲　肖学智　宋金圣　拜真忠　卢旺存
　　　　　　石生泰　柳　民　吴国生　火玉龙　车安宁　马少青
　　　　　　王福生　张智若

甘肃省文化资源普查和分类分级评估工作领导小组办公室及下设机构

主　　任　范　鹏

常务副主任　王福生

副 主 任　李　堋　王兰玲　柳　民

执行副主任　侯拓野　马廷旭　陈月芳　廖士俊

成　　员　杨文福　丁　禄　田锡如　李含荣　路晓峰　刘效明
　　　　　　张建胜　徐麟辉　马志强　张春锋　梁朝阳　方剑平
　　　　　　黄国明　王银军　刘志忠　李拾良　王登渤　赵艳超
　　　　　　席浩林　王　钢　刘　晋　李军林　王景辉　邵　斌
　　　　　　杨彦斌　李素芬　李才仁加　王　旭　王治纲

综合协调组

　　组　长　王灵凤

　　成　员　庞　巍　马争朝　吴绍珍　巨　虹　王彦翔　唐莉萍
　　　　　　段翠清

普查业务组

　　组　长　谢增虎

　　成　员　马东平　侯宗辉　马亚萍　戚晓萍　魏学宏　李　骅
　　　　　　买小英　梁仲靖　王　屹　海　敬

技术保障组

　　组　长　刘玉顺

　　成　员　胡圣方　王　荟　谢宏斌　张博文　宋晓琴

专家联络组

　　组　长　郝树声　马步升

　　成　员　金　蓉　赵　敏

甘肃省文化资源名录
编纂委员会

主　　任　陈　青　郝　远

副 主 任　范　鹏　彭鸿嘉　俞建宁　王福生

委　　员　朱智文　安文华　刘进军　马廷旭
　　　　　　王俊莲　王　琦　陈双梅

总 主 编　陈　青　王福生

副总主编　马廷旭

总 校 对　刘玉顺

成　　员　谢增虎　马东平　侯宗辉　马亚萍　戚晓萍
　　　　　　魏学宏　谢　羽　金　蓉　买小英　巨　虹
　　　　　　吴绍珍　胡圣方　李　骅　鲁雪峰　梁仲靖
　　　　　　王　荟　王　屹　海　敬　段翠清　李志鹏
　　　　　　尹小娟　姜　江

前 言

丝绸之路三千里，华夏文明八千年。甘肃是华夏文明的重要发祥地之一，是中华民族重要的文化资源宝库，是国务院认定的"华夏文明传承创新区"。为了保护和传承甘肃恢宏的历史与当代文化资源，使之能够汇总展示给世界，并永久流传，甘肃省从2013年4月启动了全省文化资源普查工作。在甘肃省文化资源普查和分类分级评估工作领导小组组织下，动员全省各市（州）县（区）、31个厅局及省直单位的专业人员，数十位专家学者，历时两年，完成了普查和数据录入工作。对于全省文化资源普查成果，甘肃省社会科学院又经过两年时间整理完善、分类编辑、拾遗补阙、校对编排，现在终于有了《甘肃省文化资源名录》的付梓出版。

《甘肃省文化资源名录》集中展现了甘肃历史悠久、丰富多样的文化资源。甘肃历史文化遗存位列全国前茅，民族民俗文化特色鲜明，现代文化颇具实力。伏羲文化、大地湾文化、马家窑文化、齐家文化、寺洼文化、彩陶文化、周秦早期文化、长城文化、汉简文化、三国文化、五凉文化、敦煌文化、石窟文化、黄河文化等历史文化资源积淀深厚；道教文化、西夏文化、伊斯兰文化、藏传佛教文化等民族宗教文化资源星罗棋布；大革命文化、根据地文化、长征文化、抗日文化、解放区文化等红色文化资源耀眼夺目；工业文化、科技文化、歌舞文化、大众文化等现代文化资源特色鲜明。可以说，文化资源是历代生活在甘肃的华夏儿女留给这块大地的永不磨灭的最辉煌印记。

就甘肃省文化资源的精华而言，截至2017年初，全省馆藏可移动文物为195.84万件，各类不可移动文物16895处。有世界文化遗产7处，全国重点文物保护单位131处，省级文物保护单位556处，国家级非物质文化遗产代表性项目68项。有国家级历史文化名城4座，国家级历史文化名镇7座，中国历史文化名村2座，中国传统村落36个。莫高窟、嘉峪关、伏羲庙、麦积山、炳灵寺、阳关、玉门关、锁阳城、崆峒山、拉卜楞寺、中山桥……，都是甘肃文化的历史见证；敦煌汉简、悬泉汉简、铜奔马、牛肉面、剪纸、花儿、皮影、羊皮筏子、黄河水车……，都是甘肃永恒的文化名片；腊子口、哈达铺、会师楼、南梁……，都是甘肃代表性红色文化遗产；酒泉卫星发射中心、刘家峡水电站、玉门油田、《读者》《丝路花雨》《大梦敦煌》……，都是甘肃之所以为甘肃的鲜明标志；祁连山、雪山冰川、河西走廊、大漠戈壁、高原草原、天池梅园……，都是如意甘肃的生动写照。众多的历史、自然和现代文化资源犹如满天繁星，镶嵌在广袤的甘肃大地上熠熠生辉。

《甘肃省文化资源名录》汇总甘肃省文化资源的精华，完成了打造华夏文明传承创新区的基础工作。《名录》将文化资源分为二十大类，分别是：文物；红色文化；重要历史事件与人物；重要历史文献；民族语言文字；非物质文化遗产；自然景观文化；宗教文化；文学艺术；饮食文化；建筑文化；节庆、赛事文化；文化之乡；地名文化；文化传媒；社科研究；文化类高等教育；文化艺术机构团体；文化产业；文化人才。每类文化资源按属性又分若干子分类，每个子分类都有严格的界定。同时，将文化资源级别分为省级和市州级。省级文化资源是指国务院、国家有关部委、甘肃省政府和省直部门已经明确命名、认定、管理（或委托管理）的国家级和省级文化资源，以及甘肃省文化资源普查办公室评估认定并核定公布、报送备案的文化资源。市州级文化资源是指甘肃省各市州、县级政府及其管理部门已经明确命名、认定、管理的市县文化资源，以及甘肃省文化资源普查办公室评估认定并核定公布、报送备案的市县文化资源。甘肃省内世界级文化资源（遗产）纳入省级文化资源管理范围，暂未认定级别和不需认定级别的文化资源统一纳入市州级文化资源范围。

推出《甘肃省文化资源名录》，对于推进华夏文明传承创新区建设、甘肃文化大省建设、丝绸之路黄金段建设意义深远。《名录》不仅仅记录了甘肃文化资源的种类和数量，也使甘肃文化资源的资源类别、品相级别、蕴藏情况、流布地域、传承范围和衍变情况得以准确和清晰化。通过编辑出版《甘肃省文化资源名录》，形成一个科学完整的文化资源数据库、文化资源研究的学术平台、文化资源传承保护和开发利用的指南，有助于更好地挖掘那些具有世界影响、国家价值、显著特点、唯一仅存、开发潜力巨大的代表性文化资源，为文化资源的有效保护提供科学依据，为重点文化资源找到开发的机遇并重塑生长的价值，为文化产业项目的开发利用提供可靠的参考。所以，《名录》的推出，是甘肃省文化资源普查成果面向世界迈出的第一步，是文化实力助推甘肃转型发展的坚实步伐，它为甘肃省今后对文化资源进行保护传承、专题研究、数字展示、市场开发奠定了基础。

甘肃省社会科学院

2017 年 7 月

目 录

| 前　言 | 001 |

艺　术	001
（一）书法	002
（二）篆刻	154
（三）美术	161
（四）雕塑	280
（五）摄影	291
（六）电视剧、电影、广播剧	385
（七）其他	397

| 后　记 | 412 |

甘肃省文化资源名录
第二十七卷 文学艺术 Ⅱ

艺术

（一）书法
（二）篆刻
（三）美术
（四）雕塑
（五）摄影
（六）电视剧、电影、广播剧
（七）其他

（一）书法

0001 《赵正书法》

作品类别：书法类

作　　者：赵正

获奖及影响：作品曾多次入选中国书法艺术展览在日本、新加坡、芬兰及我国台湾、香港等国家和地区展出，在日本、新加坡、我国台湾等地举办了个人书法展，并入选过全国历届书法展览及全国第一、二、三届中青年书法展览。除此，还收入《中国书法百家集》、《中日书法百家集》、《中日代表书法家作品集》、《中日书道艺术作品集》等多种大型出版物。不少作品被国内外博物馆、美术馆、毛主席纪念堂、中南海收藏。

简　　介：赵正（1937年—2006年）别名黎泉，甘肃山丹人。擅书法，风格取意汉简。毕业于西北师范学院，长期在甘肃省博物馆工作，曾任陈列展览部主任、副馆长，1990年调入甘肃画院。历任甘肃画院院长，中国书法家协会第一、二、三、四理事，中国书法家协会学术委员会委员，甘肃省文史研究馆馆员，甘肃书协名誉主席，中国书协培训中心教授等职。先后出版了《汉简书法艺术》、《简牍书法》、《汉简书法论集》、《王了望书法研究》、《砚耕集》等著作，在国内外书法专业刊物上发表"西北汉简书艺略论"、"汉简书法的美学特征"、"历史的启示—浅谈汉简书法对当前书法创作的影响"、"传统书法艺术文化深化的再认识"等几十篇论文，并多次参加全国书学研讨会。

0002 《尹建鼎书法》

作品类别：书法类

作　　者：尹建鼎

获奖及影响：甘肃文化出版社于1995年6月出版发行了他的个人书法专集《尹建鼎墨迹》。

简　　介：尹建鼎（1922年—1997年），字半坡，别号半坡书房主人，甘肃省德高望重的老一辈书法家之一。生前曾担任中国书法家协会名誉理事,甘肃省书法家协会名誉主席,兰州市书法家协会第一任主席、名誉主席,兰州市老年人书画协会会长,兰州市青年书法家协会名誉主席等职。他在书法艺术上有着极高的造诣,在国内外享有很高的声誉。

0003 《应中逸书法》

作品类别:书法类

作　者:应中逸

简　介:应中逸,甘肃省著名书画家,历任甘肃省书法家协会名誉主席、甘肃省海外联谊会名誉会长等30多个社会职务。曾赴新加坡参加全球汉诗研讨会,并选为汉诗总会理事,其诗词在狮城、纽约等报刊发表,1997年4月参加全国政协外委会代表团访问日本,他作了30余书画篆刻、砚刻作为礼品,赠送日本国首领及各界政要。1997年10月,由上海文史集邮研究会策划,上海市邮电管理局监制,为"应中逸先生百梅诗书画印艺术"纪念封在上海全国八运会期间发行,被列入1997年《中国当代文化名人》系列第四组。

0004 《张邦彦书法》

作品类别:书法类

作　者:张邦彦

获奖及影响:随着先生在破识古简牍文本上日益显赫的声誉,加之甘肃外事活动频繁,他独成一体且深具文化含量的简牍书,成为甘肃与友好邻国交往中的高贵礼品,在国际交往中产生了一定影响。

简　介:张邦彦(1914年—1988年),字粲卿、石帆,甘肃天水人。张邦彦生于天水北城门张氏家族。张氏家族是古秦州向以琴书传家的名门大家,家族学人功名层出,书艺代有传人。据今流传作品可览的,自清代同治年至今五世相继,享誉百年。以先祖遗风及家庭熏染,特别是其祖父鸣珂翁的启蒙与教导,加之张邦彦的智敏勤奋,奠定了他博学广识且深厚的书法基础。

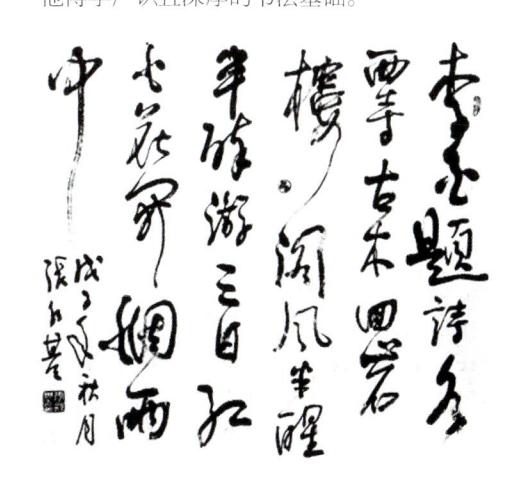

0005 《魏振皆书法》

作品类别:书法类

作　者:魏振皆

获奖及影响:毕生从事书法艺术的研究与实

践、篆、隶、楷、行，无一不佳，功底扎实，结构严谨，笔法精到，并能神思独运，将楷、隶、行书体熔于一炉，创新出别具一格的"魏体"，是世所公认的华夏书坛巨擘。

简　　介：魏振皆（1889年—1974年），字继祖，字振皆，别号睫巢、洞叟岩、冷岩等，甘肃皋兰县石洞乡人。建国后，以"具有相当学识"、"夙有声望的文人耆宿"被省政府聘为甘肃文史研究馆馆员。魏毕生从事书法艺术的研究与实践，为国内外有名的书法家。1983年，甘肃人民出版社在民间四处搜罗他幸存的墨迹，终成百余幅而结集出版了《魏振皆书法艺术》一书，受到当代名家盛赞，也使追随他的大批后学者感到非常欣慰。

0006 《徐祖蕃书法》

作品类别：书法类

作　　者：徐祖蕃

获奖及影响：其榜书大字雄健肆放中不失清润秀逸，结体端庄又富于韵致。其于1989年为嘉峪关城楼所书"天下第一雄关"巨匾录入《中华名匾》。

简　　介：徐祖蕃，字椒升，号务本，山西省五台县人。现为甘肃省博物馆研究员，甘肃省文物鉴定委员，享有国务院特殊津贴及甘肃省优秀专家待遇。1965年春其汉简书法作品入选中国现代书道展览在日本东京等四城市展出，受到了书法界权威人士的高度赞许。徐祖蕃先生学养深厚，重视从文化渊源和文字的演变中领会书法的精神意蕴，在把握各种书体的结构和笔意上心领神会，并终能领悟精髓而形成独家面貌。八、九十年代，多次为敦煌莫高窟书纪念碑、幢。1995年后，为兰州五泉山等寺院书匾、联达百件以上。1996年后，兼任兰州石佛沟森林公园文化建设的总设计，书匾联10余件和《石佛沟丛帖》两卷。

0007 《范振绪书法》

作品类别：书法类

作　　者：范振绪

获奖及影响：其部分作品副本多在在甘肃省博物馆、兰州碑林收录保存。

简　　介：范振绪（1872年—1960年），字禹勤，号南皋，晚年号东雪老人、太和山民，祖籍甘肃省靖远县。1957年由其主笔，郝进贤、吴绍镛、马文江、郭维屏、米瑛等甘肃名家联合绘画的《红军长征图卷——甘肃段》长达36尺，送北京"八·一"节展出，副本在甘肃省博物馆保存。著有《东雪草堂笔记》、《东雪草堂诗联存稿》、《夜窗漫录》、《学画随笔》、《东雪杂文》、《兰州事变纪略》、《燕子笺秦剧本》、《桃花扇秦剧本》、《济源县志》、《靖远县新志稿》等。夫人杜郁文曾向靖远县人民政府捐赠《东雪杂稿》和《王菏泽遗稿手钞本》，由县政府办公室收藏，张慎微编辑《范振绪先生诗文遗稿》油印问世，靖远县政协搜集整理的《范振绪先生书画选集》1992年出版，书法作品被兰州碑林收录。其生平事迹编入《中国画家大辞典》、《中国美术家名人辞典》等典籍。

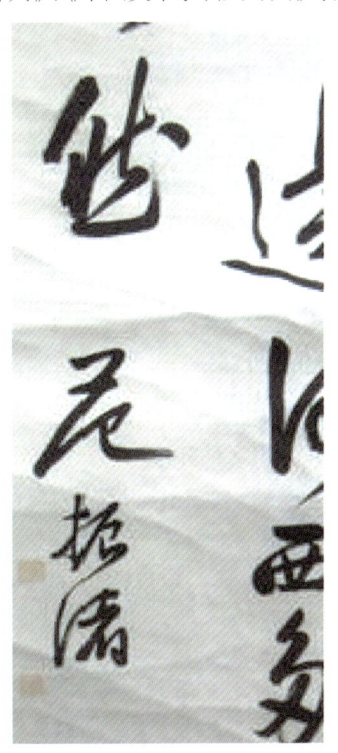

0008 《连辑书法》

作品类别：书法类

作　　者：连辑

简　　介：连辑，汉族，山西沁源人，辽宁大学文学学士，清华大学高级工商管理硕士，俄罗斯布里亚特国立大学名誉博士、研究员。现任中共甘肃省委常委、宣传部部长。中国书法家协会会员、内蒙古书法家协会名誉主席、中国书画家协会副主席、中华民族文化促进会市长书画艺术中心名誉主任、中国书画月刊杂志社名誉社长、中国民族书画杂志社顾问。中国扇子艺术学会名誉主席、中国国际景点书画院总顾问，内蒙古中国书画院顾问，内蒙古诗词协会顾问等，著有《连辑书法作品选》等。

0009 《张改琴书法》

作品类别：书法类

作　　者：张改琴

获奖及影响：2006年被省委、省政府授予甘肃省优秀专家称号，获甘肃省"敦煌文艺奖"；2009年获省委、省政府颁发的"突出贡献奖"，2010年获"全国三八红旗手"称号。曾在中国美术馆，以及西安、兰州、广州等地举办个人书画展，作品被中国美术馆、毛主席纪念堂等单位收藏。《美术》、《中国书法》、《书法》、《人民日报》、《光明日报》、《人民政协报》、中央电视台美术星空，中央电视台新闻综合频道，甘肃电视台等媒体曾作专题介绍。

简　　介：张改琴，女，甘肃省庆阳县人，中共党员，现任全国政协委员、政协甘肃省委员会常委、政协甘肃省委员会科教文体卫委员会副主任，中国书法家协会副主席，中国书协隶书委员会主任，中国书协妇女工作委员会主任，甘肃省书法家协会名誉主席，中国美术家协会会员，甘肃省文史馆馆员。张改琴在浮躁的时代坚持了内在心灵的宁静，在商品消费主义甚嚣尘上之时坚持了艺术的超越性。她厚重的绘画，在笔墨情调中展示出具有浓郁生活气息的黄土高原的神奇、苍茫和生命张力；她的书法，在雄强的形态中包孕着传统经典内在的理性审视和历史吐纳。我注意到，张改琴在书法作品创作中，一方面坚持文人书法的性情书写性和温婉内在性，另一方面，又在其擅长的行草作品中加进北碑的凝重和大气。她在中堂、横幅、斗方、册页、楹联、尺牍书写中，找到了自己鲜活的生命体验和淡远气息。

0010 《马少青书法》

作品类别：书法类

作　　者：马少青

简　　介：马少青，保安族，甘肃积石山人，研究生学历，中共党员，任甘肃省文联党组书记、副主席，甘肃省书法家协会主席，中国作家协会会员，中国书法家协会会员，甘肃省少数民族作家协会会长，西北民族大学民俗文化研究中心兼职教授，第六届全国人民代表大会代表，全国青联第五、六届常委，共青团第十二届中央委员，甘肃省政协第五届、第十届委员，甘肃省七届人大常委，中共十一届甘肃省委委员。马少青的作品，具有生活气息，反映其文人情怀，他写的行草日记，内容质朴，情真意切，笔墨流畅，运笔圆润，简洁明快，空间俊朗，收放自如，大小一任自然，充满传统文人书法的儒雅气息。他的行楷作品和楷书作品，线条坚挺刚健，笔笔清晰，不拖泥带水，阳刚之气十足。他的一些草书、行草书作品在恪守传统文人书法的儒雅和自在气息的同时，笔墨更开张，线条更直接，浓墨淡墨交替进行，湿笔枯笔节奏有序，表达出作者志气高远的真性情，显露出一派蓬勃英气和慷慨大气，作品的精神气度从笔墨中汩汩流淌。

0011 《张永基书法》

作品类别：书法类

作　　者：张永基

获奖及影响：多篇学术论文在《书法导报》、《解放军画报》、《中国艺术报》等报刊上发表，其长文《甘肃书法现状及发展的思考》在《书法导报》发表后被多家报刊转载，并于2010年获第七届中国文联文艺评论奖二等奖。2001年《张永基书法作品集》由甘肃人民美术出版社出版发行，2011年《张永基书画作品集》、《甘肃书法史》由大众文艺出版社出版发行，2011年，入选中国书法家协会会员百人精品展。

简　　介：张永基，甘肃兰州市人。现任甘肃省文联党组成员、副主席，甘肃省书法家协会副主席，兰州大学书法研究所研究员，中国书协国际交流工作委员会委员，《甘肃文艺》主编，中国书法家协会会员，中国美术家协会会员，中国摄影家协会会员。书画作品在省级、国家级展览中多次入选、获奖。张永基的书法从帖入手，浓墨铺陈又不乏灵动。他在继承传统的基础上开拓创新，采各家之长，形成了自己独特的书法风格，写出了一种文化心态，也体现出作者的美学思考和艺术追求。张永基的画作清新淡雅，构图讲究，画面精致，展现了当代人的审美情趣。诗、书、画的完美结合使得张永基的书画作品体现出书画艺术的当代人文价值。《甘肃书法史》一书搜集整理了大量珍贵资料，对甘肃书法历史进行了一次全方位梳理，展示甘肃书法的特色，并突出了汉简和写经在甘肃书法史上的重要地位，为人们了解和研究甘肃书法提供了重要史料。

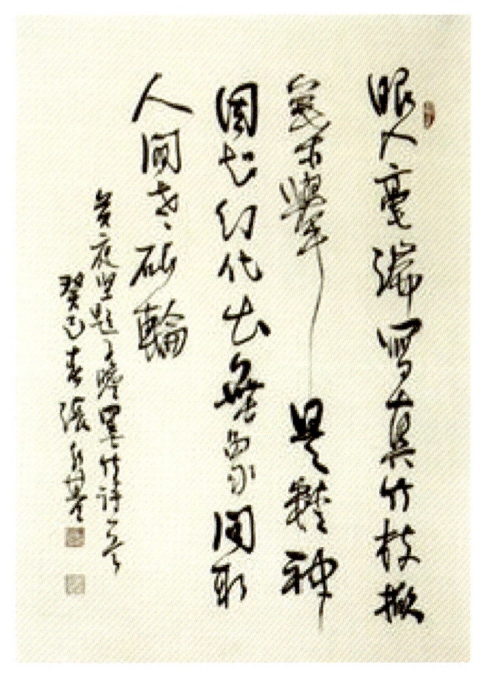

0012 《翟万益书法》

作品类别：书法类

作　　者：翟万益

获奖及影响：1997年获甘肃省政府"敦煌文艺奖"三等奖，2000年获甘肃省政府"敦煌文艺奖"一等奖，获中国书协"德艺双馨会员"称号、中国文联"德艺双馨文艺家"称号，论文获全国第四届书学讨论会三等奖、全国隶书学术研讨会一等奖，书法作品曾参加全国第五、六、七届书法篆刻展，第九、十、十一、十二、十三届中日自咏诗书展等展出，作品被多家博物馆收藏并收入多种专集。

简　　介：翟万益（1955年—），生于甘肃平凉，祖籍陕西三原。国家一级美术师。毕业于中央广播电视大学，进修于北京大学考古系。现为甘肃省文联副主席，甘肃省书法家协会专职副主席，中国书法家协会理事，中国书协评审委员会委员，中国书协培训中心教授。出版有《砖刻拾缀》、《翟万益篆刻集》、《翟万益书法集》、《万益集契集》，书论、书评及诗文等散见于各种专业报刊，中央电视台等新闻媒体曾专题报导。

0013 《何裕书法创作》

作品类别：书法类

作　　者：何裕书

获奖及影响：书法作品曾参加全国第一、二、三届书展，中日书法联展，中新书法联展，国际书法联展，作品被收入《中国新文艺大函(书法卷)》。

简　　介：何裕，甘肃临洮人。字聚川，晚号竹节馆主。现为兰州医学院教授，甘肃省政协六届委员，甘肃诗词学会理事，甘肃省老年大学书法教授，兰州市老年大学书法系系主任，中国老年书画研究会甘肃分会顾问，中国书法家协会第一、二届理事，甘肃省书法家协会名誉主席，甘肃省美术家协会理事。自幼受家庭薰陶喜爱书法，1948年秋毕业于北京师范大学国文系，在校长期间得黎锦熙、王汝弼等人奖掖，得观汉魏诸碑拓及古今名人墨迹，又从刘盼遂、陆宗达受文学、声韵，训诂之学。1948年任教兰州大学中文系，请益于牟月秋、魏振皆，广涉甲骨、金文、汉简、敦煌写经。擅诸体，喜作榜书，精于用笔，所作古拙朴茂，汉魏相参，浑然一体。文、史、哲、美、医诸学科兼习，知识面较广，书法功力深厚，实则文学素养与道德素养较高，有字外功夫，故有书卷之气而无粗俗之病。作品为博物馆、纪念馆、名胜地收藏或被刻碑，收入多种书法作品专集。

0014 《王创业书法创作》

作品类别：书法类

作　　者：王创业

获奖及影响：书法作品参加过首届全国中青年书法家作品展，第二届全国书展，国际书展，中外书法家作品展等，书作曾被国内外60多种选集刊载，如《当代中国书法作品集》、《中国佛教墨迹选》、《中国现代书法选》、《国际书法展览作品精选》等。书作和论文多次获得金奖、特等奖、特别金奖、终身成就奖等多种奖项。多作隶魏、章草。

简　　介：王创业，中国书法家协会理事、甘肃省文联原副主席、省书协筹备组负责人、甘肃省书法家协会顾问、甘肃省诗词学会顾问。被国内誉为继王世镗、王蘧常之后又一位章草大家。倡导、组织省内及省际书法作品展，创办和主编《书法》小型刊物，参与发起《黄河流域十省区书法联展》，为全日本书道联盟中国书法研修会第三次代表团组织了汉简书法讲座。主持了甘肃省书协的成立，作了工作报告。应《中国书法鉴赏大辞典》编委会之邀，为出自甘肃的简牍、帛书、刻石、写经等编写50多个辞条，用甘博笔名撰写了赏析文字，有的刊于《中国书法》。为散文集《古丝路?大陆桥》写了赏介文章《陇上翰墨香》。以《居延、敦煌简牍的文字学与美学价值》为题，在中国简牍学国际学术研讨会上发言（合作），同与会外国学者作了专题座谈和交流。

0015 《林涛书法创作》

作品类别：书法类

作　　者：林涛

获奖及影响：作品曾参展全国第七、八届书法篆刻作品展，全国第八届中青年书法篆刻展，第一届中国书协会员优秀作品展、中日当代书法艺术大展、第八回中韩书法交流展，中国－新加坡书法交流展并应邀访问新加坡，全国产业职工书画艺术大展、中国当代青年书画艺术大展、中国书坛第三届新人新作展等重大展示。

简　　介：林涛，字一山，号涛之，甘肃陇西人，现任中国书法家协会创作委员会委员、甘肃省书法家协会驻会副主席兼教育委员会主任，《甘肃书法》主编。1990年毕业于上海铁道医学院（现同济大学医学院）医学系，医学学士学位。2001年弃医从艺，调省书协工作。

0016 《申晓君书法创作》

作品类别：书法类

作　　者：申晓君

简　　介：申晓君，笔名：秋子，陕西籍人。长期从事出版工作，编审职称。兰州大学客座教授；中国书协会员、中华诗词学会会员、甘肃省书协副主席、甘肃书法院特聘书法家、兰州大学书法研究所研究员、中国硬笔书协学术委员会副主任、中国美术网理事、甘肃省青年书协顾问、省作家协会会员、兰山印社副秘书长，被誉为"当代书坛学者型书法家、书法史论家、诗人"。

0017 《般若波罗密》（简称：心经）

作品类型：书法类

作　　者：万世魁

发表时间：2016-09-06

发表载体：展出

获奖及影响：甘肃省国资委、党建研究会、省美术家协会、省书法家协会所属奖项：省级三等奖。

简　　介：《般若波罗密多心经》（简称：《心经》）是佛教文化之精典，是佛教经文之精髓，它应用了想办法事先观察、事先了解、事先准备，事先做好心理建设的辩证法则，对当代人很有启示，故创作书法作品。

0018 草书《文天祥正气歌》

作品类型：书法类

作　　者：万世魁

发表时间：2010-09-13

发表载体：展出

获奖及影响：全国老龄工作委员会所属奖项，国家级银奖（二等奖）。

简　　介：文天祥正气歌是弘扬正义，树立中华文明的壮丽凯歌，故以此创作书法作品，能激发创作激情，进入最佳创作状态。

0019 《四条屏》

作品类型：书法类

作　　者：张永龙

发表时间：2011-06-18

发表载体：2011全国书画大展赛评委会

获奖及影响：在"兰亭艺术大展"暨2011全国书画大展赛活动中，获金奖。

0020 《八尺篆书对联》

作品类型：书法类

作　　者：林绪有

发表时间：2004-11-06

发表载体：岭南美术出版社

获奖及影响：作品在全国首届小榄杯县镇书法大赛入展。

简　　介：此作为十一言联语，用色宣并以篆书书写，两联上下呼应，气韵贯通。该联释文"宠辱不惊看庭前花开花落，去留无意望天上云卷云舒。"

0021 《古题画诗选抄》

作品类型：书法类

作　　者：杨文斌

发表时间：2014-06-20

发表载体："伏羲杯"书法作品展

获奖及影响：在甘肃省书法家协会举办的"伏羲杯"书法作品展中荣获优秀奖。

0022 《书法作品》

作品类型：书法类

作　　者：伍东民

发表时间：2012-10-01

发表载体："翰墨神韵·诗意甘肃"省作家书画展

获奖及影响："翰墨神韵·诗意甘肃"首届甘肃作家书画展入展。

简　　介：该作品由甘肃省文联、《飞天》编辑部举办的"翰墨神韵·诗意甘肃"首届甘肃作家书画展中入展，同时，作品收入首届甘肃作家《翰墨神韵·诗意甘肃书画展》作品集中。伍东民，男，甘肃玉门人，大学本科学历，毕业于西北师范大学美术系，参加工作后曾在玉门市文化馆、博物馆从事艺术创作和文博管理，现担任玉门市文化体育局副局长、甘肃省美术家协会会员、甘肃省书法家协会会员，甘肃省榜书研究会会员，玉门美术家协会副主席，玉门书法家协会副主席兼秘书长，玉门书画院副院长，甘肃省博物馆协会会员，中国美术学院考级中心甘肃考区辅导教师，酒泉市史志学会会员。长期从事艺术创作和文化理论研究，擅长油画、水粉画和书法。

0023 《精气神》

作品类型：书法类

作　　者：杨麦焕

发表时间：2005-09-26

发表载体："金鼎奖"全国书法美术大展赛

获奖及影响：该作品在"金鼎奖"全国书法美术大展赛中获书法类铜奖（中华人民共和国文化部·中国硬笔书法协会主办）。

简　　介：杨麦焕，男，汉族，甘肃省天水市人，生于1954年10月。任职于兰州铁路局天水车站。中国书画家协会会员、天水市书法家协会会员、麦积区书画家协会会员。自幼酷爱书法艺术，近年专研书法，博采众长，临池不辍，该作品在"金鼎奖"全国书法美术大展赛中获书法类铜奖（中华人民共和国文化部·中国硬笔书法协会主办）。

0024 《古人书论》

作品类型：书法类

作　　者：慕鹏军

发表时间：2013-12-08

发表载体："廉江红橙奖"全国书法作品展

获奖及影响：获"廉江红橙奖"全国书法作品展最高奖——优秀作品奖。

简　　介：慕鹏军，笔名晓林，三曲堂主人，室曰简斋，男，1962年生于甘肃静宁。现为中国书法家协会会员，甘肃省书协行书委员会委员，平凉市书法家协会副主席，作品获奖"廉江红橙奖"全国书法作品展优秀作品奖、全国首届"册页展"获奖提名、首届甘肃"张芝奖"书法大展一等奖、庆祝建国五十周年甘肃省书法展二等奖、甘肃省新世纪书法展二等奖、甘肃省新千年年书法展二等奖、甘肃省"敦煌文艺奖"二等奖、平凉市"崆峒文艺奖"书法一等奖等。作品入展第二届"中国书法兰亭奖"、第八届"全国书法篆刻展"、第十届"全国书法篆刻展"、中书协名家千人千作展、第三届"全国扇面书法展"、第三届"全国楹联书法大展"、第六届"全国楹联书法大展"、首届"全国手卷书法展"等专业展览。

0025 《简古体书法》

作品类型：书法类

作　　者：毛惠民

发表时间：1997-10-20

发表载体："龙脉杯全国书画大赛"

获奖及影响：1997年10月，书法作品荣获由文化部批准举办的"龙脉杯全国书画大赛"银奖，并被中国书画家作品展组委会授予"书画家"称号。

简　　介：毛惠民，号天水怪叟，男，1958年5月生，甘肃省天水市麦积区人，天水市麦积区文化馆文博专业馆员，在麦积区文化馆从事文物工作，长期从事书法的研究及创作，始创简古体书法。

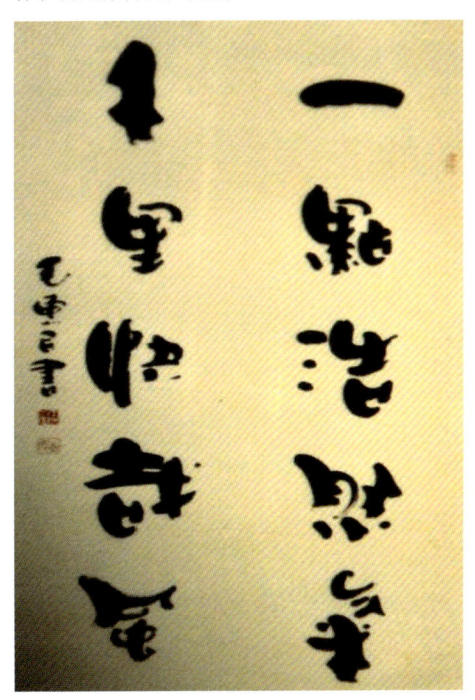

0026 《清平乐·六盘山》

作品类型：书法类

作　　者：杨麦焕

发表时间：2007-05-10

发表载体："毛泽东诗词"全国书画大赛

获奖及影响：该作品在纪念毛泽东同志《在延安文艺座谈会上的讲话》发表65周年"毛泽东诗词"全国书画大赛中获金奖（长沙市文学艺术界联合会、长沙市美术家协会、长沙市书法家协会主办）。

简　　介：杨麦焕，男，汉族，甘肃省天水市人，生于1954年10月，任职于兰州铁路局天水车站。中国书画家协会会员、天水市书法家协会会员、麦积区书画家协会会员，自幼酷爱书法艺术，近年专研书法，博采众长，临池不辍。该作品在纪念毛泽东同志《在延安文艺座谈会上的讲话》发表65周年"毛泽东诗词"全国书画大赛中获金奖（长沙市文学艺术界联合会、长沙市美术家协会、长沙市书法家协会主办）。

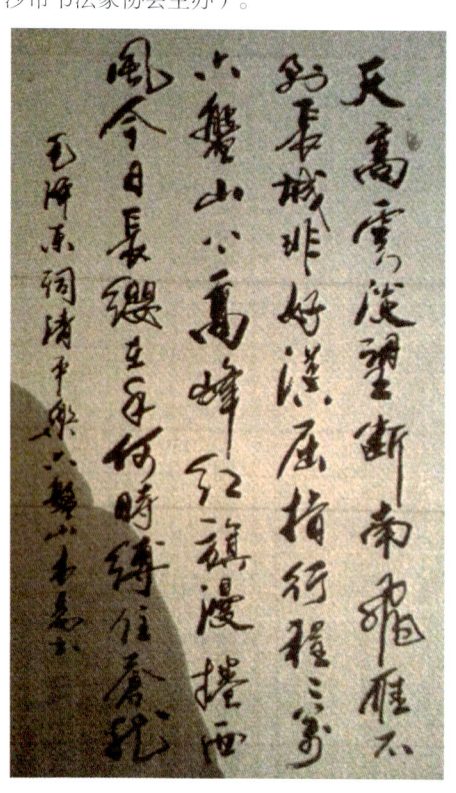

0027 《魏楷条幅》

作品类型：书法类

作　　者：张宝通

发表时间：2011-09-01

发表载体："信德杯"全国书法展

获奖及影响：中国书法家协会和中国个体劳动者协会联合主办的"信德杯"全国书法大赛中入展。

简　　介："信德杯"全国书法大赛，是2011年由中国书法家协会和全国个体劳动者协会联合举办的全国性书法展览，参加人数多，评选严格，是书坛一次重大赛事。

0028 《春风明月》

作品类型：书法类
作　　者：赵凤翔
发表时间：1999-10-01
发表载体："远太杯"《战士与祖国》书画大赛
获奖及影响：该作品在"远太杯"《战士与祖国》军旅业余书画大赛中获优秀奖（总政宣传部文化体育局、解放军电视宣传中心、解放军报文化生活宣传部主办）。
简　　介：赵凤翔，男，1955年10月生，宁夏固原人，字一痴，号八郡闲人、古书轩主，职业军人，副团中校军衔，在部队先后6次荣立个人三等功（其中三等战功两次），8次受到各级嘉奖，13次被上级树为各类标兵，并被兰州军区评为部队文化工作先进个人，被甘肃省委、省政府、省军区授予"双拥工作先进个人称号"。现为中国老年书画研究会会员、中国书画家协会理事、甘肃省书法家协会会员、宁夏六盘山书画院名誉院长、天水市老年书画研究会副会长、天水市书法家协会理事、西部书画艺术研究院院长。该作品在"远太杯"《战士与祖国》军旅业余书画大赛中获优秀奖（总政宣传部文化体育局、解放军电视宣传中心、解放军报文化生活宣传部主办）。

0029 《篆书作品》

作品类型：书法类
作　　者：许庭
发表时间：2010-08-11
发表载体："橘子洲杯"全国书画大赛
获奖及影响：参赛作品在"橘子洲杯"全国书画大赛，荣获金奖。

0030 《古诗摘句》

作品类型：书法类
作　　者：韩颖翔
发表时间：2013-06-18
发表载体："滕王阁杯"第九届"文学艺术大奖赛"
获奖及影响：该作品在"滕王阁杯"中国南昌第九届"文学艺术大奖赛中书法一等奖"（江西省文学艺术界联合会主办）。
简　　介：韩颖翔，男，1971年11月生。字羲墨，号恋墨斋主、华墨山人，本科，现为中国书法研究院艺术委员会会员、天水市书法家协会会员，该作品在"滕王阁杯"中国南昌第九届"文学艺术大奖赛中书法一等奖"（江西省文学艺术界联合会主办）。

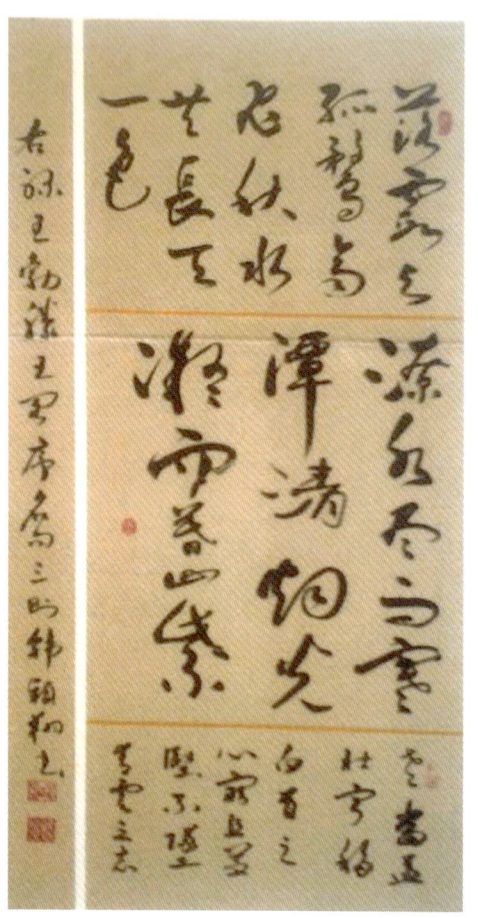

0031 《行草·中堂》

作品类型：书法类

作　　者：韩颖翔

发表时间：2014-06-18

发表载体："滕王阁杯"第十届文学艺术大奖赛

获奖及影响：该作品在2014年"滕王阁杯"中国南昌第十届"文学艺术大奖赛"中获书法一等奖（江西省文学艺术界联合会主办），该作品原作由江西省人文书画院永久性收藏。

简　　介：韩颖翔，男，1971年11月生。字羲墨，号恋墨斋主、华墨山人，本科。现为中国书法研究院艺术委员会会员，天水市书法家协会会员。该作品在2014年"滕王阁杯"中国南昌第十届"文学艺术大奖赛"中获书法一等奖（江西省文学艺术界联合会主办），该作品原件由江西省人文书画院永久性收藏。

0032 《卦台记》

作品类型：书法类

作　　者：陈怀杰

发表时间：2012-11-05

发表载体："羲皇杯"楷书大赛

获奖及影响：荣获甘肃省文化厅举办的首届甘肃省"羲皇杯"楷书大赛入选奖。

0033 《隶书条幅》

作品类型：书法类

作　　者：张念祥

发表时间：2012-09-25

发表载体：《百名农民写宪法书法作品集》

简　　介：张念祥（年祥），毕业于中国书画函授大学书法专业，中国书法研究院艺术委员会委员、甘肃省书法家协会会员、现任白银市书法家协会副主席、政协平川区第六届委员会委员，中国黄河石林书画院院务理事、艺术委员、平川区书协常务副主席、系中国著名书法家，并得益于著名书法家翟万益先生的指导。赵正先生赠并书斋号三乐。其作品擅长行、草、隶书及篆刻。

0034 《晓雨含烟》

作品类型：美术类

作　　者：陈贵

发表时间：2012-08-02

发表载体：《陈贵花鸟画集》

获奖及影响：2007年作品《晓雨含烟》入选当代水墨画邀请展（北京）。

简　　介：陈贵，男，汉族，1968年生于甘肃甘谷县现为甘肃省美术家协会会员、甘肃省工笔画协会副秘书长、甘肃省国画院画师、敦煌画院特聘画师、甘谷县政协委员、甘谷县文联副主席、甘谷县美术家协会主席。

0035 《行书》

作品类型：书法类

作　　者：苟兆林

发表时间：2012-12-16

发表载体：《党的建设》创刊30周年书画展

获奖及影响：行书参加甘肃省委《党的建设》创刊30周年书画展获优秀奖。苟兆林，甘肃省书法家协会会员。

0036 《傅有宏书法作品》

作品类型：书法类

作　　者：傅有宏

发表时间：2014-08-04

发表载体：《党的建设》全省书画展

获奖及影响：创作的书法作品在2014年"辉煌三十年，喜迎十八大——纪念中共甘肃省委《党的建设》创刊三十周年全省书画展"中荣获优秀奖。

简　　介：傅有宏，敦煌书法，创作的书法作品在"辉煌三十年，喜迎十八大——纪念中共甘肃省委《党的建设》创刊三十周年全省书画展"中荣获优秀奖。

0037 《书法》

作品类型：书法类
作　　者：伍东民
发表时间：2007-07-01
发表载体：《和谐之春》全国书法美术摄影大赛
获奖及影响：该作品由甘肃省直机关工委、全国书法美术摄影大赛组委会、甘肃书院联合举办的"《和谐之春》全国书法、美术摄影大赛"中入选。
简　　介：伍东民，男，甘肃玉门人，大学本科学历，毕业于西北师范大学美术系，现担任玉门市文化体育局副局长、甘肃省美术家协会会员，甘肃省书法家协会会员，甘肃省榜书研究会会员，玉门美术家协会副主席，玉门书法家协会副主席兼秘书长，玉门书画院副院长，甘肃省博物馆协会会员、中国美术学院考级中心甘肃考区辅导教师、酒泉市史志学会会员，长期从事艺术创作和文化理论研究，擅长油画、水粉画和书法。近年来开始积极参加省内外举办的各种书画展览，多篇文化理论论文和书画作品被报刊杂志刊载或获得各种奖励，许多作品被单位、组织和个人收藏。曾获得《和谐之春》全国书法、美术摄影大赛优秀奖，"弘扬生态文化，构建和谐甘肃"大型书画作品展优秀奖，作品收入《甘肃省生态文明建设书画作品集》并赴境外（日本等国家和地区）展销，书法作品入选"翰墨神韵诗意甘肃—首届甘肃作家书画展"、酒泉首届书法展，酒泉市党员干部书画摄影展书法二等奖，作品被收入在《酒泉市党员干部书画摄影精选作品集》中，酒泉地区文艺调演舞美创作一等奖，庆祝建党80周年全区美术书法摄影展书法三等奖，及玉门市各类书画影展一、二等奖项。

0038 《瑞气祥云》

作品类型：书法类
作　　者：徐树喜
发表时间：2005-01-15
发表载体：《辉煌50年书画摄影作品集》
获奖及影响：书法《瑞气祥云》于2005年1月荣获中国核工业集团公司纪念"中国核工业创建50周年书画摄影作品展"优秀奖。
简　　介：该作品继承传统、书写流畅，品位高雅、富有新意，具有较强艺术表现力、感染力和视觉冲击力，观赏性俱佳。

0039 《谨三艺趣》《砚铭》《谨三艺趣》

作品类型：书法类
作　　者：王金慎
发表时间：2006-10-18
发表载体：《甘谷书画选集》
简　　介：王金慎，男，汉族，字谨三，甘肃甘谷人，1937年12月生。现为省书协会员、曾任甘谷县副县长、县政协副主席。其楷书春联连续3年被甘肃人民出版社出版发行，行草书收入天水市书协出版的《墨霖》一书，隶书收入《全国市县政协主席书法选》一书，篆书收入河南孟津县王铎书画艺术陈列馆刻石。2006年编印出版《谨三艺趣》一书，我省著名书法家婴叟（武克雄）生前为该书题写了书名，原省书协主席黎泉为该书作序，书法作品或楷、或草、或隶、或篆，淋漓尽致，笔墨饱满。

0040 《春山读书图》

作品类型：美术类

作　者：梁玉璋

发表时间：1999-07-15

发表载体：《孔子诞辰2250周年书画展》

获奖及影响：1999年《春山读书图》入选中国美术家协会与中国书法家协会联办的《孔子诞辰2250周年书画展》；2014年被甘肃省评为"十佳农民书画家"荣誉感称号。

简　介：梁玉璋，字清泉，绰号"梁山水"，甘肃甘谷人，职业画家，中国人民政治协商会议甘谷县第十届、十一届、十二届政治委员，政协天水书画院特聘画家、中国国画家协会会员、甘肃省美术家协会会员、天水市书法家协会会员、甘谷书画院副院长、甘谷美术家协会副主席。画风以雄浑质实、浩然风骨、气象万千为主要特点。

0041 《"书成悟"三尺整张对联》

作品类型：书法类

作　者：赵春圃

发表时间：2013-04-16

发表载体：《书法报》教学栏目

获奖及影响：《元彬墓志》临创随感发表于《书法报》教学栏目。

简　介：《元彬墓志》》全称《汾州刺史元彬墓志铭》，刻于北魏太和二十三年（499年）十一月二十日，志石高53.7cm，宽55.4cm。正书，共18行，每行21个字，共366个字。1925年出土于河南洛阳城西北高沟村。原石现藏于河南省博物馆。《元彬墓志》字体峻拔险峭、自然朴拙、莽茫苍率，是北魏初年典型风格，整片墓志铭显露出精致、爽利、轻灵、随意、雅致之气。

0042 武克雄书法作品

作品类型：书法类

作　者：武克雄

发表时间：1998-07-08

发表载体：《中国当代书法家大辞典》

获奖及影响：1993年被中国现代文化学会授予"世界铜奖艺术家"称号；1996年被世界书画名人资格审定委员会授予"世界书画艺术名人"荣誉称号；1998年被国际美联等十四家艺术团体联合评定为"国际银奖艺术家"，并授予"20世纪国际艺术名家教授成就大奖"。

简　介：武克雄（笔名婴叟）男，1914年生,逝世于2004年正月。甘肃甘谷县人。生前为甘肃省书法家协会会员,中国老年书画研究会会员,甘肃省书画研究院顾问,天水市书法家协会名誉主席幼承祖训,研习书法,三十年代受业于清进士范振绪、廖元佶,后又得魏振皆、丁希农、黎雄才等名家的教正,遍临历代名帖,博采众长,形成自家风貌,尤精魏楷、汉隶、章草、大草、瘦金、行楷等体,虽久居村野,但心无旁骛,用功不辍,七十余年的辛劳终换得炉火纯青的书艺,以法度的严谨和功底的扎实而论,在甘肃尚无出其右者,1985年郑州国际书展对其魏楷评曰:"功力深醇,气象博大雄浑。"1996年中日书画联展对其书作评语:"似隶似楷又似行,诸体之长一炉中,轻重变化多随意,多少心血化墨情,"以楷、隶、章草、大草、瘦金五体书写的千字文,其精绝的书艺和执着的精神令人叹服。

0043 《草书条幅》

作品类型:书法类

作　　者:王绪生

发表时间:2014-10-02

发表载体:《中国书法》刊登首届临帖展作品

获奖及影响: 2006年第二届"中国书法兰亭奖安美杯";2008年第六届"全国书坛新人新作展";2008年第二届"全国草书艺术大展";2009年第六届"全国楹联书法展";2009年第三届"中国书法兰亭奖艺术奖;2011年中书协成立30周年会员优先作品展;2012年首届"张芝奖"全国书法大展。

简　　介:王绪生,男1965年生于甘肃甘谷,字子衡,中国书法家协会会员、甘肃省书法家协会草书委员会委员、天水市书法家协会理事、天水市美协会员、天水市青年书法家协会副主席、甘谷县书协副主席。

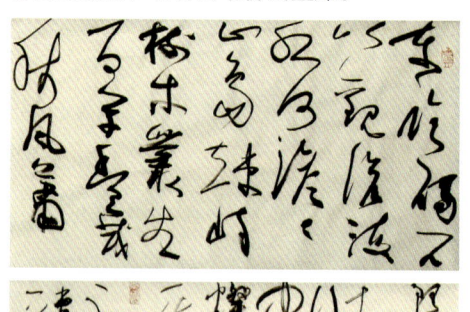

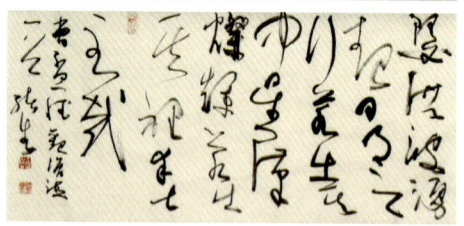

0044 《王发云书法》

作品类型:书法类

作　　者:王发云

发表时间:2006-03-14

发表载体:《中国书法年鉴作品集》

获奖及影响:发表、入选、展出、获奖等

简　　介:王发云,1956年生于甘肃金塔县。

1975年参加工作，大专学历，无党派。现为中国民间文艺家协会会员、甘肃省民间文艺家协会理事、金塔县政协第四、五、六届委员、金塔县文联主席。

0045 《蒋晓牛书法》

作品类型：书法类

作　　者：蒋晓牛

发表时间：2010-08-18

发表载体：《中国文物报》《书法》《蒋晓牛书法篆刻集》《书法发展简史》

获奖及影响：在甘肃省书画展览十余次获奖，在甘肃省书画赛及农行系统第二、三届书赛获五次一等奖和篆刻优秀作品奖，并获天水市第二届"文学艺术创作奖"，作品还入选甘肃第一、二届中青年书展及书法篆刻新人作品展，第四届"中国艺术节甘肃书展"。

简　　介：蒋晓牛，名犀，号炯青，男，汉族，1949年11月生。毕业于中国书画函授大学书法系，现为中国书法艺术研究院艺委、甘肃书协会员、天水市书协常务理事、天水书画院特邀书画师、甘谷文联副主席、甘谷书协主席、西峰印社理事。

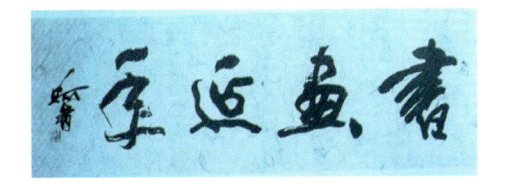

0046 《隶书》

作品类型：书法类

作　　者：魏学文

发表时间：1986-07-09

发表载体：《中国现代书法集选》《书法》

获奖及影响：1979年以来，作品曾先后参加全国第一、二届书法篆刻展览和西北五省（区）书画联展；北方十四省北国书展；西北五省丝绸之路书画联展；西北五省（区）文史研究馆举办的丝绸之路联展等大型展览并多次获奖。

简　　介：魏学文（1920年—1996年），别号雨庵，甘谷县大像镇县府街潘家巷人。中国书法家协会会员，甘肃省书协名誉理事，天水市书协常务理事，甘谷县老年书画协会副主席，政协甘谷县委员会第四、五、六、七届委员。

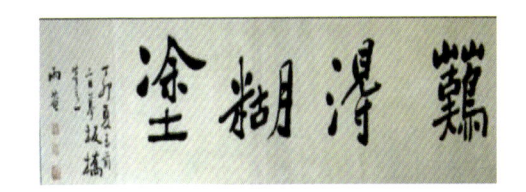

0047 《魏楷条幅》

作品类型：书法类

作　　者：王天祐

发表时间：2010-10-10

发表载体：白银市第二届"凤凰文艺奖"

简　　介：王天祐，男，号醉墨阁，生于1957年10月，甘肃省山丹县人。平川区书协副主席，书法作品入展敦煌国际书法艺术节《全国书画小品展》，甘肃省首届、三届、四届中青年展，第二、五、六届煤矿艺术节书画展，获全省煤矿职工第四、五、六、七届书画展一等奖，全省职工美术书法摄影展二等奖，书法作品曾在《书法导报》《中国煤炭报》等报刊上发表，多次参与企业、地方文艺活动，获奖作品《魏碑条幅》为六尺条幅，创作于2010年9月，作品为王羲之兰亭诗一首。

评委们认真细致的评选获三等奖。

0048 《魏楷条幅》

作品类型：书法类

作　　者：张宝通

发表时间：2014-02-01

获奖及影响：白银市第三届凤凰文艺奖三等奖。

简　　介：白银市委、市政府举办的两年一届的"凤凰文艺"奖是白银市文化艺术界最高奖，以此在全市范围内推出新人，让文化艺术界得到健康快速发展。获奖作品是魏楷条幅，作品长180厘米，宽75厘米，用色宣创作，内容是陶渊明的《五柳先生传》，作品章法紧凑，笔法精到，雄强遒劲。经过

0049 《魏楷条幅》

作品类型：书法类

作　　者：王天祐

发表时间：2009-09-30

发表载体：白银市庆祝新中国60华诞书法展

简　　介：王天祐，男，号醉墨阁，生于

1957年10月，甘肃省山丹县人，平川区书协副主席，书法作品入展敦煌国际书法艺术节《全国书画小品展》，甘肃省首届、三届、四届中青年展，第二、五、六届煤矿艺术节书画展，获全省煤矿职工第四、五、六、七届书画展一等奖，全省职工美术书法摄影展二等奖，书法作品曾在《书法导报》《中国煤炭报》等报刊上发表，多次参与企业、地方文艺活动，获奖作品《魏碑条幅》为六尺条幅，创作于2009年9月，临北魏汝南王修治古塔铭选字。

0050 《行楷对联》

作品类型：书法类
作　　者：胡志军
发表时间：2003-04-28
发表载体：白银市首届美术书法作品展
获奖及影响：作品《行楷对联》在白银市首届美术书法作品展中获二等奖。

简　　介：胡志军，男，汉族，1974年11月生。甘肃省白银市平川区人，大学本科学历，就职于平川区文化馆。负责对外宣传、书法创作及交流培训等工作。系甘肃省书法家协会会员，白银市书协理事，平川区书协副主席，1999年入选全省职工"庆国庆、迎回归"美术书法展，2003年入选白银市首届书画作品展，荣获二等奖，2004年入选甘肃省第四届中青展，2011年入选甘肃省文化厅主办的全省文化系统纪念中国共产党成立90周年书画作品展，荣获优秀奖。获奖作品《行楷对联》为四尺对开，创作于2003年4月，内容"向前当念回时路，少得无存自满心"。以颜楷为基础，博学二王、米芾、何绍基等诸多名家，形成自己独特的艺术语言。

0051 《行书条幅》

作品类型：书法类
作　　者：常叔珉
发表时间：2003-04-28
发表载体：白银市首届美术书法作品展

获奖及影响：作品《行书条幅》在白银市首届"美术书法作品展"中获二等奖。

简　　介：常叔珉，男，汉族，1964年3月生。甘肃省定西市通渭县人，高中学历，就职于白银市靖煤公司红会一矿，2003年入选白银市首届书画作品展，荣获二等奖，2005年入选甘肃省煤矿工会、文联举办的第八届全省煤矿美术书法摄影展，荣获一等奖，2007年在甘肃省文学艺术界联合会举办的甘肃省首届"警苑杯"美术书法摄影展中荣获入选奖，获奖作品《行书条幅》为四尺四条屏，创作于2003年4月，内容为苏轼《念奴娇·赤壁怀古》，以汉碑为基础，旁涉二王、黄庭坚、苏轼等诸多名家，逐步形成碑帖结合的书法艺术风格。

0052 《双向掘进》作品集

作品类型：书法类

作　　者：王怀罡

发表时间：2009-02-01

发表载体：北京工艺美术出版社

获奖及影响：书法百佳奖

简　　介：王怀罡，中国书法家协会会员、中国煤矿文联理事、中国煤矿书法家协会副主席、甘肃省书协主席团委员、理事，平凉市书法家协会主席。

0053 《于佑任诗歌》

作品类型：书法类

作　　者：马尊贤

发表时间：2011-03-16

发表载体：参加书画展

获奖及影响：《于佑任诗歌》在"纪念中国共产党成立九十周年——甘肃穆斯林书画摄影邀请展"中荣获一等奖。

简　　介：马尊贤，男，回族，甘肃省临夏市人，一九九一年结业于西安书学院，中国书法家协会会员，甘肃省书法家协会理事，甘肃省临夏回族自治州第四届书法家协会主席。其作品入展第1-4届全国回族书画展和全国回族书画精品展，作品被组委会收藏；2003年作品获甘肃省毛泽东诞辰110周年《毛泽东诗词书法展》优秀作品奖；2004年作品获《王屋山杯中国名人书画大展》优秀奖，并赴韩国参加书画交流活动，作品被韩方收藏；2006年作品获纪念毛泽东逝世30周年《毛泽东诗词全国书画大赛》银奖，2010年作品获临夏州首届"花儿文学艺术奖"一等奖，2011年作品入展《甘黔书法交流展》，2013年族谱如展《甘肃省名家百人展》，展出作品被瓜州张芝纪念馆收藏；作品如编由广东省汕头市龙湖区组织出版的《名联颂中华》《名言书法大典》《法治名言书法大典》《格言联墨大观》等典籍。

0054 《书法作品》

作品类型：书法类

作　　者：赵立

发表时间：2013-03-01

发表载体：参加展览

获奖及影响：获"长庆杯·甘肃省职工学习贯彻党的十八大精神书画展"优秀奖。

简　　介：赵立，男，汉，1968年出生，大专学历，中共党员，正宁县总工会工作，庆阳市书法协会会员，甘肃省职工书法协会会员。发表若干幅书法作品，获省、市奖3次。

0055 《书法作品》

作品类型：书法类

作　　者：刘向阳

发表时间：2004-07-17

发表载体：参加展览

获奖及影响：在"第二届新世纪全国三笔字书法作品书法大赛"中获三等奖。

简　　介：刘向阳，男，汉族，大专学历，生于1952年11月，正宁县周家乡人，中共党员，甘肃省书法家协会会员，原任正宁一中党委书记。

0056 《书法作品》

作品类型：书法类

作　　者：刘向阳

发表时间：2009-11-29

获奖及影响：在全省人大书画摄影展中荣获三等奖。

简　　介：刘向阳，男，汉族，大专学历，生于1952年11月，正宁县周家乡人，中共党员，甘肃省书法家协会会员，原任正宁一中党委书记。

0057 《书法作品》

作品类型：书法类

作　　者：赵立

发表时间：2013-09-01

发表载体：参加展览

获奖及影响：获"甘肃省2013年新迎新春

书画摄影展"二等奖。

简　　介：赵立，男，汉，1968年出生，大专学历，中共党员，正宁县总工会工作，庆阳市书法协会会员，甘肃省职工书法协会会员。发表若干幅书法作品，获省、市奖3次。

0058 《书法作品》

作品类型：书法类
作　　者：杨怀卿
发表时间：2011-01-07
发表载体：参加展览
获奖及影响：获庆阳市"五个一工程"奖
简　　介：杨怀卿，男，汉族，1962年生，中共党员，甘肃省书法家协会会员，现任正宁县统计局局长，在书法展览中多次获奖。

0059 《书法作品》

作品类型：书法类
作　　者：林海东
发表时间：2013-10-11
发表载体：参加展览
获奖及影响：入展第二届'平复帖杯'全国书法刻大展。
简　　介：林海东，男，汉族，1975年生，甘肃宁县人。中国书法家协会会员，正宁县书法家协会副主席，正宁县博雅画廊经理，结业于中国书法家协会第二期西部书界新秀系列书法（行草）研修班。其作品先后入选：2006年甘肃省首届"农民书法展"（甘肃省书法家协会主办），2008年甘肃省第三届"新人展"（甘肃省书法家协会主办），第四届"中国汝官瓷杯"全国书法作品大赛（汝州市书协家协会主办）优秀奖，2009首届、二届"观音山杯"书法艺术展（书法报社），2010年庆阳市"五个一工程"奖暨第三届"梦阳艺术奖"（中共庆阳市委宣传部主办），优秀2011年甘肃省首届"书法篆刻大展"会员展（甘肃省书法家协会主办），2012年第二届北兰亭电视书法大赛（北兰亭艺术中心主办），2013年第二届"平复帖杯"全国书法篆刻大展（中国书法家协会主办），2013年首届"孙过庭"奖全国行草书大展（中国书法家协会主办）展。

0060 《书法作品》

作品类型：书法类
作　　者：杨怀卿
发表时间：2011-10-09
发表载体：参加展览
获奖及影响：在庆阳市"党建铸辉煌．丹青铭党恩"书法作品中获二等奖。
简　　介：杨怀卿，男，汉族，生于1962年，中共党员，现任正宁县统计局局长，甘肃省书法协会会员，书法作品曾多次获省、市奖。

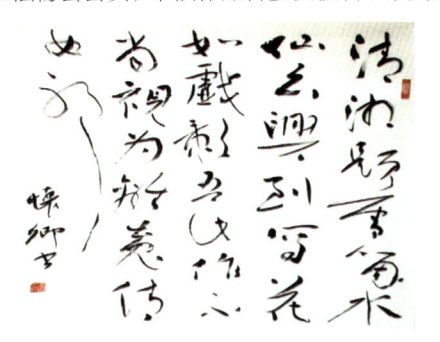

0061 《书法作品》

作品类型：书法类
作　　者：刘向阳
发表时间：2009-09-28
获奖及影响：在"首届庆阳电视书画大奖赛"中被评为三等奖市。
简　　介：刘向阳，男，汉族，大专学历，生于1952年11月，正宁县周家乡人，中共党员，甘肃省书法家协会会员，原任正宁一中党委书记。

0062 《书法作品》

作品类型：书法类
作　　者：杨怀卿
发表时间：2011-06-09
发表载体：参加展览
获奖及影响：入展甘肃省首届书法篆刻大展会员展。
简　　介：杨怀卿，男，汉族，生于1962年，中共党员，现任正宁县统计局局长。甘肃省书法家协会会员，书法作品曾多次获奖。

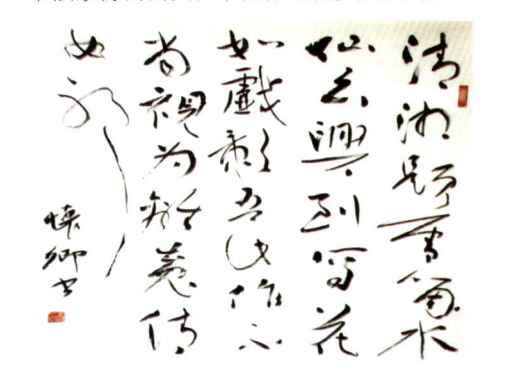

0063 《书法作品》

作品类型：书法类
作　　者：林海东
发表时间：2012-09-15
发表载体：参加展览
获奖及影响：入选《百名农民写宪法作品集》，荣获二等奖。
简　　介：林海东，男，汉族，1975年生，甘肃宁县人，中国书法家协会会员，正宁县书法家协会副主席，正宁县博雅画廊经理，结业于中国书法家协会第二期西部书界新秀系列书法（行草）研修班，其作品先后入选：2006年甘肃省首届农民书法展（甘肃省书法家协会办）入，2008年甘肃省第三届新人展（甘肃省书法家协会主办），入展第四届"中国汝官瓷杯"全国书法作品大赛（汝州市书协家协会主办），2009首届、二届"观音山杯"书法艺术展（书法报社），2010年庆阳市"五个一工程"奖暨第三届梦阳艺术奖（中共庆阳市委宣传部主办），2011年甘肃省首届书法篆刻大展会员展（甘肃省书法家协会主办），2012年第二届北兰亭电视书法大赛（北兰亭艺术中心主办），2013年第二届"平复帖杯"全国书法篆刻大展（中国书法家协会主办），2013年首届"孙过庭"奖全国行草书大展（中国书法家协会主办）入展。

0064 《书法作品》

作品类型：书法类
作　　者：刘向阳
发表时间：2013-02-17
发表载体：参加展览
获奖及影响：获庆阳市"五个一工程"奖。
简　　介：刘向阳，男，汉族，大专学历，生于1952年11月，正宁县周家乡人，中共党员，甘肃省书法家协会会员，原任正宁一中党委书记。

0065 《书法作品》

作品类型：书法类
作　　者：林海东
发表时间：2013-11-09
发表载体：参加展览

获奖及影响：入展首届"孙过庭"全国行草书大展。
简　　介：林海东，男，汉族，1975年生，甘肃宁县人，中国书法家协会会员，正宁县书法家协会副主席，正宁县博雅画廊经理。

0066 《板桥诗》

作品类型：书法类
作　　者：张秦
发表时间：2001-03-06
发表载体：参展
获奖及影响：2001年3月获第三届酒泉精神文明建设"五个一工程"奖。

0067 《邓石如碧山书屋长联》

作品类型：书法类
作　　者：张金财
发表时间：2005-03-05

获奖及影响：2005年3月获第七届酒泉精神文明"五个一工程奖"。

0068 《江山多娇》

作品类型：书法类
作　　者：顾永泉
发表时间：2001-03-05
获奖及影响：2001年3月获第三届酒泉精神文明建设"五个一工程"奖。

0069 《秋声赋》

作品类型：书法类
作　　者：鲁健雄
发表时间：2001-03-15
获奖及影响：2001年3月获第三届酒泉精神文明建设"五个一工程"奖。

0070 《鹰》

作品类型：书法类
作　　者：张耀海
发表时间：2005-03-05
获奖及影响：2005年3月获第七届酒泉精神文明"五个一工程奖"。

0071 《正气》

作品类型：书法类
作　　者：范晓东
发表时间：2005-03-09
获奖及影响：2005年3月获第七届酒泉精神文明"五个一工程奖"。

0072 （书法对联）《青山一画楼》

作品类型：书法类
作　　者：詹大光
发表时间：2005-03-06
发表载体：参展
获奖及影响：2005年3月获第七届酒泉精神文明"五个一工程奖"。

0073 草书《江雪》

作品类型：书法类
作　　者：秦川
发表时间：2000-03-05
发表载体：参展
获奖及影响：2000年3月获第二届酒泉精神文明建设"五个一工程"奖。

0074 草书《张籍诗一首》

作品类型：书法类
作　　者：李景华
发表时间：2000-03-05
发表载体：参展
获奖及影响：2000年3月获第二届酒泉精神文明建设"五个一工程"奖。

0075 《曹建斌书法》

作品类型：书法类
作　　者：曹建斌
发表时间：2011-10-20
发表载体：定西市庆祝建党90周年美术书法作品展
获奖及影响：2011年10月获定西市庆祝建党90周年美术书法作品展书法类二等奖，2012年8月在中国计划生育协会首届书画作品展中获二等奖，2013年获定西市首届"书法篆刻展"二等奖。

0076 行书《翰墨凝香》

作品类型：书法类
作　　者：尚文华
发表时间：2002-03-05
发表载体：参展
获奖及影响：2002年3月获第四届酒泉精神文明"五个一工程奖"。

0077 行书《诗品（节选）》

作品类型：书法类
作　　者：范溥
发表时间：2002-03-09
发表载体：参展
获奖及影响：2002年3月获第四届酒泉精神文明"五个一工程奖"。

0078 《书法》

作品类型：书法类
作　　者：李应举
发表时间：2013-01-01
发表载体：参展
获奖及影响：2009年7月1日获甘肃省东部四市美术书法展获三等奖，2012年9月在中国民间农民书画艺术节获佳作奖，2013年1月1号第四届甘肃省百名艺术家作品入展，2013年9月29日在定西市首届书法篆刻作品展中获优秀奖。

0079 行草《寒山寺中堂》

作品类型：书法类
作　　者：朱明山
发表时间：2001-03-15
发表载体：参展
获奖及影响：2001年3月获第三届酒泉精神文明建设"五个一工程"奖。

0080 《书法》

作品类型：书法类
作　　者：陈作礼
发表时间：1993-02-02
发表载体：参展
获奖及影响：甘肃省第四届煤矿书法、绘画、摄影大展获二等奖；入选甘肃省新世纪书法大展；入选甘肃省第三、四届中青展。

0081 《宪法第十条》

作品类型：书法类
作　　者：闫志笃
发表时间：2012-09-15
发表载体：参展
获奖及影响：2012年9月15日《宪法第十条》获百名农民写宪法优秀奖；2009年甘肃省第二届"张芝奖艺术奖"入展；2012年百名农民写宪法书法展优秀奖；2008年甘肃省第五届中青年书法展入展；2012年中国日照农民书画艺术节获佳作奖。

0082 草书《黄宾虹画论》

作品类型：书法类
作　　者：汪晓东
发表时间：2012-01-04
获奖及影响：入展全国第三届青年书法篆刻作品展。
简　　介：汪晓东，男，汉族，生于1983年4月，张家川回族自治县人。现为中国书法家协会会员，甘肃省书法家协会会员，天水市青年书法家协会主席团成员，其书法作品多次参加国家省市级展览入展并获奖。

0083 《毛泽东诗词》（行书）

作品类型：书法类
作　　者：张振虎
发表时间：2006-10-01
发表载体：长征胜利70周年全国书画邀请展
简　　介：作品入展"纪念红军三大主力会宁会师暨长征胜利70周年全国书画邀请展"。

0084 《古人论书》

作品类型：书法类
作　　者：陈涛
发表时间：2014-05-14
发表载体：出版
简　　介：入选甘肃省第四届新人书法作品展

0085 《文瑞书艺》

作品类型：书法类
作　　者：陶耀文
发表时间：2011-12-19
发表载体：出版
获奖及影响：《文瑞书艺》系书法理论集，由人民美术出版社出版发行，中国书法家协会副主席、学术委员会主任陈振濂教授题写书名，是甘肃比较系统的书法理论专著，产生了广泛的社会影响。

0086 《楷书中堂》

作品类型：书法类
作　　者：周德慧
发表时间：2012-12-01
发表载体：出版
获奖及影响：凤凰文艺奖书法类三等奖

0087 《六尺条幅楷书》

作品类型：书法类
作　　者：王转成
发表时间：2005-08-12
发表载体：出版
获奖及影响：入编《甘肃省第二届书法篆刻新人新作展作品集》。
简　　介：此作品参考唐岑参《与高适薛据登慈恩寺浮图》，五行一百一十字。以唐楷颜体为基础，融入了魏碑的笔法，力求探索新的楷体，中锋引笔，方笔为主，显得庄重雄浑。

0088 《莫邪书法》

作品类型：书法类

作　　者：莫邪
发表时间：1997-11-04
发表载体：全国书法篆刻艺术作品展
获奖及影响：1992入选全国邮电职工书画展，1993年录入中国印子年鉴。

0089 《宋·陈师道绝句一首》

作品类型：书法类
作　　者：穆钧
发表时间：2005-06-21
简　　介：穆钧，甘肃秦安人，中国书协会员，中国国家画院胡抗美、曾翔书法工作室成员，作品入展：全国第四届"正书展"、全国第二届"隶书展全国首届大字展"、全国第五届"新人新作展冼夫人奖"、全国书法大赛"敦煌杯"，全国书法大赛甘肃省书法晋京展、甘肃省书法名家百人展，首届甘肃省青年书法提名展、甘肃省第四届中青展、甘肃省第二届"张芝奖"等，《书法导报》《美术报》等报刊均有作品发表。

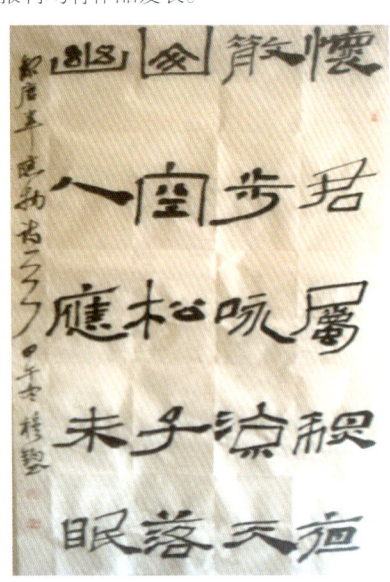

0090 《谢荣生书法作品集》

作品类型：书法类
作　　者：谢荣生
发表时间：2012-08-27
发表载体：出版
简　　介：谢荣生，男，生于1954年3月，汉族，祖籍甘肃天水，大专文化，供职于天水啤酒厂（已退休）。现为中国书协会员、甘肃省书协草书委员会委员、天水市书协副主席、秦州区书协名誉主席。

0091 《不知香积寺，数里入云峰》

作品类型：书法类
作　　者：梁杰
发表时间：2009-12-09
获奖及影响：获"国家环保系统书画展"优秀奖并入编作品集。
简　　介：梁杰，毕业于西北民族大学美术系，中学高级教师，现为中国教育学会书法教育专业委员会会员、甘肃省书法家协会会员、甘肃省美术家协会会员、张掖市美术家协会会员、民乐县美术家协会主席，供职于甘肃省民乐县第四中学。

0092 《念奴娇·赤壁怀古》

作品类型：书法类

作　　者：武宁庆

发表时间：2008-08-06

获奖及影响：入编《迎奥运庆祝中国科协五十周年甘肃省科协书法绘画摄影诗词作品集》，甘肃省科学技术协会《大众科普》编辑部出版。

简　　介：武宁庆，民乐县政协干部。

0093 《滁州西涧》

作品类型：书法类

作　　者：骆峰

发表时间：2008-08-06

获奖及影响：入编《迎奥运庆祝中国科协五十周年甘肃省科协书法绘画摄影诗词作品集》，甘肃省科学技术协会《大众科普》编辑部出版。

简　　介：骆峰，民乐县书协副主席，县旅游局副局长。

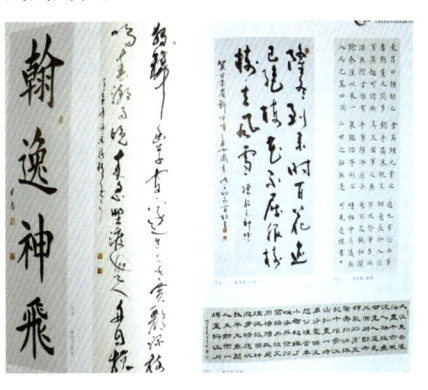

0094 《滁州西涧》

作品类型：书法类

作　　者：梁杰

发表时间：2000-01-18

发表载体：出版

获奖及影响：入编《中华世纪之光中国书画作品集》。

简　　介：梁杰，毕业于西北民族大学美术系，中学高级教师，现为中国教育学会书法教育专业委员会会员、甘肃省书法家协会会员、甘肃省美术家协会会员、张掖市美术家协会会员、民乐县美术家协会主席，供职于甘肃省民乐县第四中学。

0095 《对联》

作品类型：书法类

作　　者：杨治福

发表时间：2008-08-06

获奖及影响：荣获三等奖并入编《迎奥运庆祝中国科协五十周年甘肃省科协书法绘画摄影诗词作品集》，甘肃省科学技术协会《大众科普》编辑部出版。

简　　介：杨治福，民乐县科协干部，经常坚持练习书法，书法水平有了较大的进步。

0096 《对联》

作品类型：书法类

作　　者：管涛

发表时间：2008-08-06

获奖及影响：入编《迎奥运庆祝中国科协五十周年甘肃省科协书法绘画摄影诗词作品集》，甘肃省科学技术协会《大众科普》编辑部出版。

简　　介：管涛，民乐县文广新局干部。

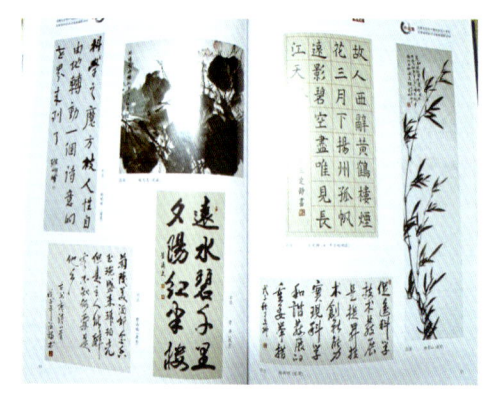

0097 《对联》

作品类型：书法类

作　　者：赵生万

发表时间：2011-07-20

获奖及影响：入编《庆祝建党90周年甘肃省第三届科技界书画摄影展获奖作品集》，甘肃省科学技术协会《大众科普》编辑部出版。

简　　介：赵生万，甘肃省书法家协会会员，张掖市书协理事，民乐县书协副主席。

0098 《古诗二首》

作品类型：书法类

作　　者：梁杰

发表时间：2008-08-06

获奖及影响：入编《迎奥运庆祝中国科协五十周年甘肃省科协书法绘画摄影诗词作品集》，甘肃省科学技术协会《大众科普》编辑部出版。

简　　介：梁杰，毕业于西北民族大学美术系，中学高级教师，现为中国教育学会书法教育专业委员会会员、甘肃省书法家协会会员、甘肃省美术家协会会员、张掖市美术家协会会员、民乐县美术家协会主席，供职于甘肃省民乐县第四中学。

0099 《古诗三首》

作品类型：书法类

作　　者：张佐积

发表时间：2008-08-06

获奖及影响：入编《迎奥运庆祝中国科协五十周年甘肃省科协书法绘画摄影诗词作品集》，甘肃省科学技术协会《大众科普》编辑部出版。

简　　介：张佐积，男，汉族，1963年生，甘肃民乐县人，民乐县博物馆干部，系中国书画艺术家协会会员、甘肃省美术家协会会员，自幼酷爱书画艺术，参加工作以来，潜心研习，坚持读碑临帖，求索不止，广泛涉猎，笔耕不辍。

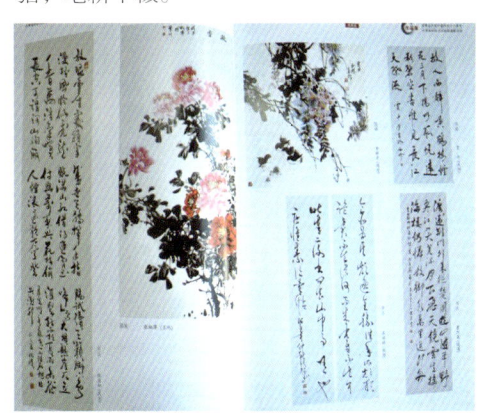

0100 《翰逸神飞》

作品类型：书法类

作　　者：赵生万

发表时间：2008-08-06

获奖及影响：入编《迎奥运庆祝中国科协五十周年甘肃省科协书法绘画摄影诗词作品集》，甘肃省科学技术协会《大众科普》编辑部出版。

简　　介：赵生万，甘肃省书法家协会会员，张掖市书协理事，民乐县书协副主席。

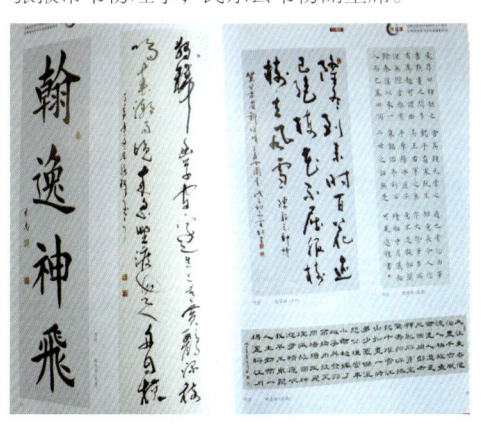

0101 《华夏龙腾》

作品类型：书法类

作　　者：李中峰

发表时间：2008-08-06

获奖及影响：入编《迎奥运庆祝中国科协五十周年甘肃省科协书法绘画摄影诗词作品集》，甘肃省科学技术协会《大众科普》编辑部出版。

简　　介：李中峰，原民乐县人大副主任。

0102 《毛泽东诗词联句》

作品类型：书法类

作　　者：杨治福

发表时间：2011-07-12

获奖及影响：入编《庆祝建党90周年甘肃省第三届科技界书画摄影展获奖作品集》，甘肃省科学技术协会《大众科普》编辑部出版。

简　　介：民乐县科协干部，经常坚持练习书法，书法水平取得了较大的进步。

0103 《宁静致远》

作品类型：书法类

作　　者：王荣清

发表时间：2011-07-19

获奖及影响：入编《庆祝建党90周年甘肃省第三届科技界书画摄影展获奖作品集》，甘肃省科学技术协会《大众科普》编辑部出版。

简　　介：王荣清，男，汉族，1954年生，甘肃民乐人，高级教师。甘肃省书法家协会会员、甘肃省美术家协会会员、张掖市美协会员、中国国画家协会会员。几十年的不懈努力，书画作品多次参加省、市、县级展览并获奖，已有多幅作品在省、市、县级刊物上发表。

0104 《千字文》

作品类型：书法类

作　　者：赵生万

发表时间：2008-07-16

获奖及影响：入展《二○○八迎奥运·甘肃书法系列展·甘肃省第五届书法篆刻展》并入编作品集。

简　　介：赵生万，甘肃省书法家协会会员，张掖市书协理事，民乐县书协副主席。

0105 《阮郎归》

作品类型：书法类

作　　者：牛新荣

发表时间：2009-04-16

获奖及影响：入编《甘肃当代书画家艺术典库》中国文联出版社出班。

简　　介：牛新荣，男，汉族，1969年生，甘肃民乐县人。中国画家协会理事，甘肃省美术家协会会员。作品反映当代人文精神和具有显著地域特色、表现人的思想理念，体现新时代色彩为主流。

0106 《诗词》

作品类型：书法类

作　　者：韩多善

发表时间：2008-08-06

获奖及影响：入编《迎奥运庆祝中国科协五十周年甘肃省科协书法绘画摄影诗词作品集》，甘肃省科学技术协会《大众科普》编辑部出版。

简　　介：韩多善，甘肃省书法家协会会员，张掖市书法家协会理事，民乐县书协主席，现为民乐县地税局干部。

0107 《诗词二首》

作品类型：书法类

作　　者：韩多善

发表时间：2011-08-16

获奖及影响：入编《庆祝建党90周年甘肃省第三届科技界书画摄影展获奖作品集》，甘肃省科学技术协会《大众科普》编辑部出版。

简　　介：韩多善，甘肃省书法家协会会员、张掖市书协理事、民乐县书协主席，现为民乐县地税局干部。

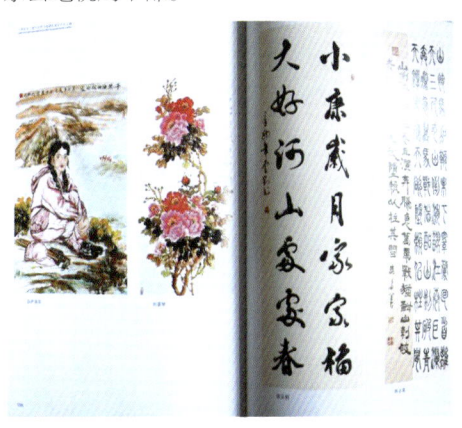

0108 《水调歌头》

作品类型：书法类

作　　者：郭天新

发表时间：2011-07-12

发表载体：出版物

获奖及影响：入编《庆祝建党90周年甘肃省第三届科技界书画摄影展获奖作品集》，甘肃省科学技术协会《大众科普》编辑部出版。

简　　介：郭天新，生于1944年，甘肃民乐县人，自幼酷爱书画艺术，上世纪七十年代初在张掖师范学校受教于张掖著名教育家、画家，后为河西学院教授的李希玉先生。在李先生的悉心指导下，绘画技艺大有所长，后被李先生看重推荐，于1974年留张掖师范学校任美术教师，走上了艺术之路，从此一边精研画技，一边传授画艺，学用结合，颇有造诣，于1978年和李先生开办了张掖师专美术系，并在美术系学习，以优异成绩完成了学业。后又从事文化馆的宣传、创作工作，坚持坐则研练画技，出则挥毫泼墨，其步履所到之处，皆有书画作品流传悬挂于办公场所、农家庭院的华宅陋室，深受世人关注。现系甘肃省美术家协会会员、张掖市美术家协会理事、国家三级美术师，美术和书法作品在省内外展出，多次获奖，并在省、市、县有关报刊上刊登和被友人收藏，并成功的举办过两次个人画展、效果良好、社会影响广泛。

0109 《腾飞》

作品类型：书法类

作　　者：姚璞汉

发表时间：2008-08-06

获奖及影响：入编《迎奥运庆祝中国科协五十周年甘肃省科协书法绘画摄影诗词作品集》。

简　　介：姚璞汉，民乐县第二中学高级教师。

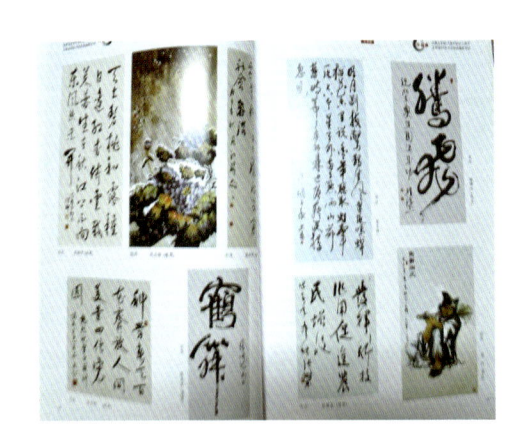

0110 《王维古诗两首》

作品类型：书法类
作　　者：梁杰
发表时间：2008-08-06
发表载体：出版
获奖及影响：入编《迎奥运庆祝中国科协五十周年甘肃省科协书法绘画摄影诗词作品集》，甘肃省科学技术协会《大众科普》编辑部出版。
简　　介：梁杰，毕业于西北民族大学美术系，中学高级教师，现为中国教育学会书法教育专业委员会会员、甘肃省书法家协会会员、甘肃省美术家协会会员、张掖市美术家协会会员、民乐县美术家协会主席，供职于甘肃省民乐县第四中学。

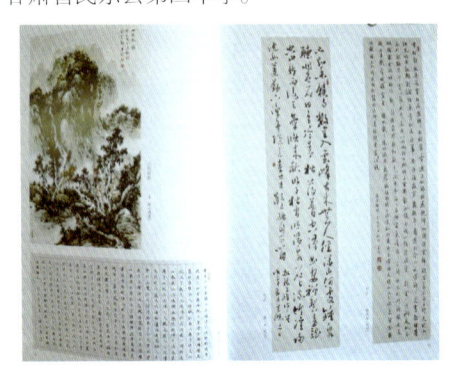

0111 《心经》

作品类型：书法类
作　　者：赵生万
发表时间：2009-09-27
发表载体：出版
获奖及影响：入编《庆祝中华人民共和国成立六十周年甘肃省科技界书画摄影作品集》，甘肃省科学技术协会《大众科普》编辑部出版。
简　　介：赵生万，甘肃省书法家协会会员，张掖市书协理事，民乐县书协副主席。

0112 《岳阳楼记》

作品类型：书法类
作　　者：王荣清
发表时间：2009-04-22
获奖及影响：入编《甘肃当代书画家艺术典库》中国文联出版社出班。
简　　介：王荣清，男，汉族，1954年生，甘肃民乐人，高级教师。甘肃省书法家协会会员、甘肃省美术家协会会员、张掖市美协会员、中国国画家协会会员，几十年的不懈努力，书画作品多次参加省、市、县级展览并获奖，已有多幅作品在省、市、县级刊物上发表，入编《甘肃当代书画家艺术典库》中国文联出版社出班。

0113 宋词四首《楷书中堂》

作品类型：书法类

作　　者：刘成

发表时间：2012-11-01

发表载体：楚天智海杯全国书法大赛

获奖及影响：入展"楚天智海"杯全国书法大赛作品展。

0114 隶书《金铜仙人辞汉歌》

作品类型：书法类

作　　者：胡询之

发表时间：2013-08-19

发表载体：大众文艺出版社

获奖及影响：2013年入展"西狭颂"全国书法大展。

简　　介：作品尺寸：180*96cm，材质：宣纸设色。

0115 《唐诗选抄》

作品类型：书法类

作　　者：陈子强

发表载体：党成立90周年

获奖及影响：庆祝中国共产党成立90周年定西市美术、书法作品展获一等奖。

简　　介：陈子强，男，1970年生，现为中国书法家协会会员，甘肃省书法家协会隶书委员会委员，定西市书协副主席，定西市青年书协副主席，陇中画院画师，现任职于定西市安定区柏林学校。

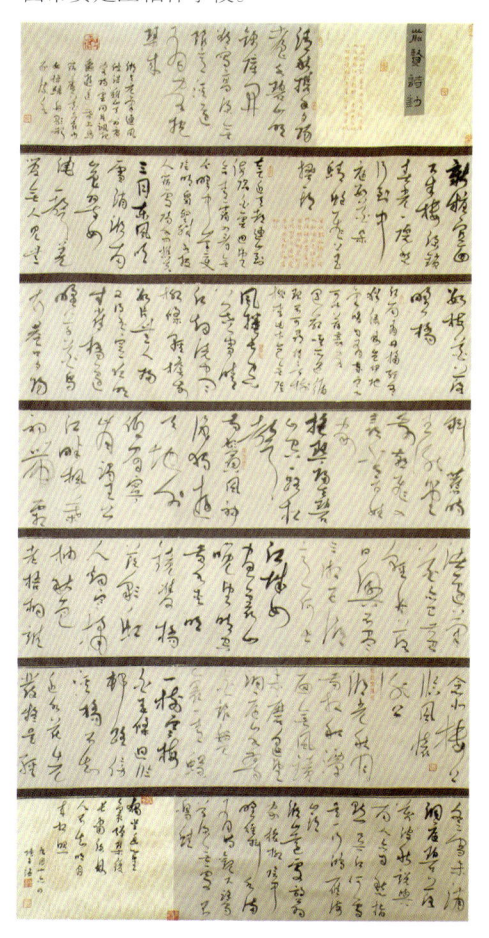

0116 《书法·条幅》

作品类型：书法类

作　　者：刘水潮

发表时间：2012-03-24

发表载体：第二届"当代羲之奖"书画邀请赛

获奖及影响：该作品在第二届"当代羲之奖"中国书画作品邀请赛中获金奖。

简　　介：刘水潮，男，1954年11月生，陕西华县人，号愚夫，从小喜爱临帖，长期临池不辍，对古典名碑、名帖的临习从《曹全碑》《青牛园记》到后来的《乙瑛碑》，又兼习刘增兴的汉简和张继的"随意"隶书等。现为天水市牡丹书画院副院长，西北书画艺术研究院理事。该作品在第二届"当代羲之奖"中国书画家作品邀请赛中获金奖。

0117 《古人题画诗》

作品类型：书法类

作　　者：丁彦平

发表时间：2012-03-12

获奖及影响：书法作品获兰亭雅韵第二届"北兰亭书法电视大赛"优秀奖。

简　　介：丁彦平，别署品砚室主、朴豪轩主、得月楼主、书之高阁主人，1980年9月11日，生于甘肃定西市安定区，本科学历（汉语言文学专业），现为中国书法家协会会员，北兰亭会员，甘肃省青年书法家协会副秘书长，定西市青年书法家协会副主席，定西市书画院副院长，定西市画院画师。

0118 《兰亭雅韵》

作品类型：书法类

作　　者：丁彦平

发表时间：2010-10-01

发表载体：第二届"兰亭大赛兰州"

获奖及影响：《兰亭雅韵》获第二届"兰亭大赛"优秀奖。

简　　介：丁彦平，别署品砚室主、朴豪轩主、得月楼主、书之高阁主人，1980年11月生于甘肃定西市安定区，本科学历（汉语言文学专业），现为中国书法家协会会员、北兰亭会员，甘肃省青年书法家协会副秘书长，定西市青年书法家协会副主席，定西市书画院副院长，定西市画院画师。供职于定西市安定区文广局。

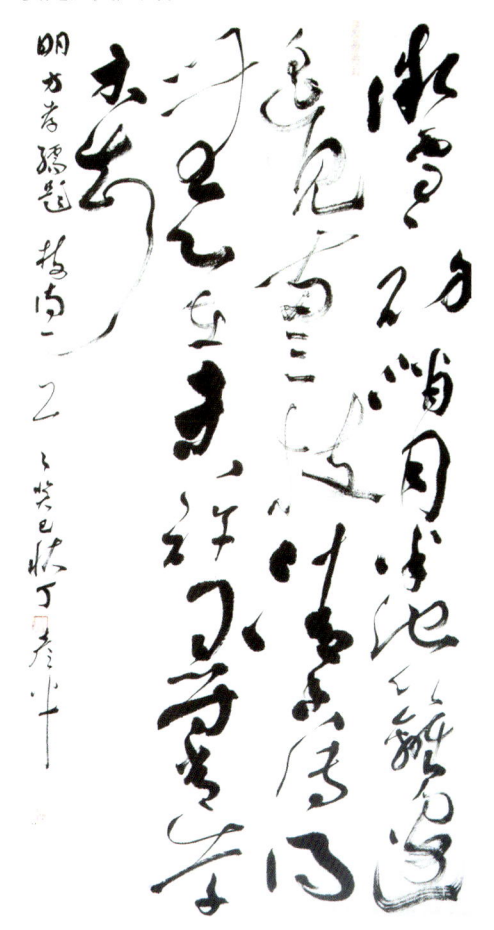

0119 《四尺横幅，春风得意》

作品类型：书法类

作　　者：衣国范

发表时间：2011-02-10

发表载体：第二届全国诗书画印四绝大赛

获奖及影响：书法作品在玉兔迎春第二届"全国诗书画印四绝大赛"活动中，经评委严格评审荣获辛卯书法一等奖，并获得"中国玉兔奖书法类最佳创作奖"提名。

简　　介：衣国范，男，汉族，河北省肃宁县人，生于1938年2月，1953年参加工作，1956年加入中国共产党，一生从事水电建设事业，曾任中国水利水电第四工程局刘家峡分局副局长、党委副书记等职，1995年退休，1994年为临夏州书法家协会会员、2001年为青海省书法家协会会员、2003年为甘肃省书法家协会会员、2007年为中国书画艺术研究会理事、2009年为甘肃书画家协会理事、2009年被聘为中国艺术家交流协会终身名誉主席、2011年为兰州文化联谊会七里河分会副会长、2013年加入中国艺术家协会书画研究会任理事。

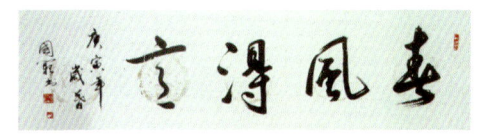

0120 《行书中堂》

作品类型：书法类

作　　者：马健行

发表时间：2011-10-01

发表载体：第二届全国书画名家邀请展

获奖及影响：该作品获金奖（中国现代文艺出版社主办）。

简　　介：马健行，男，1955年12月生于甘肃礼县盐官镇，字怀波，号知知堂主人，中教高级职称。先后供职于甘肃省礼县师范学校、天水市麦积区教师进修学校、天水市麦积区政府教育督导室、天水市麦积区教育局。六岁随叔父临帖习书，此后五十年临池不辍。现为甘肃省书法家协会会员、中国老年书画学会理事,中国现代文艺出版社顾问。该作品在第二届全国书画名家邀请展中获金奖。

0121 《会当临绝顶》

作品类型：书法类

作　　者：马健行

发表时间：2013-11-01

发表载体：第二届全国中老年书画交流研讨会

获奖及影响：该作品在第二届全国中老年书画创作交流研讨会中获金奖（《中国书画导报》编辑部主办，中国书法家协会、中国美术家协会支持）。该作品由《中国书画导报》编辑部赠送给兰亭景区永久收藏。

简　　介：马健行，男，1955年12月生于甘肃礼县盐官镇，字怀波，号知知堂主人，中教高级职称，先后供职于甘肃省礼县师范学校、天水市麦积区教师进修学校、天水市麦积区政府教育督导室、天水市麦积区教育局。六岁随叔父临帖习书，此后五十年临池不辍。现为甘肃省书法家协会会员、中国老年书画学会理事，中国现代文艺出版社顾问，该作品在第二届全国中老年书画创作交流研讨会中获金奖，并由《中国书画导报》编辑部赠送给兰亭景区永久收藏。

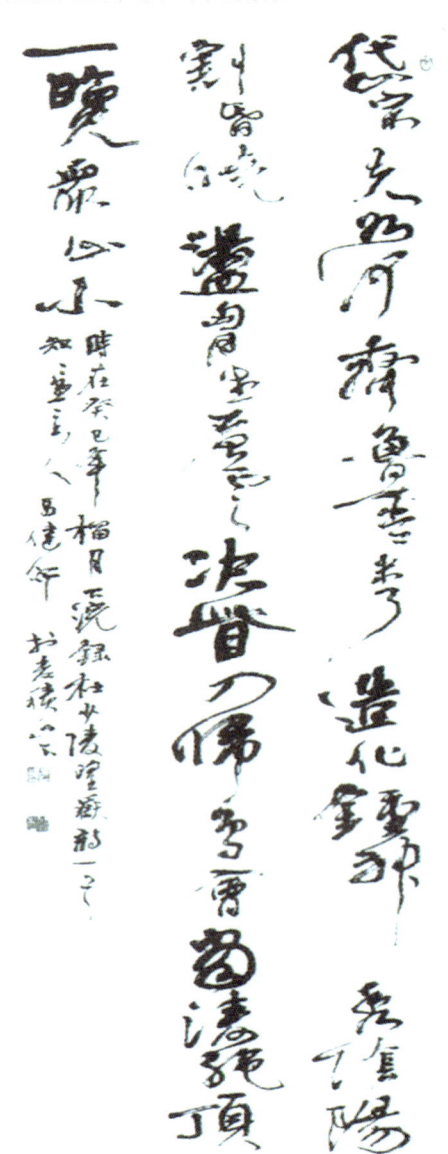

0122 《宋词精选》（小楷）

作品类型：书法类
作　　者：刘成
发表时间：2005-08-15
发表载体：第二届书法篆刻新人新作展
获奖及影响：作品入展第二届书法篆刻新人新作展。

0123 《妙法莲花经》（局部）小楷

作品类型：书法类
作　　者：王爱民
发表时间：2010-05-01
发表载体：第二届"中国西部书法篆刻展"
获奖及影响：2010年5月，王爱民小楷抄经《妙法莲花经（局部）》入展第二届中国西部书法篆刻展。

0124 《古人书论抄录》

作品类型：书法类
作　　者：杨文斌
发表时间：2012-12-18
发表载体：第二届中日议员公务员书法展
获奖及影响：在第二届"中日议员公务员书法展"中荣获入选奖。

0125 《书论》

作品类别：书法类
作　　者：石炜先
发表时间：2010-12-18
发表载体：第二届"中日议员公务员"书法展。
获奖及影响：该作品在第二届中日议员公务员书法展中获佳作奖（中国书法家协会、中国书法研究会主办）。
简　　介：石炜先，笔名石可，1947年11月出生，甘肃天水人，1976年毕业于南京林业大学，甘肃省小陇山林业局高级工程师。现为中国书法家协会会员、甘肃省书法家协会会员、天水市书法家协会常务理事、天水市麦积区导流山书画院院长。该作品在第二届"中日议员公务员书法展"中获佳作奖。

0126 《辛稼轩词四首》（行书）

作品类别：书法类
作　　者：张振虎
发表时间：2007-12-01
发表载体：第九届"书法篆刻作品展"
获奖及影响：获得第九届"书法篆刻作品展"提名奖。

0127 《书法创作》

作品类别：书法类
作　　者：陈永革

发表时间：2010-12-01

发表载体：2010年获第七届中国文化艺术政府奖"文华奖"最佳创作奖。

简　　介：陈永革、笔名四友，别署四友书屋主人。祖籍河北枣强，1957年生于兰州，幼承家学，师从著名书法家金玉振（外祖父）先生、尹建鼎先生。现任兰州市博物馆副馆长。专业书法家，研究员，国家一级美术师，长期从事书画创作和理论研究工作及书法教育教学工作，兰州市专业技术拔尖人才，享受政府特殊津贴。现为中国书法家协会会员、甘肃省书法家协会副主席兼发展委员会主任、兰州市书法家协会主席、兰州市青年书法家协会名誉主席、兰州市人大常委、中国民主促进会兰州市委副主委。

0128 《唐诗六首》（小楷）

作品类别：书法类

作　　者：刘成

发表时间：2013-10-28

发表载体：第三届"金张掖文艺奖"

获奖及影响：获得第三届"金张掖文艺奖"书法一等奖

0129 《法书要录小楷条屏》

作品类别：书法类

作　　者：马春林

发表时间：2009-12-26

发表载体：第三届兰亭奖作品集

0130 《隶书联墨》

作品类别：书法类

作　　者：陈怀杰

发表时间：2012-09-28

发表载体：第三届全国楹联书法篆刻大赛

获奖及影响：荣获第三届全国楹联书法篆刻大赛联墨百杰提名奖。

0131 《隶书屏条》

作品类别：书法类

作　　者：谢福善

发表时间：2014-09-01

发表载体：第三届"四堂杯全国书法展"

获奖及影响：全国展出，出版发行，影响较大。

0132 《王维诗三首》

作品类别：书法类

作　　者：王永斌

发表时间：2014-09-01

发表载体：第三届"四堂杯全国书法展"

获奖及影响：全国展出，影响较大。

0133 《大本领真学问》

作品类别：书法类

作　　者：丁彦平

发表时间：2009-09-18

获奖及影响：作品获甘肃省三届书法"张芝奖"。

简　　介：丁彦平，别署品砚室主、朴豪轩主、得月楼主、书之高阁主人，1980年9月11日，生于甘肃定西市安定区，本科学历（汉语言文学专业），现为中国书法家协会会员，北兰亭会员，甘肃省青年书法家协会副秘书长，定西市青年书法家协会副主席，定西市书画院副院长，定西市画院画师。

0134 《草书中堂》

作品类别：书法类

作　　者：石炜先

发表时间：2013-03-25

发表载体：第三届"中日议员公务员书法展"

获奖及影响：该作品在第三届中日议员公务员书法展中获佳作奖（中国书法家协会、中国书法研究院主办）。

简　　介：石炜先，笔名石可，1947年11月出生，甘肃天水人，1976年毕业于南京林业大学，甘肃省小陇山林业局高级工程师。

现为中国书法家协会会员、甘肃省书法家协会会员、天水市书法家协会常务理事、天水市麦积区导流山书画院院长。该作品在第三届中日议员公务员书法展中获佳作奖（中国书法家协会主办）。

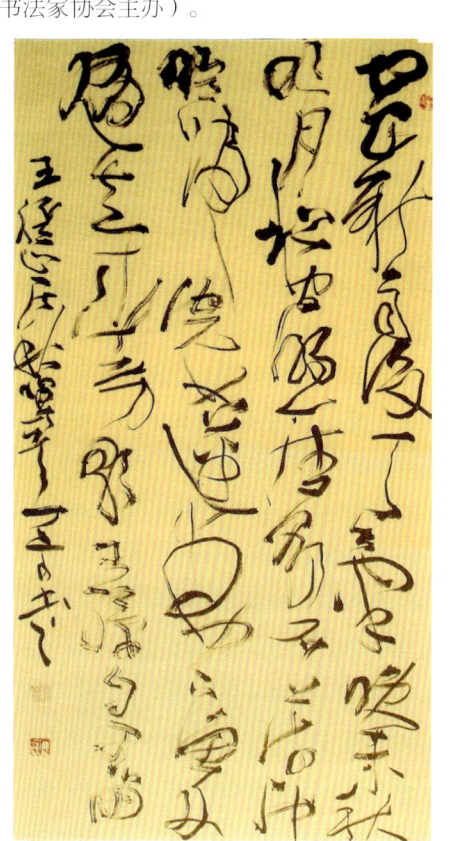

0135 《行书条幅孟浩然诗》

作品类别：书法类

作　　者：成友文

发表时间：2011-11-01

发表载体：第十届"全国书法篆刻展作品集"

获奖及影响：此副作品第十届"全国书法篆刻展"入选，在我省是唯一继第九届"全国书法篆刻展"入选之后行草书连续入展的作者。

简　　介：成友文，甘肃秦安县莲花镇人，毕业于天水师院美术系，现在天水建筑设计院从事建筑设计工作，擅长中国画与民族器乐演奏，中国书协会员，甘肃书协教育委员会委员，天水市青年书法家协会副主席。书法入展（中国书协）：全国第九届书法篆刻展全国第十届书法篆刻展中国书协成立30周年会员优秀作品展，第二届"杏花村汾酒杯"全国电视书法大赛"福文化"全国书法名家邀请展，第二届"西部展纪念毛泽东诞辰120周年书法展"等展览书法入围（中国书协），全国首届册页展第二届草书展等展览多次获甘肃书协奖励基金，2013年获甘肃"敦煌文艺奖"、"全国希望圆梦杯"三等奖，入编由中国文联出版的《名联颂中华》《名言书法大典》《格言联墨大观》等书。

0136 《久有凌云志》

作品类别：书法类

作　　者：杨仲勋

发表时间：2011-12-16

发表载体：第四届"神州杯"全国书画艺术大赛

获奖及影响：第四届"神州杯"全国书画艺术大赛中荣获金奖。

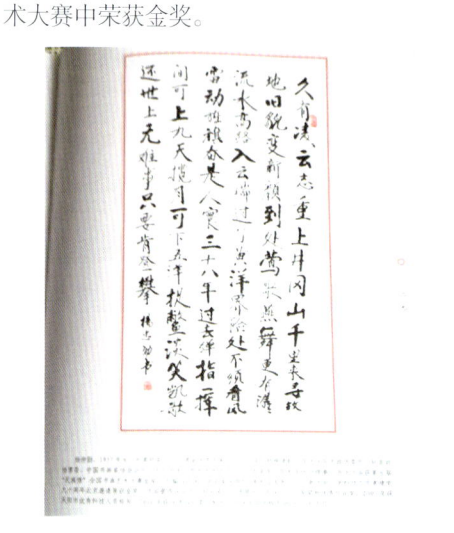

0137 《魏碑条幅》

作品类别：书法类

作　　者：张永祥

发表时间：2009-08-12

发表载体：第四届甘肃省"群星艺术节展"览活动

简　　介：张永祥，男，汉族，生于1967年10月，甘肃省书法家协会会员，白银市书法家协会会员，平川区书协副秘书长，白银市平川区环保局党支部书记，政协白银市平川区第五、六届委员会委员，自幼酷爱书法，曾临习钟繇、二王、汉隶、唐楷诸多法帖，近年倾心研习魏碑，尤对《张玄墓志》《张猛龙》用功颇深，得到泰之、念祥等良师益友悉心指导，2007年入展白银市"迎国庆"职工书法国画摄影大赛、白银市第二届清风书法展，2008年入展甘肃省第二届临帖展、甘肃省第三届新人书法展、甘肃省第五届中青年书法展、"中国梵净山"书法大赛，获白银市"迎奥运、话转型"书法作品展二等奖，2009年入展第三届甘肃省书法张芝奖，入选"百年兰大杯"全国书法展，入选第四届甘肃省群星艺术届美术书法摄影展、获三等奖，入展白银市庆祝新中国60华诞书法展暨首届临帖展，并获创作三等奖，2011年获白银市"纪念建党90周年书法会师杯奖"、"辛亥革命、振兴中华——海峡两岸书画"大展一等奖。

0138 《四尺，行草书法》

作品类别：书法类

作　　者：衣国范

发表时间：2009-08-01

发表载体：第四届加拿大中华诗书画大展

获奖及影响：第四届"加拿大中华诗书画大展——书法创作"二等奖，加拿大中华诗书画大展是加拿大中华文化研究院主办的加拿大过唯一的一项集诗书画于一体的艺术展览活动，2006年以来连续四届，有一万多位艺术家热情参与，为促进中加文化交流作出了积极贡献。

简　　介：衣国范，男，汉族，河北省肃宁县人，生于1938年2月，1953年参加工作，1956年加入中国共产党，一生从事水电建设事业，曾任中国水利水电第四工程局刘家峡分局副局长、党委副书记等职。1995年退休，1994年为临夏州书法家协会会员、2001年为青海省书法家协会会员、2003年为甘肃省书法家协会会员、2007年为中国书画艺术研究会理事、2009年为甘肃书画家协会理事，2009年被聘为中国艺术家交流协会终身名誉主席，2011年为兰州文化联谊会七里河分会副会长、2013年加入中国艺术家协会书画研究会任理事。

0139 《隶书四条屏》

作品类别：书法类

作　　者：杨树岳

发表时间：2005-06-15

发表载体：第四届"中国庆阳端午香包民俗文化节"

获奖及影响：荣获第四届"中国庆阳端午香包民俗文化节庆阳书画精品陈列展"一等奖。

0140 行草《风雨飞雪》对联

作品类别：书法类
作　者：杨仲勋
发表时间：2011-07-23
发表载体：第五届"民族情"全国书画艺术大赛
获奖及影响：第五届"民族情"全国书画艺术大赛荣获金奖。

0141 《西江月——夜行黄沙道》

作品类别：书法类
作　者：丁彦平
发表时间：2011-07-09
发表载体：第五届书法节（重庆）
获奖及影响：第五届中国"重庆·渝中"中小学生书法节教师组优秀奖（最高奖）（中国书协、中国教育学会合办）。
简　介：丁彦平，别署品砚室主、朴豪轩主、得月楼主、书之高阁主人，1980年9月11日，生于甘肃定西市安定区，本科学历（汉语言文学专业），现为中国书法家协会会员，北兰亭会员，甘肃省青年书法家协会副秘书长，定西市青年书法家协会副主席，定西市书画院副院长，定西市画院画师。

0142 《隶书条幅》

作品类别：书法类
作　者：杨树岳
发表时间：2006-06-15
发表载体：第五届"中国庆阳端午香包民俗文化节"
获奖及影响：荣获第五届中国庆阳端午香包民俗文化节庆阳书画精品展一等奖。

0143 《行书作品》

作品类别：书法类
作　者：王文禄
发表时间：2006-06-15
发表载体：第五届"中国庆阳香包民俗文化节"
获奖及影响：荣获第五届"中国庆阳端午香包民俗文化庆阳书画精品陈列展"。

0144 《千字文》

作品类别：书法类

作　　者：丁彦平

发表时间：2010-12-29

发表载体：电视大赛（兰州）

获奖及影响：作品获得甘肃首届"电视书法大赛"二等奖。

简　　介：丁彦平，别署品砚室主、朴豪轩主、得月楼主、书之高阁主人，1980年9月11日，生于甘肃定西市安定区，本科学历（汉语言文学专业），现为中国书法家协会会员，北兰亭会员，甘肃省青年书法家协会副秘书长，定西市青年书法家协会副主席，定西市书画院副院长，定西市画院画师。

0145 《古文三首》

作品类别：书法类

作　　者：阎志笃

发表时间：2010-12-01

发表载体：电视书法大赛兰州，2010年12月获甘肃省电视书法大赛优秀奖。

简　　介：阎志笃，男，汉族，出生于1960年12月13日，甘肃省定西市安定区人，结业于天津市神州书画进修学院，现为甘肃省书法家协会会员、甘肃省硬笔协会会员、定西市书协理事、定西文化馆特聘馆员、定西市书画院特聘书画师。

0146 《三段体》

作品类别：书法类

作　　者：石炜先

发表时间：2006-07-02

发表载体：杜甫陇右诗（意）书画作品展

获奖及影响：该作品在"杜甫陇右诗意书画作品展"中获优秀奖（甘肃省美术家协会、甘肃省书法家协会主办）。

简　　介：石炜先，笔名石可，1947年11月出生，甘肃天水人。1976年毕业于南京林业大学，甘肃省小陇山林业局高级工程师，现为中国书法家协会会员、甘肃省书法家协会会员、天水市书法家协会常务理事、天水市麦积区导流山书画院院长，该作品在杜甫陇右诗"意"书画作品展中获优秀奖（甘肃省美术家协会、甘肃省书法家协会主办）。

0147 《印象金塔》、行书《金塔八景》

作品类别：书法类

作　　者：常宝华

发表时间：2009-02-10

发表载体：敦煌文艺出版社

获奖及影响：作品曾获1997年酒泉中小学师生书画展教师书法一等奖，并在1999甘肃省书协主办"甘肃省首届少儿书法展览"教师组展出。

简　　介：常宝华，男，1971年1月生于甘肃省山丹县，1989年考入河西学院汉语言文学专业，1991年参加工作至今，现为金塔县中学语文教师，曾于1997年获甘肃省酒泉市"情系伟大祖国，迎盼香港回归"全区中小学师生书画展教师组一等奖，1999年入展甘肃省书协主办"甘肃省首届少儿书法展览"，2003年获甘肃省金塔县"建党82周年书画摄影作品展"一等奖等等。2008年作品被收入甘肃省《酒泉市党员干部书画作摄影精选作品集》，2009年有多幅书法摄影作品被选入敦煌文艺出版出版的《印象金塔》大型丛书。

0148 《老子道德经》（小楷）

作品类别：书法类

作　　者：金福祥

发表时间：2007-12-11

发表载体：敦煌文艺奖

获奖及影响：第六届"敦煌文艺奖"三等奖

简　　介：金福祥，1956年生，甘肃省榆中县人现为甘肃省书法家协会会员、中国中青年书法家协会理事，兰州市书法家协会副主席，兰州市青年书法家协会副主席，兰州市作家协会会员，兰州老年大学书法讲师，兰州五泉书画研究会会员，甘肃丝绸之路协会理事。现供职于兰州市国税局。自幼受家庭熏陶，在我省已故全国著名书法大师金玉振先生的启蒙教授下，自幼受家庭熏陶，在已故全国著名书法大师金玉振先生的启蒙教授下，从魏、晋、唐楷和汉隶入手，孜孜不倦地临帖学习，现已彰显出个人风格，擅长魏碑和小楷。作品多次在国内外书法大展、赛上获奖，多次在全国和省内外参加各项书法大展并获奖，书法作品入编全国、省、市多种艺术专集，经常在省内外报刊发表书法、理论和诗歌作品。

0149 《书法创作》

作品类别：书法类

作　　者：王亚军

发表时间：1998-05-01

发表载体：敦煌文艺奖

获奖及影响：甘肃省第二届敦煌文艺奖

简　　介：王亚军，男，汉族，民革党员，1960年出生于甘肃省兰州市，中国书法家协会会员，中国书法家协会第四届国际交流委员会委员，甘肃省书法家协会副主席，甘肃省书法家协会鉴定评估委员会主任，甘肃书法院创作员，兰州市书法家协会副主席，2009年被省委组织部、省委宣传部、省文联授予甘肃省首届中青年"德艺双馨"文艺工作者称号，同年被中国书法家协会评为"中国书法进万家"活动先进个人。书法专业活动及成果全国首届正书大展（入展）、全国第七届书法篆刻展（入展）、全国第四届楹联书法展（入展）、中日邦交正常化30周年书法展（获奖）韩中第一回书艺家作品展（入展）、首届甘肃书法张芝奖（获奖）、甘肃省第二届敦煌文艺奖（获奖）、甘肃省第四届敦煌文艺奖（获奖）、任甘肃省历届专业性书法大展评委出版物《敦煌风全国中青年书法精品库——王亚军作品》《亚军诗书叶》等。

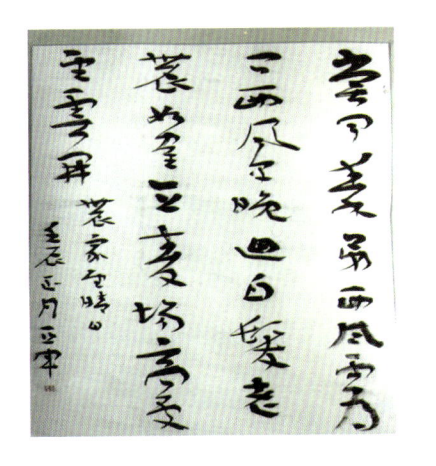

0150 《沁园春雪》

作品类别：书法类

作　　者：殷治国

发表时间：2000-03-05

发表载体：省部级 000 年 3 月获第二届酒泉精神文明建设"五个一工程"奖。

0151 《毛泽东沁园春·雪》

作品类别：书法类

作　　者：张炯光

发表时间：2014-08-15

获奖及影响：《毛泽东沁园春.雪》在"八一杯"中国南昌第八届文学艺术大赛中获书法一等奖，《毛泽东·六盘山》在红色潇湘中国中老年书画名家作品大典中获金奖。

简　　介：张炯光，笔名瀚涛，男，汉族，1963 年 7 月出生于书香门第，自幼酷爱书法，萌发了书法的浓厚兴趣，多年勤奋自学，研究历代书家，楷、行、草、隶体，作品多次参加省、市县价财政系统书法大赛并获奖，厚经杨兴年大师的指点，书法端庄，自然流畅，古雅纯和，几十年来近古摹今，广览博撷，览地不辍，逐渐形成了自己的风格。

0152 唐·宋之问《题大庾岭北驿》

作品类别：书法类

作　　者：穆钧

发表时间：2003-08-30

简　　介：穆钧，甘肃秦安人，中国书协会员，中国国家画院胡抗美、曾翔书法工作室成员。作品入展：全国第四届正书展、全国第二届隶书展、全国首届大字展、全国第五届新人新作展"冼夫人"奖、全国书法大赛"敦煌杯"、全国书法大赛甘肃省书法晋京展、甘肃省书法名家百人展、首届甘肃省青年书法提名展、甘肃省第四届中青展、甘肃省第二届"张芝奖"等，《书法导报》《美术报》等报刊均有作品发表。

0153 《小篆汇编》

作品类别：书法类

作　　者：张思明

发表时间：2011-06-11

发表载体：出版

获奖及影响：获"五个一工程"奖

简　　介：张思明，男，汉族，生于 1938 年，1983 年以来着手《小篆汇编》，于 2011 年由人民出版社出版。

0154 《甘泉云雾山静乐宫匾额书法》等

作品类别：书法类

作　　者：屈德洲

发表时间：2009-03-01

发表载体：甘泉云雾山静乐宫地藏王菩萨殿匾额

简　　介：屈德洲，号云雾山人，男，1945年12月生，天水市麦积区甘泉镇屈家坪村人。中国书法家协会会员，副研究馆员，天水著名书法家，其书法飘逸雄奇，气势磅礴，格调高雅，注重情感及个性的宣泄，形成自己独特的风格，绘画将书法的技巧灵活运用于画作中，作品简约率意，气韵生动，神完韵足，笔墨传神。1989年，屈德洲书法参加"于右任杯"全国书法大赛，荣获三等奖。出版《屈德州书画集》等。传略载入《中国当代书法家辞典》《中国当代书画名家作品选》《中国当代书法家选集》等多部辞书典籍。

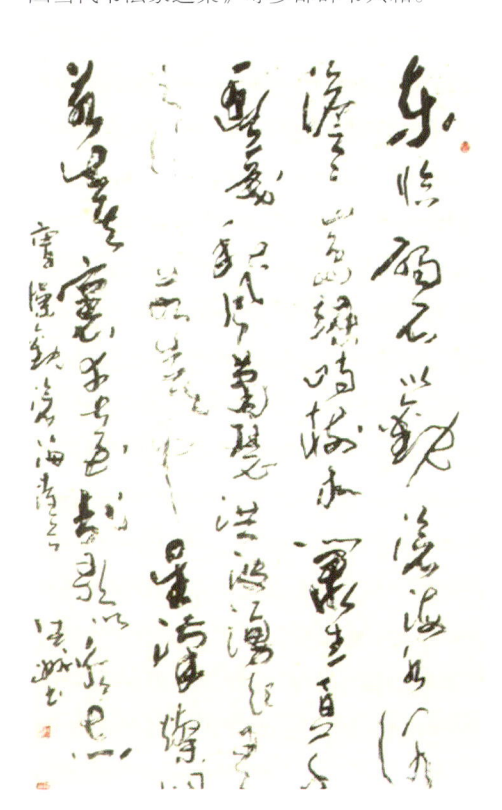

0155 《唐诗》

作品类别：书法类

作　　者：李敏

发表时间：2005-08-15

发表载体：甘肃第二届书法展兰州2005.8

简　　介：李敏，1962年3月生，字，睿之，号堡子堂主，蛟头龙尾山人，现为甘肃省书法家协会会员，中国西部教育基地书画研究会理事，定西市书协理事，定西市书画院画师，陇中画院画师，安定区文化馆特聘名誉馆员，定西市红源装饰总汇经理，师从林柚、齐作声、陈洪武、苗培红等大师。其作品近年来多次在《书法报》《书法导报》等报刊发表，并在全国、省、市书法大赛入展中获奖。

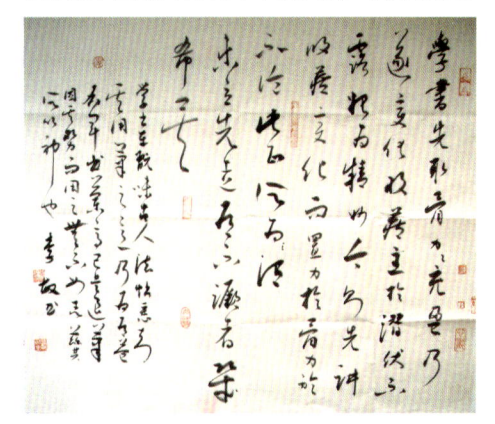

0156 行书《文征明诗四首》

作品类别：书法类

作　　者：胡询之

发表时间：2011-11-19

发表载体：甘肃美术出版社

简　　介：尺寸，八尺整幅，宣纸设色。

0157 《陇山松涛》

作品类别：书法类

作　　者：石炜先

发表时间：1992-06-07

发表载体：甘肃日报

获奖及影响：书法作品先后入选国家书协举办的：首届"敦煌国际艺术节书法作品展"；陕汽杯全国名家名人书法邀请展；首届、二届全国老年书法展；全国黄帝内经碑文书法展入选刊碑；首届"全国重阳书法篆刻展"获优秀奖；首届全国册页书法展入围；第二届"全国草书艺术书法展"入围。

简　　介：石炜先，笔名石可，1947年11月生于天水，1978年毕业于南京林业大学，甘肃省小陇山林业实验局处级干部、林业高级工程师，已退休。现为中国书法家协会会员，甘肃省书法家协会会员，中国林业书协理事，天水市书法家协会理事，天水导流山书画院院长（民间组织）。

0158 《阿拉伯文书法》

作品类别：书法类

作　　者：马石头

发表时间：1996-12-21

发表载体：甘肃少数民族书法大奖赛

获奖及影响：阿文书法一等奖

简　　介：马石头，男，回族，现居兰州市，1967年生于平凉市，青少年时期学习阿拉伯文书法，其阿拉伯文书法具有明显的中国民族文化特色，他的作品不但中国人喜欢，阿拉伯文人也很喜欢。代表作《一笔太思米》享誉海内外，参加国内外书画展多次获金奖、一等奖，被多部辞书收录，作品被沙特阿拉伯、土耳其、伊朗、美国哈佛大学、埃及爱资哈尔大学、伊朗、马来西亚等学术、文化机构收藏。现任中国伊协/中国穆斯林杂志特约书法师，并担任多个国际书法机构的顾问、常务理事和专职书法师、研究员等，1996年获得甘肃省民委举办的"全省少数民族书法大奖赛"阿拉伯文书法一等奖，1999年担任《兰州书画报》总编辑，2000年任"首届全国阿拉伯文书法展"组委会主席，并主持了我国有史以来第一次中国体阿拉伯文书法研讨会，2002年任第二届"全国阿拉伯文书法展"组委会主席，甘肃穆斯林书画摄影协会副会长、中国回族学会理事、甘肃省作家协会会员，甘肃省诗文书画院院长。

0159 《甘肃省行书条幅》

作品类别：书法类

作　　者：道金平

发表时间：2007-02-28

获奖及影响：获甘肃省第二届张芝奖书法大展的提名奖。

0160 《行楷》

作品类别：书法类

作　　者：姚少柏

发表时间：2013-09-20

发表载体：甘肃省促三农农民书画展

获奖及影响：优秀奖

0161 《春日》（行书）

作品类别：书法类

作　　者：王明进

发表时间：2013-09-20

发表载体：甘肃省促三农农民书画展

获奖及影响：优秀奖

简　　介：抄录南宋著名理学家、思想家、哲学家、教育家朱熹写的《春日》古诗一首。

0162 《五段体》

作品类别：书法类

作　　者：石炜先

发表时间：2012-09-26

发表载体：甘肃省第二届"科技界书画摄影展"

获奖及影响：该作品在甘肃省第二届"科技界书画摄影展"中获三等奖（甘肃省美术家协会、甘肃省书法家协会、甘肃省摄影家协会主办）。

简　　介：石炜先，笔名石可，1947年11

月出生,甘肃天水人,1976年毕业于南京林业大学,甘肃省小陇山林业局高级工程师,现为中国书法家协会会员、甘肃省书法家协会会员、天水市书法家协会常务理事、天水市麦积区导流山书画院院长。该作品在甘肃省第二届科技界书画摄影展中获三等奖(甘肃省书法家协会、甘肃省美术家协会、甘肃省摄影家协会主办)

0163 《临石鼓文》(行书)

作品类别:书法类

作　　者:张振虎

发表时间:2008-08-05

发表载体:甘肃省第二届临帖展

获奖及影响:入选甘肃省第二届临帖展

0164 《牛撅造像》(隶书)

作品类别:书法类

作　　者:黄瑛

发表时间:2008-08-05

发表载体:甘肃省第二届临帖展

获奖及影响:入选甘肃省第二届临帖展

0165 甘肃省第二届青年书法家养天《楹联》

作品类别:书法类

作　　者:张振虎

发表时间:2009-09-27

发表载体:甘肃省第二届青年书法家养天(楹联)

获奖及影响:入选"窑街煤电杯甘肃省第二届青年书法家提名奖"。

0166 《滕王阁序》

作品类别:书法类

作　　者:徐万翔

发表时间:2007-01-24

发表载体:甘肃省第二届书法篆刻"张芝奖"

获奖及影响:入展甘肃省第二届书法篆刻"张芝奖"。

简　　介:徐万翔,男,1962年生于甘肃大水,现为中国书法家协会专业一级书法家,甘肃省书法家协会会员、天水市书法家协会行书委会委员,该作品入展甘肃省第二届书法篆刻"张芝奖"。

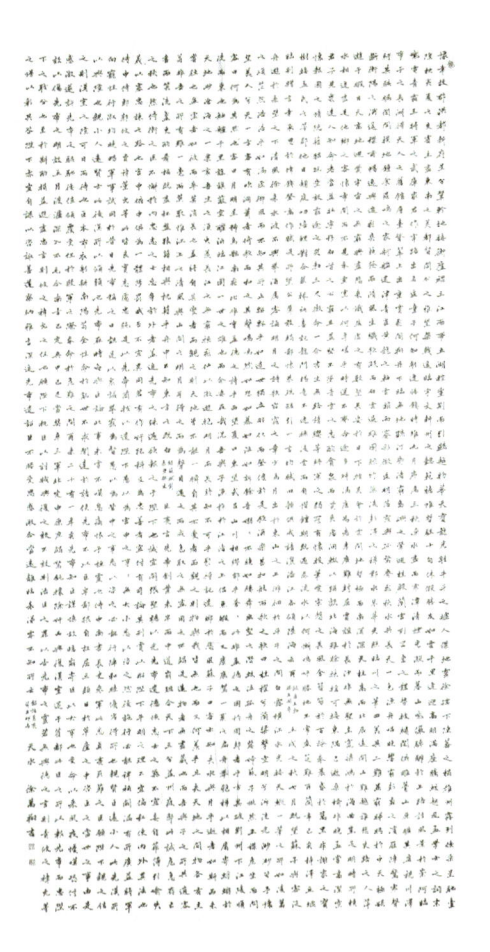

0167 《唐诗五首》（楷书）

作品类别：书法类

作　　者：黄瑛

发表时间：2005-08-15

发表载体：甘肃省第二届书法篆刻新人新作展

0168 《出师表》

作品类别：书法类

作　　者：徐万翔

发表时间：2005-08-15

发表载体：甘肃省第二届新人新作展

获奖及影响：入展甘肃省第二届新人新作展。

0169 《唐诗一首》

作品类别：书法类

作　　者：谢小蕾

发表时间：2013-12-20

发表载体：甘肃省第六届青年儿童书法大赛

获奖及影响：该作品在甘肃省第六届青少年

书法大赛中获优秀奖（甘肃省书法家协会、甘肃省少儿书法学会主办）。

简　　介：谢小蕾，女，汉族，甘肃天水人，生于1992年6月生，于2011年考入陇东学院美术系，本科。该作品在甘肃省第六届青少年书法大赛中获优秀奖（甘肃省书法家协会、甘肃省少儿书法学会主办）。

0170 《碧荷生幽泉》

作品类别：书法类
作　　者：雷万军
发表时间：2013-12-30
发表载体：甘肃省第六届青少年儿童书法大赛
获奖及影响：该作品在甘肃省书法家协会举办的"甘肃省第六届青少年儿童书法大赛中获大学组优秀奖"（甘肃省书法家协会主办）。
简　　介：雷万军，男，1992年4月生于甘肃天水。自幼酷爱书画，08年开始专业美术训练，2011年考入陇东学院美术学院，师从冯华茂、杨浩奇等老师，取法汉简、隶书，自成风貌。该作品在甘肃省书法家协会举办的"甘肃省第六届青少年儿童书法大赛中获大学组优秀奖"（甘肃省书法家协会主办）。

0171 《对联》

作品类别：书法类
作　　者：许涛
发表时间：2013-12-30
发表载体：甘肃省第六届青少年儿童书法大赛
获奖及影响：该作品在甘肃省书法家协会举办的"甘肃省第六届青少年儿童书法大赛"中获大学组二等奖（甘肃省书法家协会主办）。
简　　介：许涛，男，1990年生。本科学历，甘肃天水人。就读于陇东学院，美术学专业，现为甘肃省庆阳市书法家协会会员。自幼酷爱书法，从事书法绘画多年，尤擅隶属，从隶书入手，后转魏碑，再至"二王"。该作品在甘肃省书法家协会举办的"甘肃省第六届青少年儿童书法大赛"中获大学组二等奖（甘肃省书法家协会主办）。

0172 《竹林七贤》（隶书）

作品类别：书法类

作　　者：黄瑛

发表时间：2009-09-28

发表载体：甘肃省第三届"张芝奖"

获奖及影响：入围甘肃省第三届"张芝奖"艺术奖。

0173 《卢建坤书法作品》

作品类别：书法类

作　　者：卢建坤

发表时间：2010-08-09

发表载体：甘肃省第三届农民书法展

简　　介：书法是中国传统文化艺术发展五千年来最具有经典标志的民族，它是用毛笔书写汉字并具有审美惯性的艺术形式，书法堪称中国的"第四宗教"，有着强烈的吸引力、仪式感和大众参与性。技法上讲究执笔、用笔、点画、结构、墨法、章法等，与中国传统绘画、篆刻关系密切。卢老师的书法作品在执笔、用笔、点画、结构、墨法、章法中都掌握的恰到好处值得练习书法的学习者学习和研究。

0174 《赵元鹏书法作品》

作品类别：书法类

作　　者：赵元鹏

发表时间：2013-09-09

发表载体：甘肃省第三届双拥书画艺术展

获奖及影响：获"鱼水情"甘肃省第三届双拥书画艺术展入展资格。

0175 《行书》

作品类别：书法类

作　　者：郭鸿俊

发表时间：2009-09-28

发表载体：甘肃省第三届张芝奖

获奖及影响：行书参加甘肃省第三届张芝奖获艺术奖郭鸿俊，中国书法家协会会员。

0176 《岳阳楼记》（行草）

作品类别：书法类

作　　者：刘成

发表时间：2009-09-28

获奖及影响：入展甘肃省第三届"张芝奖"艺术奖。

0177 《09-0000醉翁亭记》（楷书）

作品类别：书法类

作　　者：张振虎

发表时间：2009-09-28

获奖及影响：获得甘肃省第三届张芝奖"艺术奖"三等奖。

0178 《傅有宏书法作品》

作品类别：书法类

作　　者：傅有宏

发表时间：2011-08-09

获奖及影响：书法作品入展甘肃省第三届"张芝奖"艺术奖。

简　　介：傅有宏，敦煌书法家。书法作品入展甘肃省第三届"张芝奖"艺术奖。

0179 《清风淡月》（对联）

作品类别：书法类

作　　者：张振虎

发表时间：1998-05-25

发表载体：甘肃省第三届中青年书法篆刻展

0180 《宋词一首》（小楷）

作品类别：书法类

作　　者：刘成

发表时间：2004-10-09

发表载体：甘肃省第四届"书法篆刻作品展"

0181 《九成台铭》

作品类别：书法类

作　　者：王建鹏

发表时间：2014-05-01

发表载体：甘肃省第四届"新人书法作品展"

简　　介：王健鹏，字皓石，斋号得闲居，又号原州山人，1968年生于甘肃镇原，自少年时期便喜爱书法，曾参加1987届中国书画函授大学书法系学习，获得学员毕业汇报展优秀作品奖，1991年获得全国青少年书法品、段、级位评定三段证书。作品入编《中国书画艺术博览》，多年来虽有间断，然用心从未间断，且越来越痴迷于书法艺术。该作品入展甘肃省第四届新人书法作品展。

0182 《隶书·汉简》

作品类别：书法类
作　　者：许涛
发表时间：2014-04-16
发表载体：甘肃省第四届新人书法作品展
获奖及影响：该作品入展甘肃省第四届新人书法作品展（甘肃省书法家协会主办）。
简　　介：许涛，男，1990年生。本科学历，甘肃天水人。就读于陇东学院，美术学专业，现为甘肃省庆阳市书法家协会会员，自幼酷爱书法，从事书法绘画多年，尤擅隶属，从隶书入手，后转魏碑，再至"二王"，该作品入展甘肃省第四届新人书法作品展（甘肃省书法家协会主办）。

0183 《苏轼词钞》

作品类别：书法类
作　　者：马健行
发表时间：2014501
发表载体：甘肃省第四届新人书法作品展
获奖及影响：该作品入展甘肃省第四届新人书法作品展（甘肃省书法家协会主办）。
简　　介：马健行，男，1955年12月生于甘肃礼县盐官镇，字怀波，号知知堂主人，中教高级职称，先后供职于甘肃省礼县师范学校、天水市麦积区教师进修学校、天水市麦积区政府教育督导室、天水市麦积区教育局。六岁随叔父临帖习书，此后五十年临池不辍。现为甘肃省书法家协会会员、中国老年书画学会理事，中国现代文艺出版社顾问。该作品入展甘肃省第四届新人书法作品展。

0184 《桃李园序》
作品类别：书法类
作　　者：陈怀杰
发表时间：2014-05-01
获奖及影响：荣获甘肃省第四届新人书法作品展入展奖。

0185 《篆书·对联》
作品类别：书法类
作　　者：温廷彦
发表时间：2014-05-01
获奖及影响：该作品入展甘肃省第四届新人书法作品展。
简　　介：温廷彦，男，1957年4月生，天水市麦积区新阳镇中心学校高级教师，甘肃省硬笔书法家协会会员，天水市书法家协会会员。该作品入展甘肃省第四届新人书法作品展。

0186 《魏碑中堂》
作品类别：书法类
作　　者：史新顺
发表时间：2014-03-10
发表载体：甘肃省第四届新人新作展
获奖及影响：甘肃省第四届新人新作展作品集。

0187 《褚体楷书》
作品类别：书法类
作　　者：高建雄
发表时间：2014-03-07
发表载体：甘肃省第四届新人新作展
获奖及影响：甘肃省书协展出活动并出刊

0188 《对联》（隶书）
作品类别：书法类
作　　者：黄瑛
发表时间：2004-10-09
发表载体：甘肃省第四届中青年书法篆刻展
获奖及影响：入围甘肃省第四届中青年书法篆刻展。

0189 《陆游诗》（隶书）
作品类别：书法类
作　　者：黄瑛
发表时间：2008-08-05
发表载体：甘肃省第五届中青年书法展
获奖及影响：入选甘肃省第五届中青年书法展

0190 《书论选抄》（行书）
作品类别：书法类
作　　者：张振虎
发表时间：2008-08-05
发表载体：甘肃省第五届中青年书法展
简　　介：入选甘肃省第五届中青年书法展

0191 《行书作品》
作品类别：书法类
作　　者：陆景春
发表时间：2006-03-01
发表载体：甘肃省电力系统书画展览
获奖及影响：甘肃省电力系统书画展览二等奖

简　　介：陆景春，男，汉族，字卧石，1956年生于玉门，自幼喜爱书法，工作之余勤学苦练，坚持至今，其间先后临习柳公权、欧阳询、黄自元楷书，近年来多以历代诸名家名帖为范本广泛研习和临写，曾经著名书法家朱明山、王培龙先生的指导，其创作行书作品获甘肃省电力系统书画展览二等奖，多次参加市县及省内外书画展览并获二、三等奖。

0192 《小楷》

作品类别：书法类

作　　者：李应刚

发表时间：2013-09-20

发表载体：甘肃省久鼎杯促三农农民书画展

获奖及影响：优秀奖

0193 《行草》

作品类别：书法类

作　　者：王虹

发表时间：2013-09-20

发表载体：甘肃省久鼎杯促三农农民书画展

获奖及影响：优秀奖

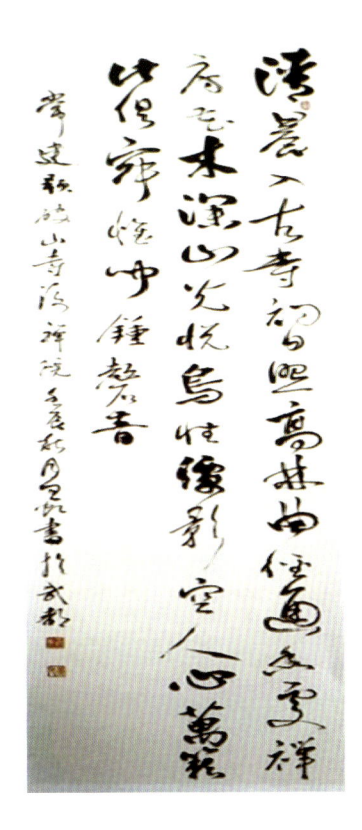

0194 《行草》

作品类别：书法类

作　　者：田杰

发表时间：2013-09-20

发表载体：甘肃省"久鼎杯"促三农农民书画展

获奖及影响：优秀奖

简　　介：作者田杰参加甘肃省"久鼎杯迎国庆、促三农，2013年农民书画展"作品。

0195 《毛泽东诗词》（行书）

作品类别：书法类

作　　者：刘成

发表时间：2004-06-01

发表载体：甘肃省青少年儿童书法大赛

获奖及影响：入选第二届甘肃省青少年儿童书法大赛教师组入选作品奖。

0196 《"每临骤然"隶书对联》

作品类别：书法类

作　　者：韩朝晖

发表时间：2010-06-01

发表载体：甘肃省人社系统书法绘画摄影大赛，对联《每临骤然》在甘肃省人力资源和社会保障系统书法绘画摄影大赛获奖并结集出版。

简　　介：韩朝晖，男，生于1972年1月，甘肃省通渭县人，现为酒泉市书法家协会会员、玉门市书法家协会副主席。幼承庭训，笃好翰墨，少从颜楷入手，后涉足隶书，粗研汉隶，隶书对联《每临骤然》力显张迁碑，方直圆转和灵动飘逸之妙，书写时强调笔墨枯湿浓淡之变化，力求达到相互协调的效果。

0197 《后出师颂》

作品类别：书法类

作　　者：杨天雄

发表时间：2011-01-07

发表载体：甘肃省农民书画展

获奖及影响：优秀奖

简　　介：杨天雄，男，汉族，67岁，甘肃省庆阳市合水县三里店村农民，甘肃省书法家协会会员，庆阳市老年书法家协会会员，合水县书法家协会理事，甘肃省庆阳市合水县西华池镇农民书法家。作品多次参加国家、省市各级书法大赛并有获奖，作品《后出师颂》，纸本小楷，金粉，以灵飞经为创作基调，曾获甘肃省农民书画大赛三等奖，入展省书协展赛多次。

0198 魏碑楷书《正气歌》

作品类别：书法类

作　　者：白贵怀

发表时间：2014-05-12

发表载体：甘肃省首届公务员书法展作品集

简　　介：白贵怀书法简历白贵怀，男，汉族，甘肃榆中人，生于1970年，大学学历。现为甘肃省书协会员、兰州市书协副秘书长、榆中县书协主席。书法作品获奖及入展情况：2009年，兰州市三县五区书法联展入展；甘肃省书协第八期创作提高班学习；2011年，庆祝中国共产党成立九十周年兰州市首届书法篆刻展获得一等奖；2013年，兰州市首届文艺创作奖书法馨墨奖获铜奖；甘肃省双联展入展；兰州市书法晋京展入展；2014年甘肃省文联、书协双联展获得二等奖；甘肃省首届公务员书法展入展；兰州市第二届文艺创作奖书法馨墨奖获优秀奖；兰州市书画深圳展入展；兰州市秦牍汉简地域书法展入展；西北师大首届书法高研班学习。

0199 《书李白诗一首》

作品类别：书法类

作　　者：马健行

发表时间：2014-05-01

发表载体：甘肃省首届公务员书法作品展

获奖及影响：该作品入展甘肃省首届公务员书法作品展（甘肃省书法家协会主办）。

简　　介：马健行，男，1955年12月生于甘肃礼县盐官镇，字怀波，号知知堂主人，中教高级职称，先后供职于甘肃省礼县师范学校、天水市麦积区教师进修学校、天水市麦积区政府教育督导室、天水市麦积区教育局，六岁随叔父临帖习书，此后五十年临池不辍。现为甘肃省书法家协会会员、中国老年书画学会理事，中国现代文艺出版社顾问。该作品入展甘肃省首届公务员书法作品展。

0200 《心经》

作品类别：书法类

作　　者：王尊寿

发表时间：2014-05-01

发表载体：甘肃省首届公务员书法作品展

获奖及影响：在甘肃省书法家协会举办的甘肃省首届公务员书法作品展中入展。

简　　介：王尊寿，字安然，男，一九五四年出生于甘肃省永靖县白塔川，曾参加中国书法家协会西部书法教育基地举办的第十一期书法研修班，2014年参加甘肃省书法家协会举办的第十一期书法创作提高班。现为永靖县书法家协会任副主席，多次参加州县举办的书画展，获得优秀奖。作品入展2014年甘肃省首届全省公务员书法展，《心经》六尺整张，创作于2014年早春，其作品书风清峻飘逸，含蓄蕴藉，行云流水，是一幅优秀的临摹作品。

0201 草书《东坡论书》

作品类别：书法类
作　　者：尹斌业
发表时间：2014-03-26
发表载体：甘肃省首届公务员书法作品展
获奖及影响：入展"甘肃省首届公务员书法作品展"。

0202 《草书·十方格》

作品类别：书法类
作　　者：石炜先
发表时间：2008-08-05
发表载体：甘肃省首届老年书法展
获奖及影响：该作品入展甘肃省首届老年书法展（甘肃省书法家协会主办）。
简　　介：石炜先，笔名石可，1947年11月出生，甘肃天水人，1976年毕业于南京林业大学，甘肃省小陇山林业局高级工程师。现为中国书法家协会会员、甘肃省书法家协会会员、天水市书法家协会常务理事、天水市麦积区导流山书画院院长。该作品入展甘肃省首届老年书法展（甘肃省书法家协会主办）。

0203 节临《张猛龙碑》

作品类别：书法类
作　　者：顾军
发表时间：2006-04-18
发表载体：甘肃省首届临贴展
获奖及影响：甘肃省首届临贴展获提名奖

0204 《与贤集古》篆书对联

作品类别：书法类
作　　者：石生栋
发表时间：2011-01-19
发表载体：甘肃省首届农民书画展
简　　介：石生栋，汉族，1977年年2月生，甘肃省白银市靖远县石门乡石门村人，农民，甘肃省书法家协会会员，白银市书法家协会会员。2008年8月，甘肃省第五届中青年书法展入展（甘肃省书协）；2008年12月，"砚都杯"全国书法篆刻大赛入展提名（广东省书协）；2009年9月，甘肃省第三届"张芝奖"艺术奖（甘肃省文联）；2009年9月，"百年兰大杯"全国书法篆刻大赛入展；2010年"谢氏杯"《书法》杂志第三届中国书坛中青年"百强榜"进入500强作者；2010年，甘肃首届电视书法大赛获铜奖；（甘肃省青年书法家协会）2011年1月，甘肃省首届农民书画展（书法类）二等奖；（中共甘肃省委农村工作办公室）；2012年6月，白银市首届"人口文化艺术节"书法、绘画、美术类作品评比二等奖；（中共白银市委宣传部）2012年9月，《金篆条幅》荣获甘肃省人口文化艺术节书法类作品二等奖（中共甘肃省委宣传部）；获奖作品《与贤集古》篆书对联创作于2011年1月，内容以中山王鼎铭文笔意为之，其书精美华丽，镌刻颇工，其字方长不失圆转，风华流溢，美轮美奂。

0205 《返璞归真》

作品类别：书法类
作　　者：伍东民
发表时间：2011-01-01
发表载体：甘肃省首届农民书画展
获奖及影响：入选"甘肃省首届农民书画展"
简　　介：伍东民，男，甘肃玉门人，大学本科学历，毕业于西北师范大学美术系，参加工作后曾在玉门市文化馆、博物馆从事艺术创作和文博管理。现担任玉门市文化体育局副局长、甘肃省美术家协会会员、甘肃省书法家协会会员、甘肃省榜书研究会会员、玉门美术家协会副主席、玉门书法家协会副主席兼秘书长、玉门书画院副院长、甘肃省博物馆协会会员、中国美术学院考级中心甘肃考区辅导教师、酒泉市史志学会会员，长期从事艺术创作和文化理论研究。擅长油画、水粉画和书法。

0206 《隶书条幅》

作品类别：书法类
作　　者：张念祥
发表时间：2011-01-19
发表载体：甘肃省首届农民书画展
简　　介：张念祥（年祥），毕业于中国书画函授大学书法专业，中国书法研究院艺术委员会委员，甘肃省书法家协会会员，现任白银市书法家协会副主席，政协平川区第六届委员会委员，平川区志编辑中国黄河石林书画院院务理事，艺术委员，平川区书协常务副主席、系中国著名书法家书法理论家赵正（黎泉）先生弟子，并得益于著名书法家翟万益先生的指导，赵正先生赠并书斋号"三乐。其作品擅长行、草、隶书及篆刻。在自身提高的同时，积极指导当地书法爱好者参加省、市及全国的书法展览。

0207 《孔子世家赞》

作品类别：书法类
作　　者：刘屹
发表时间：2011-06-28
发表载体：甘肃省首届书法篆刻大展
获奖及影响：甘肃省首届书法篆刻大展首届书法篆刻大展新人展。
简　　介：刘屹，男，汉族，1961年4月生于河北省唐山市，现供职于永靖县发展改革局。多次参加省、州书法作品展，现为临夏州书法家协会会员，永靖县书法家协会副主席。作品《孔子世家赞》2011年6月入展甘肃省首届书法篆刻大展新人展。

0208 《爱莲说》

作品类别：书法类
作　　者：贾兴
发表时间：2011-06-28
发表载体：甘肃省首届书法篆刻展
获奖及影响：入展甘肃省纪念建党90周年首届书法篆刻展览。
简　　介：贾兴，男，生于1970年9月，甘肃甘州人。现供职于甘州区沙井镇人民政府，擅长书画，楷书作品入选《甘肃省纪念建党90周年首届书法篆刻大展》和《甘肃省书法家协会第十期创作提高班学员作品集》。

0209 《说泰解真》（楷书）

作品类别：书法类
作　　者：张振虎
发表时间：2011-06-28
发表载体：甘肃省首届书法篆刻展
获奖及影响：获得甘肃省首届书法篆刻展一等奖。

0210 《吴生文书法》作品

作品类别：书法类
作　　者：吴生文
发表时间：2013-06-05
发表载体：甘肃省书法创作提高班学员作品展，省部级13年在省书协举办的"甘肃省第九期书法创作提高班学员作品展"中展出。
简　　介：吴文生敦煌市书法家，他的书法作品在2013年"甘肃省第九期书法创作提高班学员作品展"中展出。

0211 《文徵明诗一首》行草书

作品类别：书法类
作　　者：王建波
发表时间：2012-02-28
发表载体：甘肃省书法家协会
获奖及影响：入围全省"山丹红杯"书法大赛。

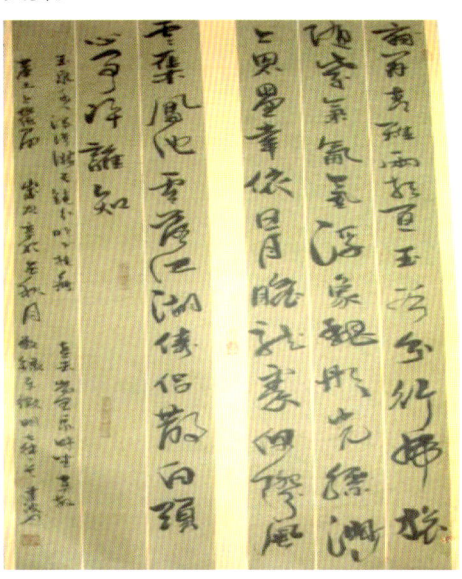

0212 《章草作品》

作品类别：书法类
作　　者：杜生昌
发表时间：2004-06-26
发表载体：甘肃省书法家协会
获奖及影响：获甘肃第四届中青年书法篆刻展提名奖。

0213 《八尺四条屏》楷书

作品类别：书法类
作　　者：令朝阳
发表时间：2006-08-07
发表载体：甘肃省书法家协会编
获奖及影响：在甘肃省第三期书法创作提高班被评为优秀学员。

0214 清人先季父《月夜庭中独步》

作品类别：书法类
作　　者：胡询之
发表时间：2007-08-19
发表载体：甘肃省书法家协会出版
获奖及影响：入展"守望敦煌——甘肃书法展"。

0215 《梦游天姥吟留别》

作品类别：书法类

作　　者：贾兴

发表时间：2014-06-15

发表载体：甘肃省书法家协会第十期学员作品集

简　　介：贾兴，男，生于1970年9月，甘肃甘州人。现供职于甘州区沙井镇人民政府，擅长书画。楷书作品入选《甘肃省纪念建党90周年首届书法篆刻大展》和《甘肃省书法家协会第十期创作提高班学员作品集》。

0216 《章草作品》

作品类别：书法类

作　　者：杜生昌

发表时间：2005-07-20

发表载体：甘肃省书法协会

获奖及影响：荣获"丝绸之路首届甘肃省书画作品大赛"二等奖。

0217 《篆书》

作品类别：书法类

作　　者：包转红

发表时间：2010-06-12

发表载体：甘肃省书法篆刻大展

获奖及影响：篆书参加甘肃省书法篆刻展获新人奖。中国书法家协会会员。

0218 《杏花骏马》（对联）

作品类别：书法类
作　　者：张振虎
发表时间：1999-08-15
发表载体：甘肃省书法篆刻展
获奖及影响：入选庆祝中华人民共和国成立五十周年甘肃省书法篆刻展。

0219 《小楷书法》作品

作品类别：书法类
作　　者：李雯清
发表时间：2012-08-06
发表载体：甘肃省书画院
获奖及影响：1.国家级、古文漫录小楷书法作品于2013年10月在海南三亚艺术交流中心入展并展出；2.古文选抄书法作品于2013年7月在省博古艺术展览中心获奖并展出；3.东坡志林书法作品于2013年12月获佳作奖刊登于酒泉艺术报并在酒泉美术馆展出。
简　　介：古文漫录于2012年创作写出的作品，内容选自于明著名书法家王宠的自序诗，诗文空灵消散，表达了作者对于入世出世的精神思想，其内容显现了王宠诗文、书法高深造诣。

0220 《明月行草条幅》

作品类别：书法类
作　　者：石卓民
发表时间：2013-05-11
发表载体：甘肃省书协
获奖及影响：入展甘肃省第四届新人展
简　　介：石卓民，男，汉族，1958年9月生于甘肃省合水县，甘肃省书法家协会会员，庆阳市书法家协会会员，合水县书法家协会副主席，2010年12月结业于清华大学美术学院书法高研班，现任教于合水县段家集中学，作品多次参加省市书画展赛并有获奖，草书《苏轼词一首》以章草为基调，参以其他笔意完成，古朴、天真，略带古拙之意，其书作深受广大群众喜爱。

0221 《行草》

作品类别：书法类
作　　者：刘志成
发表时间：2011-06-07
发表载体：甘肃省书协
获奖及影响：入展甘肃省首届书法篆刻大展
简　　介：刘志成，男，汉族，甘肃省庆阳市合水县吉岘九年制学校教师，庆阳市书协会员，合水县书法家协会副主席。近年来主攻明清行草书和米芾行书，作品多次参加省市各级书协展赛并入展获奖多次，行草《朱熹诗》，以王铎行草为基调，参以其他行草书用笔技巧创作完成，笔力浑厚，线条遒劲，反映了近期创作之状态。

0222 《楷书》

作品类别：书法类

作　　者：周智灵

发表时间：2010-09-07

发表载体：甘肃省书协、美协、影协

获奖及影响：获甘肃省新第二届科技界书画摄影优秀奖。

简　　介：周智灵，男，汉族，甘肃省庆阳市合水县人，供职于合水县科技局，庆阳市书协会员，合水县书协副主席，合水县华阳书画院常务副院长，工作之余，爱好书法，作品多次参加省市县各级各类书法大赛并有入展获奖，以楷书为主，兼习行草书。

0223 《小楷》

作品类别：书法类

作　　者：杨天雄

发表时间：2007-01-07

发表载体：甘肃省书协展出

获奖及影响：入展甘肃省第二届张芝奖

简　　介：杨天雄，男，汉族，1958年出生，甘肃省庆阳市合水县西华池镇人，甘肃省书法家协会会员，庆阳市老年书协会员，农民书法家。作品以楷书为主，兼习行草，作品近年来多系参加省市县各级书法大赛并获奖，小楷作品《楷书条幅》以灵飞经为基调，参以其他小楷笔意，结体优美，用笔舒展。

0224 《楷书》

作品类别：书法类

作　　者：顾军

发表时间：2004-04-09

发表载体：甘肃省四届中青展

获奖及影响：入选甘肃省第四届中青年书法展；入选甘肃省第四届中青年书法展。

0225 《理论是实践的先导》

作品类别：书法类

作　　者：崔顺喜

发表时间：2012-10-20

发表载体：甘肃省委《党的建设》书画展

获奖及影响：该作品在"辉煌三十年，喜迎十八大——纪念中共甘肃省委《党的建设》创刊三十周年全省书画展"中获优秀奖（中共甘肃省委宣传部主办）。

简　　介：崔顺喜，男，甘肃天水人。中共党员，政工师，大专学历。现任天水市第一粮库有限公司副总经理，天水市书法家协会会员。自幼喜爱书法，尤酷爱王羲之、赵孟頫。该作品在"辉煌三十年，喜迎十八大——纪念中共甘肃省委《党的建设》创刊三十周年全省书画展"中获优秀奖（中共甘肃省委宣传部主办）。

0226 《东大山》

作品类别：书法类

作　　者：王建波

发表时间：2012-12-01

发表载体：甘肃省文联

获奖及影响：书法作品《东大山》入选"翰墨神韵·诗意甘肃"甘肃首届作家书画展。

简　　介：书法作品《东大山》入选"翰墨神韵·诗意甘肃"甘肃首届作家书画展。

0227 《章草作品》

作品类别：书法类

作　　者：杜生昌

发表时间：2004-05-10

发表载体：甘肃省政协，甘肃省书法协会

获奖及影响：荣获甘肃省政协委员书法展三等奖。

0228 《金张掖诗抄》（楷书）

作品类别：书法类

作　　者：黄瑛

发表时间：2011-07-01

发表载体：甘肃省政协委员书画作品展

获奖及影响：获得庆祝中国共产党成立90周年·甘肃省政协委员书画作品展优秀奖。

0229 《小窗幽及·集醒卷》（楷书）

作品类别：书法类

作　　者：李鉴峰

发表时间：2010-12-01

发表载体：甘肃首届电视书法大赛

获奖及影响：获得"甘肃首届电视书法大赛"铜奖。

0230 《傅有宏书法》作品

作品类别：书法类

作　　者：傅有宏

发表时间：2010-12-08

发表载体：甘肃首届电视书法大赛

获奖及影响：书法作品在"甘肃首届电视书法大赛"评比中荣获优秀奖。

简　　介：傅有宏，敦煌书法家，书法作品在"甘肃首届电视书法大赛"评比中荣获优秀奖。

0231 《楷书》

作品类别：书法类

作　　者：王先林

发表时间：2013-10-18

获奖及影响：甘肃省第五届中青展二等奖

简　　介：王先林，甘肃凉州人，甘肃省书法家协会会员，武威市书法家协会副秘书长，凉州区书法家协会理事。

0232 《楷书》

作品类别：书法类

作　　者：赵长军

发表时间：2012-12-18

获奖及影响：甘肃省第三届中青展一等奖

简　　介：赵长军，甘肃省凉州人。甘肃省书法家协会会员，武威市书法家协会副主席，凉州书法家协会主席，凉州美术馆馆长，凉州书画院院长。

0233 《隶书》

作品类别：书法类

作　　者：丁兆庆

发表时间：2013-10-18

简　　介：丁兆庆，甘肃凉州人。中国书法家协会会员，甘肃省书法家协会副主席，武威市书法家协会主席。

0234 《篆书》

作品类别：书法类

作　　者：俞治

发表时间：2013-10-18

发表载体：甘肃书法

获奖及影响：第三届"四堂杯"全国书法大展

简　　介：俞治，甘肃民勤人，供职于凉州区文化馆，甘肃省书法家协会会员，武威市书法家协会副秘书长，凉州区书法家协会秘书长。

0235 《篆书》

作品类别：书法类

作　者：翟相永

发表时间：2013-10-18

获奖及影响：全国第二届篆书展

简　介：翟相永，甘肃凉州人，中国书法家协会会员，武威市书法家协会副主席兼秘书长，凉州书法家协会副主席。

0236 《东临碣石有遗篇》

作品类别：书法类

作　者：赵凤翔

发表时间：2012-08-12

发表载体：关中-天水经济区八市区书画联展

获奖及影响：该作品在纪念杨凌示范区成立十五周年书画活动暨关中-天水经济区八市区书画联展中获优秀奖（陕西省美术家协会、陕西省书法家协会主办）。

简　介：赵凤翔，男，1955年10月生，宁夏固原人，字一痴，号八郡闲人、古书轩主，中校军衔，在部队先后6次荣立个人三等功（其中三等战功两次），8次受到嘉奖，现为中国老年书画研究会会员、中国书画家协会理事、甘肃省书法家协会会员、宁夏六盘山书画院名誉院长、天水市老年书画研究会副会长、天水市书协理事、西部书画艺术研究院院长。

0237 《书法作品》

作品类别：书法类

作　者：许世昌

发表时间：2013-07-09

发表载体：国际书画交流展

获奖及影响：纪念唐寅诞辰540周年国际书画交流展中获金奖。

0238 《张泽中书法》

作品类别：书法类
作　　者：张泽中
发表时间：2006-10-10
发表载体：国家发改委举办的书画展
简　介：张泽中，男，汉族，甘肃甘谷人，1965年9月生，本科文化程度，中共党员，1987年毕业于天水师院美术系，曾就读于中国美协培训中心中国画高研班，曾就读于中国书协行草书高研班，现任甘谷县文联主席，为中国书法家协会书法考级中心注册教师，中国书法家协会书法考级中心甘谷工作站主任，中国美术家协会培训中心特聘画师，甘肃省美术家协会会员，甘肃省书法家协会会员，天水市文联委员，天水市美术家协会副秘书长，天水市青年美术家协会副主席，甘谷县美术家协会名誉主席。作品曾多次入选国家、省级专业展览，并有部分作品获奖。

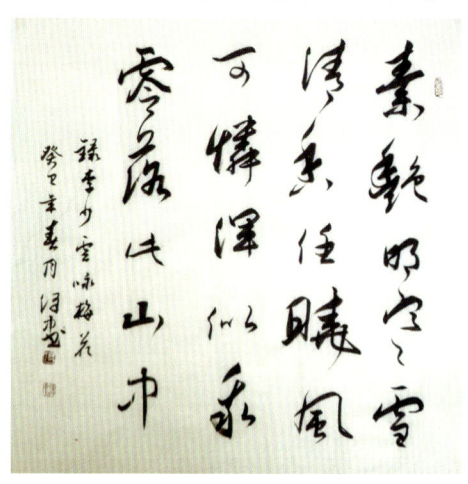

0239 《二十四孝》

作品类别：书法类
作　　者：陈虎川
发表时间：2014-08-01
发表载体：图书
获奖及影响：优秀奖
简　介：陈虎川，1970生于年甘肃静宁，甘肃省书法协会会员，零度空间书画工作室成员。获奖：首届"曾子红"杯兰亭奖孝文化主题书法展获优秀奖"百名书法家写《孝经》主题书法展"优秀奖；获第二届"中国梦想杯"书画大赛铜奖获第四届"中国国际书画艺术交流大赛"铜奖；入展："写经祈福中国梦"全国书法大展；"红色政权杯全国书画展"；"印象周宁高山茶"全国楹联书法大赛；"龙乡墨韵"第三届全国中小学教师书法作品展；甘肃省首届公务员书法作品展；甘肃省第四届新人书法展作品。

0240 《毛泽东七律》

作品类别：书法类
作　　者：田野
发表时间：2013-05-16
发表载体：韩国丽水世博国际交流展
获奖及影响：作品在中国书画名家韩国丽水世博国际交流展中被评为金奖。

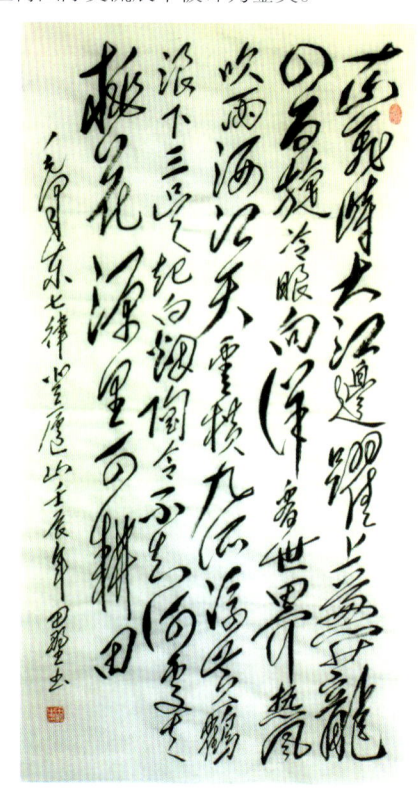

0241 《八尺篆书对联》

作品类别：书法类

作　　者：林绪有

发表时间：2004-08-20

发表载体：图书

获奖及影响：秦皇岛之夏第一届大字书法艺术展入展。

简　　介：该作为六言自撰联，字径50公分，运笔苍劲，墨韵多变，有雄强之气。该联释文"兴酣吟诗作画，心醉论古谈今。"

0242 《书法》

作品类别：书法类

作　　者：伍东民

发表时间：2007-07-01

发表载体：弘扬生态文化构建和谐省书画作品展

获奖及影响："弘扬生态文化，构建和谐甘肃"大型书画作品展入展。

简　　介：伍东民艺术，男，甘肃玉门人，大学本科学历，毕业于西北师范大学美术系，参加工作后曾在玉门市文化馆、博物馆从事艺术创作和文博管理。现担任玉门市文化体育局副局长、甘肃省美术家协会会员，甘肃省书法家协会会员，甘肃省榜书研究会会员，玉门美术家协会副主席，玉门书法家协会副主席兼秘书长，玉门书画院副院长，甘肃省博物馆协会会员、中国美术学院考级中心甘肃考区辅导教师、酒泉市史志学会会员。

0243 《行书斗方》

作品类别：书法类

作　　者：杨树岳

发表时间：2001-01-10

获奖及影响：荣获湖南省书协举办的"世纪书香"全国书画大赛三等奖。

0244 《朱锋书法作品》

作品类别：书法类

作　　者：朱锋

发表时间：2009-08-03

获奖及影响：2009年书法作品在"画说发展—美术书法专题展览"中获优秀奖。

0245 《老骥伏枥》

作品类别：书法类

作　　者：刘水潮

发表时间：2012-05-01

发表载体：纪念毛泽东延安文艺座谈会书画大赛

获奖及影响：该作品在纪念毛泽东《在延安文艺座谈会上的讲话》发表70周年全国书画大赛中获金奖。

简　　介：刘水潮，男，1954年11月生，陕西华县人，号愚夫，从小喜爱临帖，长期临池不辍对古典名碑、名帖的临习从《曹全碑》《青牛园记》到后来的《乙瑛碑》，又兼习刘增兴的汉简和张继的"随意"隶属等，现为天水市牡丹书画院副院长、西北书画艺术研究院理事，该作品在纪念毛泽东《在延安文艺座谈会上的讲话》发表70周年全国书画大大赛中获金奖。

0246 《书法》

作品类别：书法类

作　　者：伍东民

发表时间：2001-07-01

发表载体：建党80周年全区美术书法摄影展

获奖及影响：庆祝建党80周年全区美术书法摄影展，书法三等奖。

简　　介：伍东民，男，甘肃玉门人，大学本科学历，毕业于西北师范大学美术系，参加工作后曾在玉门市文化馆、博物馆从事艺术创作和文博管理，现担任玉门市文化体育局副局长、甘肃省美术家协会会员、甘肃省书法家协会会员、甘肃省榜书研究会会员、玉门美术家协会副主席，玉门书法家协会副主席兼秘书长、玉门书画院副院长、甘肃省博物馆协会会员、中国美术学院考级中心甘肃考区辅导教师、酒泉市史志学会会员，长期从事艺术创作和文化理论研究，擅长油画、水粉画和书法。

0247 《书法作品》

作品类别：书法类

作　　者：杨仲勋

发表时间：2012-05-16

发表载体：建党九十周年北京邀请展

获奖及影响：在"建党九十周年北京邀请展州被评为金奖"。

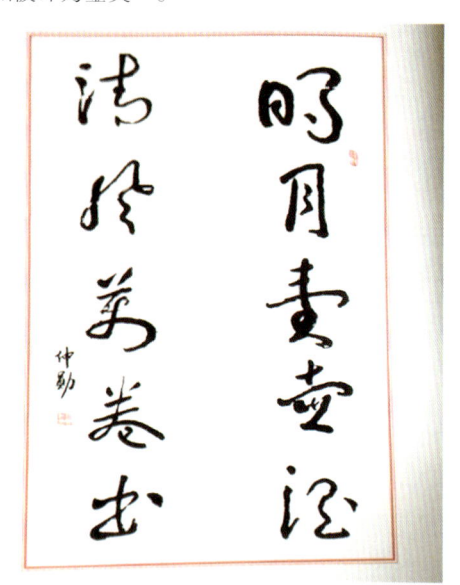

0248 草书《师说》

作品类别：书法类

作　　者：尹斌业

发表时间：2014-05-10

获奖及影响：教育部"中小学书法教育骨干教师优秀作品展评选"一等奖。

0249 《草书六尺条幅五言对联》

作品类别：书法类

作　　者：郭盾骅
发表时间：2010-12-15
发表载体：金城文艺奖
获奖及影响：第六届金城文艺奖二等奖
简　　介：郭盾骅，现为中国楹联学会会员，甘肃省女书法家协会副主席，甘肃省书法家协会理事、创作委员会委员、兰州市书法家协会副主席。现供职于兰州市人大常委会，任教科文卫委员会主任。

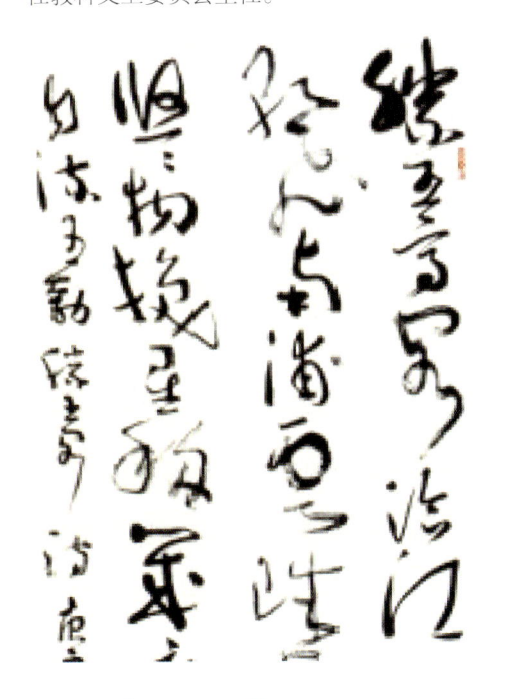

0250　《行书中堂》

作品类别：书法类
作　　者：孙兆文
发表时间：2010-12-15
获奖及影响：第六届"金城文艺奖二等奖"
简　　介：孙兆文，男，75年12月出生，甘肃兰州人，中共党员，省委党校研究生学历，现供职于兰州市人民政府办公厅，系甘肃省书法家协会会员、教育委员会委员、兰州市书法家协会理事、兰州市青少年书画协会常务理事、兰州市美术家协会会员、"八面风"书画沙龙秘书长。自幼酷爱书画艺术，工作之余，临帖不辍，勤研书画。以研习"二王"、王铎书法为主，对今人书法又大胆借鉴，博采众长，由此形成了自己的艺术风格，师从于著名书法家马国俊教授，曾获兰州市委市政府第六届"金城文艺奖"书法二等奖、甘肃省第二届"张芝奖"三等奖、甘肃"首届电视书法大奖赛"优秀奖、甘肃省"第四届群星艺术节"书法展三等奖、甘肃省"首届农村书法展"最高奖、兰州市"第三届艺术节"书法展金奖、兰州市市直机关书法展览一等奖、兰州市纪念建党93周年市直机关书画摄影大展一等奖，作品还分别入展全省首届临书展、第二届新人新作展、第三届"张芝奖"等各类专业展览。

0251　楷书《千字文》

作品类别：书法类
作　　者：张有为
发表时间：2010-12-15
获奖及影响：第六届金城文艺奖一等奖
简　　介：张有为，1974年生于甘肃榆中，1997年毕业于西北师范大学中文系。现为中共榆中县委组织部副部长，中国书法家协会会员，兰州市书法家协会副主席。作品先后参加中国书法家协会"小榄杯"全国县镇书法大赛、中国书坛第五届新人新作展、"走进青海"全国书法大赛（获优秀奖）、首届西部书法作品展。获甘肃省书法家协会甘肃书法"张芝奖"二等奖、甘肃省首届"临作展优秀奖"、首届"甘肃书法奖励基金"；获甘肃省"群星奖"二等奖；参加甘肃书法晋京展；入编《甘肃书法集》。2008年楷书书写《论语》全文，刻石镶嵌于兰州文庙。

0252 《书法小楷》

作品类别：书法类
作　　者：金福祥
发表时间：2006-12-15
获奖及影响：兰州市第六届金城文艺奖一等奖。
简　　介：金福祥，1956年生，甘肃省榆中县人现为甘肃省书法家协会会员，中国中青年书法家协会理事，兰州市书法家协会副主席，兰州市青年书法家协会副主席，兰州市作家协会会员，兰州老年大学书法讲师，兰州五泉书画研究会会员，甘肃丝绸之路协会理事。现供职于兰州市国税局，自幼受家庭熏陶，在我省已故全国著名书法大师金玉振先生的启蒙教授下，自幼受家庭熏陶，在已故全国著名书法大师金玉振先生的启蒙教授下，从魏、晋、唐楷和汉隶入手，孜孜不倦地临帖学习，现已彰显出个人风格，擅长魏碑和小楷，作品多次在国内外书法大展、赛上获奖。多次在全国和省内外参加各项书法大展并获奖，书法作品入编全国、省、市多种艺术专集，经常在省内外报刊发表书法、理论和诗歌作品。

0253 《书法行书》

作品类别：书法类
作　　者：李淑娟
发表时间：2010-05-15
获奖及影响：第六届"金城文艺奖"三等奖
简　　介：李淑娟，别名娟子，中国书法家协会会员、兰州市书法家协会副主席、中国艺术研究院中国书法院研究生班毕业。甘肃省书法家协会妇女委员会秘书长、甘肃省书法教育研究会理事、甘肃省少儿书法学会副秘书长、神州诗书画报社特聘书法家、甘肃省青联委员。曾为神州诗书画报编辑记者等。作品入展：全国首届"张芝奖"书法篆刻展、全国第四届妇女书法篆刻展、全国首届西部书法篆刻展、"国粹杯"全国书法大展、"柳公权杯"全国书法大展、"古河州杯"全国书法大展、《守望敦煌·甘肃书法晋京展》、全国第四届专业媒体书画年展、甘肃书法名家百人展、甘肃省第五届中青展、甘肃画院百名书家提名展、甘肃省青年书法家提名展、《鑫报》创刊五周年名家书画珍藏展等。有多幅作品被碑刻或被纪念馆、博物馆收藏。作品获奖：全国首届新闻界书画大展书法三等奖、"鼎元杯"全国电视书法大奖赛一等奖、甘肃省第二届"张芝奖"书法大展三等奖、甘肃省首届、二届临帖展优秀奖、甘肃省第三届妇女展获奖、甘肃省第四届青少年儿童书法展教师组三等奖等、兰州市第六届"金城文艺奖"三等奖。

0254 《行草书法古诗》

作品类别：书法类

作　　者：李淑燕

发表时间：2006-06-15

获奖及影响：第六届金城文艺奖二等奖

简　　介：李淑燕，别名燕子，中国书法家协会会员、兰州市书法家协会副主席、中国艺术研究院中国书法院研究生班毕业、国际书法家协会会员、甘肃省书法教育研究会理事、甘肃省书法家协会草书委员会秘书长、神州诗书画报社特聘书法家，甘肃省青联委员。

0255 《行书古诗》

作品类别：书法类

作　　者：陈永革

发表时间：2010-12-01

获奖及影响：1995年、2010年、2011年年分别获得兰州市人民政府颁发的第三届、第四届、第五届"金城文艺奖"特等奖、一等奖。

简　　介：陈永革，笔名四友，别署四友书屋主人。祖籍河北枣强，1957年生于兰州，幼承家学，师从著名书法家金玉振（外祖父）先生、尹建鼎先生，现任兰州市博物馆副馆长，专业书法家，研究员，国家一级美术师，长期从事书画创作和理论研究工作及书法教育教学工作，兰州市专业技术拔尖人才，享受政府特殊津贴，现为中国书法家协会会员，甘肃省书法家协会副主席兼发展委员会主任，兰州市书法家协会主席，兰州市青年书法家协会名誉主席，兰州市人大常委，中国民主促进会兰州市委副主委。

0256 《菜根谭》

作品类别：书法类

作　　者：金福祥

发表时间：2010-12-15

获奖及影响：金城文艺奖一等奖

简　　介：金福祥，1956年生，甘肃省榆中县人现为甘肃省书法家协会会员，中国中青年书法家协会理事，兰州市书法家协会副主席，兰州市青年书法家协会副主席，兰州市作家协会会员，兰州老年大学书法讲师，兰州五泉书画研究会会员，甘肃丝绸之路协会理事。现供职于兰州市国税局。

0257 《京城文艺奖》

作品类别：书法类

作　　者：刘英

发表时间：2010-12-15

获奖及影响：第六届"金城文艺奖"二等奖

简　　介：刘英，字无心，号月砚斋主，1953年生于兰州，现任兰州市政府发展改革委员会产业法规处处长，兰州市书法家协会副主席。

0258 《唐诗一首》（隶书）

作品类别：书法类

作　　者：张振虎

发表时间：2007-08-01

发表载体：井冈山根据地八十周年全国书画展

获奖及影响：获得"赣粤高速杯"纪念建军八十周年、秋收起义八十周年、井冈山革命根据地创建八十周年全国书画展优秀奖。

0259 《09-0000行草书法作品》

作品类别：书法类

作　　者：吴生文

发表时间：2013-09-12

发表载体："久鼎杯"农民书法展、省部级2013年9月在甘肃省文联、甘肃省研究会举办的"久鼎杯农民书法展"中，书法作品均入展。

简　　介：吴文生敦煌书法家，他的书法作品在2013年9月的"久鼎杯农民书法展"中，书法作品入展。他的书法对推进敦煌文化，促进各省市文化交流做出了贡献。

0260 篆书《李贺诗》

作品类别：书法类

作　　者：伍东民

发表时间：2009-09-30

发表载体：酒泉市科学发展观美术书法作品展览

获奖及影响：酒泉市学习实践科学发展，观美术书法作品展览，书法获得优秀奖。

简　　介：伍东民，男，甘肃玉门人，大学本科学历，毕业于西北师范大学美术系，参加工作后曾在玉门市文化馆、博物馆从事艺术创作和文博管理。现担任玉门市文化体育局副局长、甘肃省美术家协会会员、甘肃省书法家协会会员、甘肃省榜书研究会会员、玉门美术家协会副主席、玉门书法家协会副主席兼秘书长、玉门书画院副院长、甘肃省博物馆协会会员、中国美术学院考级中心甘肃考区辅导教师、酒泉市史志学会会员。长期从事艺术创作和文化理论研究。擅长油画、水粉画和书法。

0261 《行草条幅》

作品类别：书法类

作　　者：于三

发表时间：2012-11-13

获奖及影响：白银市书法家协会艺术顾问，甘肃省书法家协会会员。

简　　介：于三，原名于范，笔名可法、元仪，甘肃靖远人。1952年毕业于靖远师范学校。靖远县书法家协会副主席，白银市书法家协会名誉顾问，甘肃省书法家协会会员，中国书画家协会常务理事。自1987年以来，作品多次参加各类书法大赛，数次获一、二等奖，其中获省级优秀奖和三等奖两次。曾参加海内外"屈原杯"、"同城杯"、中华诗词等书法大赛，获优秀奖1次、二等奖2次。其作品曾30多次在全国及省、市书法大赛中入选，其中10多次获奖，部分获奖作品分别被《白银市书画集》《铜城杯优秀作品集》《中华诗词全国海内外首届书画大赛佳作荟萃》《三国文化全国书画大赛精品集》等收集入册，《甘肃通》互联网站收录其传略及部分作品。1997年成功举办了"于三书法作品展"，受到群众及行内人士的好评，2007年获白银市"德艺双馨"荣誉称号，传略编选入《中国当代书法名家墨迹》《中国现代书画作品集》《国际当代书法篆刻大观》《中国当代艺术界名人录》《中国美术书法界名人名作博览》等，作品被收入多部专集出版。

0262 《白居易诗》

作品类别：书法类

作　　者：金福祥

发表时间：2013-12-16

获奖及影响：第二届兰州市"文艺创作奖"铜奖。

简　　介：金福祥，1956年生，甘肃省榆中县人现为甘肃省书法家协会会员，中国中青年书法家协会理事，兰州市书法家协会副主席，兰州市青年书法家协会副主席，兰州市作家协会会员，兰州老年大学书法讲师，兰州五泉书画研究会会员，甘肃丝绸之路协会理事。现供职于兰州市国税局，自幼受家庭熏陶，在已故全国著名书法大师金玉振先生的启蒙教授下，从魏、晋、唐楷和汉隶入手，孜孜不倦地临帖学习，彰显出独特的人风格，擅长魏碑和小楷，作品多次在国内外书法大展、赛上获奖。

0263 《东坡书论》

作品类别：书法类

作　　者：臧福全

发表时间：2013-12-16

获奖及影响：第二届兰州市"文艺创作奖"一等奖。

简　　介：臧福全，字幸之，号墨聚源人，笔名默深，1957年7月生，男，甘肃武山县洛门镇人，西北师大汉语、二胡专业双本科学历、95年以来创办敦煌书画艺术学校，面向兰州市招生培训书法学生千余人，现为亚洲书法协会联盟会员，华夏书法艺术学术研究中心研究员，中国书画研究院理事，甘肃省书法家协会会员，兰州市书法家协会理事，甘肃省收藏家协会书画研究会副秘书长，国家一级美术师。中国书法家协会会员。

0264 《古贤论书》

作品类别：书法类

作　　者：李淑娟

发表时间：2013-12-16

获奖及影响：第二届兰州市文艺创作奖银奖

简　　介：李淑娟，别名娟子，中国书法家协会会员、兰州市书法家协会副主席、中国艺术研究院中国书法院研究生班毕业，甘肃省书法家协会妇女委员会秘书长、甘肃省书法教育研究会理事、甘肃省少儿书法学会副秘书长、神州诗书画报社特聘书法家、甘肃省青联委员。

0265 《毛泽东词》

作品类别：书法类

作　　者：李淑燕

发表时间：2013-12-16

获奖及影响：第二届兰州市"文艺创作奖"铜奖。

简　　介：李淑燕，别名燕子，中国书法家协会会员、兰州市书法家协会副主席、中国艺术研究院中国书法院研究生班毕业、国际书法家协会会员、甘肃省书法教育研究会理事、甘肃省书法家协会草书委员会秘书长、神州诗书画报社特聘书法家，甘肃省青联委员。

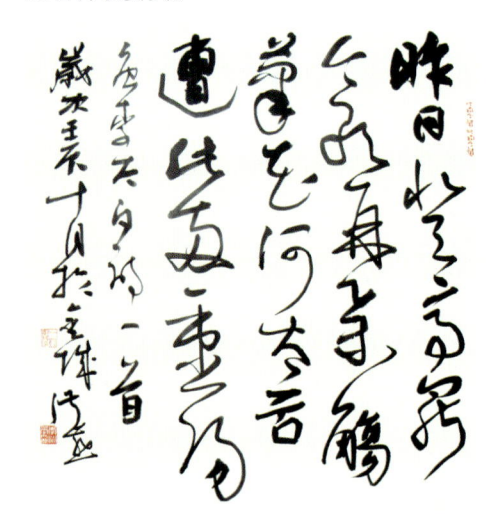

0266 《南山竹枝词》

作品类别：书法类

作　　者：田镔

发表时间：2013-12-16

获奖及影响：兰州市第二届文艺创作奖

简　　介：田镔（又名田怀珠）斋号维摩草堂，常署名怀珠居士，中国农工民主党甘肃省委会文化体育工作委员会副主任，兰州市书法家协会副主席，兰州交通大学艺术设计学院兼职教授，现为中国国学研究会研究员，中国书画艺术家协会会员，中国榜书艺术促进会会员，中国农工民主党甘肃省书画院常务副院长，甘肃省政协书画艺术研究会理事，甘肃省书法家协会鉴定评估委员会委员。个人辞条入编《中国书画家志》《当代中国书画名家传略》《当代艺术作品收藏与鉴赏》《中国文艺三十年》《兰州文联风采》等大型典藏书籍。出版有《墨田心香·田镔书法作品选集》《中国国学名家—田镔》书画册、《金文书法艺术》《书艺三昧—维摩草堂随笔》。参与编辑《游移墨海—金城书法十二家书法集》《忆伯约兴冀城—纪念姜维诞辰1810周年书画作品集》《农工党甘肃省委会2013迎国庆书画作品作品集》等书画集。

0267 《西部我的故乡》

作品类别：书法类

作　　者：刘莉莉

发表时间：2013-12-16

获奖及影响：兰州市文艺创作奖铜奖

简　　介：刘莉莉，笔名夏子，别署听泉楼主人，祖籍河南洛阳，生于兰州，文化学研究生学历，现供职于兰州市博物馆，长期从事专业书法创作和理论研究工作，现为中国书画研究会学术委员、中国青年书画家协会理事、甘肃省书法家协会会员、甘肃省青年书法家协会常务理事、兰州市书法家协会理事、兰州市青年书法家协会主席、民进甘肃省委文化艺术工作委员会委员、民进兰州市书画总支主委、兰州市政协委员等。书法创作主攻隶书、魏楷书、兼攻行草书、篆书、理论研究主攻古代书论及敦煌写经。

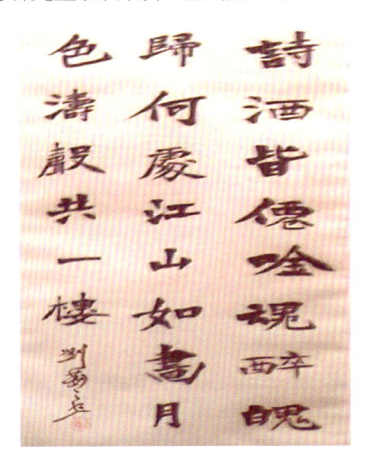

0268 《咏西狭颂》

作品类别：书法类

作　　者：杨俊旺

发表时间：2013-12-16

获奖及影响：第二届"兰州市文艺创作奖"银奖。

简　　介：杨俊旺，字思雨，副教授。甘肃秦安人，1965年生。大学本科学历，研究生课程班毕业，曾先后任职于兰州军区兰州医高专、兰州军区乌鲁木齐陆军（军医）学院、江苏淮阴工学院、西北民族大学，任教研室主任、副教授。2004年军队优秀专业技术人才岗位津贴享受者。在部队期间2次荣立三等功，上校军衔。为中国药学会高级会员、中国药理学会教育及科普专业委员会委员、甘肃省书法家协会会员、兰州市书法家协会主席团成员、副秘书长。兰州市青少年书画协会副主席。

0269 《篆书对联》

作品类别：书法类

作　　者：马元

发表时间：2013-12-16

获奖及影响：兰州市第二届文艺创作奖优秀奖

简　　介：马立忠，字元，笔名舒仁，号独马、先忧室主，1962年10月生于甘肃省兰州市，真行草隶篆五体皆能，尤擅篆，书法之外，亦好篆刻。现为中国农工党党员，中国书画印研究院常务理事，甘肃省书法家协会篆刻委员会委员，甘肃省摄影家协会会员，甘肃生态书画院会员，甘肃金石篆刻研究院副秘书长、发展委员会主任，兰州市书法家协会副秘书长等。

0270 书法《老子语录》

作品类别：书法类

作　　者：金福祥

发表时间：2012-12-16

获奖及影响：首届兰州市文艺创作一等奖

简　　介：金福祥，1956年生，甘肃省榆中县人现为甘肃省书法家协会会员，中国中青年书法家协会理事，兰州市书法家协会副主席，兰州市青年书法家协会副主席，兰州市作家协会会员，兰州老年大学书法讲师，兰州五泉书画研究会会员，甘肃丝绸之路协会理事。现供职于兰州市国税局。自幼受家庭熏陶，在已故全国著名书法大师金玉振先生的启蒙教授下，从魏、晋、唐楷和汉隶入手，孜孜不倦地临帖学习，彰显个人风格，擅长魏碑和小楷。作品多次在国内外书法大展、赛上获奖。

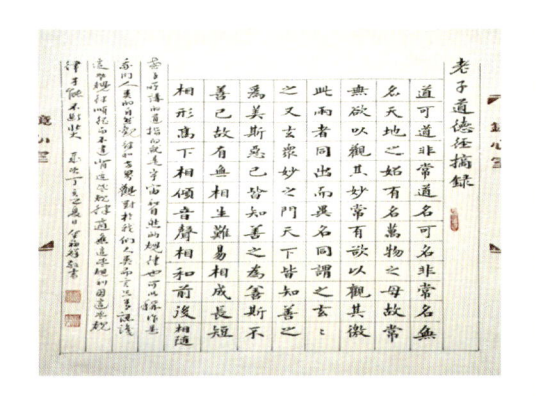

0271 《后赤壁赋》

作品类别：书法类

作　　者：蒲林

发表时间：2011-12-30

获奖及影响：该作品参加《国家粮食局第三届书画展》荣获书法金奖，并被收藏。

简　　介：蒲林，男，汉族，1956年2月生，原籍甘肃会宁，中共党员，高级经济师，供职于定西市安定区粮食局。笔名倪贾，号青刁、十狼，斋号芋墨轩。中国书法家协会会员、甘肃省美术家协会会员、甘肃省丝绸之路协会理事、定西市书协理事、副秘书长、定西市书画院副院长、定西市画院画师，作品在中国书协和美协举办的"全国十届书法篆刻展"、"移动杯二届西部书法篆刻展"、"中国瘗鹤铭奖书法展"、首届"国粹杯"书法篆刻展、"百年兰大杯"全国书法大奖赛、"华坪金达杯"全国书法作品大展和"第二届希望圆梦杯书画展"等十余次展览入展并获奖。同时参加其他国家级及甘肃省、国家粮食局各项展览50余次，作品曾在中国美术馆、中国军事博物馆、炎黄艺术馆和国家粮食局等有关机构展览并被收藏。

0272 《古诗摘抄》

作品类别：书法类

作　　者：蒲林

发表时间：2010-01-09

获奖及影响：参加加《国家粮食局第二届书画展》荣获一等奖，并被收藏。

简　　介：蒲林，男，汉族，1956年2月生，原籍甘肃会宁，中共党员，高级经济师，供职于定西市安定区粮食局，笔名倪贾，号青刁、十狼，斋号：芋墨轩。中国书法家协会会员、甘肃省美术家协会会员、甘肃省丝绸之路协会理事、定西市书协理事、副秘书长、定西市书画院副院长、定西市画院画师。作品在中国书协和美协举办的"全国十届书法篆刻展"、"移动杯二届西部书法篆刻展"、"中国瘗鹤铭奖书法展"、首届"国粹杯"书法篆刻展、"百年兰大杯"全国书法大奖赛、"华坪金达杯"全国书法作品大展和"第二届希望圆梦杯书画展"等十余次展览入展并获奖，同时参加其他国家级及甘肃省、国家粮食局各项展览50余次，作品曾在中国美术馆、中国军事博物馆、炎黄艺术馆和国家粮食局等有关机构展览并被收藏。

0273 《大篆》（铭文）

作品类别：书法类
作　者：张杰
发表时间：2004-10-10
获奖及影响：天水市第一届临书展（入展）
简　介：张杰，字鸣石，号百印楼主，曾任中国艺术研究院文化艺术市场研究中心特邀书画师，金陵印社艺术顾问，世界硬笔书法家协会（加拿大总部）会员，现为甘肃省书法家协会会员，天水市书法家协会理事，秦州区书法家协会副秘书长。

0274 《书法》

作品类别：书法类
作　者：马晓林
发表时间：2012-06-29
发表载体：临夏州第二届科技界书画摄影展
获奖及影响：获得由州委宣传部、州科协、州文联等举办的"临夏州第二届科技界书画摄影展书法"类三等奖。
简　介：马晓林，男，回族，中学一级教师，出生于1974年2月，本科学历，1993年8月参加工作，现在临夏县教育督导室工作，教学之余，潜心书法练习，2012年入选全国穆斯林书画作品展，获"临夏州第二届科技界书画摄影展书法类三等奖，2013年7月荣获"建水紫陶杯"中国回族书画大赛参展奖，获临夏州第三届"廉政书画展"三等奖，入选临夏县"青韵杯"书画展，入选广河县廉政书画展暨全州阿语书法展；临夏县首届廉政书画展优秀奖，临夏州第三届科技界书画摄影展书法类二等奖等。

0275 《古诗一首》

作品类别：书法类

作　　者：王朝霞

发表时间：2012-07-15

发表载体：陇东书画家协会

获奖及影响：获首届"陇东书画家优秀作品展"优秀奖。

0276 《隶书立轴》

作品类别：书法类

作　　者：陈子强

发表时间：2009-10-01

获奖及影响：作品《隶书立轴》入选"陇上金秋"庆祝中国华人民共和国成立60周年定西市美术书法精品展获一等奖。

简　　介：陈子强，男，1970年生，现为中国书法家协会会员，甘肃省书法家协会隶书委员会委员，定西市书协副主席，定西市青年书协副主席，陇中画院画师，现任职于定西市安定区柏林学校。

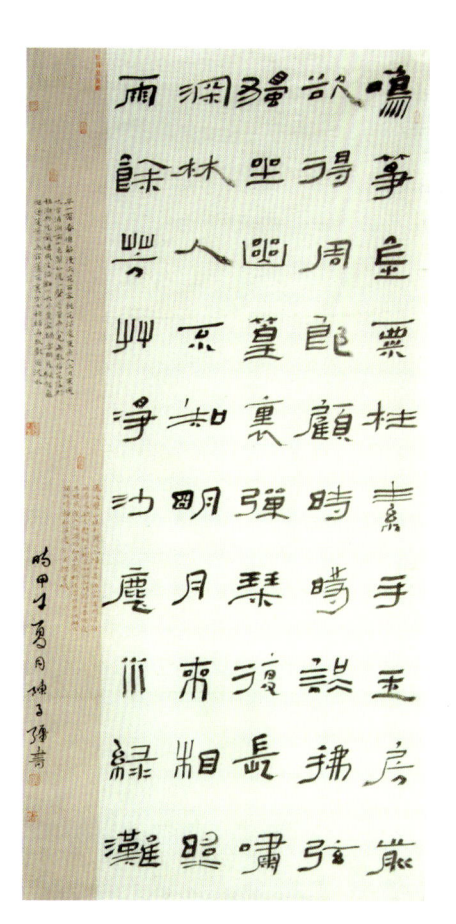

0277 《草书温庭筠诗》《利州南渡》立轴

作品类别：书法类

作　　者：何胜江

发表时间：2010-11-17

获奖及影响：获得第二届"定西市马家窑文艺奖书法"类三等奖。

0278 《欧阳修诗》（草书）

作品类别：书法类

作　　者：杨保福

发表时间：2011-06-24

发表载体：美术书法摄影展

获奖及影响：临夏州美术书法摄影展书法类三等奖。

简　　介：杨保福，男，甘肃永靖县人，汉

族，现为永靖中学高级教师，系甘肃省书法家协会会员，临夏州书法家协会会员，工作之余，多次参加省、地、县书法展览及比赛，书法作品在《美术大观》《河州》《民族日报》等报刊杂志多次刊登，有近200幅作品由省内外书法爱好者收藏，草书《欧阳修诗》，创作于2011年春，作者幼承家训，自学书法，书法取法古人而能自出新意，主张个性为艺术的生命，其特点书风清峻飘逸，含蓄蕴藉，行云流水，淳古朴茂的精品，精研体势，心摹手追，广采众长，冶于一炉，又隶属见长。

0279 《董晴野书法》

作品类别：书法类

作　　者：董晴野

发表时间：1997-08-15

发表载体：纽约世界第一届书画大赛

简　　介：董晴野（1924—2012），原名董青海，乡人称"董画匠"，天水市麦积区甘泉镇甘泉村人，师从林风眠学油画，师从黄宾虹先生学国画，师从潘天寿学书法，师从周轻鼎学雕塑、艺业大进。经过专业学习和名师亲授，加之深得文学涵养之益，董晴野形成了系统的艺术创作架构，具备了相当的艺术素养和自我创造能力。曾任英语教师、世界文化艺术大奖（中华区）评定中心顾问、国际书法家协会会员、国际美术家协会会员、世界中文作家学会会员、世界美术联合会中韩文化艺术专家委员会委员、中国艺术研究院创作委员、文史研究员、中华诗词学会会员、中国楹联学会会员、中国汉唐诗书画研究院董事长、天水诗书画研究院院长等职。著有书法作品集《董晴野自书诗稿》（董晴野自书自刻的一部书法作品）《罗九公路序》《董晴野草书秋声赋》画集《名家典范》等。

0280 《宪法第十条》

作品类别：书法类

作　　者：阎志笃

发表时间：2012-09-01

简　　介：阎志笃，男，汉族，出生于1960年12月13日，甘肃省定西市安定区人，结业于天津市神州书画进修学院，现为甘肃省书法家协会会员、甘肃省硬笔协会会员、定西市书协理事、定西文化馆特聘馆员、定西市书画院特聘书画师。

0281 《孟泽仁小楷（唐诗宋词）》

作品类别：书法类

作　　者：孟泽仁

发表时间：2009-08-30
发表载体：平凉日报
简　　介：唐《孟泽仁小楷（唐诗宋词）》多次在省内外展出、获奖，作品入编多种书刊，书法作品分别被山东美术馆、红军长征胜利纪念馆、甘肃省人大办公厅等单位收藏。

0282 《小窗幽记·集情卷（行书）》

作品类别：书法类
作　　者：李鉴峰
发表时间：2009-08-01
发表载体：情系三晋全国书画展
获奖及影响：入选"情系三晋"全国书画展

0283 《行书作品》

作品类别：书法类
作　　者：郭建国
发表时间：1998-07-21
获奖及影响：荣获腾飞的庆阳全区首届"教师书画展"三等奖。

0284 《书法作品》

作品类别：书法类
作　　者：杨树岳
发表时间：2011-06-17
发表载体：庆阳庆祝建党90周年书画展
获奖及影响：获"丹青颂党建彩墨赞庆阳"庆祝建党90周年全市书画展书法作品二等奖。

0285 《范仲淹渔家傲秋诗词》一首

作品类别：书法类
作　　者：王化民
发表时间：2011-06-14
发表载体：庆阳市离退休干部建党90周年书画展
获奖及影响：入选"庆阳市离退休干部建党90周年书画展"正式展出。

0286 《四尺斗方》

作品类别：书法类
作　　者：王朝霞
发表时间：2011-06-25
发表载体：庆阳市书法家协会
获奖及影响：在庆祝建党90周年——庆阳市个体私营企业者"红色南梁"书画摄影展中获书法类三等奖。

0287 《行书作品》

作品类别：书法类
作　　者：王文禄
发表时间：2006-02-25
获奖及影响：荣获庆阳市2006年春节书画图书展三等奖。

0288 《行书书法》

作品类别：书法类
作　　者：刘长清
发表时间：2007-08-15
发表载体：庆祝"香港回归10周年全国书画"大赛
获奖及影响：书画作品多次参加铁道部、兰州铁路局、省、市、区举办的展览和大赛，在14个省、市展出，获奖32次。曾受聘到30多个厂矿企业、机关单位、驻军部队搞过书画创作，受天水市、秦城区政府委托书写过16处纪念碑、纪念塔碑文，给省内外34处景点、寺院、道观书写过匾额、对联，均被木刻、石刻制作保存。书法作品被省内外刻碑9处，并于2005年12月被市档案馆建档收藏，部分书画作品被外地博物馆、纪念馆收藏。2005年11月，刘长清被中国国学研究会授予"国学杰出贡献艺术家"称号，并荣获"中国国学杰出贡献奖"，2006年6月，刘长清被中国民族艺术家协会、中国文艺出版社授予"中国民族书画艺术家500强"之一荣誉称号。同年7月，刘长清荣获"中国文艺杰出成就奖"工艺美术金奖，并被授予"中国文艺终身成就艺术家"称号。

简　　介：刘长清，字恒泉，号乙酉，男，汉族，1947年7月生，天水市麦积区伯阳镇兴仁村人，1978年毕业于北京经济学院广告专业，兰州铁路局天水火车站工艺美术师、工程师，甘肃省书法家协会、天水市书法家协会会员，甘肃省美术家协会、天水市美术家协会会员，兰州铁路局文协会员，麦积区书画家协会会员。

0289 《宋词》

作品类别：书法类
作　　者：杨红
发表时间：2011-11-10
发表载体：全国90周年书画展兰州
获奖及影响：书法作品《宋词》2011年11月获全国90周年书画展优秀奖。

简　　介：杨红，男，1979年4月生于甘肃定西，毕业于西安美院，美术学专业，本科，副研究馆员（副教授、二级美术师），"陇中板帘子"非物质文化遗产传承人，中国美协大赛获奖者、中国书协大赛获奖者、中国民协大赛获奖者，2013年文化部授予"文化优秀志愿者"称号，被定西市文广局评为"2013年全市文广系统、中国民协大赛获奖者，2013年文化部授予"文化优秀志愿者"称号，被定西市文广局评为"2013年全市文广系统先进个人"。

0290 《六尺整张隶书作品》

作品类别：书法类

作　　者：谢福善

发表时间：2014-06-06

发表载体：全国"四堂杯"书法篆刻展

简　　介：谢福善，笔名绍辉，号鹤翁，三乐斋主，男，1946年，甘肃省甘谷县人，中国书画函授大室学毕业，中国书法家协会研修班结业，2012年5月进修于中书协培训中心钱松君导师工作现为中国书法家协会会员，甘肃省书法家协会会员，天水市书协隶书专业委员会委员，甘谷县书协顾问，甘谷县老年书协副主席。作品入展：首届全国老年书法作品展；第二届中国西部书法篆刻展；永乐宫"魏晋风度"全国书法精锐展；"孝行天下·埇桥杯"全国书法篆刻展；"生态大连"全国书法篆刻展；四堂杯"全国书法篆刻展优秀奖（最高奖）；首届甘肃省老年书法展获奖首届全国中老年书画大赛特等奖；"巴山夜雨杯"全国书法展获奖；甘肃省首届书法篆刻展；甘肃省第三届"张芝奖"获奖；中书协西部教育基地晋京展"古河州"杯全国书法大赛；甘肃省首届临帖展；纪念红军三大主力会宁会师暨长征胜利70周年全国邀请展；甘肃省第二届"书法篆刻新人新作展"；丝绸之路首届"甘肃省书协作品大展赛"；中书协培训中心第十一届学员教学成果展。

0291 《千字文》魏碑抄经

作品类别：书法类

作　　者：王爱民

发表时间：2011-08-01

发表载体：全国《千字文》书法大展

获奖及影响：入展全国《千字文》书法大展

0292 《小篆王维诗三首》

作品类别：书法类

作　　者：王永斌

发表时间：2013-05-26

发表载体：全国第二届篆书展

获奖及影响：全国第二届篆书展获优秀奖

0293 《大观楼联》（行书）

作品类别：书法类
作　　者：李鉴峰
发表时间：2009-09-01
发表载体：全国第六届楹联书法大展
获奖及影响：入展由中国书法家协会主办的全国第六届楹联书法大展。

0294 《宋诗三首》

作品类别：书法类
作　　者：杨东亮
发表时间：2012-11-17
发表载体：全国第三届行草书展
获奖及影响：获得全国第三届"行草展"最高奖——优秀作品奖。
简　　介：杨东亮，字晓琰，别署信庐、空斋，中国书法家协会会员，中国职工书法家协会会员、西部书界新秀研修班成员、书法兄弟团甘肃省召集人、甘肃省第五次文代会代。

0295 《希望》

作品类别：书法类
作　　者：蒲林
发表时间：2008-05-06
发表载体：全国第十届书法展兰州
获奖及影响：作品入选全国第十届书法展
简　　介：蒲林，男，汉族，1956年2月生，原籍甘肃会宁，中共党员，高级经济师，供职于定西市安定区粮食局。笔名倪贾，号青刁、十狼，斋号芋墨轩。中国书法家协会会员、甘肃省美术家协会会员、甘肃省丝绸之路协会理事、定西市书协理事、副秘书长、定西市书画院副院长、定西市画院画师。作品在中国书协和美协举办的"全国十届书法篆刻展"、"移动杯二届西部书法篆刻展"、"中国瘗鹤铭奖书法展"、首届"国粹杯"书法篆刻展、"百年兰大杯"全国书法大奖赛、"华坪金达杯"全国书法作品大展和"第二届希望圆梦杯书画展"等十余次展览入展并获奖，同时参加其他国家级及甘肃省、国家粮食局各项展览50余次，作品曾在中国美术馆、中国军事博物馆、炎黄艺术馆和国家粮食局等有关机构展览并被收藏。

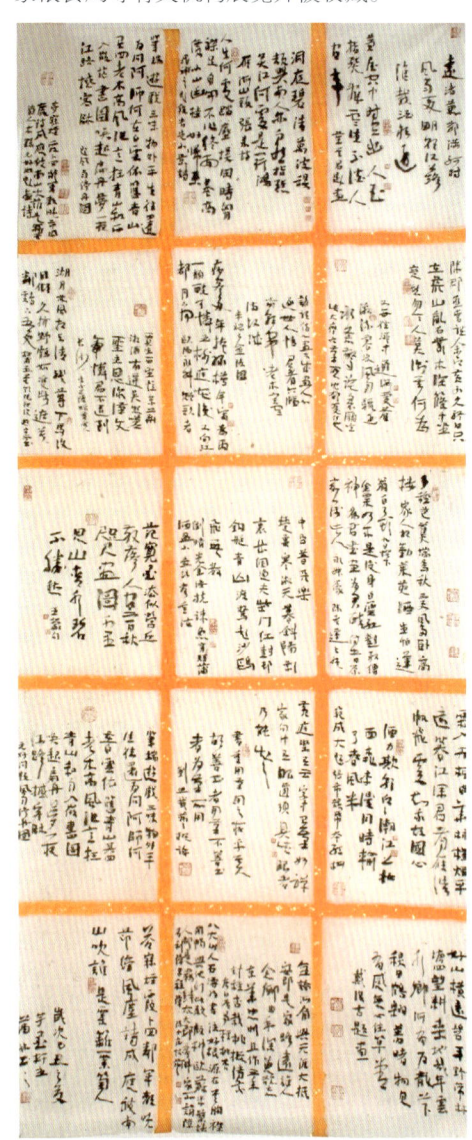

0296 《硬笔书法》（篆书）

作品类别：书法类
作　　者：刘润法
发表时间：1999-06-01

发表载体：全国机关工作人员硬笔书法大展

获奖及影响：硬笔书法作品荣获"通州杯"全国机关人员硬笔书法大展优秀奖。

简　　介：刘润法，男，汉族，从1989年开始至今学书临贴，尤喜篆刻，篆刻作品曾在1994年《中国水利水电工程报》上和2001年7月《水电四局报》上发表，作品曾在水电四局举办的《纪念中国共产党八十周年书画展》和2003年建局45周年职工书画展中获二、三等奖，1999年曾在全国机关工作人员硬笔书法大展赛中获优秀奖，并加入中国硬笔书法家协会，2005年1月加入青海省书法家协会。

0297 《寒江雪柳》

作品类别：书法类

作　　者：温廷彦

发表时间：2013-05-01

发表载体：全国教师美术书法摄影作品竞赛

获奖及影响：全国教师美术书法摄影作品竞赛获书法一等奖。

简　　介：温廷彦，男，1957年4月生，天水市麦积区新阳镇中心学校高级教师，甘肃省硬笔书法家协会会员，天水市书法家协会会员，该作品获全国教师美术书法摄影作品竞赛书法一等奖。

0298 《结庐在人境》

作品类别：书法类

作　　者：陈清华

发表时间：2012-10-01

发表载体：全国老年书法作品展

获奖及影响：全国老年书法作品展获优秀奖。

简　　介：陈清华，女，汉族，出生于1954年1月，甘肃天水人，中国书法院会员，中国林业书法家协会会员，《书法报社》中国老年书画研究会会员，甘肃省书法家协会会员，甘肃省女书法家协会理事，甘肃省美术家协会会员，天水市书法家协会会员，天水市美术家协会会员，天水市麦积区书画家协会会员，天水市麦积区导流山书画院常务副院长，天水市政协书画研究院院士。作品曾多次在国家、省、市、区展览中入展、获奖、入编、入典，部分作品在中国书法报上发表，并有多幅作品被部分博物馆、纪念馆及各界人士收藏，该作品获第二届全国老年书法作品优秀奖，被组委会收藏。

0299 《书论选抄》（行书）

作品类别：书法类
作　　者：李鉴峰
发表时间：2009-11-01
发表载体：全国梨乡水城杯全国书法大展

0300 《龙》

作品类别：书法类
作　　者：罗润芳
发表时间：2006-10-01
发表载体：全国龙字书法篆刻大赛
获奖及影响：该作品入展全国龙字书法篆刻大赛。
简　　介：罗润芳，男，1950年生于甘肃天水麦积区，1967年12月参军，1985年转业后任职于天水市麦积区政府，自小习字，后参加中国书法家协会培训班，师从中国书法家协会副主席慕达先生。现为中国书画研究院研究员，甘肃省书法家协会会员，曾任第二届甘肃省书法家协会理事。该作品入展全国龙字书法篆刻大赛。

0301 《魏军书法作品》

作品类别：书法类
作　　者：魏军
发表时间：1993-09-10
发表载体：全国青少年书法大赛"彭祖怀"
获奖及影响：1993年参加全国青少年书法大赛"彭祖怀"荣获优秀奖。
简　　介：魏军，敦煌市书法家，1993年参加全国青少年书法大赛"彭祖怀"荣获优秀奖。

0302 《草书》

作品类别：书法类
作　　者：张弘杨
发表时间：2011-11-08
发表载体：全国书法篆刻展
简　　介：张弘扬，男，汉族，1979年生于天水市甘谷县，现为甘谷县第六中学教师，中书协会员，伏羲画院院士。第三届全国草书展优秀奖，全国第十届书法展优秀作品提名奖，甘谷县美协秘书长，甘谷县书协副主席，甘肃省书法家协会会员，天水市青年书法家协会理事，其作品全国第十届书法篆刻展优秀作品提名奖，全国第三届草书作品展优秀作品奖（最高奖），首届"三苏奖"全国书法展览优秀作品奖（最高奖），全国首届"陶渊明奖"书法作品展优秀作品奖（最高奖），第三届中国海西书画大展赛优秀作品奖（最高奖），全国"王安石奖"书法作品展入展，"乾元杯"全国书法篆刻作品展入展，"瘗鹤铭奖"全国书法作品展入展，第二届中国西部书法篆刻展入展；第三届中国西部书法篆刻展入展，"山丹红"杯甘肃省书法大奖赛一等奖，甘肃省第三届"张芝奖"二等奖，全国首届"小榄杯"书法大赛入展，全国第二届隶书展入围，入甘肃书法名家百人作品展，甘肃省首届书法篆刻大展入展，甘肃省第五中青年书法篆刻展入展；甘肃省第三届新人书法展入展第二届"希望圆梦"杯全国书画作品展入展。

0303 《兰亭情结》

作品类别：书法类
作　　者：郑清泉
发表时间：2009-10-01
发表载体：全国书法作品展
获奖及影响：《兰亭情结》在全国书法作品展中获优秀奖。
简　　介：郑清泉字常河，别署三味草堂，1975年出生于"全国书法之乡"－－通渭，毕业于兰州大学（本科），已具备中国书法家协会会员条件，现为中国书画艺术研究会理事、甘肃省书法家协会会员、定西市书画院书画师、定西市书协学术委员会秘书长、行书委员会委员。

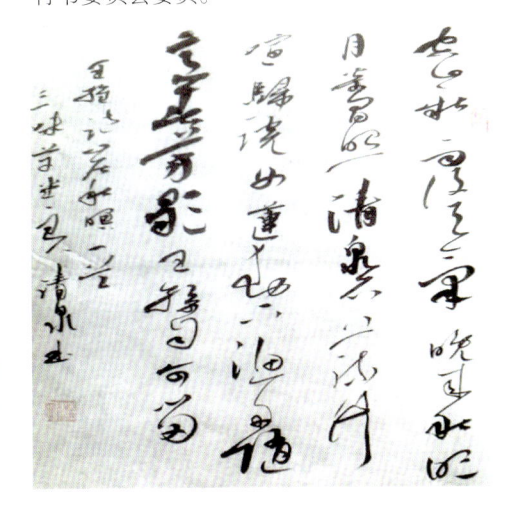

0304 《四条屏》

作品类别：书法类
作　　者：万学先
发表时间：2007-10-24
发表载体：全国书画展
获奖及影响：2007年十月获"第一届和谐杯全国书法大赛成人组"优秀奖。
简　　介：万学先，男，汉族，1968年生，中共党员，大学本科学历，中学高级教师，白银市平川区第三中学副校长，现为甘肃省书法家协会会员，白银市书法家协会副秘书长，白银市书画院理事，白银市作家协会会员，平川区书法家协会副秘书长，白银市首届文明青年。2001年7月获"庆祝建党80周年全国书画大奖赛"铜奖；2005年获"第八届全省煤矿美术、书法、摄影展"二等奖；2007年10月获"第一届和谐杯全国书法大赛成人组"优秀奖；2008年4月书法作品入选中国书法家协会主办的"第二届嵩阳杯全国书画大赛"；2011年7月书法作品入展白银市委、市政府组织的书画展。2014年7月入展省教育厅"中国梦·美丽甘肃"书画大展。论文散见于《湖南教育学报》《甘肃教育学院学报》《甘肃理论学刊》《西北成人教育学报》《新课标》等报刊杂志。

0305 《魏军书法》作品

作品类别：书法类

作　　者：魏军

发表时间：2012-05-08

发表载体：全国书画作品书画频道央视专题展

获奖及影响：入选2012年迎新春全国书画作品书画频道央视专题展播。

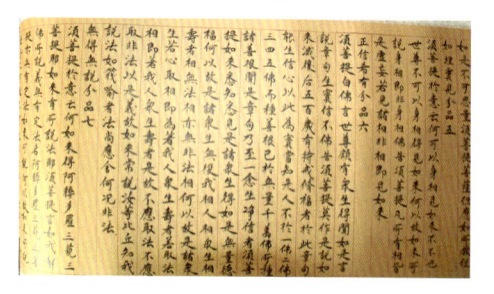

0306 《毛泽东词》一首

作品类别：书法类

作　　者：田野

发表时间：2011-06-29

发表载体：全国中老年书画大奖赛

获奖及影响：书画作品在"庆祝中国共产党成立90周年——全国中老年书画大奖赛"中，荣获金奖。

0307 《团扇》

作品类别：书法类

作　　者：武爱琴

发表时间：2011-07-01

发表载体：全省书法摄影展

获奖及影响：2011年全省书法摄影展中获二等奖。

简　　介：武爱琴，女，汉，生于甘肃靖远，字心弦，毕业于兰州大学汉语言文学专业本科，系中国书法家协会会员、中国音乐文学学会会员，甘肃省书法家协会会员，定西市青年书法家协会副主席，定西市画院特聘画师，供职于甘肃省定西市安定区文化馆。书作以二王行草为主调，对二王手札、《怀仁集王圣教序》用工最勤，对孙过庭《书谱》、王铎行草书以及唐宋、明清书风等均有涉猎，大篆以郭店楚简为主攻方向，隶书以张迁、曹全为范本，小楷以王羲之《黄庭经》《乐毅论》，王献之《洛神赋》为主。在《词刊》《东方歌声》《上海词刊》《歌词月报》《电脑音乐报》《长白山词林》《东方词家》等刊物发表歌词百余首。其中发表于《词刊》的歌词《城市的雪》被当代中国诗人作家代表作陈列展藏馆（郑州）、当代文学艺术研究所（北京）陈列展藏。

0308 草书《妈祖诞生》

作品类别：书法类

作　　者：汪晓东

发表时间：2013-05-10

获奖及影响：入展由中国书法家协会主办的大爱妈祖——届中华"妈祖杯"全国书法篆刻作品展。

0309 《楷书》

作品类别：书法类

作　　者：张平

发表时间：2000-09-08

获奖及影响：书法作品在2000中国（沈阳）书画艺术节展览中被评为入选作品。

0310 《行书》

作品类别：书法类

作　　者：张一次

发表时间：1999-09-26

获奖及影响：在"纪念孔子诞辰2550年书画大展"中，作品入选优秀作品。

0311 《行书》

作品类别：书法类

作　　者：张平

发表时间：1998-11-01

获奖及影响：书法作品经中国书法家协会创作评审委员会评审，入选第四届中国书坛新人作品展。

0312 《入展行书》

作品类别：书法类

作　　者：张平

发表时间：2014-01-02

获奖及影响：天水市首届精神文明建设"五个一工程"奖。

0313 行书《黄宾虹画论》

作品类别：书法类

作　　者：汪晓东

发表时间：2012-02-10

获奖及影响：入展由中国书法家协会主办的第三届全国青年书法篆刻作品展。

0314 师说（楷书）

作品类别：书法类

作　　者：李鉴峰

发表时间：2009-10-01

发表载体：赛克勒杯中国书法竞赛

获奖及影响：获得第七届"国际文化交流赛克勒杯中国书法竞赛"铜奖。

0315 《千字文》选录

作品类别：书法类

作　　者：丁彦平

发表时间：2012-02-28

发表载体：山丹红杯兰州

获奖及影响：作品荣获甘肃省"山丹红杯"书法大赛优秀奖。

简　　介：丁彦平，别署品砚室主、朴豪轩主、得月楼主、书之高阁主人，1980年9月11日，生于甘肃定西市安定区，本科学历（汉语言文学专业），现为中国书法家协会会员，北兰亭会员，甘肃省青年书法家协会副秘书长，定西市青年书法家协会副主席，定西市书画院副院长，定西市画院画师。

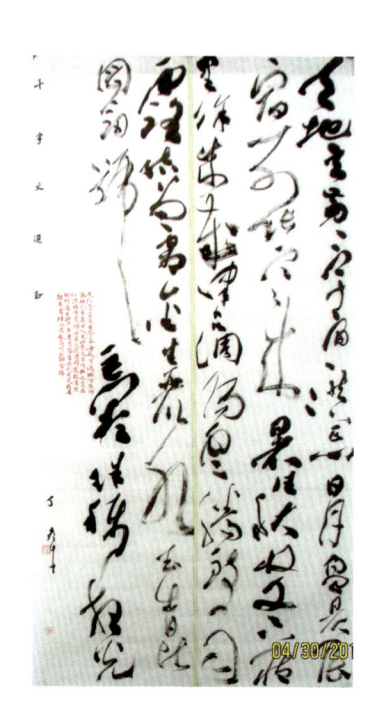

0316 《小窗幽记·集景卷》（楷书）

作品类别：书法类

作　　者：李鉴峰

发表时间：2010-08-18

发表载体：山东青年书法篆刻小品展

获奖及影响：入选"舜憩·山东青年书法篆刻"展。

0317 《清·张英小品文》两则

作品类别：书法类

作　　者：沈澎

发表时间：2014-07-20

发表载体：山东省书法家协会

获奖及影响：2014年7月获得第二届"牡丹奖"山东书法双年展最高奖。

简　　介：清·张英小品文两则，尺寸：180cm×97cm。

0318 《章草书法作品》

作品类别：书法类

作　　者：蔡元科

发表时间：2000-01-12

发表载体：陕甘宁蒙十四县联谊会书画展

获奖及影响：荣获陕甘宁蒙十四县政协第十三次联谊会书画展三等奖。

0319 《沁园春雪》

作品类别：书法类

作　　者：陈子强

发表时间：2012-11-01

发表载体：扇面书画定西

获奖及影响：定西市首届"扇面书画精品展"中荣获三等奖。

简　　介：陈子强，男，1970年生，现为中国书法家协会会员，甘肃省书法家协会隶书委员会委员，定西市书协副主席，定西市青年书协副主席，陇中画院画师，现任职于定西市安定区柏林学校。

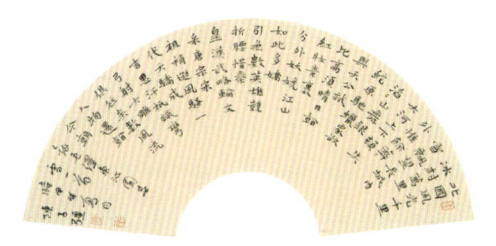

0320 《爱莲说》

作品类别：书法类

作　　者：李惠兰

发表时间：2012-11-01

发表载体：扇面书画展定西

获奖及影响：书法作品《爱莲说》在定西市首届扇面书画精品展中荣获一等奖。

简　　介：李惠兰，女，甘肃定西人，出生于1965年11月25日，学历大专，现为中国书法家协会会员，甘肃省书法家协会会员，省青年书协理事，定西市书协副秘书长。

0321 《小楷条幅》

作品类别：书法类

作　　者：孙红军

发表时间：2006-06-23

发表载体：省"国有企业庆祝建党85周年"书画展

获奖及影响：入选《甘肃省国有企业庆祝建党85周年暨纪念红军长征胜利70周年职工书画竞赛活动作品集》。

简　　介：孙红军，男，1965年11月12日生，祖籍甘肃张掖，2006年甘肃省国有大中企业职工庆祝红军长征胜利70周年书法"一等奖。" 2007年甘肃省第二届"张芝奖"、2008年甘肃省第五届"中青年书法展"、2009年甘肃省第三届"张芝艺术奖"、2009年入展五台山中国千名书家写经展"山西忻州"、2009年入展中国第三届职工"艺术节"书法展（陕西潞安）、2013年3月，"'长庆杯'甘肃省职工学习党的十八大"职工书画展获奖作品《屈原离骚》创作于2006年6月，内容以小楷入文，笔法取法于魏晋，加入个人思想融汇成其作品。

0322 楷书《李清照词》

作品类别：书法类

作　　者：杨清汀

发表时间：2010-10-01

发表载体：省级展览

获奖及影响：甘肃省首届"书法篆刻大展获奖"提名。

简　　介：杨清汀，笔名佛石，一九六四年生，甘肃省天水市人，现为中国书法家协会会员，甘肃省作家协会会员，甘肃省书法家协会学术委员会副主任，甘肃画院、书法院特聘书法家、评论家，天水市文联党组成员、副主席，天水市书法家协会常务副主席，书法作品多次入展中国书协主办的展览，获甘肃省第四届"中青年书法篆刻展"三等奖。

0323 《世纪伟人》

作品类别：书法类

作　　者：芦建华

发表时间：2011-08-09

发表载体：省级展览

获奖及影响：《世纪伟人》获省级展览三等奖

简　　介：芦建华，1962年5月出生于甘肃定西，大学学历，曾为兰州商学院兼职副教授，中国艺术研究院中国书法院首届访问学者，中国人民大学中国画硕士课程研修班访问学者，现为甘肃省书法、美术家协会会员，甘肃省定西市安定区文化馆副研究馆员，定西市画院画师。

0324 《书法》

作品类别：书法类

作　　者：伍东民

发表时间：2012-11-01

发表载体：十八大"诚成杯"首届酒泉书法展

简　　介：伍东民，男，甘肃玉门人，大学本科学历，毕业于西北师范大学美术系，参加工作后曾在玉门市文化馆、博物馆从事艺术创作和文博管理，现担任玉门市文化体育局副局长、甘肃省美术家协会会员，甘肃省书法家协会会员，甘肃省榜书研究会会员，玉门美术家协会副主席，玉门书法家协会副主席兼秘书长，玉门书画院副院长，甘肃省博物馆协会会员、中国美术学院考级中心甘肃考区辅导教师、酒泉市史志学会会员，长期从事艺术创作和文化理论研究。擅长油画、水粉画和书法。

0325 《草书》

作品类别：书法类

作　　者：杨麦焕

发表时间：2006-07-21

发表载体：首届"山水杯"全国书画大展赛

获奖及影响：该作品在首届"山水杯"全国书画大展赛中获一等奖（中共福建省宁德市宣传部、宁德市书法家协会、宁德市美术家协会主办）。

简　　介：杨麦焕，男，汉族，甘肃省天水市人，生于1954年10月，任职于兰州铁路局天水车站，中国书画家协会会员、天水市书法家协会会员、麦积区书画家协会会员，自幼酷爱书法艺术，近年专研书法，博采众长，临池不辍。该作品在首届"山水杯"全国书画大展赛中获一等奖（中共福建省宁德市宣传部、宁德市书法家协会、宁德市美术家协会主办）。

0326 《伏羲祭文》

作品类别：书法类

作　　者：马国民

发表时间：2012-11-05

发表载体：首届甘肃省"羲皇杯"楷书大赛

获奖及影响：首届甘肃省"羲皇杯"楷书大赛中荣获入围奖。

0327 《自作诗——游太极岛有感》

作品类别：书法类

作　　者：衣国范

发表时间：2011-05-01

发表载体：首届"国际华人文化艺术创作大赛"

获奖及影响：自作诗——游太极岛有感，在《珍爱地球，守望家园》首届"国际华人文化艺术创作大赛中"，获得国际华人环保艺术奖。

简　　介：衣国范，男，汉族，河北省肃宁县人，生于1938年2月，1953年参加工作，1956年加入中国共产党，一生从事水电建设事业，曾任中国水利水电第四工程局刘家峡分局副局长、党委副书记等职。1995年退休，1994年为临夏州书法家协会会员、2001年为青海省书法家协会会员、2003年为甘肃省书法家协会会员、2007年为中国书画艺术研究会理事、2009年为甘肃书画家协会理事、2009年被聘为中国艺术家交流协会终身名誉主席、2011年为兰州文化联谊会七里河分会副会长、2013年加入中国艺术家协会书画研究会任理事。几十年来，工余闲暇，颇好戏墨涂鸦，兼习金石篆刻和绘画。能书多种书体，尤以行草见长，其特点笔力稳健，线条流畅，气势端庄，古范十足，创新有加。书法作品经常参加省、州、县及全国性书画展赛，先后获奖50余次，作品入编《甘肃省书法篆刻展作品集》《中国当代书画艺术家传世名典》《第四届加拿大中华诗书画大展作品集》《当代中华书画艺术家作品选集》《甘肃当代书画家艺术典库》等十多部书画作品集，同时先后被有关艺术单位授予"当代文人书画艺术家"、"中华老人艺术家"、等10余个荣誉称号。

0328 《书法》

作品类别：书法类
作　　者：伍东民
发表时间：2013-06-01
发表载体：首届酒泉市政协委员书画大赛
获奖及影响："首届酒泉市政协委员书画大赛"优秀奖。
简　　介：伍东民，男，甘肃玉门人，大学本科学历，毕业于西北师范大学美术系，参加工作后曾在玉门市文化馆、博物馆从事艺术创作和文博管理。现担任玉门市文化体育局副局长、甘肃省美术家协会会员、甘肃省书法家协会会员、甘肃省榜书研究会会员、玉门美术家协会副主席、玉门书法家协会副主席兼秘书长、玉门书画院副院长、甘肃省博物馆协会会员、中国美术学院考级中心甘肃考区辅导教师、酒泉市史志学会会员。长期从事艺术创作和文化理论研究。擅长油画、水粉画和书法。

0329 《诗情画意》

作品类别：书法类
作　　者：马国民
发表时间：2010-01-05
发表载体：首届"全国财政系统书画摄影大赛"
获奖及影响：获首届全国财政系统书画摄影大赛书法类优秀奖。

0330 《随笔》

作品类别：书法类
作　　者：马健行
发表时间：2011-03-01
发表载体：首届"全国书画名家小品邀请展"
获奖及影响：该作品在首届全国书画名家小品展中获最佳创意奖（中国现代文艺出版社主办）。

简　　介：马健行，男，1955年12月生于甘肃礼县盐官镇，字怀波，号知知堂主人，中教高级职称，先后供职于甘肃省礼县师范学校、天水市麦积区教师进修学校、天水市麦积区政府教育督导室、天水市麦积区教育局。六岁随叔父临帖习书，此后五十年临池不辍。现为甘肃省书法家协会会员、中国老年书画学会理事，中国现代文艺出版社顾问。该作品在首届全国书画名家小品邀请展中获最佳创意奖（中国现代文艺出版社主办）。

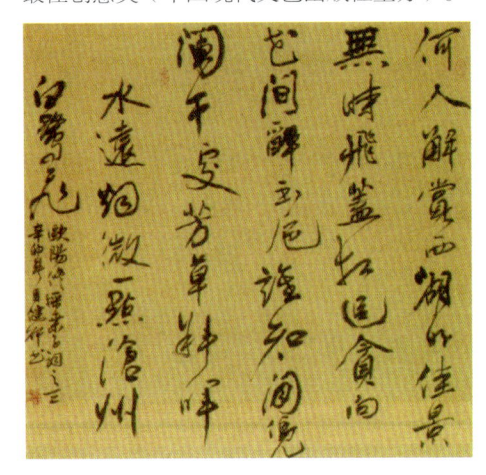

0331 《方孝孺题画诗》

作品类别：书法类

作　　者：丁彦平

发表时间：2011-06-28

发表载体：首届书法展

获奖及影响：作品获甘肃省首届会员书法篆刻展。

简　　介：丁彦平，别署品砚室主、朴豪轩主、得月楼主、书之高阁主人，1980年9月11日，生于甘肃定西市安定区，本科学历（汉语言文学专业），现为中国书法家协会会员，北兰亭会员，甘肃省青年书法家协会副秘书长，定西市青年书法家协会副主席，定西市书画院副院长，定西市画院画师。

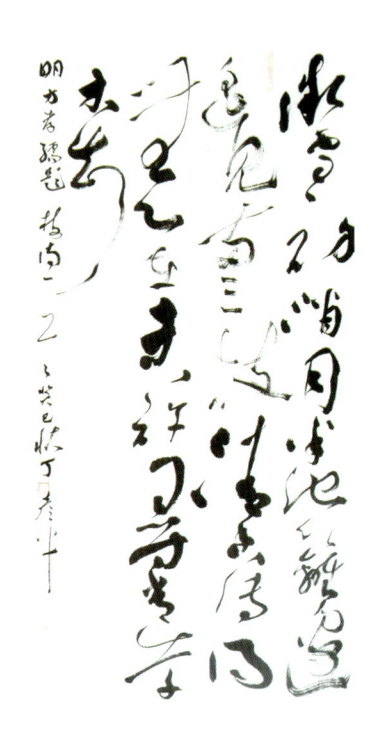

0332 《琵琶行》

作品类别：书法类

作　　者：崔双胜

发表时间：2012-07-11

发表载体：首届张芝奖

获奖及影响：2012年7月入选首届"张芝奖"。

简　　介：崔双胜，1971年10月出生于甘肃通渭，现为中国书协会员，甘肃省书协会员，甘肃省美协会员，定西市书协副主席兼行书专业委员会秘书长，陇中画院专业画师，国家二级美术师，就读于中国艺术研究院、中国国家画院，现供职于甘肃省定西市画院。作品获全国第三届"草书作品展"优秀奖，入展全国第三届行草书展、首届"张芝奖"全国书法作品展、首届"西狭颂"全国书法作品展、"魏晋风度"全国新锐书法作品展、首届"三苏奖"全国书法作品展、全国"王安石奖"书法作品展、全国首届"陶渊明奖"书法作品展、首届"孙过庭奖"全国行草书大展等。书画论文及作品散见于全国书画媒体。

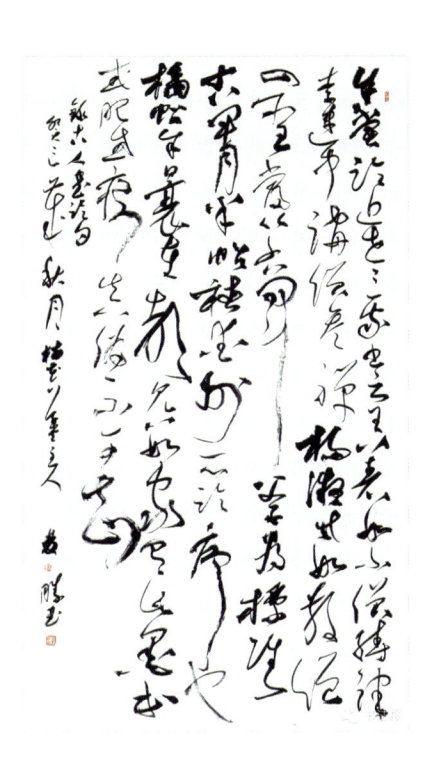

0333 《春临大地·立轴》

作品类别：书法类

作　　者：赵凤翔

发表时间：2003-08-25

发表载体：首届中国"敦煌杯"全国书法大赛

获奖及影响：该作品入展首届中国敦煌国际书法艺术节"敦煌杯"全国书法大赛（中国文学艺术界联合会、中国书法家协会主办）。

简　　介：赵凤翔，男，1955年10月生，宁夏固原人，字一痴，号八郡闲人、古书轩主，职业军人，副团中校军衔，在部队先后6次荣立个人三等功（其中三等战功两次），8次受到各级嘉奖，13次被上级树为各类标兵，并被兰州军区评为部队文化工作先进个人，被甘肃省委、省政府、省军区授予"双拥工作先进个人称号"。现为中国老年书画研究会会员、中国书画家协会理事、甘肃省书法家协会会员、宁夏六盘山书画院名誉院长、天水市老年书画研究会副会长、天水市书法家协会理事、西部书画艺术研究院院长，该作品入展首届中国敦煌国际书法艺术节"敦煌杯"全国书法大赛（中国文学艺术界联合会、中国书法家协会主办）。

0334 《书刘禹锡诗一首》

作品类别：书法类

作　　者：马健行

发表时间：2013-08-01

发表载体：首届"中国老年书画学术展"

获奖及影响：该作品在首届中国老年书画学术展中获金奖（中国老年书画学会主办）。

0335 《小篆书法作品》

作品类别：书法类

作　　者：贺忠义

发表时间：2001-03-12

发表载体：首届中国老年书画展

获奖及影响：获甘肃省书法家协会举办的甘肃省新世纪书法大赛优秀奖。

0336 《行草作品》

作　品　类　别：书法类
作　　　者：石秉刚
发表时间：2001-03-12
发表载体：首届"中国老年书画展"
获奖及影响：获文化部文化艺术人才中心、中国老年书画研究会举办的首届"中国老年书画展"三等奖。

0337 《沁园春雪》

作品类别：书法类
作　　　者：刘太
发表时间：2004-02-02
发表载体：首届"中国书法篆刻大奖赛"
获奖及影响：作品在"首届中国书法篆刻大奖赛"中获银奖，并经《中国当代名家书画精品大典》编委会审定，符合入编资格，被主办单位永久收藏。
简　　介：刘太，男，汉族，河北省遵化县人，生于1938年，1956年参加工作，1959年加入中国共产党。于受家父熏陶指导，自幼喜爱书法，尤其喜爱王羲之、颜真卿、董其昌的书法风格，反复临习，坚持数年，乐此不疲，退休后先加入局退休中心组建的金秋书画协会，交流心得，切磋书法技艺，并经常参加省、州、县、工程局以及全国性大型书画展赛，广泛涉猎优秀作品，取方家之长，补自己之短，使之书艺和章法都有了明显提高。书法作品参加2003年水电四局建局四十五周年书画展获三等奖；2004年永靖县迎新春书画展获书法二等奖；2006年临夏州成立五十周年书画展获书法优秀奖；2009年临夏州庆祝建国六十周年书画展获二等奖。书法作品还入编多部书画作品集。现为甘肃书画家协会会员，临夏州书法家协会会员，兰州文化联谊会会员，青海省书法家协会会员，水电四局金秋书画协会副主席。

0338 《书法·十方格》

作品类别：书法类
作　　　者：石炜先
发表时间：2008-09-09
发表载体：首届"中国重阳书画展"
获奖及影响：该作品入展首届中国重阳书画展，并荣获"重阳书画奖"（中国重阳书画组委会主办）。
简　　介：石炜先，笔名石可，1947年11月出生，甘肃天水人，1976年毕业于南京林业大学，甘肃省小陇山林业局高级工程师。现为中国书法家协会会员、甘肃省书法家协会会员、天水市书法家协会常务理事、天水市麦积区导流山书画院院长。该作品入展首届中国重阳书画展，并获"重阳书画奖"。

0339 《行书珊瑚颂》

作品类别：书法类

作　　者：魏尚琴

发表时间：2014-10-24

获奖及影响：该书法作品入选"鹰联杯"世界和平国际书画大展，并荣获成人组书法一等奖，授予作者"世界和平文化使者"荣誉称号。

简　　介：魏尚琴，生于1955年12月，字溪媛，自幼习书勤临贴，苦练笔，曾有作品入选"纪念联合国科教文组织成立50周年《世界和平友好国际书画大赛》"。在"第四届中华杯全国书大赛"中荣获铜奖，在"庆祝长征胜利70周年全国书画大赛"中荣获银奖并授予"德才兼备书画艺术家称号"。

0340 《兰亭集序》

作品类别：书法类

作　　者：石玉杰

发表时间：2009-09-30

获奖及影响：2009年在"庆祝中华人民共和国暨人民政府成立60周年·甘肃省政协委员书画展"荣获三等奖。

0341 《书法作品》

作品类别：书法类

作　　者：王斌

发表时间：2009-09-27

发表载体：书法比赛

简　　介：王斌，1968年出生于秦安。现为中国书法家协会会员，书法作品入展全国第九届书法篆刻展（入展提名）；第三届中国书法兰亭奖"尧山杯"兰亭新人展；《守望敦煌》甘肃书法晋京展；甘肃省第五届中青年书法篆刻展；甘肃省第三届"张芝奖"书法篆刻展（二等奖）；甘肃省第四届"群星奖"（一等奖）；甘肃省首届中青年书法百家展；甘肃省杜甫陇右诗书画展（铜奖）；中国千名书法家写经书法大展；"信德杯"全国个体私营（民营）企业书法展；第三届中国（湘潭）齐白石国际文化艺术节全国书法作品展；第三届"林散之奖"书法双年展；全国第三届青年书法篆刻作品展。

0342 《书法作品》

作品类别：书法类

作　　者：马春林

发表时间：2006-08-28

发表载体：书法比赛

简　　介：马春林，1969年出生。中国书法家协会会员，甘肃省书法家协会楷书委员会委员，秦州区书法家协会副主席兼秘书长，毕业于中国书法家协会培训中心，作品入展第二届"中国书法兰亭奖安美杯"书法展，第三届"中国书法兰亭奖尧山杯"书法展，敦煌杯国际书法大展，走进青海全国书法展，获《书法报》首届书法海选银奖、全国机械行业职工书画展一等奖，甘肃省国有企业职工书画展一等奖，第八、九届全国法制宣传书画展二等奖，参加中韩书法交流展，首届魏碑书法大展，五台山写经书法大展。

0343 《小楷书法》

作品类别：书法类

作　　者：马春林

发表时间：2009-12-28

发表载体：书法比赛

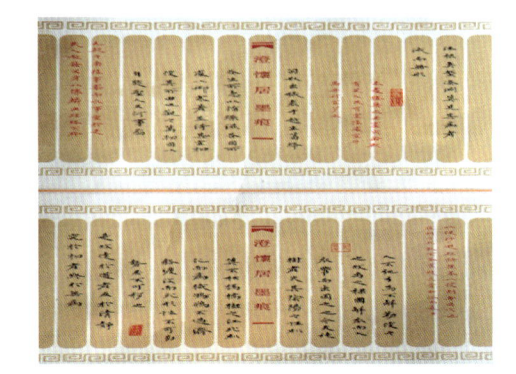

0344 《行书》

作品类别：书法类

作　　者：王斌

发表时间：2011-07-26

发表载体：书法比赛

简　　介：王斌，1968年出生于秦安，现为中国书法家协会会员，书法作品入展全国第九届书法篆刻展（入展提名）；第三届"中国书法兰亭奖尧山杯兰亭新人展"；《守望敦煌》甘肃书法晋京展；甘肃省第五届中青年书法篆刻展；甘肃省第三届"张芝奖"书法篆刻展（二等奖）；甘肃省第四届"群星奖"（一等奖）；甘肃省首届中青年书法百家展；甘肃省杜甫陇右诗书画展（铜奖）；中国千名书法家写经书法大展；"信德杯"全国个体私营（民营）企业书法展；第三届中国（湘潭）齐白石国际文化艺术节全国书法作品展；第三届"林散之奖"书法双年展；全国第三届"青年书法篆刻作品展"。

0345 《心猿意马》

作品类别：书法类

作　　者：杨红

发表时间：2011-11-05

发表载体：书法大赛杭州

获奖及影响：书法《心猿意马》中国硬笔书协、西泠印社"第11届中国钢笔书法大赛"三等奖。

简　　介：杨红，男，1979年4月生于甘肃定西，毕业于西安美院，美术学专业，本科，副研究馆员（副教授、二级美术师），"陇中板帘子"非物质文化遗产传承人。中国美协大赛获奖者、中国书协大赛获奖者、中国民协大赛获奖者，2013年文化部授予"文化优秀志愿者"称号，被定西市文广局评为"2013年全市文广系统先进个人"。

0346 《邵永生书法作品》

作品类别：书法类

作　　者：邵永生

发表时间：2010-06-15

发表载体：书法绘画摄影大赛

获奖及影响：在2010年全省人社系统书法绘画摄影大赛中被评为优秀奖。

简　　介：邵永生，敦煌书画家，篆刻家。在全省人社系统书法绘画摄影大赛中被评为优秀奖。

0347 《书法》

作品类别：书法类

作　　者：郭星雨

发表时间：2013-12-20

发表载体：书法展

获奖及影响：甘肃省书协第二届"青少年大赛"优秀奖。

0348 《篆书作品》

作品类别：书法类

作　　者：潘长城

发表时间：2011-06-16

发表载体：书法展

获奖及影响："庆阳市离退休干部庆祝建党90周年书画展"书法类作品优秀奖。

0349 《唐诗》

作品类别：书法类

作　　者：张智

发表时间：2008-09-25

发表载体：书法篆刻展

获奖及影响：甘肃省书法家协会举办的书法篆刻展二等奖。

简　　介：张智，字灵羊，1955年7月出生，现在定西市安定区博物馆工作，中国硬笔书法家协会会员、甘肃省书法家协会会员、中国书协西部教育基地书画研究会理事、定西市书画院特聘书画师。获奖经历：参加甘肃省文联、省书法家协会举办的书法展入展并获奖；书法《大乘无量寿经》长卷被五台山寺院藏经阁收藏。

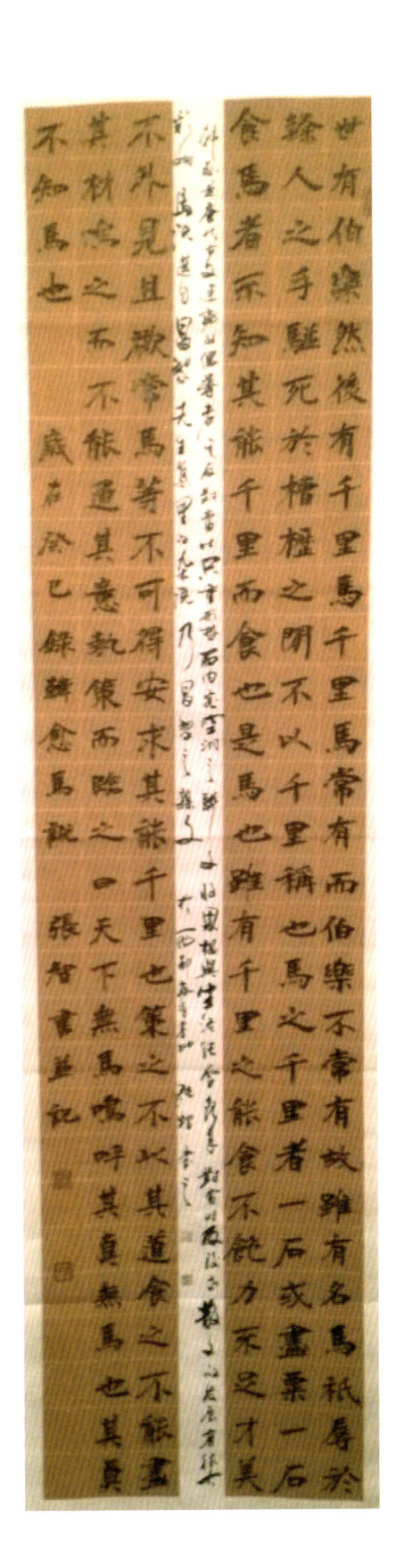

0350 草书对联《今日方知心是佛，前身安见我非僧》

作品类别：书法类

作　　者：刘高才

发表时间：2011-07-14

发表载体：书法作品集

获奖及影响：2011年入选书法报社举办的第三届观音山健康文化节书法大展。

0351 《陋室铭》

作品类别：书法类

作　　者：尤登旭

发表时间：2009-10-10

发表载体：书画大奖赛

获奖及影响：在建国六十周年"旭东杯"书画大奖赛中获一等奖。

简　　介：尤登旭，字朝阳，号太极川人，1968年出生于永靖，少喜书法，尤钟情于二王、米芾，用功最勤。认为王书俊雅、馨香、精美、古旷、超逸，古今善学王书者，皆不师王书面貌，而妙悟其笔法规律，活学活用。2000年入选中国书法家协会培训中心第六届学员结业汇报展，并在北京美术馆展出。2006年入中国书法家协会定西书法教育基地学习，2009年获中国国画院兰州分院"旭东杯"书画大赛一等奖，2011年参加甘肃省书法家协会书法精英创作班，同年获"临夏州建党90周年书画展"二等奖，作品《陋室铭》，四尺整张，创作于2008年秋。

0352 《沁园春》

作品类别：书法类

作　　者：田野

发表时间：2009-01-29

发表载体：书画展

获奖及影响：荣获艺术新锐金奖

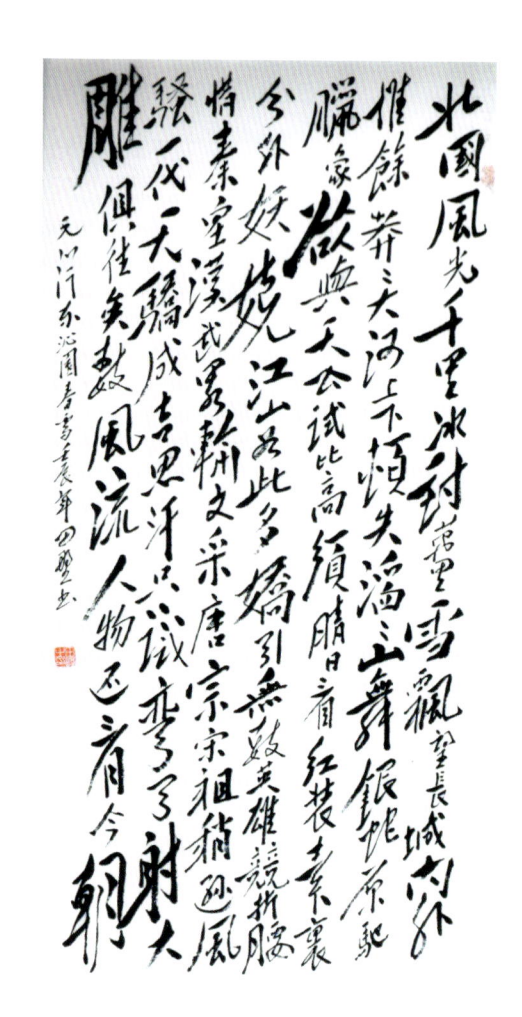

0353 《七律·冬云》

作品类别：书法类

作　　者：李良云

发表时间：2012-10-25

发表载体：书画展

获奖及影响："辉煌三十年，喜迎十八大——纪念中共甘肃省委《党的建设》创刊三十周年全省书画展"中荣获优秀奖。

简　　介：李良云，男，汉族，1966年4月生于甘肃永靖，现供职于永靖县政法委，为临夏州书法家协会会员，永靖县书法家协会副主席，曾多次参加书法展览和比赛。1983年，获甘肃省青少年书法比赛三等奖，2008年，获临夏州书法比赛优秀奖，2012年6月作品《雪满雾绕联》在中央数字电视书画频道举办的"2012迎新春美术作品展播"网络评选活动中，荣获书法作品业余组三等奖，书法《七律·冬云》，四尺整张，创作于2012年春。其书风清峻飘逸，含蓄蕴藉，行云流水，师承古法，笔势遒劲，刚健有力，跌宕多姿，雄浑厚重如虎踞，灵动飘逸似龙飞，独具神韵。

0354 《书法作品》

作品类别：书法类

作　　者：贺忠义

发表时间：2002-03-23

发表载体：书画展

获奖及影响：中国企业文化年"环保世纪行，情系中华——中国美术书法摄影大展"中荣获成年组金奖。

0355 《艾立兴书法选集》

作品类别：书法类

作　　者：艾立兴

发表时间：2012-11-13

发表载体：书籍

简　　介：艾立兴，生于1935年，辽宁凤城人，大学学历，曾任金昌市委副书记，白银市委副书记，市政协主席。白银市书法家协会名誉主席，甘肃省书法家协会会员，铜城书画院、白银黄河石林书画院名誉院长，中国硬笔书法协会会员，中国艺术研究院特邀书画师。作品收入《当代书画家作品集》等多家刊物。出版有《艾立兴书法选集》。

0356 《政协章程》

作品类别：书法类

作　　者：白文科

发表时间：2012-11-13

发表载体：书籍

获奖及影响：生于1952年，甘肃榆中人。八届甘肃省政协委员，九届甘肃省政协常委，白银市政协副主席，白银市书法家协会名誉主席，甘肃省书法家协会会员，白银黄河石林书画院常委理事。小楷四条屏《政协章程》被全国政协收藏，作品被入编全国政协成立55周年书画集《艺苑竞秀》。

0357 《草书中堂》

作品类别：书法类

作　　者：陈福

发表时间：2012-11-13

发表载体：书籍

获奖及影响：甘肃景泰人，生于1940年，原白银市工商局局长，白银市书法家协会名誉主席，甘肃省书法家协会会员。

0358 《行草四条屏》

作品类别：书法类

作　　者：巨明礼

发表时间：2012-11-13

发表载体：书籍

获奖及影响：生于1944年，甘肃永登人，大学本科学历。历任景泰县县长、县委书记，靖远县委书记，白银市委常委、市纪委书记，白银市委副书记等职。白银市书法家协会名誉主席，甘肃省书法家协会会员，白银黄河石林书画院名誉院长，甘肃省诗书画联谊会会员，全国市长书画院院士。

0359 《行草中堂》

作品类别：书法类

作　　者：陶发蒲

发表时间：2012-11-13

发表载体：书籍

简　　介：字益哉，笔名雪峰，号大漠斋，生于1933年，甘肃民勤人。进修于北京现代管理学院。曾任景泰县革委会主任、县长、县委书记，白银市政协副主席等职务。白银市书法家协会名誉主席，白银黄河石林书画院名誉院长，甘肃省诗书画联谊会顾问、高级书法师，中国书画研究院中国国学研究会研究员，国际中华艺术家协会理事，中国民族艺术家协会副会长，中国人文书画院名誉院长。

0360 《行书中堂》

作品类别：书法类

作　　者：关振邦

发表时间：2008-11-13

发表载体：书籍

获奖及影响：在2007年获白银市首届"凤凰文艺奖书法类"二等奖，2005年获纪念"中国人民抗日战争胜利六十周年书画联展"一等奖。

简　　介：甘肃靖远人，白银市书法家协会名誉主席，甘肃省书法家协会会员，甘肃省书法教育研究会理事，全国老年书法家协会会员，幼承家学，酷爱书法，从唐楷入手，尤得益于颜柳。由于其集众家之长为已所用，作品形成了其清新稳健、疏朗明丽的风格，书风古雅淡朴、俊逸潇洒。

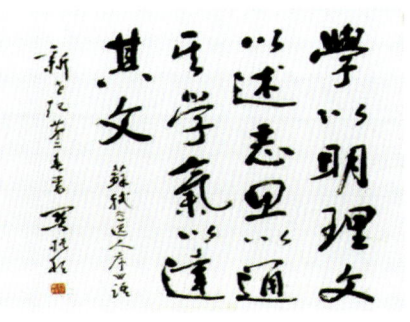

0361 《草书中堂》

作品类别：书法类

作　　者：陶劲涛

发表时间：2012-11-13

发表载体：书刊

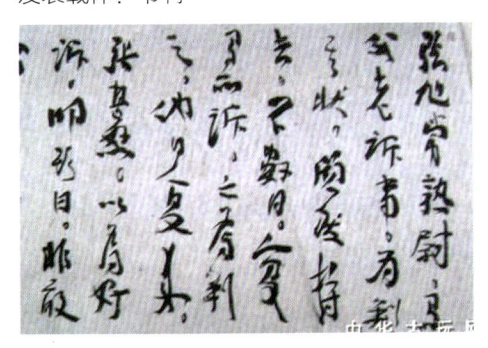

0362 《楷书条幅》

作品类别：书法类

作　　者：郑维勇

发表时间：2012-11-13

发表载体：书刊

获奖及影响：2004年入展省四届中青展，2006年入展省首届临帖展、省二届"张芝奖"书展。

0363 《楷书条幅》

作品类别：书法类

作　　者：陈彦旭

发表时间：2012-11-13

发表载体：书刊

获奖及影响：获省国有企业庆祝"建党85周暨纪念红军长征胜利70周年书画竞赛"三等奖，入展二届"张芝奖"书展、"敦煌杯"全国书展、省首届临贴展。

简　　介：笔名静夫、洪德，甘肃庆阳人，供职于甘肃省条山集团，白银市书法家协会副主席，甘肃省书法家协会会员，甘肃省书法家协会教育委员会秘书长，从唐楷入手，后转入主攻魏碑，兼习篆隶行草，逐渐形成了特色鲜明的个人书法风格。

0364 《楷书条幅》

作品类别：书法类

作　　者：武治成

发表时间：2012-11-13

发表载体：书刊

获奖及影响：2007年获白银市首届"凤凰文艺奖书法类"二等奖，2004年入展省四届中青展，2005年入展"三晋杯"书展，2006年入展省首届临帖展、省二届"张芝奖"书展，2006年获全国书法篆刻大赛优秀奖。

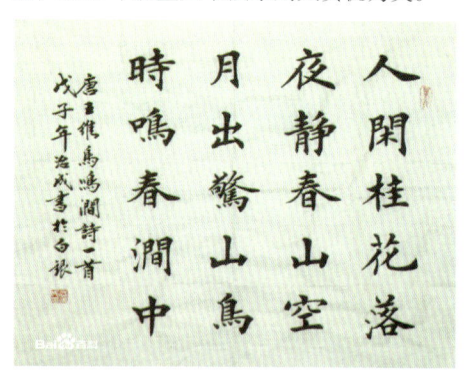

0365 《楷书条幅》

作品类别：书法类

作　　者：赵志诚

发表时间：2012-11-13

发表载体：书刊

获奖及影响：楷书对联作品入展全国青少年书法展、省二届新人展、省二届"张芝"奖书法展；市恢复建市20周年"陇烨杯"书画摄影展荣获优秀奖，2007年获白银市首届"凤凰文艺奖书法"类一等奖。

0366 《楷书条幅》

作品类别：书法类

作　　者：郑继华

发表时间：2012-11-13

发表载体：书刊

0367 《楷书条幅》

作品类别：书法类

作　　者：姜兆珠

发表时间：2012-11-13

发表载体：书刊

简　　介：甘肃景泰人，供职于景泰县第二中学。省书协会员，市书协理事。自幼好书法。

0368 《楷书条幅》

作品类别：书法类

作　　者：陈邦杰

发表时间：2012-11-13

发表载体：书刊

获奖及影响：作品入展中书协主办的"郭煌杯"大赛，入展省四届中书展、纪念毛泽东诞辰110周年书展；获中国文联主办的书展"特别等级奖"，2007年获白银市首届凤凰文艺奖书法类一等奖。

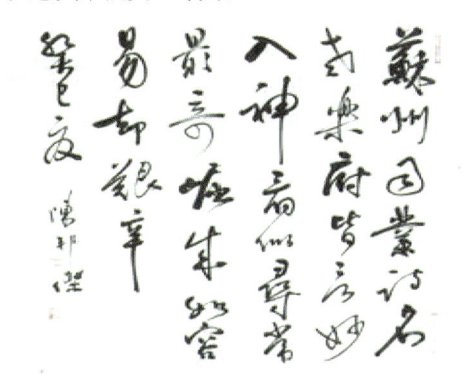

0369 《隶书条幅》

作品类别：书法类

作　　者：陶耀文

发表时间：2012-11-13

发表载体：书刊

获奖及影响：获三届中华（天津）民间艺术精品博览会"金蕾杯"全国书展赛获铜奖。

简　　介：字文瑞，号乐陶轩主人，甘肃会宁人，白银市书法家副主席，甘肃省书法家协会会员，甘肃省青年书法家协会理事，甘肃省作家协会会员。中国书画家协会理事，中国民族艺术家协会副会长，中国收藏协会会员，中国书画联谊会员。

0370 《隶书条幅》

作品类别：书法类

作　　者：杨淑惠

发表时间：2012-11-13

发表载体：书刊

0371 《隶书中堂》

作品类别：书法类

作　　者：王定原

发表时间：2012-11-13

发表载体：书刊

0372 《扇面》

作品类别：书法类

作　　者：李树财

发表时间：2012-11-13

发表载体：书刊

获奖及影响：作品2007年获白银市首届凤凰文艺奖书法类一等奖，2004年入展"首届全国青年书法篆刻作品展",并在省四届中青展中提名,2005年入展"三晋杯"全国首届公务员书展,获三等奖;入展五届中国书坛新人展、大连"江鑫杯"全国第二展扇面展;入选全国书法艺术大赛"冼夫人奖"。

简　　介:笔名老树、塞北老树,甘肃靖远县人,供职于市育才学校。白银市书法家协会副主席,甘肃省书法家协会会员,甘肃省青年书法家协会理事,中国书法家协会会员,白银石林印社副社长。

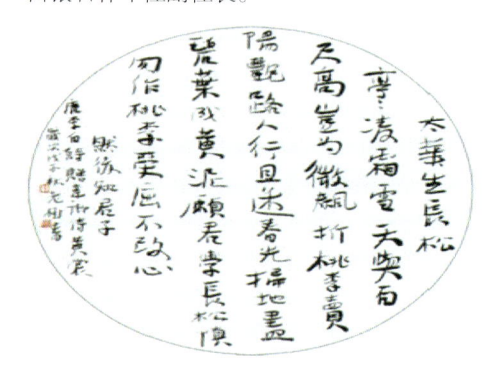

0373 《行草条幅》

作品类别:书法类

作　　者:董志成

发表时间:2012-11-13

发表载体:书刊

获奖及影响:入展省四届中青展、西泠印永首届扇面书法展,获市"陇烨杯"书法二等奖、中国电影百年书画大展佳作奖、首届中国书法大赛金奖。

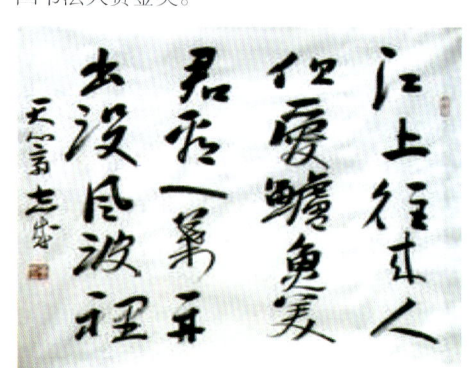

0374 《行草条幅》

作品类别:书法类

作　　者:吴明贤

发表时间:2012-11-13

发表载体:书刊

0375 《行草条幅》

作品类别:书法类

作　　者:张慧中

发表时间:2012-11-13

发表载体:书刊

获奖及影响:第一、二届张芝奖等。

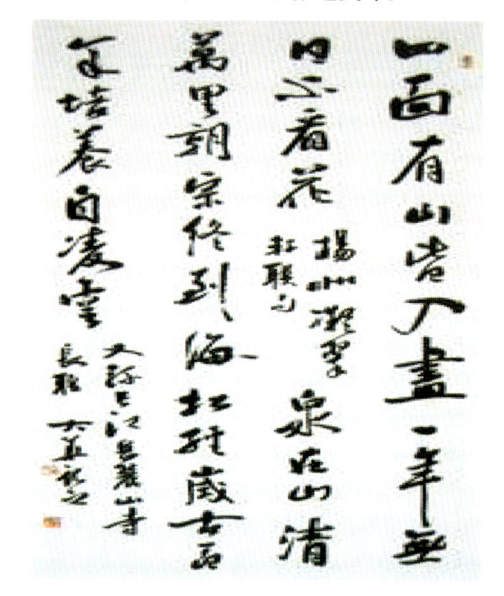

0376 《行草条幅》

作品类别:书法类

作　　者:党居红

发表时间:2012-11-13

发表载体:书刊

获奖及影响:2007年获白银市首届凤凰文艺奖书法类三等奖,2004年入展选省四届中青展,2005年入展丝绸之路杯首届省书画作品大赛。

简　　介:笔名古三,号石娘山人,斋名榆雪堂,中国民族硬笔书协会员,会州书画艺术院理事，《西域书画研究》编委。

0377 《行草条幅》
作品类别：书法类
作　　者：梁同山
发表时间：2012-11-13
发表载体：书刊
获奖及影响：2004年入展省四届中青展，2005年获省二届"新人展优秀奖"（最高奖）、省二届"丝路杯书画大赛"二等奖，同年入展"走进青海"全国书法大展，2006年获省"庆祝建党85周年暨红军长征70周年书展"一等奖。
简　　介：笔名黎石，甘肃武威人。中国书法研究院院士，省书协会员，市书协常务理事，市青年书协副主席。

0378 《行草条幅》
作品类别：书法类
作　　者：王家驹
发表时间：2012-11-13
发表载体：书刊

0379 《行草中堂》
作品类别：书法类
作　　者：马积森
发表时间：2012-11-13
发表载体：书刊

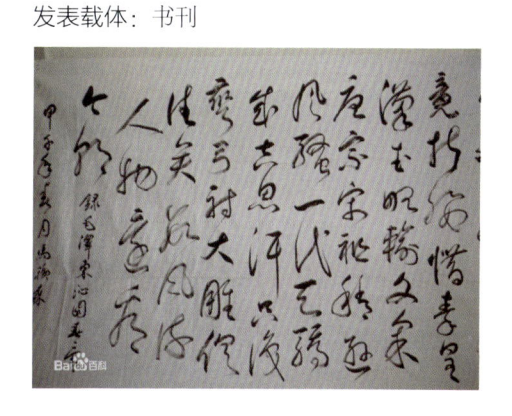

0380 《行草中堂》
作品类别：书法类
作　　者：顾泮前
发表时间：2012-11-13
发表载体：书刊

0381 《行草中堂》
作品类别：书法类

作　　者：罗骥德

发表时间：2012-11-13

发表载体：书刊

0382 《行草中堂》

作品类别：书法类

作　　者：梁一中

发表时间：2012-11-13

发表载体：书刊

简　　介：甘肃靖远人，生于1942年，原白银市人大秘书长。白银市书法家协会名誉主席，甘肃省书法家协会会员。

0383 《行书条幅》

作品类别：书法类

作　　者：张其敏

发表时间：2012-11-13

发表载体：书刊

获奖及影响：曾入选甘肃省第三届中青展、庆祝国庆五十周年、纪念毛主席诞辰一百周年等书法展览；并多次在白银市书法展览中获奖，书法作品被白银市图书馆收收藏。

简　　介：现供职于靖远县中医院内科。省书协会员，靖远县画院副院长，靖远县文联副主席。书法钟情于历代书法，数十年如一日，临池不辍，并且注重文学修养，尤在唐楷、魏碑、二王、宋四家诸碑帖受益匪浅，初步形成个人风格。

0384 《行书条幅》

作品类别：书法类

作　　者：吴旭升

发表时间：2012-11-13

发表载体：书刊

获奖及影响：2004年获省公安厅"卫士之光"书画展二等奖，2006年入展全国公安民警书赛。

0385 《行书条幅》

作品类别：书法类

作　　者：杨绪孔

发表时间：2012-11-13

发表载体：书刊

0386 《行书条幅》

作品类别：书法类

作　　者：李岩

发表时间：2012-11-13

发表载体：书刊

获奖及影响：2005年获白银市恢复建市20周年"陇烨杯"书画摄影展一等奖，2006年入展省二届"张芝奖"书展。

简　　介：河南汲县人，从教于靖电学校，中学高级教师，白银市书法家协会艺术顾问，甘肃省书法协会会员，中国书法家协会会员，甘肃省电力美术协会会员，甘肃省女书法家协协会理事。多年来以汉隶为基础，融张迁、石门、好大王之精髓，后又临"二王"，先后精心研读米芾、王铎、黄庭坚、张瑞图等名家名帖，形成自己独到的书风。

0387 《行书条幅》

作品类别：书法类

作　　者：王绪聪

发表时间：2012-11-13

发表载体：书刊

0388 《行书中堂》

作品类别：书法类

作　　者：缑富喜

发表时间：2012-11-13

发表载体：书刊

获奖及影响：2002年5月全国中老年干部书画大展中优秀奖，2002年10月"世纪精英"第二届中国书画大展中获金奖，入展《纪念红军长征胜利70周年全国书画邀请展》、甘肃省第四届"群星展"等。

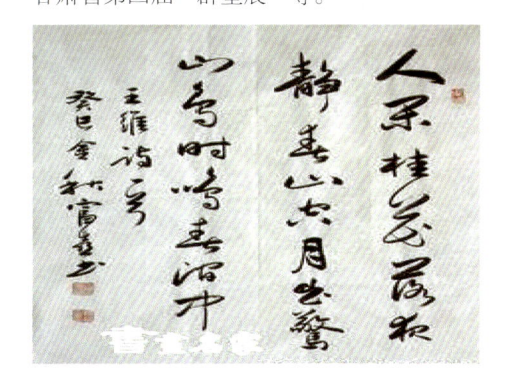

0389 《篆书条幅》

作品类别：书法类

作　　者：郭志福

发表时间：2012-11-13

发表载体：书刊

获奖及影响：代表作：篆书条幅作品2007年获白银市首届凤凰文艺奖书法类三等奖。

2004入展全国第八届书展，2004年入展省四届中青展，2005年获"陇烨杯"书画摄影展三等奖。

简　介：郭志福，字粟白，甘肃会宁人，供职于中国农业银行会宁县支行。甘肃省书法家协会会员，会宁县书画协会副主席。在书法创作上，真草隶篆均有涉猎，主攻篆隶。其书法作品字形正倚交错，线条粗细变化明显，跌宕有致。时而倾斜但并不生硬，反倒更见自由，体现出他的任情恣性的一面，自成格调。陈容取势险峻，其结字造型或倚或正，或重或轻，有"来如雷霆收震怒"之美，行笔迅捷，用笔有力，发力沉重。其书法作品多次获得省内外大奖，被广大群众所称赞。

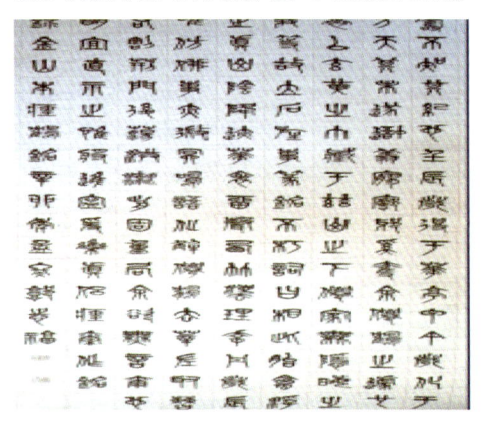

0390 《篆书中堂》

作品类别：书法类
作　　者：张康惠
发表时间：2012-11-13
发表载体：书刊

0391 《楷书·四条屏》

作品类别：书法类
作　　者：王龙
发表时间：2005-08-01
发表载体：丝绸之路·首届甘肃省书画作品大赛
获奖及影响：获丝绸之路·首届甘肃省书画作品大赛书法成人组二等奖（甘肃省书法家协会、甘肃省美术家协会主办）。

简　介：王龙，福建闽侯人，号龙人，龙墨轩主人，大专学历，1987年毕业于中国书画函授大学，现为甘肃天水书法家协会会员，西部书画艺术研究院副秘书长，书法各体皆攻，尤喜草书，形成"既有清丽秀雅之书风，又有癫行怪异、纵毫无羁之气势"。该作品获丝绸之路·首届甘肃省书画作品大赛书法成人组二等奖（甘肃省书法家协会、甘肃省美术家协会主办）。

0392 《题赠艺术大赛行草，条幅》

作品类别：书法类

作　　者：衣国范

发表时间：2010-05-01

获奖及影响：书法作品在中国诗书画研究会、中国诗书画交流网、北京九州国粹艺术院联合举办的"魅力世博会中华国粹题赠艺术大赛"中入选并获得"创新作品奖"。

简　　介：衣国范，男，汉族，河北省肃宁县人，生于1938年2月，1953年参加工作，1956年加入中国共产党，一生从事水电建设事业，曾任中国水利水电第四工程局刘家峡分局副局长、党委副书记等职。1994年为临夏州书法家协会会员，2001年为青海省书法家协会会员，2003年为甘肃省书法家协会会员，2007年为中国书画艺术研究会理，2009年为甘肃书画家协会理事，2009年被聘为中国艺术家交流协会终身名誉主席，2011年为兰州文化联谊会七里河分会副会长、2013年加入中国艺术家协会书画研究会任理事。

0393 《朱锋书法作品》

作品类别：书法类

作　　者：朱锋

发表时间：1992-08-21

发表载体："天马杯"国际书法绘画篆刻大赛

获奖及影响：1992年书法作品入选"天马杯国际书法绘画篆刻大赛"，并被收藏。

简　　介：朱锋的书法作品是很多学习书法学员的仿照对象，他的书法作品在敦煌市和甘肃省获奖。

0394 《八卦赋》

作品类别：书法类

作　　者：王健鹏

发表时间：2014-06-20

发表载体：天水市首届"伏羲杯"书法大赛

获奖及影响：获二等奖。

简　　介：王健鹏，字皓石，斋号得闲居，又号原州山人，1968年生于甘肃镇原，自少年时期便喜爱书法，曾参加1987届中国书画函授大学书法系学习，获得学员毕业汇报展优秀作品奖，1991年获得全国青少年书法品、段、级位评定三段证书。作品入编《中国书画艺术博览》，多年来虽有间断，然用心从未间断，且越来越痴迷于书法艺术。该作品获天水市首届"伏羲杯"书法作品展二等奖。

0395 《冰雪林中著自身》

作品类别：书法类

作　　者：陈清华

发表时间：2014-06-22

发表载体：天水市首届"伏羲杯"书法大赛

获奖及影响：获优秀奖。

简　　介：陈清华，女，汉族，出生于1954年1月，甘肃天水人。中国书法院会员，中国林业书法家协会会员，《书法报社》中国老年书画研究会会员，甘肃省书法家协会会员，甘肃省女书法家协会理事，甘肃省美术家协会会员，天水市书法家协会会员，天水市美术家协会会员，天水市麦积区书画家协会会员，天水市麦积区导流山书画院常务副院长，天水市政协书画研究院院士。作品曾多次在国家、省、市、区展览中入展、获奖、入编、入典，部分作品在中国书法报上发表，并有多幅作品被部分博物馆、纪念馆及各界人士收藏。该作品获天水市首届"伏羲杯"书法大赛优秀奖（甘肃省书法家协会主办）。

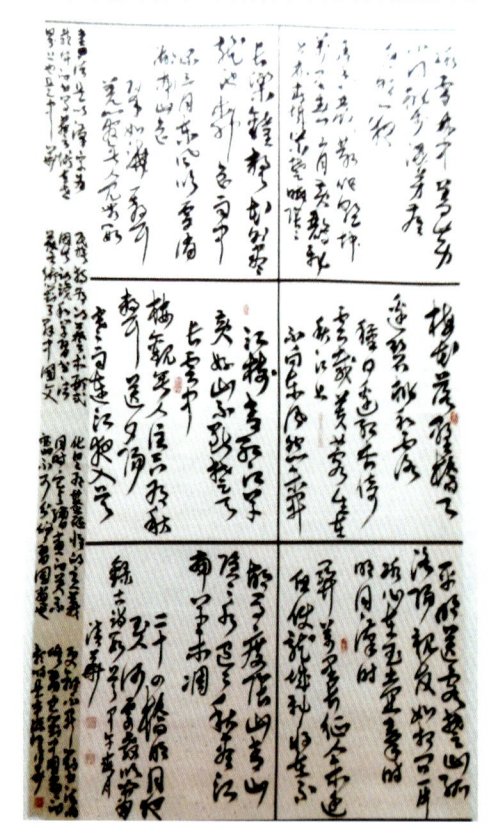

0396 《伏羲·八卦赋》

作品类别：书法类

作　　者：雷万军

发表时间：2014-06-20

发表载体：天水市首届"伏羲杯"书法大赛

获奖及影响：该作品在天水市首届"伏羲杯"书法大赛中获三等奖（甘肃省书法家协会、天水市文学艺术界联合会、天水市书法家协会主办）。

简　　介：雷万军，男，1992年4月生于甘肃天水，自幼酷爱书画，08年开始专业美术训练，2011年考入陇东学院美术学院，师从冯华茂、杨浩奇等老师。取法汉简、隶书，自成风貌，该作品在天水市首届"伏羲杯"书法大赛中获三等奖（甘肃省书法家协会、天水市文学艺术界联合会、天水市书法家协会主办）。

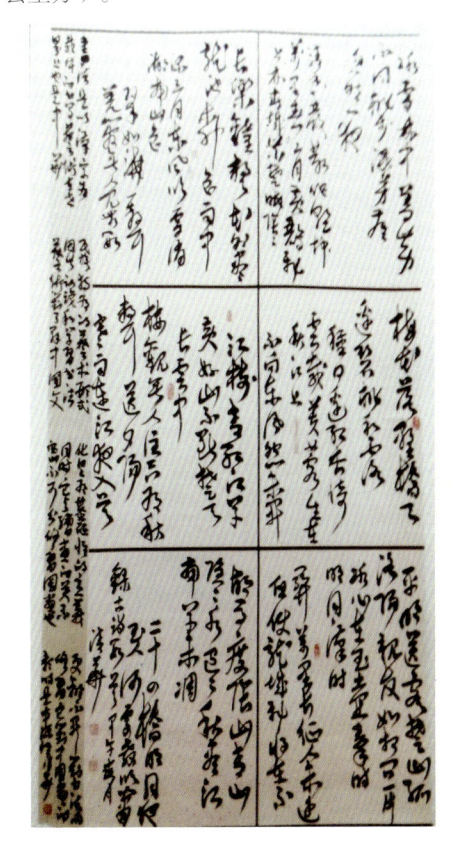

0397 《伏羲·女娲》

作品类别：书法类

作　　者：许涛

发表时间：2014-06-20

发表载体：天水市首届"伏羲杯"书法大赛

获奖及影响：该作品在天水市首届"伏羲杯"书法大赛上获二等奖（甘肃省书法家协会、天水市文联主办）。

简　　介：许涛，男，1990年生，本科学历，甘肃天水人，就读于陇东学院，美术学专业，现为甘肃省庆阳市书法家协会会员。自幼酷爱书法，从事书法绘画多年，尤擅隶属，从隶书入手，后转魏碑，再至"二王"。该作品在天水市首届"伏羲杯"书法大赛中获二等奖（甘肃省书法家协会、天水市文联主办）。

0398 《楷书·随笔》

作品类别：书法类

作　　者：谢小蕾

发表时间：2014-06-20

发表载体：天水市首届"伏羲杯"书法大赛

获奖及影响：该作品入展天水市首届"伏羲杯"书法作品大赛（甘肃省书法家协会、天水市文学艺术界联合会、天水市书法家协会主办）。

简　　介：谢小蕾，女，汉族，甘肃天水人，生于1992年6月，于2011年考入陇东学院美术系，本科，该作品入展天水市首届"伏羲杯"书法作品大赛（甘肃省书法家协会、天水市文学艺术界联合会、天水市书法家协会主办）。

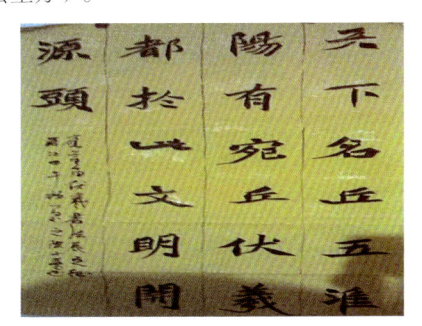

0399 《卢照邻诗意》

作品类别：书法类
作　　者：张首文
发表时间：2004-06-20
发表载体：天水市首届"伏羲杯"书法大赛
获奖及影响：入选天水市首届"伏羲杯"书法大赛（甘肃省书法家协会主办）。
简　　介：张首文，男，汉族，1974年4月生于甘肃天水，自幼习书，酷爱文学艺术，善书法，兼善七律诗。初习唐楷，再临魏碑，后深入研习二王。2005年8月参加中国书法家协会培训班，拜齐作声先生为师，现为甘肃省书法家协会会员，甘肃书画家协会常务理事，《书法导报》通讯员，天水市书法家协会会员，天水青年书法家协会理事。

0400 《原道》

作品类别：书法类
作　　者：徐万翔
发表时间：2014-06-20
发表载体：天水市首届"伏羲杯"书法大赛
获奖及影响：获天水市首届"伏羲杯"书法大赛（甘肃省书法家协会主办）优秀奖。
简　　介：徐万翔，男，1962年生于甘肃天水，现为中国书法家协会专业一级书法家，甘肃省书法家协会会员，天水市书法家协会行书委会委员。

0401 《一画开天》

作品类别：书法类

作　　者：马健行

发表时间：2014-06-20

发表载体：天水市首届"伏羲杯"书法作品大赛

获奖及影响：该作品入选天水市首届"伏羲杯"书法作品大赛（甘肃省书法家协会主办）。

简　　介：马健行，男，1955年12月生于甘肃礼县盐官镇，字怀波，号知知堂主人，中教高级职称，先后供职于甘肃省礼县师范学校、天水市麦积区教师进修学校、天水市麦积区政府教育督导室、天水市麦积区教育局。六岁随叔父临帖习书，此后五十年临池不辍。现为甘肃省书法家协会会员、中国老年书画学会理事，中国现代文艺出版社顾问。该作品入展天水市首届"伏羲杯"书法作品大赛（甘肃省书法家协会主办）。

0402 《篆书·随笔》

作品类别：书法类

作　　者：温廷彦

发表时间：2014-06-20

发表载体：天水市首届"伏羲杯"书法作品大赛

获奖及影响："伏羲杯"书法作品大赛获二等奖。

简　　介：温廷彦，男，1957年4月生，天水市麦积区新阳镇中心学校高级教师。甘肃省硬笔书法家协会会员，天水市书法家协会会员。该作品获天水首届"伏羲杯"书法作品大赛二等奖（甘肃省书法家协会主办）。

0403 《南湖红船透曙光》

作品类别：书法类

作　　者：崔顺喜

发表时间：2006-07-20

发表载体：天水市首届"兰天杯"书画展

获奖及影响：该作品入展天水市首届"兰天杯"书画展（中共天水市委宣传部、天水市文学艺术界联合会主办）。

0404 《寿词斗方》

作品类别：书法类

作　　者：安兴魁

发表时间：1997-03-10

简　　介：安兴魁同志为中共地下党员，平时钻研书法，有很深的书法功底，其书法遒劲有力，此作品为老先生1997年春季所作。

0405 《陈永革书法》

作品类别：书法类

作　　者：陈永革

发表时间：2005-12-01

发表载体：文化部《世界华人书法美术大展》"爱我中华·世界华人书法美术大展"书法作品

获奖及影响：2005年获文化部《爱我中华·世界华人书法美术大展》金奖。

简　　介：陈永革、笔名四友，别署四友书屋主人，祖籍河北枣强，1957年生于兰州。幼承家学，师从著名书法家金玉振(外祖父)先生、尹建鼎先生。现任兰州市博物馆副馆长。专业书法家，研究员，国家一级美术师。长期从事书画创作和理论研究工作及书法教育教学工作，兰州市专业技术拔尖人才，享受政府特殊津贴，现为中国书法家协会会员，甘肃省书法家协会副主席兼发展委员会主任，兰州市书法家协会主席，兰州市青年书法家协会名誉主席，兰州市人大常委，中国民主促进会兰州市委副主委。

0406 《行草条幅》

作品类别：书法类

作　　者：杨树岳

发表时间：2002-03-15

获奖及影响：荣获文化部对外艺术中心，江西省文化厅举办的庆祝建军75周年全国书画大展优秀奖。

0407 《"桃园春晓图诗一首"》行草

作品类别：书法类

作　　者：王文生

发表时间：2000-07-06

发表载体：文化部文化艺术人才中心

获奖及影响：荣获"2000年世界华人艺术展书法"铜奖，并在中国美术馆展出。

简　　介：这是一幅六尺条幅，创作的内容是元代赵孟頫题《桃园春晓图》诗一首："宿云初散青山湿，落红缤纷溪水急。桃花源里得春多，洞口春烟摇绿萝。绿萝摇烟挂绝壁，飞泉淙下三千尺。瑶草离离满涧阿，长松落落凌空碧。鸡鸣犬吠自成村，居人至老不相识。瀛洲仙客知仙路，点染丹青寄轻素。何处有山如此图？移家欲向山中住。"

0408 怀素《自叙帖》选录

作品类别：书法类

作　　者：丁彦平

发表时间：2011-06-28

获奖及影响：书法作品获甘肃省文化系统美术书法摄影展三等奖。

简　　介：艺术简历丁彦平，别署品砚室主、朴豪轩主、得月楼主、书之高阁主人，1980年9月11日，生于甘肃定西市安定区，本科学历（汉语言文学专业），现为中国书法家协会会员，北兰亭会员，甘肃省青年书法家协会副秘书长，定西市青年书法家协会副主席，定西市书画院副院长，定西市画院画师。

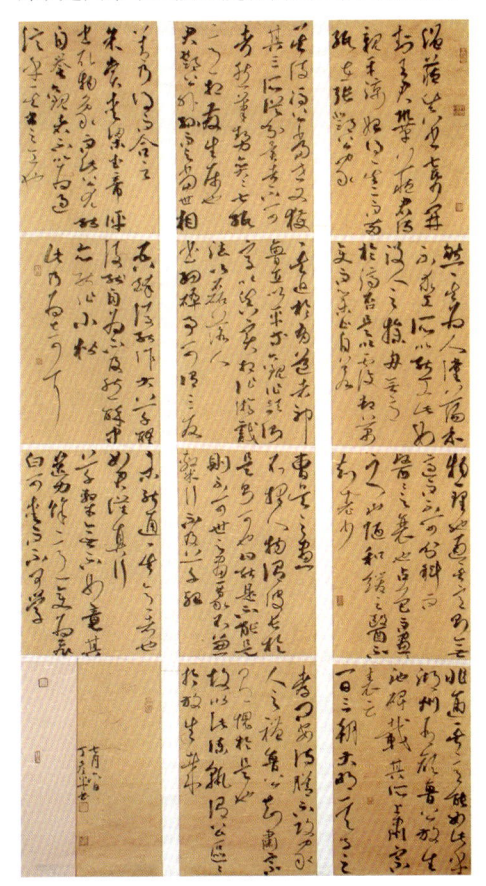

0409 《王昌龄诗三首》

作品类别：书法类

作　　者：杨保福

发表时间：1992-08-20

发表载体：文艺创作竞赛

获奖及影响：文艺创作竞赛二等奖

简　　介：杨保福，男，甘肃永靖县人，汉族，现为永靖中学高级教师，系甘肃省书法家协会会员，临夏州书法家协会会员，工作之余，多次参加省、地、县书法展览及比赛，书法作品在《美术大观》《河州》《民族日报》等报刊杂志多次刊登。有近200幅作品由省内外书法爱好者收藏。行草作品《王昌龄诗三首》，创作于1992年春，作者幼承家训，自学书法，书法取法古人而能自出新意，主张个性为艺术的生命。其特点书风清峻飘逸，含蓄蕴藉，行云流水，淳古朴茂的精品，精研体势，心摹手追，广采众长，冶于一炉。

0410 《草书唐诗一首》

作品类别：书法类

作　　者：李国平

发表时间：2012-03-06

获奖及影响：获庆阳市第九届精神文明建设"五个一工程"奖暨第四届梦阳文艺奖书法类三等奖。

0411 《戈壁绿洲》

作品类别：书法类

作　　者：严述凯

发表时间：2006-07-01

获奖及影响：2006年在嘉峪关市举办的创国家环境保护模范城市的书法大赛中荣获三等奖。

0412 《楷书条幅》

作品类别：书法类

作　　者：刘东风

发表时间：2006-09-05

获奖及影响：2006年9月获全国冶金职工书法美术摄影展铜奖；中国冶金文协和甘肃省书法家协会颁奖。

简　　介：楷书宋词，六尺整张竖幅作品。

0413 《毛泽东沁园春.雪》

作品类别：书法类

作　　者：田野

发表时间：2010-01-25

获奖及影响："全国中老年书画艺术家优秀作品北京、香港巡回交流展"活动中，经组委会评审，荣获金奖。

0414 《书法楷书条幅》

作品类别：书法类

作　　者：王汉忠

发表时间：2005-06-15

获奖及影响：2005年8月由甘肃省书协、美协授奖、书法类入选奖。

0415 《书法作品》

作品类别：书法类

作　　者：许庭

发表时间：2010-05-11

获奖及影响：在纪念"中国人民志愿军抗美援朝60周年全国书画大赛中"，荣获金奖。

0416 《天道酬勤》

作品类别：书法类

作　　者：刘和清

发表时间：1982-08-17

获奖及影响：1982年甘肃省职工业余美术书法摄影展览评选，1984年第四届河西走廊美术摄影书法联展获三等奖，1986年总工会举办的首届楷书大赛一等奖。

0417 《张芳书法》

作品类别：书法类

作　　者：张芳

发表时间：2013-09-08

获奖及影响：书法作品入展中国书法家协会主办的全国第五届妇女书法篆刻作品展（2013年）、第二届中国西部书法篆刻展（2010年）、书法行草《古诗一首》获中共甘肃省委、甘肃人民政府主办的甘肃省第七届敦煌文艺奖三等奖（2013）

简　　介：张芳，籍贯庆阳环县，现为中国书协会员、中国书协妇女工作委员会副秘书长、甘肃省书法家协会理事、甘肃省妇女书法家协会副主席兼秘书长、甘肃省少儿书法学会秘书长，2008年度被中国书协授予中国书法进万家先进个人荣誉。书法作品入展中国书法家协会主办的全国第四届妇女书法篆刻作品展（2006年）、中国第二届西部书法篆刻展（2010年）、全国著名女书法家邀请展（2012年）、首届张芝奖全国书法大展（2012年）、全国第五届妇女书法篆刻作品展（2013年）；获2012年甘肃省委、省政府颁发第七届敦煌文艺奖三等奖，甘肃省书协主办的红色经典甘肃妇女书法展二等奖；2007年甘肃省委宣传部、甘肃省书协主办的全省最高书法奖项第二届"张芝奖"书法篆刻展提名奖；2008年第二届"临帖展"优秀奖，甘肃省第四届"科技界书画摄影展"一等奖，2007年度甘肃书法奖励基金；并多次入展国家级名家邀请展及省级书法展览。参加澳门、台湾、陕西、深圳、海南、安徽、河南等地书法交流展；部分书法作品被庆城县黄帝内经千家碑林旅游景点及山丹县老军乡峡口古城景点特邀刻碑；《书法导报》《书法报》均有专版报道，学术理论文章曾在《书法导报》发表，由北京荣宝斋特邀出版个人书法作品集。

0418 行书《高原风情》

作品类别：书法类

作　　者：李文东

发表时间：2013-01-15

获奖及影响：2003年1月获首届中国书画小精品创作大赛银奖。

0419 《行书对联》

作品类别：书法类

作　　者：刘东风

发表时间：2006-08-08

获奖及影响：2006年8月获甘肃省第十一届运动会书画摄影展铜奖；甘肃省书法家协会颁奖。

简　　介：行书对联，八尺对开竖幅。

0420 《行书立轴蔡邕书论》

作品类别：书法类

作　　者：王连喜

发表时间：2009-09-28

获奖及影响：2009年其书法作品入展甘肃省第三届"张芝奖"获艺术奖。

0421 《篆书》

作品类别：书法类

作　　者：杨彦清

发表时间：2013-06-23

获奖及影响：入编《甘肃当代书画家艺术典库》。

0422 《篆书作品》

作品类别：书法类

作　　者：贾继智

发表时间：2003-07-08

获奖及影响：甘肃省首届张芝奖书法展入展

简　　介：贾继智，别署驿山，1958年7月生，虎洞乡贾驿村人，中共党员，庆阳师范学校毕业，中专学历。1977年3月参加工作，书法作品13次入选国家、省、市级书展并获奖，作品发表于《中国文化报》《书法报》《甘肃书法》等报刊，著有《贾继智书法篆刻作品集》，甘肃省书法加协会会员，庆阳市书法家协会理事，环县文联副主席，环县书法家协会主席。

0423 《中堂》

作品类别：书法类

作　　者：安兴魁

发表时间：2000-11-02

0424 《古人画论》

作品类别：书法类

作　　者：沈澎

发表时间：2013-09-20

发表载体：西安碑林博物馆编

获奖及影响：入展第一届"西安碑林奖"全国书法展。

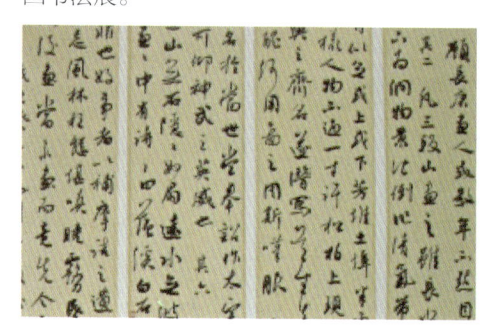

0425 《沁园春雪》

作品类别：书法类

作　　者：马国民

发表时间：2002-05-23

发表载体："西藏和平解放50周年全国艺

术联展"

获奖及影响：西藏和平解放 50 周年全国艺术联展大型文化活动优秀奖。

0426 《送杜少府之任蜀州》行草书

作品类别：书法类
作　　者：王建波
发表时间：2011-07-18
发表载体：现代名家书画院
获奖及影响：2011 年 7 月书法作品《送杜少府之任蜀州》行草书在庆祝中国共产党成立 90 周年"走进西部"全国现代名家书画精品邀请展获铜奖。

0427 《小篆作品》

作品类别：书法类
作　　者：贺忠义
发表时间：2001-05-12
发表载体：新千年书画大赛
获奖及影响：获甘肃省文化厅、甘肃丝绸之路协会举办的新千年书画大赛创作奖。

0428 《行草作品》

作品类别：书法类
作　　者：石秉刚
发表时间：2001-05-12
发表载体：新千年书画大赛
获奖及影响：获甘肃省文化厅、甘肃丝绸之路协会新千年书画大赛创作奖。

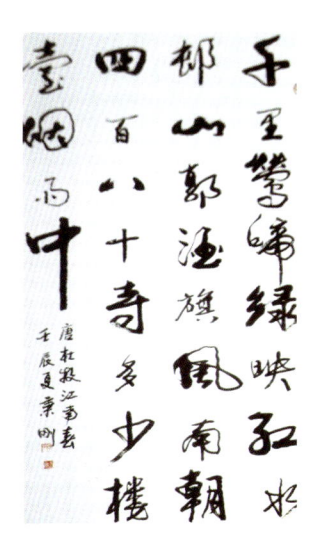

0429 行草书《唐诗》

作品类别：书法类
作　　者：马鸿冲
发表时间：2014-04-01
获奖及影响：甘肃省首届公务员书法展入展
简　　介：马鸿冲，男，回族，中共党员，生于 1977 年 10 月，大学本科学历，现为张家川县人民法院助理审判员。自幼学习书法，现为天水市书法家协会会员、张家川县书画家协会副秘书长，2010 年 3 月在全市法院系统"法院文化建设年活动"书画摄影展书法作品获得一等奖，其作品陆续被甘肃省高院的《法刊》、天水市中院的《天水审判》刊登。

0430 《八尺篆书条幅》

作品类别：书法类
作　　者：林绪有
发表时间：2005-07-16
发表载体：图书
获奖及影响：作品入选全国第五届"中国书坛新人新作展"。
简　　介：作品用粉色洒金宣书写，其内容为毛泽东诗二首，以钟鼎文笔意为之。毛泽东诗二首：《七律·长征》红军不怕远征难，万水千山只等闲。五岭逶迤腾细浪,乌蒙磅礴走泥丸。金沙水拍云崖暖,大渡桥横铁索寒。更喜岷山千里雪,三军过后尽开颜。《七律·人民解放军占领南京》钟山风雨起苍黄,百万雄师过大江。虎踞龙盘今胜昔,天翻地覆慨而慷。宜将剩勇追穷寇,不可沽名学霸王。天若有情天亦老,人间正道是沧桑。

0431 《咏虎楹联》(行书)

作品类别:书法类
作　　者:李鉴峰
发表时间:2010-03-01
发表载体:寅虎咏春全国诗书画印四绝大赛
获奖及影响:获得寅虎咏春全国诗书画印四绝大赛"寅虎艺术奖"暨书法佳作一等奖。

0432 《佛》

作品类别:书法类
作　　者:石聚智
发表时间:2010-05-01
获奖及影响:由甘肃省委宣传部、甘肃民航编著的《甘肃品牌·翰墨名家》画册,2011年作品入选《甘肃当代书画家艺术典库》,书法作品入编《中国书画名家精品大展集粹画册》。
简　　介:石聚智,男,汉族,笔名雪峰,号南观墨人,祖籍江苏南京,生於一九五七年七月。书法作品《佛》字入选甘肃省兰州市永登清凉寺佛祖华诞纪念日永久收藏贡品。书法作品入编由甘肃省文化厅、甘肃省文联、甘肃省地方志办公室合编的《甘肃省书画人物志》画册,由甘肃省委宣传部、甘肃民航编著的《甘肃品牌·翰墨名家》画册。

0433 《行书》

作品类别:书法类
作　　者:郭鸿俊
发表时间:2010-09-10
发表载体:永乐宫第二届国际书画艺术节
获奖及影响:行书参加中国(芮城)永乐宫第二届"国际书画艺术节获优秀奖"。

0434 《洛神赋》《室雅人和美》

作品类别：书法类

作　　者：俞浩

发表时间：2008-10-16

发表载体：俞浩书法作品集

获奖及影响：1994年获甘肃省丝路旅游节优秀奖；1998年获武威市书法联展一等奖。

简　　介：俞浩（1943—2002），男，汉族，古浪县泗水镇人，曾任古浪县博物馆馆长、文化馆副馆长，兼任古浪县书画家协会主席、武威市书法家协会副主席等职。俞浩自幼酷爱书法，工作之余，临池不辍，精研法帖，取法《张迁碑》《武威医药汉简》《敦煌写经》等，在博采众长基础上，独辟蹊径，逐渐形成自己独特的书法风格，在当地书法界产生了较大影响。书法家马啸在《甘肃日报》撰文评价："他的作品却使我从根本上改变了对古浪本土书画创作者的看法。俞浩的书法实践得益于他数十年的文博实践，这种实践加深了其对中国传统书法的理解，在书法中，他将魏碑与汉简、写经相结合，以纤细而又极具金石味的笔触创出个性十足的样式，我们从中可以感受到一种纯而又纯的传统韵味。"

0435 《爱我河山》

作品类别：书法类

作　　者：张望东

发表时间：1994-11-04

获奖及影响：荣获首届"东方杯书法大赛"优秀奖。

简　　介：张望东，1977年9月初8生于"全国书画之乡"——甘肃通渭，毕业于宁夏大学美术系，本科学历，现供职金塔县委宣传部。自幼喜欢书画，作品散见于省市报刊，篆刻作品在第三届全国师生诗书画比赛中获三等奖；书法作品入选甘肃省首届丝绸之路书画比赛；参加省委宣传部纪念改革开放三十周年书法作品巡展；多次在全市文艺节目调演中获优秀主持人奖等。

0436 《古书论》行书条幅

作品类别：书法类

作　　者：刘明明

发表时间：2007-08-20

发表载体：展出

获奖及影响：作品《古书论》行书条幅在"守望敦煌——甘肃书法晋京展"中入展。

简　　介：这幅作品用九个小斗方拼接成长条，以怀仁集王羲之书《圣教序》为主调，再融入王羲之手札、明清手札的风格。创作的时候尽量放松，不被古法束缚，追求一种俊丽典雅的艺术风格，在甘肃书法晋京展中被选中，在北京展出期间获得同道专家的好评，并作为展出重点作品在网络上展示。

0437 《前赤壁赋》行书条屏

作品类别：书法类

作　　者：刘明明

发表时间：2004-08-26

发表载体：展出

获奖及影响：在纪念"邓小平诞辰一百周年全国书法大展"中入展。

简　　介：这是一副八尺小行书四条屏，创

作的内容是苏东坡《前赤壁赋》，创作前作者集中精力临习王羲之《圣教序》，在纪念邓小平诞辰一百周年截稿前十天左右的一个晚上，在读《古书论》中看到有一段"书无欲于佳乃佳"，心中突有创作欲望，在尽量放松忘掉古法的状态下一气呵成。

最后做旧染纸，显得平和从容，脱尽火气，传达出一种古老、宁静、恬淡的气息，与诗经中的幽美意境暗合。

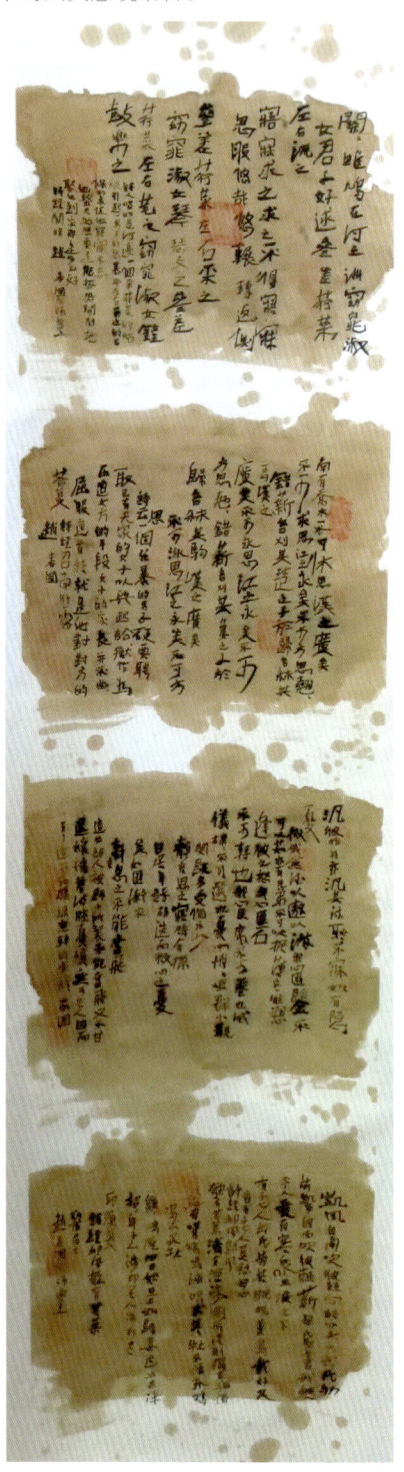

0438 《诗经》节录碑体行书

作品类别：书法类
作　　者：赵春闱
发表时间：2014-07-14
发表载体：展出
获奖及影响：在意大利佛罗伦萨入展"值的收藏的文字——2014国际当代汉字双年展"。
简　　介：创作时首先从选择毛笔、宣纸入手，选择长锋羊毫小笔，较生的白色宣纸，以散淡的心绪书写碑味的行楷书，从中体验文人静穆的心绪与情怀。章法布局上以传统的构图为基调，为使作品不呆板，点画上以墓志笔法寻求似到非到的一种表现形式，字型结构稳中求奇，秀美中透出一股倔强之气，

0439 《毛泽东诗.沁园春.雪》

作品类别：书法类

作　　者：张炯光

发表时间：2011-12-19

发表载体：展出

获奖及影响：毛泽东诗"沁园春·雪"在红色潇湘中国中老年书画名家作品大典中获金奖。

简　　介：张炯光，笔名瀚涛，男，汉族，1963年7月出生于书香门第，自幼酷爱书法，萌发了书法的浓厚兴趣，多年勤奋自学，研究历代书家楷、行、草、隶体，作品多次参加省、市县价财政系统书法大赛并获奖，厚经杨兴年大师的指点，书法端庄，自然流畅，古雅纯和，几十年来近古摹今，广览博撷，览地不辍，逐渐形成了自己的风格。

0440 毛泽东诗词《人民解放军占领南京》

作品类别：书法类

作　　者：李军

发表时间：2011-08-07

发表载体：展出

获奖及影响：中共酒泉市委宣传部、酒泉市文联举办"建党90周年全市书画展览"中获奖。

简　　介：李军，男，现年50岁。金塔县金塔镇人，中专学历，现任金塔县文联书画协会秘书长，金塔县文化馆书画创作部主任，从事书法、美术创作已有30年，先学美术，后攻书法。主要专研隶书学习，先后临帖曹全碑、张迁碑、石门颂等汉碑帖多本，创作的书法作品具有字体方正严谨，朴厚灵动，表现出极端强烈的艺术张力，形成了自以独特的艺术风格，多幅隶书作品在县、市级比赛展览中获奖。书法作品在2003年全县书画展中获一等奖；2005年县文联首届书画展中获二等奖；2006年"丹心绘廉图、翰墨书正气"全县廉正书画展获二等奖；2008年全市第二届体育运动会"体育艺术作品展览"中荣获二等奖；2011年书法作品荣获"庆祝建党90周年——爱党爱国爱酒泉美术书法摄影展览"优秀奖。现为酒泉美术家协会会员。

0441 《书法条幅》

作品类别：书法类
作　　者：聂振元
发表时间：2003-02-06
发表载体：展出
获奖及影响：2003年2月获第五届酒泉精神文明建设"五个一工程"。

0442 行书《毛诗断句中堂》

作品类别：书法类
作　　者：刘士超
发表时间：2003-02-05
发表载体：展出
获奖及影响：2003年2月获第五届酒泉精神文明建设"五个一工程"奖。

0443 《行书李商隐诗》

作品类别：书法类
作　　者：李敬煊
发表时间：2003-02-05
发表载体：展出
获奖及影响：2003年2月获第五届酒泉精神文明建设"五个一工程"奖。

0444 篆刻《百花齐放》

作品类别：书法类
作　　者：王新春
发表时间：1991-08-11
发表载体：展出

0445 《篆书对联》

作品类别：书法类
作　　者：马福来
发表时间：2007-12-10
获奖及影响：全国第九届书法篆刻作品展览
简　　介：该作品属于楚篆对联，释文为"观书须能自出见解，处世无过善体人情"。

0446 《毛泽东诗词》

作品类别：书法类
作　　者：李生甫
发表时间：2012-08-15
发表载体：展览
获奖及影响：中华全国总工会老年书画研究会中国海峡两岸书画协会等十个单位联合举办中获银奖。
简　　介：李生甫，男，现年58岁，金塔县金塔镇人，大专学历，金塔县卫生局退休干部，从事书法创作已有30余年，主攻行书，书法作品曾多次在全国及市县展览中获奖，2007年5月获金塔县第一届职工书法作品展三等奖；2008年8月获金塔县"庆七一、迎奥运、促和谐"党员干部书画摄影展（书法组）三等奖；2010年10月获甘肃金塔首届金秋胡杨节"新能源、新金塔"书画摄影展（书法组）三等奖；2011年6月获金塔县卫生系统"庆祝建党90周年"书画摄影展（书法组）一等奖；2011年6月获酒泉市卫生系统"庆祝建党90周年"书画摄影展（书法组）

三等奖；2012年8月在中华全国总工会老年书画研究会等十个单位联合举办的"纪念毛主席在延安文艺座谈会上的讲话发表70周年全国书画联展"中，参展书法作品，荣获金奖。

0447 《书谱》

作品类别：书法类
作　　者：杨兴年
发表时间：2011-01-01
发表载体：展览
获奖及影响：中共甘肃省委举办的甘肃省首届"农民书画展"中获二等奖。
简　　介：杨兴年，1950年出生于甘肃生金塔县，自幼临帖习字50余年，有50多幅书法作品在全国各杯赛中获奖，毛泽东诗《词沁园村·雪》，在中国人民军事博物馆展出并收藏，2012年在甘肃省委举办的首届农民书画展中长卷"书谱"被评为二等奖，2006年由甘肃省人事厅评定为甘肃省副高级书法艺术师，2011年3月被中国国家书画院聘为副院长，中国硬笔书法家协会会员，政协金塔县第五、六、七、八届委员，金塔县文化馆书法创作辅导老师。

0448 《唐诗选抄》

作品类别：书法类
作　　者：陈子强
发表时间：2009-09-28
发表载体："张芝奖"·兰州
获奖及影响：作品《唐诗选抄》甘肃省第三届"张芝奖"三等奖。
简　　介：陈子强，男，汉族，生于1970年，群众，本科，现任职于定西市安定区柏林学校。

0449 行草《兰亭序》

作品类别：书法类
作　　者：郑鸿涛
发表时间：2006-12-07
发表载体：中国电影家协会等
获奖及影响："中国电影百年书画大展"优秀奖。

简　　介：郑鸿涛，男，汉族，甘肃省庆阳市合水县人，供职于合水县文化馆，庆阳市书法家协会会员，合水县书画家协会副秘书长，合水县书法家协会理事，近年来作品多次参加省市县各级书画展赛并入展获奖，主攻行草书，行书《兰亭序》，录晋代王羲之兰亭序全文，参以己意，一次书写完成，用笔流畅，墨色变化丰富。

0450 《古诗数首》

作品类别：书法类
作　　者：杨文斌
发表时间：2011-11-16
发表载体：中国共产党90华诞书画名家邀请展
获奖及影响：在纪念"中国共产党90华诞暨辛亥革命100周年书画名家邀请展"荣获优秀奖。

0451 行草《陋室铭》

作品类别：书法类
作　　者：王文生
发表时间：2006-10-6
发表载体：中国国画家协会
获奖及影响：荣获"纪念长征胜利70周年中国书法美术大展"银奖。

简　　介：这是一幅六尺条幅，创作的内容是唐代刘禹锡的《陋室铭》，荣获纪念"长征胜利70周年中国书法美术展银奖"。

0452 《书法》

作品类别：书法类
作　　者：马晓林
发表时间：2013-07-01
发表载体：中国回族书画大赛参展
获奖及影响：2013年7月1日获得由中国回族书画大赛组委会主办的"建水紫陶杯"中国回族书画大赛参展奖。
简　　介：马晓林，男，回族，中学一级教师，出生于1974年2月，本科学历，1993年8月参加工作，现在临夏县教育督导室工作。教学之余，潜心书法练习，2012年入选全国穆斯林书画作品展，获"临夏州第二届科技界书画摄影展书法类三等奖，2013年7月荣获"建水紫陶杯"中国回族书画大赛参展奖，获临夏州第三届"廉政书画展"三等奖，入选临夏县"青韵杯"书画展，入选广河县廉政书画展暨全州阿语书法展；临夏县首届"廉政书画展"优秀奖，临夏州第三届"科技界书画摄影展书法类"二等奖等。

0453 《对联》

作品类别：书法类
作　　者：马健行
发表时间：2001-11-01
发表载体：中国企业"国粹奖"艺术大展
获奖及影响：该作品在2001中国企业文化年文化艺术博览会"国粹奖"艺术大展中获国粹奖（中华人民共和国文化部批准，国务院发展研究中心、国家环境保护总局等单位联办）。
简　　介：马健行，男，1955年12月生于甘肃礼县盐官镇，字怀波，号知知堂主人，中教高级职称。先后供职于甘肃省礼县师范学校、天水市麦积教师进修学校、天水市麦积政府教育督导室、天水市麦积教育局。六岁随叔父临帖习书，此后五十年临池不辍。现为甘肃省书法家协会会员、中国老年书画学会理事，中国现代文艺出版社顾问。该作品在2001中国企业文化年文化艺术博览会"国粹奖"艺术大展中获国粹奖。（中华人民共和国文化部批准，国务院发展研究中心、国家环境保护总局等单位联办）

0454 《奥运》

作品类别：书法类
作　　者：韩颖翔
发表时间：2008-08-20
发表载体：中国青少年书法美术大赛
获奖及影响：该作品在"中国青少年书法美术大赛"中获青年组书法优秀奖（共青团中央主办，中国书法家协会、中国美术家协会担任艺术指导单位）。
简　　介：韩颖翔，男，1971年11月生，字羲墨，号恋墨斋主、华墨山人，本科，现为中国书法研究院艺术委员会会员，天水市书法家协会会员。

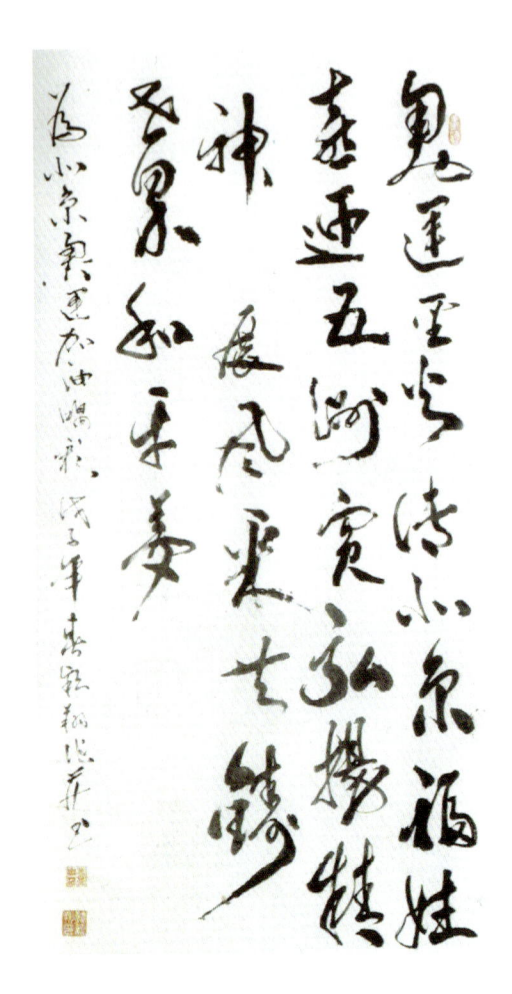

0455 《金戈铁马》

作品类别：书法类
作　　者：杨麦焕
发表时间：2007-08-01
发表载体："中国人民解放军建军80周年书画大赛"
获奖及影响：该作品在"军魂颂·纪念中国人民解放军建军80周年全国书画大赛"中获金奖。
简　　介：杨麦焕，男，汉族，甘肃省天水市人，生于1954年10月，任职于兰州铁路局天水车站，中国书画家协会会员、天水市书法家协会会员、麦积区书画家协会会员。自幼酷爱书法艺术，近年专研书法，博采众长，临池不辍。

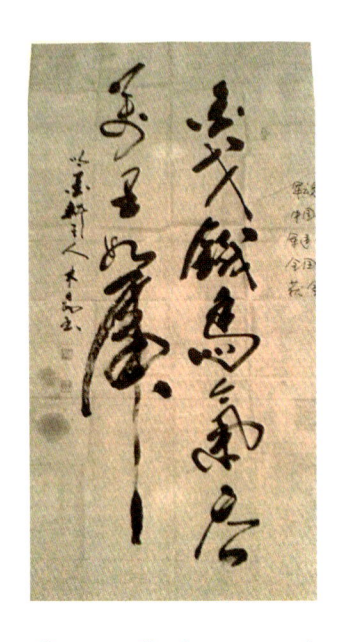

0456 《兰亭序》（4尺整张）

作品类别：书法类
作　　者：衣国范
发表时间：2012年5月
发表载体：中国诗书画大赛
获奖及影响：在首届中华国粹论坛暨《兰亭序》问世一千六百六十周年中华诗书画大赛中被评为创作一等奖。
简　　介：衣国范，男，汉族，河北省肃宁县人，生于1938年2月，1953年参加工作，1956年加入中国共产党，一生从事水电建设事业，曾任中国水利水电第四工程局刘家峡分局副局长、党委副书记等职。1995年退休，1994年为临夏州书法家协会会员，2001年为青海省书法家协会会员，2003年为甘肃省书法家协会会员，2007年为中国书画艺术研究会理事，2009年为甘肃书画家协会理事、2009年被聘为中国艺术家交流协会终身名誉主席，2011年为兰州文化联谊会七里河分会副会长，2013年加入中国艺术家协会书画研究会任理事。

0457 《沁园春·雪》

作品类别：书法类

作 者：赵凤翔

发表时间：2007-08-01

发表载体：中国首届"八一杯"文学艺术大奖赛

获奖及影响：该作品在纪念八一南昌起义和中国人民解放军建军80周年中国首届"八一杯"文学艺术大奖赛中获书法组一等奖。

简 介：赵凤翔，男，1955年10月生，宁夏固原人。字一痴，号八郡闲人、古书轩主。职业军人，副团中校军衔，在部队先后6次荣立个人三等功（其中三等战功两次），8次受到各级嘉奖，13次被上级树为各类标兵，并被兰州军区评为部队文化工作先进个人，被甘肃省委、省政府、省军区授予"双拥工作先进个人称号"。现为中国老年书画研究会会员、中国书画家协会理事、甘肃省书法家协会会员、宁夏六盘山书画院名誉院长、天水市老年书画研究会副会长、天水市书法家协会理事、西部书画艺术研究院院长。该作品在纪念八一南昌起义和中国人民解放军建军八十周年中国首届"八一杯"文学艺术大奖赛中获书法组一等奖。

0458 《寿》

作品类别：书法类

作 者：衣国范

发表时间：2011-12-31

发表载体：中国寿文化全国书法美术作品展

简 介：衣国范，男，汉族，河北省肃宁县人，生于1938年2月，1953年参加工作，1956年加入中国共产党。曾任中国水利水电第四工程局刘家峡分局副局长、党委副书记等职。高级职称，1995年退休，1994年为临夏州书法家协会会员、2001年为青海省书法家协会会员、2003年为甘肃省书法家协会会员、2007年为中国书画艺术研究会理事、2009年为甘肃书画家协会理事、2009年被聘为中国艺术家交流协会终身名誉主席、2011年为兰州文化联谊会七里河分会副会长、2013年加入中国艺术家协会书画研究会任理事。

0459 《扇面》

作品类别：书法类
作　　者：王龙
发表时间：2007-10-20
发表载体：中国书法电视大奖赛
获奖及影响：该作品在中国书法电视大奖赛中获书法作品"精品奖"（中国书法家协会主办）。
简　　介：王龙，福建闽侯人，号龙人，龙墨轩主人，大专学历，1987年毕业于中国书画函授大学。，现为甘肃省天水市书法家协会会员，西部书画艺术研究院副秘书长，书法各体皆攻，尤喜草书，形成"既有清丽秀雅之书风，又有癫行怪异、纵毫无羁之气势。"

0460 《晴岚飞花五言联碑体行书》

作品类别：书法类
作　　者：赵春囤
发表时间：2007-10-13
发表载体：中国书法家协会
获奖及影响：该作品入展首届"中国西部书法篆刻展"。
简　　介：此联参杂行书、墓志、篆隶，秀整雄浑，拘巧潇洒，灵动中透出朴重的风貌，自然率真，充满着鲜活的气息，结体上紧下松，在扁方之间，用笔方中寓圆，饶有意趣。

0461 《国语》节录魏碑大字楷书

作品类别：书法类
作　　者：赵春囤
发表时间：2004-08-20
发表载体：中国书法家协会
获奖及影响：入展全国第一届"大字书法展"。
简　　介：大字碑体书法，书写时要强调篆隶意识，加行书笔势，用笔沉着自如，横画起笔逆入，捺撇似隶似楷，加强变化，点画追求圆浑苍劲，不强调起笔，中段要走的非常舒展，直中欠曲，跌宕起伏，但线条不飘忽，把笔扎进纸里，插入纸以后坚实往前走，行笔时使劲不期颤而颤，强化线条的深度、震感。

0462 《古人论书》

作品类别：书法类

作　　者：吕程

发表时间：2014-01-08

发表载体：中国书法家协会

获奖及影响：第四节中国西部书法展获最高奖，首届"长江杯"全国书法展最高奖。

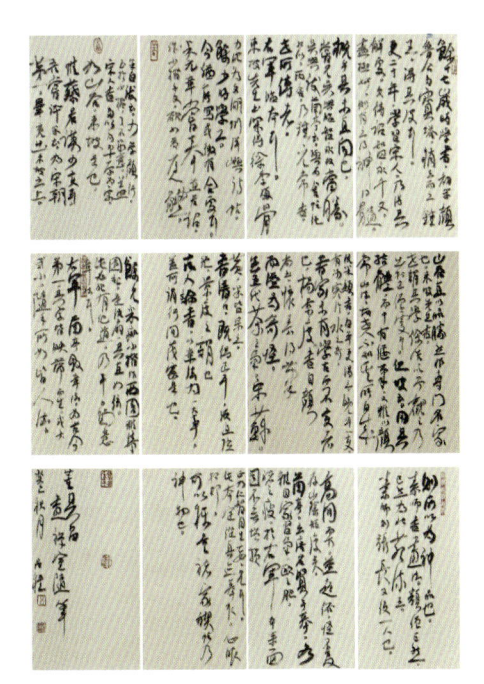

0463 《古人书论》

作品类别：书法类

作　　者：沈澎

发表时间：2013-11-15

发表载体：中国书法家协会

获奖及影响：入展"乾元杯"全国书法篆刻作品展作品集。

简　　介：董其昌《画禅室随笔》、傅山《霜红蕤集》、钱泳《履园丛话》。

简 介：解缙《春雨杂述》、董其昌《画禅室随笔》、汤临初《书指》、蒋骥《续书法论》、蒋和《书法正宗》、朱和羹《临池书解》

0464 《中国书法家协会古人书论》

作品类别：书法类
作　　者：沈澎
发表时间：2013-11-15
获奖及影响：入展"孝行天下·埇桥杯"全国书法作品展。

0465 《明清小品文》

作品类别：书法类

作　者：沈澎

发表时间：2013-11-15

发表载体：中国书法家协会

获奖及影响：入展第七"全国书法新人展"。

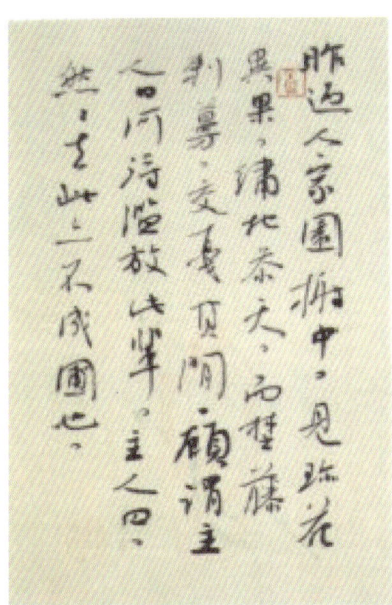

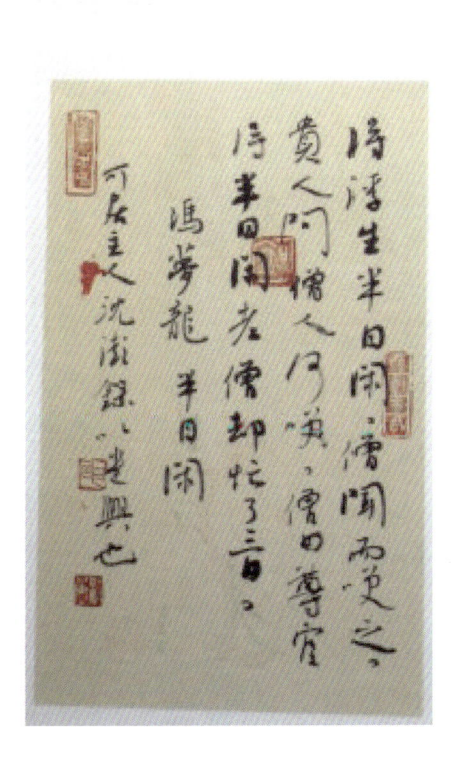

0466 《清·张英小品文两则》

作品类别：书法类

作　者：沈澎

发表时间：2014-05-20

发表载体：中国书法家协会

获奖及影响：入展第四届"中国西部书法展"。

0467 行书《古人论书》

作品类别：书法类

作　　者：吕程

发表时间：2013-12-03

发表载体：中国书法家协会

获奖及影响：第四届"中国书法兰亭奖、佳作奖"。

简　　介：《古人论书》节选。

0468 行书：明人钟惺小品文《浣花溪记》

作品类别：书法类

作　　者：沈澎

发表时间：2014-06-20

发表载体：中国书法家协会

获奖及影响：入展首届"长江杯"全国书法作品展。

简　　介：行书：明人钟惺小品文《浣花溪记》，尺寸：180cm×97cm

0469 草书《毛泽东七律长征》

作品类别：书法类

作　　者：杨仲勋

发表时间：2012-08-16

发表载体：中国书画百年回顾展

获奖及影响：在中国书画百年回顾展中获金奖

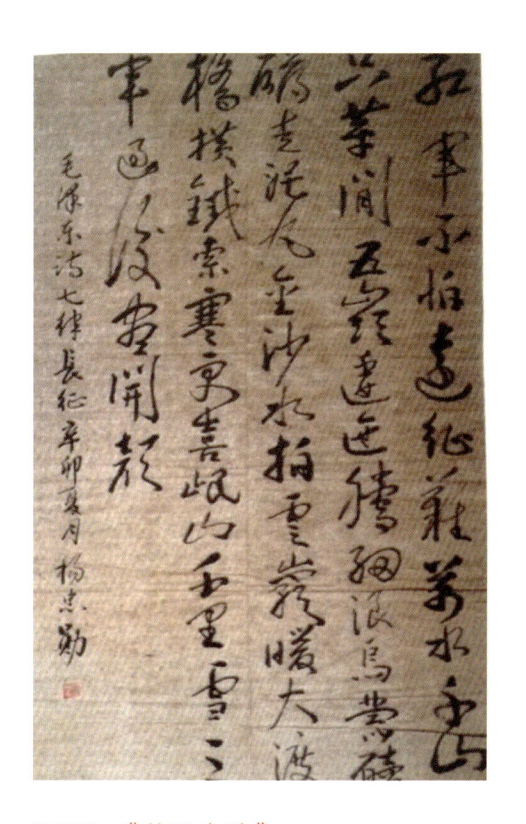

0470 《节录古诗》

作品类别：书法类

作　　者：马堆荣

发表时间：2014-03-17

发表载体：中国书画报

获奖及影响：获甘肃省第四届"新人书法展览"优秀奖。

简　　介：马堆荣，笔名雪霞，甘肃省书法家协会会员。

0471 摘录《毛泽东诗词》

作品类别：书法类

作　　者：王晓黎

发表时间：1997-06-26

简　　介：王晓黎，女，1991年毕业于西北师范大学美术系，文学学士，现为临夏州文化馆副馆长、副研究馆员，临夏州书法家协会副主席兼秘书长、临夏州青年联合会副主席、甘肃省书法家协会会员、甘肃省女书法家协会副主席、甘肃省青年书法家协会理事。王晓黎书法作品溶诗、书、画于一体，多次参加国家级展览及省、州、市级展览，并获奖入选收藏。2010年2月书法作品荣获临夏州委、州政府颁发"临夏州第一届'花儿'文学艺术奖"二等奖。

0472 《毛笔楷书》

作品类别：书法类

作　　者：张锋

发表时间：2009-11-30

发表载体：中国文联、中国书协

获奖及影响：中国书法兰亭奖艺术奖

简　　介：中国书法兰亭奖艺术奖是指书法创作奖，是兰亭奖各奖项中最重要的奖项。

0473 北京《书法》

作品类别：书法类

作　　者：张文颖

发表时间：2009-08-11

发表载体：中国永乐宫书画艺术节

获奖及影响：获"中国永乐宫书画艺术节"优秀奖。

0474 《桃花源记》

作品类别：书法类

作　　者：张文颖

发表时间：2009-08-11

发表载体：中国永乐宫书画艺术节

获奖及影响：获"中国永乐宫书画艺术节"优秀奖。

简　　介：张文颖，女，中国书法家协会会员，甘肃省书法家协会妇女工作委员会委员、甘肃省女书法家协会理事，定西市书协副主席，市青年书协副主席，市画院特聘画师，市管拔尖人才，书法承家学，从唐楷《九成宫》入手，后广泛临习魏晋碑碣、墓志、造像题字，将帖碑结合，追求萧散流畅、高古典雅的书风，营造出自家独特的楷书风貌，尤精于小楷，多晋唐风韵之致，隶书宗法两汉，取宽博舒展和清超遒劲的风格，行书以《圣教序》为蓝本，用功亦勤，学书主张多识古法，取精用弘，走入古、化古、出新之路。

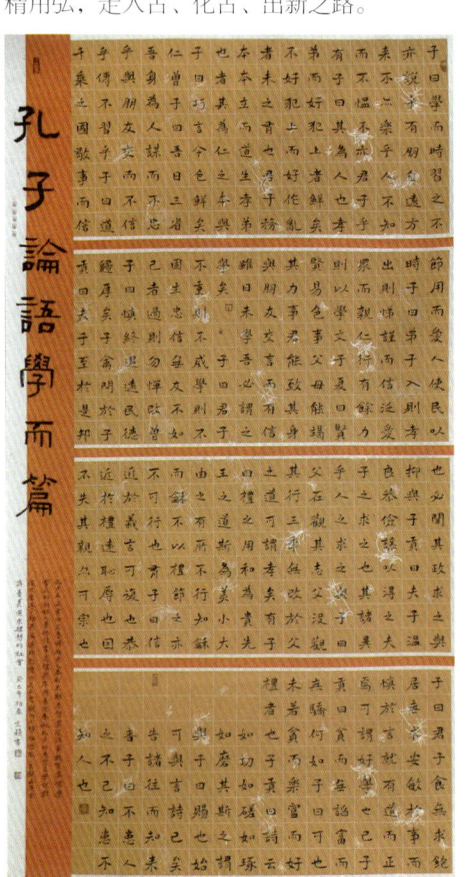

0475 《八尺篆书对联》

作品类别：书法类

作　　者：林绪有

发表时间：2004.10.1

获奖及影响：2004年"中央电视台书画展"获优秀奖。

简　　介：该联为自撰联，以金文笔意书之，其内容主要吟咏麦积山、水帘洞的秀丽风光，该联释文"麦积山千峰苍霭钟神秀，水帘洞万倾碧波凝朝晖。"

0476 《画禅师随笔》

作品类别：书法类

作　　者：张彦飞

发表时间：2014-03-01

简　　介：张彦飞，字，舶远，署名，颐之堂。1984年生于甘肃静宁，甘肃省书法家协会会员，中国书法家协会第二期西部书界新秀系列书法（行草）研修班学员，零度空间书画工作室成员。

0477 《郑板桥诗一首》行书

作品类别：书法类
作　　者：衣国范
发表时间：2010-11-01
发表载体：中华国粹题名艺术创作活动
获奖及影响：书法作品在"和谐亚洲，激情亚运"中华国粹题名艺术创作活动中，获得书法银奖。
简　　介：衣国范，男，汉族，河北省肃宁县人，生于1938年2月，1953年参加工作，1956年加入中国共产党，一生从事水电建设事业，曾任中国水利水电第四工程局刘家峡分局副局长、党委副书记等职，1995年退休。1994年为临夏州书法家协会会员，2001年为青海省书法家协会会员，2003年为甘肃省书法家协会会员，2007年为中国书画艺术研究会理事，2009年为甘肃书画家协会理事，2009年被聘为中国艺术家交流协会终身名誉主席、、2011年为兰州文化联谊会七里河分会副会长，2013年加入中国艺术家协会书画研究会任理事。

0478 《沁园春·雪》

作品类别：书法类
作　　者：马健行
发表时间：2000-04-06
发表载体：中华民族书画长卷

0479 《草书》

作品类别：书法类
作　　者：崔建礼
发表时间：2012-12-07
发表载体：全国总工会、中央文明办
获奖及影响：获第三届"中国职工书法展"优秀奖。
简　　介：崔建礼，男，汉族，甘肃省庆阳市合水县人，甘肃省书法家协会会员，庆阳市青年书协理事，庆阳市美协理事，合水县美协主席，作品多次参加国家省市书画大赛并多次获奖，近年来以章草为创作方向，兼习篆隶，草书斗方《观海听涛》，纸本墨笔，注重"一笔书"之书协技巧，一次创作完成，力求高古、平淡。

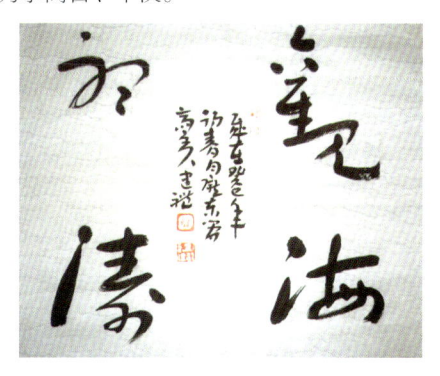

0480 《曾国藩教子书》

作品类别：书法类
作　　者：尤登旭
发表时间：2000-08-01
发表载体：中书协书法培训学员结业汇报展
获奖及影响：入展中国书法家协会培训中心第六届学员结业教学成果汇报展。

简　介：尤登旭，字朝阳，号太极川人，1968年出生于永靖，少喜书法，尤钟情于二王、米芾，用功最勤，认为王书俊雅、馨香、精美、古旷、超逸，古今善学王书者，皆不师王书面貌，而妙悟其笔法规律，活学活用。2000年入选中国书法家协会培训中心第六届学员结业汇报展，并在北京美术馆展出，2006年入中国书法家协会定西书法教育基地学习，2009年获中国国画院兰州分院"旭东杯"书画大赛一等奖，2011年参加甘肃省书法家协会书法精英创作班，同年获"临夏州建党90周年书画展"二等奖，作品《曾国藩教子》，创作于2008年春。

0481 《白鹿洞书院学规》（行书）

作品类别：书法类

作　　者：李鉴峰

发表时间：2012-10-25

发表载体：中新杯国际书法大赛

获奖及影响：获得中新建交22周年"中新杯"国际书法大奖赛优秀奖。

0482 《八尺篆书中堂》

作品类别：书法类

作　　者：林绪有

发表时间：2014-05-24

发表载体：中央电视台数字电视书画频道

获奖及影响：在首届"北京电视书画大赛"中获得一等奖（第一名）。

简　　介：此作为八尺整纸立幅，内容为唐诗数首，用条状粉彩宣以大篆笔意书写，整幅作品气势开张、笔墨多变，极具观赏感。

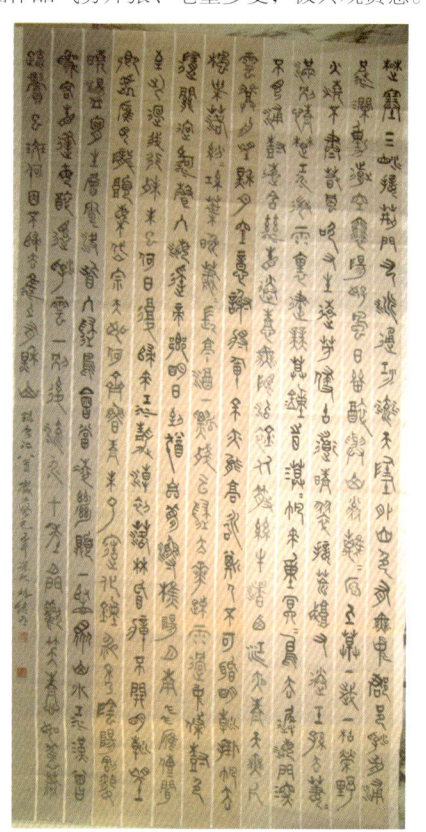

0483 《雪满雾绕联》

作品类别：书法类

作　　者：李良云

发表时间：2012-06-25

发表载体：中央数字电视书画频道

获奖及影响："2012年迎新春美术作品展播"网络评选活动中，荣获书法作品业余组三等奖。

简　　介：李良云，男，汉族，1966年4月生于甘肃永靖，现供职于永靖县政法委，为临夏州书法家协会会员，永靖县书法家协会副主席，曾多次参加书法展览和比赛，1983年，获甘肃省青少年书法比赛三等奖，2008年，获临夏州书法比赛优秀奖，2012年6月，作品《雪满雾绕联》在中央数字电视书画频道举办的"2012迎新春美术作品展播"网络评选活动中，荣获书法作品业余组三等奖。2012年10月，作品《七律冬云》在"辉煌三十年，喜迎十八大——纪念中共甘肃省委《党的建设》创刊三十周年全省书画展"中荣获优秀奖，书法作品《雪满雾绕》创作于2012年仲夏。其书风清峻飘逸，含蓄蕴藉，行云流水，师承古法，笔势遒劲，刚健有力，跌宕多姿，雄浑厚重如虎踞，灵动飘逸似龙飞，独具神韵。此作品在中央数字电视书画频道举办的"2012迎新春美术作品展播"网络评选活动中，荣获书法作品业余组三等奖。

0484 《超然台记》（楷书四条屏）

作品类别：书法类

作　者：刘成

发表时间：2013-10-01

发表载体："钟繇奖全国书法篆刻展"

获奖及影响：入展首届"钟繇奖"全国书法篆刻展。

0485 《送蓬仙兄返里有感》（行书）

作品类别：书法类

作　者：李鉴峰

发表时间：2009-10-01

获奖及影响：建国六十周年全国书画展优秀奖。

0486 《心经》

作品类别：书法类

作　者：周宇春

发表时间：2014

简　介：周宇春，自幼喜欢书画，后来一直深入天水地区的山山水水写生，在工作之余去自己的工作室苦研历代大师书法作品，在不断临摹的基础上开辟出自己独到的书法作品。

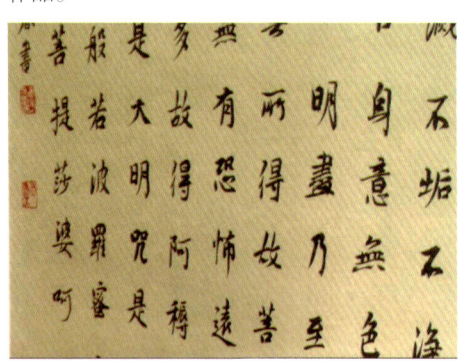

0487 《碑文》

作品类别：书法类

作　者：赵生万

发表时间：2008-08-06

发表载体：作品集

获奖及影响：入展《2008迎奥运·甘肃省书法系列展，甘肃省第二届书法篆刻临帖展作品集》。

简　介：赵生万，甘肃省书法家协会会员，张掖市书协理事，民乐县书协副主席。

0488 《杜诗立轴》

作品类别：书法类

作　者：赵生万

发表时间：2006-06-16

获奖及影响：入编《陇右杜诗书画集》

简　介：赵生万，甘肃省书法家协会会员，张掖市书协理事，民乐县书协副主席。

0489 《对联》

作品类别：书法类

作　者：梁杰

发表时间：2006-07-18

发表载体：作品集

获奖及影响：入编《"农家墨香"甘肃省首届农民书法展作品集》

简　介：梁杰，毕业于西北民族大学美术系，中学高级教师，现为中国教育学会书法教育专业委员会会员、甘肃省书法家协会会员、甘肃省美术家协会会员、张掖市美术家协会会员、民乐县美术家协会主席，供职于甘肃省民乐县第四中学。

0490 《水调歌头·重上井岗山》

作品类别：书法类

作　　者：王荣清

发表时间：2006-07-18

获奖及影响：入编《"农家墨香"甘肃省首届农民书法展作品集》

简　　介：王荣清，男，汉族，1954年生，甘肃民乐人，高级教师。甘肃省书法家协会会员，甘肃省美术家协会会员。张掖市美协会员，中国国画家协会会员。几十年的不懈努力，书画作品多次参加省、市、县级展览并获奖，已有多幅作品在省、市、县级刊物上发表。

0491 书法《漆书》

作品类别：书法类

作　　者：李发旺

发表时间：2007-07-02

发表载体：第三届"甘肃省群星艺术节书画展"。

获奖及影响：2007年获第三届甘肃省"群星艺术奖"（铜奖）。

（二）篆刻

0492 《牛学飞篆刻作品》

作品类型：篆刻类
作　　者：牛学飞
发表时间：2000-07-26
简　　介：作品是以张掖特色矿产祁连玉材、石材及传统印材，以传统"中国印"形式，以钮雕、薄意、浮雕、篆刻、边款等，表现张掖特色旅游文化元素丹霞、骆驼、枣乡、景观物像和诗词文赋为主题的旅游文化产品、艺术品。

0493 《百花齐放、墨趣、困而学之》等9方

作品类型：篆刻类
作　　者：王新春笔名秋实
发表时间：1991-08-01
获奖及影响：1991年获得第一届中国"丝路节硬笔篆刻书画印博览"佳作奖。
简　　介：王新春，笔名秋实，1955年生于甘肃金塔县，1980年工作后对篆刻艺术产生了浓厚的兴趣，初学浙派中的丁敬、黄易，后学赵之谦、吴昌硕、齐白石。从汉《祀三公山碑》得到启发，改圆笔的篆书为方笔；从《天发神谶碑》得到启发而形成了大刀阔斧的单刀刻法，又从汉简多字官印等受到启发，形成纵横平直，不加修饰的印风，在用料上多选用本地祁连玉，刀法上多采用冲刀法，石料上会出现崩裂的痕迹而显得自然，印章多为阴刻，断如虹收，联似雁度，放如纵鹰，收如勒马，逐渐形成了新的独立的篆刻艺术，篆刻作花香两岸、艺无穷尽被《九洲会士书画印集》刊登，并有300多方篆刻作品见诸于《中国书法报》《甘肃书法报》《甘肃日报》等十多种报刊杂志并多次获奖，40多方篆刻作品入选《第一届中国丝路节硬笔书画印集》《九洲会士书画印集》《中国职工书法绘画摄影作品精品选集》，多方硬笔书法、篆刻作品曾获《全国屈原杯海内外艺术节》优秀奖，迎澳门回归祖国美术书法摄影优秀奖，酒泉改革开放二十年美术书法摄影优秀奖，并多次获酒泉市宣传部、工会、文联、老年书法篆刻佳作奖，现为酒泉市美术书法摄影家协会会员。

0494 《卢建坤篆刻作品》

作品类型：篆刻类

作　　者：卢建坤

发表时间：2006-06-06

发表载体：甘肃省首届农民书法展

获奖及影响：2006年甘肃省首届农民书法展入展。

简　　介：篆刻二字，最初见于扬雄的法言："童子雕虫篆刻是也"，篆刻有广义与狭义两种解释，狭义的篆刻专指后人所谓的治印之学；广义的篆刻则泛指一切雕琢技法，篆刻也是刻印印章的一种，但却是艺术家将学术，素养化作个性所表现出来的艺术。卢老师的篆刻作品精致的雕刻和精准的手法是多年刻苦练习的结果。

0495 《邵永生篆刻》

作品类型：篆刻类

作　　者：邵永生

发表时间：2011-06-15

发表载体：首届"书法篆刻大展"新人展

获奖及影响：在2011年甘肃省首届书法篆刻大展评审委员会评审入展甘肃首届书法篆刻大展新人展。

简　　介：邵永生，敦煌书画家，篆刻家，他的作品被甘肃省首届书法篆刻大展评审委员会评审入展甘肃首届"书法篆刻大展"新人展。

0496 篆刻《大好河山》

作品类型：篆刻类

作　　者：陈砚东

发表时间：2006-08-26

发表载体：兰州第四届"全国群众书画交流展"

获奖及影响：该作品在兰州第四届"全国群众书画交流展中获优秀奖"（甘肃省文化厅、甘肃省广播电视局主办）。

简　　介：陈砚东，男，1976年生于甘肃天水。1998年毕业于北京通县师范学院美术系，师从中国著名书法家刘炳坤、李勇等人。专攻篆刻、书法，兼擅国画，现为天水市书法家协会会员、天水市青年书画家协会会员，该作品在兰州第四届全国群众书画交流展中获优秀奖（甘肃省文化厅、甘肃省广播电视局主办）。

0497 《羲皇故里》

作品类别：篆刻类

作　　者：张晓鸣

发表时间：2005-06-20

发表载体：首届"扬州八怪杯"全国书画大展赛

获奖及影响：该作品在首届"扬州八怪杯"全国书画大展赛中获三等奖（扬州市文学艺术界联合会、扬州市书法家协会、扬州市美术家协会、扬州市美术馆主办）。

简　　介：张晓鸣，字白云，号石翁、清风斋主。1957年出生，甘肃省天水市人。自幼酷爱酷爱中国书画艺术，其作品多次获国家级、省级奖。个人已入编《世界优秀专家人才名典》《中华名人大典》。该作品在首届"扬州八怪杯"全国书画大展赛中获三等奖（扬州市文学艺术界联合会、扬州市书法家协会、扬州市美术家协会、扬州市美术馆主办）。

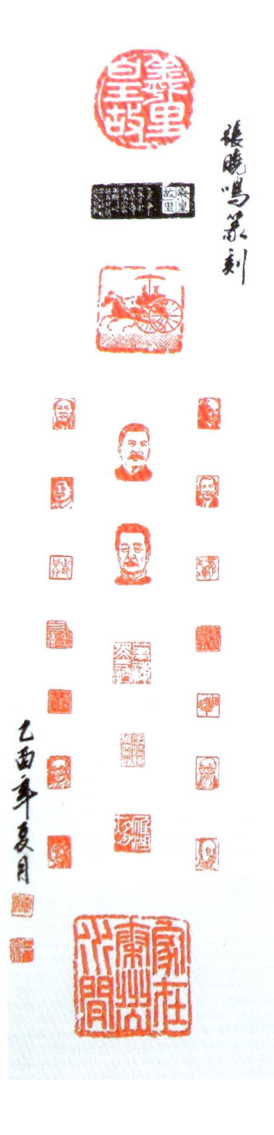

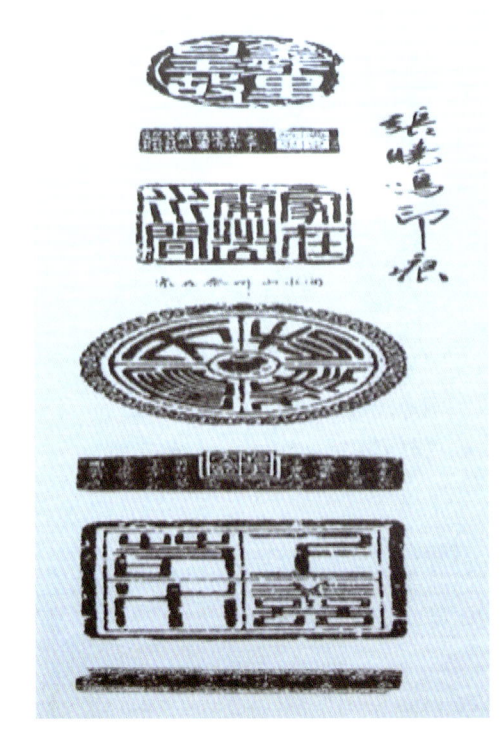

0498 《江泽民诗》

作品类型：篆刻类

作　　者：刘润法

发表时间：2004-11-18

发表载体：书法篆刻展

获奖及影响：入选"中华人民共和国成立五十五周年暨青海省书法家协会成立二十周年书法篆刻展"。

简　　介：刘润法，男，汉族，1939年生，从1989年开始至今学书临贴，尤喜篆刻，2005年1月加入青海省书法家协会。

0499 《篆刻印屏》

作品类型：篆刻类

作　　者：张杰

发表时间：2004-10-20

发表载体：书画展

获奖及影响：入展"金龙杯"第一届天水美术书法作品展。

简　　介：张杰，字鸣石，号百印楼主，曾任中国艺术研究院文化艺术市场研究中心特邀书画师，金陵印社艺术顾问，世界硬笔书法家协会（加拿大总部）会员。现为甘肃省书法家协会会员，天水市书法家协会理事，秦州区书法家协会副秘书长。书法、篆刻作品先后多次入选（入展）全国及省、市级展览并有获奖。

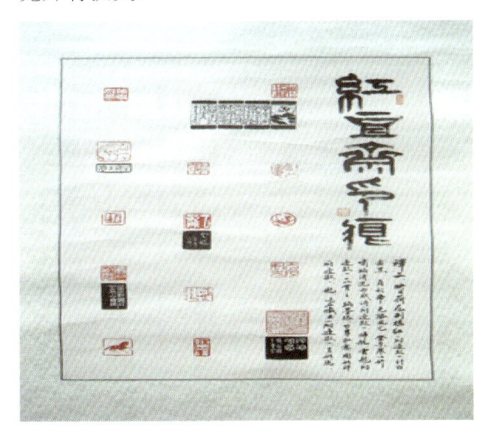

0500 《奥运印谱》

作品类型：篆刻类

作　　者：成城（成自生）

发表时间：2006-11-21

获奖及影响：录入张掖市志、张掖市宣传志，2002甘州区年鉴张掖地区志等，报刊专题人物报道：甘肃工人报、甘肃广播电视报等；电视人物专访：张掖市广播电台（1997）、张掖地区电视台（1998）、甘肃卫视（1999）等。

简　　介：成城，号醒石斋主人，从青年时代起研习书法、篆刻、兼美术、摄影的创作，八十年代初开始发表作品，散见于国家、省市级展事、刊物30多件。其篆刻被誉为"张掖第一刀"，1993年镌刻江泽民为肃南民族团结纪念碑的题词；创作有《黑河印谱》《张掖古迹印存》《醒石斋印谱》，付梓印刷的有《奥运印谱》一书，数十年间孜孜不倦治印18000多枚，篆刻作品入选《甘肃省书法篆刻作品集》（1993），篆书书法作品入选《全国双拥书画作品展》进京展，2002年入选中国文联中国书法家协会甘肃省人民政府举办的"首届中国敦煌国际书法艺术节"、"敦煌杯"全国书法大赛、在中国文联中国书法家协会甘肃省人民政府举办的"首届中国敦煌国际书法艺术节"期间被甘肃省书法家协会评审委员会评为"首届甘肃省'张芝奖'书法大展"参赛作品、篆刻作品2007年获《全国梅兰竹菊大展》金奖，有20多件作品在《书法》《画苑精粹》《甘肃日报》《甘肃工人报》等刊物发表。

0501 《篆刻》

作品类型：篆刻类

作　　者：陈慧霞

发表时间：2012-11-13

发表载体：书刊

获奖及影响：作品入选甘肃省第四届中青年书法篆刻展。

简　　介：其篆刻作品字形正倚交错，大大小小，开开合合，线条粗细变化明显，跌宕有致，时而倾斜但并不生硬，反倒更见自由，体现出他的任情恣性的一面，自成格调，陈容取势险峻，其篆刻造型或倚或正，或重或轻，行刀迅捷，用刀有力，发力沉重。其篆刻作品多次获得省内外大奖，被广大群众所称赞。

0502　篆刻《知难而进》

作品类型：篆刻类

作　　者：陈砚东

发表时间：2006-04-19

发表载体：天水市青年书画家协会首届作品展

获奖及影响：该作品入选天水市青年书画家协会首届会员作品展（天水市青年联合会、天水市青年书画家协会主办）。

简　　介：陈砚东，男，1976年生于甘肃天水，1998年毕业于北京通县师范学院美术系，师从中国著名书法家刘炳坤、李勇等人。专攻篆刻、书法，兼擅国画。现为天水市书法家协会会员、天水市青年书画家协会会员，该作品入选天水市青年书画家协会首届会员作品展（天水市青年联合会、天水市青年书画家协会主办）。

0503　《物华天宝》

作品类型：篆刻类

作　　者：张晓鸣

发表时间：2012-09-10

发表载体：天水市书法家协会首届会员作品展

获奖及影响：该作品在喜迎党的十八大胜利召开天水市书法家协会首届会员作品展中获二等奖（天水市文学艺术联合会、天水市书法家协会主办）。

简　　介：张晓鸣，字白云，号石翁、清风斋主。1957年出生，甘肃省天水市人。自幼酷爱酷爱中国书画艺术，其作品多次获国家级、省级奖。

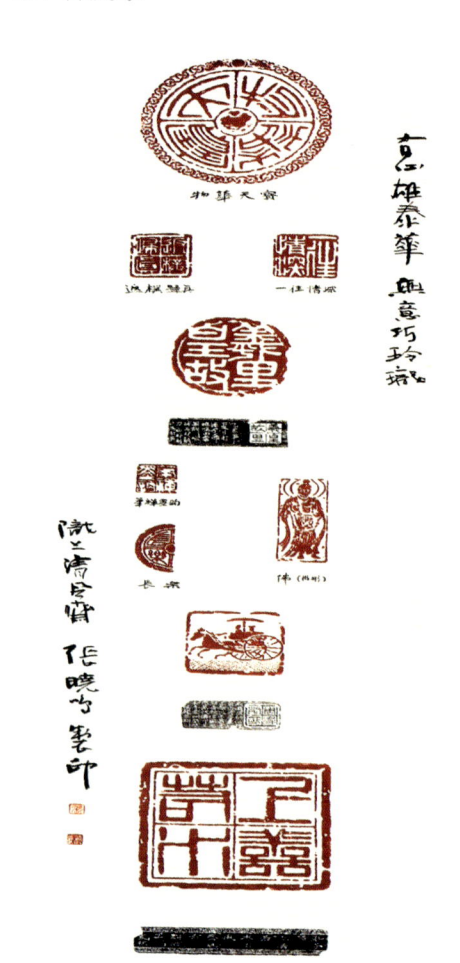

0504 《守望西泠》

作品类型：篆刻类
作　者：张杰
发表时间：2012-05-23
发表载体：网络
获奖及影响：中国西泠"网民生篆刻"征稿二等奖。
简　介：张杰，字鸣石，号百印楼主。曾任中国艺术研究院文化艺术市场研究中心特邀书画师，金陵印社艺术顾问，世界硬笔书法家协会（加拿大总部）会员。现为甘肃省书法家协会会员，天水市书法家协会理事，秦州区书法家协会副秘书长。书法、篆刻作品先后多次入选（入展）全国及省、市级展览并有获奖。

0505 《印传东汉、社结西泠》

作品类型：篆刻类
作　者：张杰
发表时间：2012-01-09
发表载体：网络篆刻大赛
获奖及影响：庆祝中国西泠网上线两周年网络篆刻大赛二等奖。
简　介：张杰，字鸣石，号百印楼主。曾任中国艺术研究院文化艺术市场研究中心特邀书画师，金陵印社艺术顾问，世界硬笔书法家协会（加拿大总部）会员。现为甘肃省书法家协会会员，天水市书法家协会理事，秦州区书法家协会副秘书长。书法、篆刻作品先后多次入选（入展）全国及省、市级展览并有获奖。

0506 《篆刻作品》

作品类型：篆刻类
作　者：李文放
发表时间：2013-08
发表载体：西泠印社第八届篆刻展
获奖及影响：2001年8月或跨世纪青少年书画大赛青年组银奖。

0507 《篆刻》

作品类型：篆刻类
作　者：梁春光
发表时间：2012-07-20
发表载体：自创作品
简　介：梁春光，男，汉族，山东省济南市商河县人，1956年11月生于淄博，中专文化，会计师职称。1975年参加工作，现任正宁县政协副主席。

0508 《篆刻印屏》

作品类型：篆刻类

作　　者：张杰

发表时间：1998-5-20

获奖及影响：甘肃省第三届"中青年书法篆刻展"作品集。

简　　介：张杰，字鸣石，号百印楼主。曾任中国艺术研究院文化艺术市场研究中心特邀书画师，金陵印社艺术顾问，世界硬笔书法家协会（加拿大总部）会员。现为甘肃省书法家协会会员，天水市书法家协会理事，秦州区书法家协会副秘书长。

（三）美术

0509 《五月的鲜花》

作品类别：美术

作　　者：陈伯希

发表时间：2011

简　　介：《五月的鲜花》把灿烂的黄菊和不朽的青松化作象征，用以展现"五月的鲜花开遍了原野，鲜花掩盖了志士的鲜血"的艺术境界。歌曲的音乐旋律，开始抒情，中段悲伤，结尾高昂，呈现倒抛物线形状；这一同名画作，也由起势黄色菊花的热烈，画中红色的深情，再到末尾青松的高亢，画面韵律与歌曲韵律走势吻合。人生、艺术、画卷、旋律在此交汇结晶。千百年来，山水画大多表现笔墨情趣、作者心境，是一种境界。这幅画把民族情感和民族心灵深处最深的动，用彩墨的技法呐喊出来，是另外一种境界。

0510 《段文杰美术创作》

作品类别：美术

作　　者：段文杰

简　　介：段文杰（1917年8月23日—2011年1月21日）四川省蓬溪县常乐镇人。祖籍四川绵阳丰谷镇。1945年毕业于重庆国立艺专，历任敦煌艺术研究美术组组长、敦煌研究院院长、中国美术家协会甘肃分会副主席、敦煌研究院名誉院长、第六、七届全国政协委员。著有《敦煌彩塑艺术》《敦煌壁画概述》《敦煌壁画中的衣冠服饰》等。临摹敦煌壁画384幅，在国内外多次展出。撰写论文数十篇。出版有《段文杰敦煌艺术研究文集》《段文杰敦煌壁画临摹集》等。

0511 《吕斯百美术创作》

作品类别：美术

作　　者：吕斯百

简　　介：吕斯百，1905年10月15日生于江苏江阴，1973年1月14日卒于南京。初入东南大学艺术系，得徐悲鸿赏识，并于1928年被推荐赴法国留学，初在里昂高等美术专科学校，1931年入巴黎高等美术专科学校，曾游历西欧各国，考察美术。1934年回国，任中央大学艺术系教授，后出任系主任。1949年后，先后任兰州西北师范学院艺术系、南京师范学院美术系教授兼系主任，全国第四届政协委员，省第二、三届人大代表，九三学社中央委员、中国美术家协会常务理事、美协江苏分会副主席。他的油画长于风景、静物，早年作品笔触稳健有力，色彩纯化雅致，注重画面整体的真实性。

0512 《王天一美术创作》

作品类别：美术

作　　者：王天一

简　　介：王天一，1926年生，甘肃成县人。擅长中国画，在创作上以中学为体，兼收西画之长技，注重从生活中吸取营养，临摹过大量敦煌和魏晋壁画，因而绘画题材广泛，作品时代气息浓郁，形成了印鲜明的个人艺术特色。国画作品笔墨遒劲酣畅，色彩鲜明典雅，所画鹰、牵牛花、孔雀毛竹新笋、牡丹、马兰花、梅、菊花等花鸟画独具特色，为国内外画界所赞扬。曾从事美术教师、美术编辑工作。作品《巡逻归来》入选第二届全国美展，《猎归》入选第一届全国青年美展，《瓦子街大捷》入选建军30周年全国美展。出版有《花鸟画技法浅说》《王天一花鸟画集》《魏晋墓碑画》《写意花卉画法》《花鸟画的推陈出新》《王天一画集》及诗词论文多篇。作品多次参加了全国美展和全国书画名家邀请展。先后到兰州、南京、北京、上海、广州、香港等地举办个人画展。1983年为中南海紫光阁作画，1989年在北京举行为亚运会捐献画展，此外还为天安门城楼、人民大会堂作了布展画。个人传略载入《中国美术年鉴》《世界华人美术家年鉴》等大型知辞书。

0513 《莫建成美术创作》

作品类别：美术

作　　者：莫建成

获奖及影响：1988年，《竹林鹌鹑》参加中国美术协举办的"中华杯中国画大赛"获三等奖。1989年,《幽居图》入选全国七届美展。1990年，在北京国际展览馆，及新加坡举办个人画展，1998年，在兰州举办个人画展，1994-2004年,《融融之菌》《寒冬寄语》《寒月惊梦》《荷图》等十幅作品分别参加中国工作画大展，中国花鸟画大展、"中华世纪之光中国画提名展"、"情系西部·中国画邀请"。

简　　介：莫建成，1942年生于甘肃陇西，中国美术家协会理事，甘肃首美术家协会主席。国家一级美术师，历任陇中画院院长，甘肃画院画家，甘肃省美术副主席等职。长期从事中国画的研究和创作。

0514 《黄胄美术创作》

作品类别：美术

作　　者：黄胄

简　　介：黄胄为推动当代美术的发展、开展国际文化艺术交流，为促进祖国的统一大业作出了卓越贡献。他深入边疆，勤奋作画，从 50 年代的《苹果花开的时候》《洪荒风雪》《赶集》，到七八十年代的《百驴图》《风雪夜归人》《送粮人》，黄胄在丰厚的生活根基上，形成鲜明的个人绘画风格，是国内最早突破蒋徐体系的人物画家。他在不同时期的优秀作品曾经多次在国际、国内获奖。70 年代后期，他曾为纪念周恩来绘制了《鞠躬尽瘁为人民》的传世之作。梁黄胄的艺术实践为当代美术发展产生了积极和深广的影响。

0515 《周大正美术创作》

作品类别：美术

作　　者：周大正

简　　介：周大正，一九四一年生。湖北沙市人。擅长油画、美术教学。1965 年毕业于浙江美术学院油画系。历任甘肃临夏州展览馆美术干部、西北民族学院艺术系美术教研室主任、副教授、教授。作品有《手牵黄河上高山》《希望》《清清夏河水》《夏河风情》《哈族婚礼》《进军腊子口》等，出版有《周大正画选》，发表论文有《绘画与色彩结构》《敦煌壁画色彩观念分析》《敦煌壁画色彩结构分析》等。

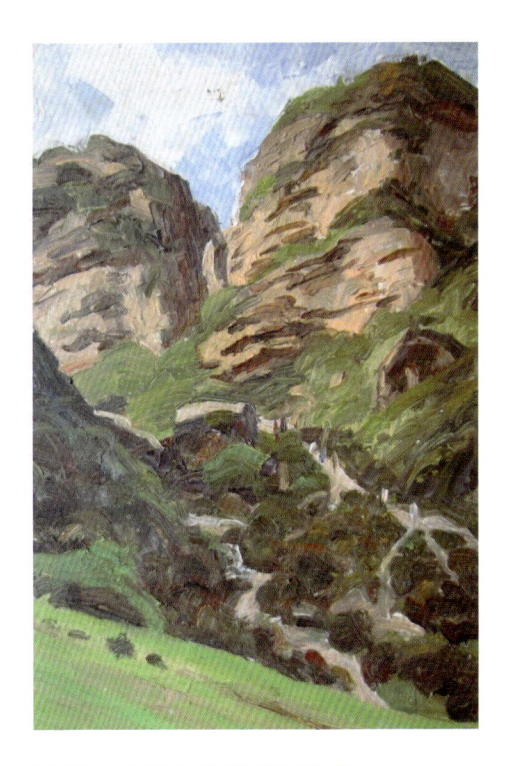

0516 《范有信美术创作》

作品类别：美术

作　　者：范有信

获奖及影响：作品曾多次入选全国及省、市美术作品展览并被选送日本、香港等地展出，并在《美术》杂志、《人民日报》《中国老年》

等报刊发表。

简　　介：范有信（1943.5-1998.3）甘肃兰州人，擅长中国画，是甘肃画驼第一人，被诗人伊丹才让赞誉为"范骆驼"，此后"范骆驼"在美术界广为流传。1966年毕业于西北师范大学美术系。曾在兰州市博物馆工作，兰州教育学院美术系主任、教授。享受政府特殊津贴。作品有《无私自奉苦行舟》《墨菊》《春意盎然》等。其画作题材多以骆驼为主，笔墨成就也以骆驼为最，独得"范骆驼"之美誉，成为甘肃画坛的领军人物。

0517 《张阶平美术创作》

作品类别：美术

作　　者：张阶平

获奖及影响：水彩画《进山》，在1979年甘肃省美展中获奖。水彩画《丝路风情》1984年入选六届全国美展，获甘肃省美术作品优秀奖。1991年5月举办了《张阶平先生从教六十年画展》。同年出版了《张阶平丝路风情水彩画展》。

简　　介：一九一一年生，山东寿光人。擅水彩画。1925年考入山东美术专科学校西洋画科，1927年至1931年求学于国立北平大学艺术学院西洋画系。毕业后任青岛市立师范学校美术教师。1933年在青岛举办个人画展。1936年至1948年辗转西安及附近州、县的中学和师范学校任美术教师。1949年至1956年先后任西北军政大学艺术学院美术系、西北人民艺术学院美术系副教授。1956年调甘肃省文化局工作。1958年以来先后在兰州艺术学院美术系、甘肃教育学院研究室、西北师范大学美术系任教，1986年晋升为教授，1987年离休。

0518 《燕飞美术创作》

作品类别：美术

作　　者：燕飞

获奖及影响：曾获中国油画艺术奖——作品奖。

简　　介：燕飞，男，汉族，1941年出生于陕西兴平县。1962年毕业于西安美术学院附中1970年毕业于中央戏剧学院舞台美术系。中国美术家学会会员，甘肃美协理事，国家一级美术师。现任兰州军区政治部创作室一级美术师。首届中国油画油画展（1987年）、日本"中国油画展"（1988年）、第二届中国油画展（1994年）、第八届全国美展优秀作品展（1994年）、日本"现代中国油画展"（1995年）、中国艺术大展（1997年）。

0519 《韦博文美术创作》

作品类别：美术

作　　者：韦博文

获奖及影响：作品在甘肃省大型美术作品展览中多次评为一等奖，曾荣获省委、省政府颁发的敦煌文艺奖一等奖。

简　　介：韦博文，男，1943年生，甘肃靖远县人。现为中国美术家协会会员，兰州市美协副主席，兰州画院副院长，国家二级美术师。西部雄浑的自然风貌和深厚的文化积淀滋养了成长在黄河滩头的画家。在长期的艺术实践中，其反复寻求生活激发于自身的心源，进而逐渐形成了对西部绘画题材的深层切入和技巧的原创表现。近十年创作的具有时代气息和浓郁地方特色的大量油画作品，显示出独特的艺术风格和强劲的创作实力。其油画作品在高起点上正努力实现新突破，不断追求着创作题材的开拓和艺术格调的高品位。作品在甘肃省大型美术作品展览中多次评为一等奖，曾荣获省委、省政府颁发的敦煌文艺奖一等奖。连续十四次入选由文化部、中国美协主办的全国各类综合美展、油画专题展、赴外巡回展和学术交流展，有的被评为优秀作品。

0520 《段兼善美术创作》

作品类别：美术

作　　者：段兼善

获奖及影响：作品多次入选全国及省内外美术作品展览，并在各种报刊发表，或被收入画册。

简　　介：段兼善(1943.3—)四川绵阳人。擅长中国画。高中毕业后入兰州艺术学院(后并入西北师范学院)学习绘画，1965年毕业后在甘肃省美术家协会工作。现为中国美术家协会会员，甘肃省中国画学会副会长，甘肃省美术家协会副主席。1957年转学到甘肃敦煌，在其父段文杰指导下学习基础知识，并临摹敦煌壁画。创作吸取敦煌壁画艺术手法，注重表现西北各族人民的生活风情和精神风貌，工写相兼，凝重古朴，颇具特色。作品多次入选全国及省内外美术作品展览，并在各种报刊发表，或被收入画册。

0521 《耿汉美术创作》

作品类别：美术

作　　者：耿汉

获奖及影响：中国画《一天一个样》入选1955年全国青年美展、《三羊开泰》《不用扬鞭自奋蹄》等。作品曾参加第五、六、七届全国版画展。出版有《耿汉版画作品选》。

简　　介：一九三二年生，别署昝行三，字禹山，陕西人。1949年入晋绥解放区西北艺校二部美术系，后转入西北军大艺术学院、西安美院学习，历任《西北画报》创作员、甘肃日报文艺部、总编室副主任、甘肃美术家协会副主席。中国美术家协会会员、甘肃省书画研究院常务副院长。作品有版画《耕云》《老树吐绿》《洮河筏工》《游子衣》，中国画《一天一个样》入选1955年全国青年美展、《三羊开泰》《不用扬鞭自奋蹄》等。作品曾参加第五、六、七届全国版画展。

0522 《董兆俭美术创作》

作品类别： 美术

作　　者： 董兆俭

简　　介： 董兆俭，男，1932年生，原籍天津，五十年代毕业于上海戏剧学院舞台美术系。历任甘肃省戏剧家协会副主席等。中国舞台美术学会顾问、中国国画院名誉院长、甘肃省书画研究院副院长、甘肃省诗会画联谊会顾问等。国家一级美术师。他的笔墨及创作意向含蓄而充实，空灵而率性，表明的是一种驾驭宏观气势的能力和感受大自然的敏锐力。他那笔墨的浓淡与疏密、干湿与苍润之中，营造着一种动人的自然之美与现代审美情境。他对传统的和前人的优秀技法与表现形式以个人化的理解和方式，在深刻领会体悟的前提下，巧妙运用到自己的创作之中，取得很好的效果。他的作品大多出自写生和亲身感受的结果，所表现的是他自己眼中的世界和心灵中的大自然，并不是一些陈旧模式的套用和复制，因此，作品中充溢着自然的朴素和本色，充满着画家的性情和趣味。

0523 《蒙子军美术创作》

作品类别： 美术

作　　者： 蒙子军

获奖及影响： 1978年以来美术作品《小河涨水》《采风图》以及书法作品曾多次参加全军全国美术书法展，并多次在《解放军报》《解放军画报》《甘肃日报》发表作品。1988年以来先后编入《当代美术家人名录》《中国当代国画家辞典》《中国当代书法家辞典》等多部典籍。

简　　介： 蒙子军，斋名山风堂，汉族，1939年生于陕西泾阳，1954年入西安美术学院附中，1958年参加中国人民解放军，兰州军区政治部文艺创作室主任，文艺四级，中国书法家协会理事，中国美术家协会会员，甘肃省书法家协会副主席兼创作评审委员会委员，中国文联第五次代表大会代表。先生长于中国花鸟画，曾潜心研究八大山人、扬州八怪、吴昌硕、齐白石、潘天寿等大师作品，主张以书法入画，重视笔墨修炼，成画简练传神，作品酣畅淋漓，尤喜用鸡毫作画，其作品骨棱内蕴，雄健勃发，笔墨姿肆奔放，形成了自己独特的艺术风格。

0524 《朱冰美术创作》

作品类别：美术

作　　者：朱冰

获奖及影响：为中外美术馆、博物馆、纪念馆与收藏家收藏。刊入中外出版的许多大型画册。写有美术评论散文二百多篇，深入浅出，生动活泼，在《美术》《中国美术报》《美术家通讯》及省市报刊上发表，并载入《中国名人谈少儿时代》《中国名人得失谈》等丛书。

简　　介：朱冰，一九三五年生。原名朱平本，号江河之子。四川重庆人。擅版画。甘肃文艺编辑部。号江河之子。师承国画大师张大千的大弟子肖建初与著名山水画家李文信等先生，1956年毕业于西安美专（四川美院）绘画系，分配至北京任《文艺报》美编，1957年去援大西北。1960年出席第三次全国代会并加入中国美协。任《甘肃文艺》等刊美编，从事美术组织工作。1980年省美协成立时选为驻会副主席，1985年选为中国美术家协会理事，1986年作为中国美协代表团成员出访主德国，1990年选为甘肃美协主席，现为名誉主席，甘肃文联名誉委员。国家一级美术师。聘为甘肃省文史馆研究馆员，西北民族学院美术系兼职教授，省书画研究院顾问，第七届、八届全国美展评委，并为中国版画家协会理事，甘肃省国际文化交流协会理事，国际文人画家总会常务理事等。

0525 《李宝峰美术创作》

作品类别：美术

作　　者：李宝峰

获奖及影响：作品多次参加全国及省内外美展，作品入选全国第七、八届全国美展，部分作品被博物馆收藏，出版有《怎样画水墨毛驴》《李宝峰草原风情录》《李宝峰画集》等多部画册。作品《人物》获2004年首届中国美术家协会会员中国画精品展铜奖。作品《丰乐图》获由中国画研究院、文化部文化艺术人才中心等单位联合举办的"国际华人诗书画印艺术人展"国画金奖。

简　　介：李宝峰，1938年2月生，辽宁抚顺市人。1955年考入鲁迅美术学院附中，1959年升入鲁迅美院中国画系，1964年毕业分配到甘肃人民出版社。曾任美编室主任。1990年调甘肃画院，任副院长，一级美术师，中国美术家协会会员，甘肃省美术家协会副主席，2001年退休。八十年代中期，李宝峰以充满西部风情的中国画引起画坛的广泛关注，其中尤以毛驴著称。他画笔下的毛驴骨中有肉，肉中有骨，笔墨生动，形象活泼，精妙之作几近登峰造极。九十年代初，李宝峰正式调入甘肃画院，开始了从事专业创作的艺术生涯。在这期间，他的绘画题材转向以西部风情和地域文化内涵为主体的深度提炼。

0526 《张大刚美术创作》

作品类别：美术

作　　者：张大刚

获奖及影响：作品《午炊》获全国少数民族美术作品展佳作奖，《塞外人家》入选十四届新人新作展。

简　　介：张大刚，回族，浙江绍兴人。擅长油画。1976年6月参加工作。1983年毕业于西北民族学院美术系油画专业。现为甘肃省美术家协会副主席兼秘书长、中国美术家协会会员、甘肃画院特聘画师。作品有《阿妈拉》《牧归》《高原季风》等。

0527 《晓岗美术创作》

作品类别：美术

作　　者：晓岗

获奖及影响：《天下雄关》《大漠飞鸿》《丝路新弦》《雪山夜站明》等获九届全国版画展"优秀创作奖"、1985年甘肃省委、省政府颁发"优秀文艺作品奖"、1993年首届"敦煌文艺奖"、1998年第二届"敦煌文艺奖"、1996年全国"鲁迅版画奖"、1988年第十二回国际美展表彰状、（五、六十年代优秀版画家贡献奖），多件作品获全省美展一、二等奖。

简　　介：晓岗，陕西西安人。擅长版画、中国画。甘肃省文联。1954年毕业于西北艺术学院美术系，分配到甘肃省美术工作室工作，并任《甘肃画报》美术摄影记者。1958年任《工农文艺报》画刊组组长。1961年调甘肃省文联工作。1982年当选中国美协甘肃分会副主席，主持会务工作。历任甘肃画报社记者、《工农文艺》报画刊组组长、甘肃省美术家协会第一副主席、甘肃版画家协会主席，一级美术师。

0528 《樊威美术创作》

作品类别：美术

作　　者：樊威

获奖及影响：《殉》获第二届全国青年美展三等奖；《念情唐古拉山》《西后那曲河》入选第十三次新人新作展；《幻域》入选第九届全国美展。

简　　介：樊威，陕西三原人。擅长油画1982年毕业于西北师范大学美术系油画专业；后任《飞天》文学月刊美编；甘肃省美术家协会秘书长。

0529 《蒋文忠美术创作》

作品类别：美术

作　　者：蒋文忠

获奖及影响：2000年油画《争分夺秒》在"全国铁路美术书法摄影展览"中获一等奖。2001年是蒋文忠成果较多的一年，他参与并组织负责举办"甘肃省油画艺委会首届油画展览"，组织负责召开了甘肃省油画艺术研讨会。同年，油画作品《卓玛》在"全国铁路油画展"中获二等奖，油画《打草》在中国美术家协会第十五次新人作品展展出，油画《暖冬》在"中国油画大展"中展出，油画《静物》在"甘肃省首届企业美术书法摄影展览"中获一等奖。2003年，油画《晨曦》在"第三届中国油画展"展出。

简　　介：蒋文忠，湖南衡南县人。甘肃著名油画家。现任中国美术家协会会员，中国铁路文联会员，甘肃省美术家协会第四届副主席，甘肃省油画艺术委员会秘书长。蒋文忠的大部分油画是表现风景的，而人物也是他经常描绘的对象，不了解他的人会以为他是一位风景画家。但是，蒋文忠的油画风景，套用一句当下流行的词儿，就是"原生态"般的纯粹和亲切。毋庸置疑，正是因为扎实的写实功底、构图的敏感性、对材质的驾轻就熟及对旧情与生活的在意，使得蒋文忠的艺术语言质素在直观中并不乏寓意的深晦，清澈中也不乏内心的沉重。无论是在题材的选择中，还是在语言的表达中，蒋文忠摆脱不了将一种心境陈述出来的诱惑，可贵的是不管是对乡土风情的体验，还是对具象表达的实验，他依然因持着一份本真，一份平静。

0530 油画《静静的草原》

作品类别：美术类

作　　者：安吉资

发表时间：1982-02-09

发表载体：1982年2月，全国少数民族美展

获奖及影响：获"全国少数民族美展"佳作奖。

简　　介：1982年2月油画《静静的草原》获全国少数民族美展佳作奖。

0531 《菊花图》

作品类别：美术类

作　　者：郭克

发表时间：1989-09-09

发表载体：1989年中日友好书画展

获奖及影响：该作品参加1989年中日友好书画展，赴日本展出。

简　　介：郭克，男，汉族，中国共产党党员。1925年11月23日生于甘肃天水市麦积区，中国美术家协会会员，重庆书法家协会会员，西南师范大学美术学院教授，西南师范大学花鸟画教研室主任，1986年起获国务院批准担任中国花鸟画技法硕士研究生导师，开设中国花鸟画技法研究生课程，1986年至1994年担任四川省教委高等院校教授职称评审会美术学科评审组副组长，1989年至1995年担任重庆缙云书画院副院长、院长，1992年至1994年担任西南师范大学教授职称评审委员。1992年至1994年担任西南师范大学教学指导委员。1992年国务院授予国家级有突出贡献专家证书、享受政府特殊贡献甲级终生津贴，1993年获国家教委高等师范院校教师三等奖，1995年任重庆美协荣誉理事、重庆国画院顾问、重庆文史馆顾问、重庆中华民族文化促进会顾问、重庆北碚区文联顾问，该作品参加1989年中日友好书画展，赴日本展出。

0532 《石门夜月》

作品类别：美术类

作　　者：陶鉴

发表时间：2002-3-28

发表载体：2002年中国旅游交易会书画大展载

获奖及影响：该作品入展力联杯2002年中国旅游交易会书画大展。

简　　介：陶鉴，男，65岁，甘肃天水人，中国书画研究会会员、中国汉唐诗书画研究院院士、甘肃省美术家协会会员，从事山水、人物、花鸟画创作多年，研习石涛、黄宾虹、张大千、顾炳鑫等大家，该作品入展力联杯"2002年中国旅游交易会书画大展"。

0533 《落木萧萧》

作品类别：美术类

作　　者：王玉林

发表时间：2003-01-06

发表载体：2003年中国画作品展

获奖及影响：《落木萧萧》获得由中国美术

家协会主办的："2003年全国中国画作品展"银奖。

简　　介：表现了深秋时节万物萧杀的悲壮与苍凉。

0534 《报春》

作品类别：美术类

作　　者：温廷彦

发表时间：2004-05-01

发表载体：2004年全国美术书法摄影作品大赛

获奖及影响：2004年全国美术书法摄影作品大赛获二等奖。

简　　介：李冰，甘肃省天水市麦积区文化馆原美术组组长、馆员，汉族，1939年2月出生，辽宁省铁岭市人，毕业于兰州铁一中，现任甘肃省美协会员、甘肃省连环画研究会会员、天水市美术家协会名誉主席、羲皇画院高级美术师，曾任麦积区政协委员、天水市和麦积区"拔尖人才"。该作品参加第七届"全国美展"创作一等奖。

0535 《颜之推"真草书迹"书论一则》

作品类别：书法类

作　　者：林万里

发表时间：2010-03-16

获奖及影响：获第三届"马家窑文艺奖书法"二等奖.

简　　介：作品节录南北朝颜之推书论一则，宽90cm，长270cm，竖式条幅，草书，内容为"真草书迹，微须留意，江南谚云："尺牍书疏，千里面目也。"承晋、宋余俗，相与事之，故无顿狼狈者。吾幼承门业，加性爱重，所见法书亦多，而玩习功夫颇至，遂不能佳者，良由无分故也。然而此艺不须过精。夫巧者劳而智者忧，常为人所役使，更觉为累，韦仲将遗戒，深有以也。"这件作品创作于2009年8月，为第三届"中国书法兰亭奖"入展作品。兰亭奖是中共中央宣传部批准的中国书法最高奖，该次展览由中国文联、中国国书法家协会联合主办，该作品于2010年被国家级刊物《书法导报》刊发在第三届"中国书法兰亭奖"作品选刊，2012年该作品被岷县县委县政府授予岷州文艺奖一等奖，2012年该作品获得甘肃省文联甘肃书法家协会主持的甘肃省书法奖励基金。

0536 《陇山积翠》

作品类别：美术类

作　　者：包晓钟

发表时间：2010-03-19

获奖及影响：2009年获兰州及周边城市美术作品精品展优秀奖、庆祝"澳门回归十周年全国书画艺术大展"优秀奖、入选"百年西泠·金石缘"西泠印社诗书画印展。2010年获中国书画家协会主办的庆祝"中华人民共和国成立六十周年全国名家书画大展"优秀奖，2011年入展芮城永乐宫第四届书画艺术节（中书协、中美协主办）

简　　介：《陇山积翠》中国画，纸本，180*97CM，2009年获芮城永乐宫第二届书画艺术节优秀奖（中书协、中美协主办）。

0537 《月下·紫藤》

作品类别：美术类

作　　者：蒲光华

发表时间：2012-09-20

发表载体：2012大同国际壁画双年展

获奖及影响：该作品入展"2012年大同国际壁画双年展"（中国美术家协会主办）。

简　　介：蒲光华，又名广华，署名星雨。男，汉族，生于1937年12月，甘肃天水人。1957年参加工作，青年时代师从天水著名画家王世同先生学习国画，擅长写意花鸟，兼擅工笔重彩，曾得到魏紫熙、方增先等大师的亲授，其作品笔墨简练、构图新颖、情趣盎然，工笔画构图充实，意味隽永。现为甘肃省美术家协会会员，甘肃省麦积山石窟艺术研究会会员，多年供职于天水市麦积区文化馆。该作品入展"2012年大同国际壁画双年展"（中国美术家协会主办）。

0538 《古城记忆》

作品类别：美术类

作　　者：李权

发表时间：2012-12-15

发表载体：2012年全国中国画作品展

获奖及影响：作品入选"2012年全国中国画作品展"。

作品尺寸：180cm×98cm，材质：宣纸，表现形式：水墨。

0539 《兴隆胜境》

作品类别：美术类

作　　者：贾得玉

发表时间：1985-11-11

发表载体：1985年文化部举办的全国画展

获奖及影响：在1985年文化部举办的全国画展上获得二等奖，并被中国美术协会展出、收藏。

简　　介：贾得玉，男，汉族，原名贾浔玉，1943年生，号兴隆人，甘肃榆中人，擅长中国山水画。80年代甘肃省美术家协会会员、兰州市第一届美术家协会常务理事，现为甘肃省美术家协会中国画专委会委员、中国国画院副院长、中国国画院兰州分院院长、北京京华兰亭书画院名誉院长、甘肃省新墩煌书画艺术院名誉院长、中国画家协会理事。几十年来，他专攻山水，在其艺术探索的征途中不断创新求异，融会贯通，形成了自己的创作风格，其画风注重景物的神韵雄魂，豪放中不失古朴，古朴中又见壮阔之气势。

0540 《山水清音》

作品类别：美术类

作　　者：段新明

发表时间：1996-02-13

发表载体：1996全国首届"群星奖"优秀奖

获奖及影响：1996全国首届"群星奖"优秀奖。

简　　介：段新明，1957年生子甘肃酒泉，1982年毕业于西北师范大学美术系，现为国家一级美术师、中国美术家协会会员、中宣部文艺界优秀专家、甘肃省美协国画艺委会副主任、兰州市美术家协会主席。作品曾获：96全国首届"群星奖"优秀奖、首届"中国美术金彩杯"优秀奖、文化部第四届"中国艺术节美术作品"优秀奖，中国美协国际书画邀请展优秀奖，入选第九届全国美展、99跨世纪暨建国五十周年山水大展、鑫光杯中国画精品展、中国美协当代名家提名展以及国内外大型美术作品展。作品被中国美术馆、中国美协、中国文联、中国画研究院、国务院办公厅等单位收藏。作品先后在中国画研究院、广东画院、广东美术馆、江苏美术馆、大连艺术展览馆等地举办个展及学术邀请提名展。《美术》《国画家》《美术观察》《水墨研究》《美术界》《十方艺术》《人民日报》、中央电视台、英国BBC广播电台、广东电视台、南京电视台等多家报刊媒体均有专题报道并介绍本人艺术成就。出版有《段新明国画作品精选》《水墨小品选》等。

0541 《帆行天下》《打开灯心，方可群众》

作品类别：美术类
作　　者：杨均
发表时间：2008-07-23
发表载体："2008青海扬帆"，深圳广告大赛
获奖及影响：被青海省多家媒体宣传报道，"2008青海扬帆"美术作品大赛、深圳首届公益广告大赛优秀奖。

0542 国画《紫藤》

作品类别：美术类
作　　者：道金平
发表时间：2011-06-17
发表载体：丹青颂党建彩墨赞庆阳书画展
获奖及影响：获"丹青颂党建彩墨赞庆阳"庆祝建党90周年全市书画作品展美术类三等奖。

0543 《鸵鸟蛋雕工艺品》

作品类别：美术类
作　　者：陈慧霞
发表时间：2007-11-17
发表载体：甘肃省第二届"民间文艺百合花奖"
获奖及影响：该项目在当地具有广泛影响，为推动当地文化发展产生了积极效应，作品多次参加全国、省博览会，曾获甘肃省第二届"百合花奖"、首届"中华巧女手工艺品大展"优秀奖，甘肃省第四届"文化产业博览会"、"甘肃文化产品"金奖等。
简　　介：鸵鸟蛋壳工艺品有镂雕、浮雕、

镂雕彩绘、浮雕彩绘、景泰蓝等多个品种，其作品注重艺术性，突出现代性和观赏性。表现技法突出鸵鸟蛋与中国绘画、雕刻、书法等艺术的有机结合，形成独特的鸵鸟蛋雕艺术形式。彩绘形式主要以中国工笔画和小写意的表现形式相结合，绘画出人物、山水、花鸟等生动精美的画面，赋予中国传统书画艺术新的精神内涵；雕刻形式刀法富于变化，精雕细琢，构图精巧，布局厚重大气，充分将中国龙文化、民间文化和地域文化表现在雕刻艺术中；景泰蓝掐丝艺术形式表现出很强的民间艺术形式感，体裁多取自民间传统图案，构图趣味横生，色彩搭配艳丽，富于变化，充分体现了民间文化内涵，给人以精神上的享受。

0544 《塞外晨曲》

作品类别：美术类

作　　者：杨宗茂

发表时间：2004-05-23

发表载体："纪念毛泽东延安文艺座谈会讲活"

获奖及影响：甘肃省美协举办的美术展

简　　介：杨宗茂，生于甘肃武威，毕业于中国书画函授大学，现为中国国画家协会会员、甘肃省美术家协会会员，武威书画院特聘画家，凉州区美术家协会副主席，现供职于凉州区文化馆，美术书法辅导部副主任，作品《塞外晨曲》荣获甘肃省美协主办的"纪念毛泽东5.23讲话发表60周年美术作品展"二等奖。

0545 《会宁印象》

作品类别：美术类

作　　者：杨宗茂

发表时间：2012-06-22

发表载体："建党90周年书画展"

简　　介：杨宗茂，生于甘肃武威，毕业于中国书画函授大学，现为中国国画家协会会员、甘肃省美术家协会会员，武威书画院特聘画家，凉州区美术家协会副主席，现供职于凉州区文化馆，美术书法辅导部副主任。作品《会宁印象》荣获甘肃省文化厅主办的"庆祝建党90周年美术书法摄影作品展"三等奖。

0546 《母子情》

作品类别：美术类

作　者：陶鉴

发表时间：20031129

发表载体："世界遗产在中国"艺术作品展

简　介：陶鉴，男，65岁，甘肃天水人。中国书画研究会会员、中国汉唐诗书画研究院院士、甘肃省美术家协会会员。从事山水、人物、花鸟画创作多年，研习石涛、黄宾虹、张大千、顾炳鑫等大家，赴黄山、崂山、泰山、石林等地写生，收尽奇峰打草稿。该作品在"世界遗产在中国"艺术作品展中荣获优秀奖。

0547 《和谐家园》

作品类别：美术类

作　者：杨宗茂

发表时间：2008-09-28

发表载体："永乐宫书画艺术节"

获奖及影响：中国美协、书协、山西省文联举办"永乐宫书画艺术节"获优秀奖。

简　介：杨宗茂，生于甘肃武威，毕业于中国书画函授大学，现为中国国画家协会会员、甘肃省美术家协会会员，武威书画院特聘画家，凉州区美术家协会副主席，现供职于凉州区文化馆，美术书法辅导部副主任。

0548 《惠丰集贤图》

作品类别：美术类
作　　者：王玉林
发表时间：2011-12-05
发表载体："中国当代花鸟画展"
获奖及影响：《惠风集贤图》获得由中国美术家协会主办的"中国当代花鸟画展"优秀奖
简　　介：讴歌盛世国家国泰民安的祥和之气。

0549 《陇上江南》

作品类别：美术类
作　　者：赵连顺
发表时间：2013-09-10
发表载体："中国梦·美丽甘肃"教师书画展
获奖及影响：该作品入展"中国梦·美丽甘肃"教师书画展（甘肃省教育厅）。
简　　介：赵连顺，男，1971年2月生，天水市麦积区人，1994年毕业于天水师范学院后任教于天水市第七中学，2004年于西北师范大学进修。现为天水市青年书画协会会员。

0550 《白描花卉》

作品类别：美术类
作　　者：王玉林
发表时间：2000-12-28
发表载体："走进自然——甘肃省首届写生画展"
获奖及影响：由甘肃省美术家协会主办的"走进自然——甘肃省首届写生画展"一等奖。
简　　介：表现了深秋时节植物果蕙成熟后一派喜洋洋沉甸甸的喜悦之气。

0551 《又是山禽浴水时一片清香留幽涧》

作品类别：美术类
作　　者：周进忠
发表时间：2000-04-06
发表载体：《百年经典——中国美术全集》
获奖及影响：入选中国二十世纪中华民族书画长卷，在中国美术馆展出；入编《百年经典——中国美术全集》。
简　　介：他笔下的野趣图，既有陇南山区阴湿雨林中藤、蔓、荆等各类植物互相缠绕、错综繁复的葳郁蓬勃，又有沾满苔鲜、地皮、残叶、大小顽石的苍拙朴厚；既有野花怒放、争奇斗艳的天真烂漫，又有深涧泉奔、枝头鸟啼、草丛蝉鸣的奇巧灵空，这些由主体、群落、山石和点景鸣禽多层面的分层结构构图，乱中有序、曲中有直、平中有奇、穿插争让，使画面既充满清新、朴茂、野逸之气，有蕴涵幽深、清凉、逸香等多种美妙情致，就像一首美丽、深邃、神奇的自然生命之歌，使观众陶醉留恋于其中而不思离去。

0552 《红沙果》（国画）

作品类别：美术类

作　　者：党育刚

发表时间：2012-10-01

发表载体：《党的建设》三十周年全省书画展

获奖及影响：获得"辉煌三十年喜迎十八大"——纪念中共甘肃省委《党的建设》创刊三十周年全省书画展优秀奖。

0553 《人物画》

作品类别：美术类

作　　者：巫卫东

发表时间：2002-02-13

发表载体：第十一届全国美术作品展

获奖及影响：第十一届全国美术作品展并荣获"庆祝建国60周年甘肃美术作品大展"一等奖。

简　　介：巫卫东生于1967年，1990年毕业于西北师范大学美术系，2005年结业于中国画研究院杜滋龄人物画工作室，现进入国家画院高研班冯远工作室学习，目前为兰州画院院长、国家一级美术师、中国美术家协会会员、甘肃省美术家协会副主席、甘肃省青联委员、兰州市美术家协会副主席。

0554 《富贵长春》

作品类别：美术类

作　　者：陶鉴

发表时间：2002-05-23

发表载体：《东方红》全国书画大展赛

获奖及影响：该作品在纪念毛主席《在延安文艺座谈会上的讲话》发表"60周年东方红国书画大展赛中"获银奖(陕西省文联主办)。

简　　介：陶鉴，男，65岁，甘肃天水人，中国书画研究会会员、中国汉唐诗书画研究院院士、甘肃省美术家协会会员，从事山水、人物、花鸟画创作多年，研习石涛、黄宾虹、张大千、顾炳鑫等大家，赴黄山、崂山、泰山、石林等地写生，收尽奇峰。

0555 《太华圣境》

作品类别：美术类

作　　者：陶鉴

发表时间：2002523

发表载体：《东方红》全国书画大展赛

获奖及影响：该作品在纪念毛主席《在延安文艺座谈会上的讲话》发表"60周年东方红全国书画大展赛"（陕西省文联主办）中获银奖。

简　　介：陶鉴，男，65岁，甘肃天水人，中国书画研究会会员、中国汉唐诗书画研究院院士、甘肃省美术家协会会员。从事山水、人物、花鸟画创作多年，研习石涛、黄宾虹、张大千、顾炳鑫等大家，赴黄山、崂山、泰山、石林等地写生，收尽奇峰。

0556 《西游记·畅想》

作品类别：美术类

作　　者：陶鉴

发表时间：2002-05-23

发表载体："东方红"全国书画大展赛

获奖及影响：该作品在纪念毛主席《在延安文艺座谈会上的讲话》发表60周年东方红全国书画大展赛（陕西省文联主办）中获银奖。

0557 《秋菊白露》

作品类别：美术类

作　　者：蒲光华

发表时间：2006-07-02

发表载体：《杜甫陇右诗（意）书画展》

获奖及影响：该作品入展《杜甫陇右诗（意）书画展》（甘肃省美术家协会、甘肃省书法家协会主办）。

简　　介：蒲光华，又名广华，又署名星雨。男，汉族，生于1937年12月，甘肃天水人，1957年参加工作，青年时代师从天水著名画家王世同先生学习国画，擅长写意花鸟，兼擅工笔重彩，曾得到魏紫熙、方增先等大师的亲授。其作品笔墨简练、构图新颖、情趣盎然；工笔画构图充实，意味隽永。现为甘肃省美术家协会会员，甘肃省麦积山石窟艺术研究会会员，多年供职于天水市麦积区文化馆。

0558 国画《风雨四十载》

作品类别：美术类

作　　者：李发旺

发表时间：1989-12-08

发表载体：国画辅导第6期

获奖及影响：1989年12月在中国画研究院

展出并获优秀奖，同年刊登在中国书画函授大学教材，1993年8月获甘肃省首届"敦煌文艺奖"。

0559 《富贵图》

作品类别：美术类

作　　者：高红女

发表时间：2012-09-16

发表载体：《国画家》

获奖及影响：获全国绿化三等奖

0560 国画《秋韵》

作品类别：美术类

作　　者：李发旺

发表时间：2012-09-10

发表载体：《国画家》2012.5

获奖及影响：2012年9月国画《秋韵》发表于《国画家》杂志，同年又转载于《甘肃日报》。2014年2月获白银市第三届"凤凰文艺奖"。

0561 《牡丹》

作品类别：美术类

作　　者：刘强

发表时间：2011-08-27

发表载体：《刘强牡丹集》

获奖及影响：2005年《牡丹》获"丝绸之路"首届甘肃省书画作品大赛"美术成人组纪念奖"。

简　　介：刘强，男，汉簇、1974年3月生于甘肃灵台县，毕业于甘肃省西北师范大学、就业于甘肃省灵台文化馆。系中国美术家协会甘肃分会会员、平凉市美术家协会理事、灵台县美术家协会主席、崆峒书画研究院副院长、洛阳书画院名誉院长。

0562 《姑妄言》

作品类别：美术类

作　　者：李安乐

发表时间：2013-08-15

发表载体：《美术报》

获奖及影响：获 2014 年平凉市第四届崆"峒文艺奖"二等奖，被人民美术网、崇真艺术网、艺术圈、博艺网、华夏收藏网、海滨高新等转载。

简　　介：李安乐，1980 年生，甘肃静宁人。甘肃省文艺评论家协会美术专业委员、甘肃省美术家协会会员、中国艺术人类学学会员、中华美学学会会员。有文艺评论、社会随笔等类文章发表在《艺术生活》《中国书画报》《中国社会科学论丛》《社会学家茶座》《美术报》等刊物，并被中国社会学网、共识网、爱思想、清华大学国际传播研究中心、雅昌艺术、四川大学哲学研究所、中国社会科学在线、华中师范大学社会学院、群学网、百家讲坛、中国美术批评家网、艺术国际等网站转载。曾获静宁县首届"成纪文艺奖"、平凉市第三届"优秀社会科学成果奖"、平凉市第三届第四届崆峒"文艺奖"、2008 及 2012 年中央美术学院青年艺术批评奖。

0563 《敦煌，我的家乡》

作品类别：美术类

作　　者：葛立才

发表时间：1981-09-01

发表载体：《求是》

获奖及影响：葛立才现为甘肃省版画家协会理事。

0564 《高原初秋山花香》

作品类别：美术类

作　　者：周进忠

发表时间：2000-07-26

发表载体：《世界华人艺术精品典藏》

获奖及影响：入展 2000 年世界华人艺术展并获铜奖，入编《世界华人艺术精品典藏》。

简　　介：他笔下的野趣图，既有陇南山区阴湿雨林中藤、蔓、荆等各类植物互相缠绕、错综繁复的蓊郁蓬勃，又有沾满苔藓、地皮、残叶、大小顽石的苍拙朴厚；既有野花怒放、争奇斗艳的天真烂漫，又有深涧泉奔、枝头鸟啼、草丛蝉鸣的奇巧灵空。这些由主体、群落、山石和点景鸣禽多层面的分层结构构图，乱中有序、曲中有直、平中有奇、穿插争让，使画面既充满清新、朴茂、野逸之气，有蕴涵幽深、清凉、逸香等多种美妙情致，就像一首美丽、深邃、神奇的自然生命之歌，使观众陶醉留恋于其中而不思离去。

0565 《西湖之春》

作品类别：美术类

作　　者：董晴野

发表时间：1948-05-06

发表载体：《世界美术作品选集》

获奖及影响：民国37年创作的画作《西湖之春》，林风眠赞之曰"淡雅亲和，诗意极浓"，1997年，在纽约世界第一届书画大赛中获特优证书，1999年，世界科学院授予荣誉博士金质奖章及证书，2006年5月，被国际中华专家人才协会、中国文艺家创作协会评为"中国当代文化名人"。

简　　介：董晴野（1924—2012），原名董青海，乡人称"董画匠"，天水市麦积区甘泉镇甘泉村人，民国30年（1941年），参与创办甘泉小学（今甘泉中心学校前身），民国35年，又考入国立杭州艺术专科学校（今中国美术学院）油画系，以优异成绩成为前20名公费生之一，师从林风眠学油画，师从黄宾虹先生学国画，师从潘天寿学书法，师从周轻鼎学雕塑，2009年，荣获由世界文化艺术大奖评定中心、世界杰出华人联合会、国际中华艺术家协会联合评选的"世界文化艺术最高美学成就奖·金奖"，董晴野书画作品入选"西北五省书画展"、新疆"国际艺术节书画展"及甘肃省书法展览等，被博物馆收藏或被碑刻。作品及传略刊入《世界美术作品选集》《世界当代著名书画家真迹博览大典》《当代中国书法家辞典》《当代中国诗词精选》《中华诗词学会人名辞典》《中国当代语词家辞典》等多种诗集，天水市内风景名胜，多有其撰书的楹联和碑文，其雕塑作品如天水市人民公园的苏蕙塑像和马跑泉文化广场的尉迟恭塑像，都已成为地方文化的标志。2012年8月13日在天水市麦积区去世。

0566 《两情相悦鸳鸯戏水雨露》

作品类别：美术类

作　　者：边小蓉

发表时间：2004-02-08

发表载体：《团结》

获奖及影响：作品分别获中国天水伏羲文化旅游节《陇右非物质文化遗产展》优秀作品奖。

简　　介：边晓蓉，女，汉族，生于1975年1月，毕业于西北民族大学美术系，大学文化程度，国家三级美术师，现任民革甘肃省书画院理事、甘肃省工笔画协会会员、平凉市美术家协会理事、平凉市职工美术家协会理事、平凉市妇女书画协会理事，政协灵台县第八届委员会常委，政协平凉市委员会委员，民革平凉市委员会委员，民革灵台县支部主委，灵台县文化中心副主任，文化馆副馆长，擅长工笔人物、花鸟画，师从我省著名工笔画家王宏教授，多年来悉心临摹唐、宋、元、明、清诸多名家名画，吸取古代书画家不同时期的表现手法和艺术创作经验，在此基础上不断创新。逐步形成了自己典雅清新的艺术风格。其作品取材广泛，格调高雅，构图合理，用笔讲究，线条细腻流畅，设色自然生动，曾多次参加省、市、县展览并获奖，深受同道及省内外朋友的一致好评。

0567 《大河坝风景》

作品类别：美术类

作　　者：吕晓阳

发表时间：2014-01-26

发表载体：《艺术科技》

获奖及影响：该作品发表于《艺术科技》。

简　　介：该作品作者吕晓阳，2014年发表于《艺术科技》，为油画风景，该刊物为省级刊物，属于全国文化系统优秀录期刊。

0568 《高原秋韵》《晓露》

作品类别：美术类

作　　者：李宗良

发表时间：2010-10-16

发表载体：《中国书画大辞典》

获奖及影响：获"中国翰墨艺术人才"新人奖

0569 《黄河远上之生生不息》

作品类别：美术类

作　　者：陈顺尧

发表时间：2011-07-01

发表载体：白银市庆祝"建党90周年书画展"

简　　介：陈顺尧，男，汉族，1972年12月生于甘肃靖远，中国工笔画学会会员，甘肃省美协会员，白银市美协副主席，现就读于清华大学美术学院，攻读硕士学位，师从韩敬伟教授。2008年3月至2009年3月，在中国艺术研究院研究生课程班学习一年，作品多次参加国家及省市展览，并有部分作品获奖、发表或入编画集，2009年《家山春晓》获中国第四届"群星艺术节"甘肃赛区三等奖；2010年，《铁壁江山》入选和谐燕赵·红色太行全国中国画展；2011年，《雪漫千山失翠微》入选第八届"全国工笔画展"；2011年，《生生不息》获甘肃省文化系统美术作品展优秀奖；2014年参加仓库里的蘑菇——清华美院研究生工作室开放展；部分作品先后发表在《美术观察》，《美术界》等国家级核心刊物，《当代中青年实力派画家作品集》《清华美院研究生工作室开放展作品集》《甘肃省美术作品集》《白银市美术作品集》《第八届全国工笔画展作品集》《和谐燕赵——红色太行展览作品集》等书画作品集。

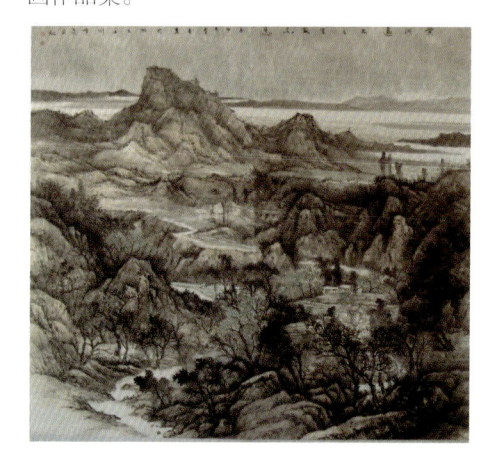

0570 《荷塘谐韵》

作品类别：美术类

作　　者：雷国强

发表时间：2007-12-10

发表载体：白银市首届"凤凰文艺奖"评选

0571 《家在黄土高坡住之二》

作品类别：美术类

作　　者：蓝献诚

发表时间：2014-06-22

发表载体：北京民族文化宫展出

获奖及影响：入选中国美协举办的全国展览

简　　介：蓝献诚，男，甘肃和政人，毕业于西北师范大学美术系，现为甘肃省临夏中学高级美术教师，中国工笔画学会会员，民盟甘肃画院画家，中国书画名家研究会主席团成员，中国文人美术家协会理事，中国书法研究会会员。

0572 《夕阳》

作品类别：美术类

作　　者：张永龙

发表时间：2008-08-07

发表载体：北京中华书画艺术研究院

获奖及影响：在第四届"中华杯"在全国新北京新奥运书画大展中荣获铜奖。

0573 《参燕山秋色》

作品类别：美术类

作　　者：雷国强

发表时间：2014-08-08

发表载体：第三届"全国中国画展"

获奖及影响：第三届"全国中国画展"获优秀奖。

0574 《国画》系列作品

作品类别：美术类

作　　者：邢智超

发表时间：2008-07-25

发表载体：参加展览

获奖及影响：入选"庆祝改革开放三十周年、喜迎奥运——甘肃美术作品大展"。

简　　介：邢智超，男，汉族，生于1976年11月，正宁县五顷原人，本科学历，1997年参加工作，甘肃省美协会员，政协正宁县第八届委员会委员，两次获庆阳市"五个一工程"奖，现任正宁县文联副主席，中国当代著名画家、诗人。李可染大师再传弟子，深得李可染大师绘画的风格与技巧，并结合自己多年的绘画经验，逐渐在恩师绘画风格的基础上形成自己的绘画特色。先后毕业西北师大美术系、北京画院、国家画院高研班。

0575 工笔画《花朵记忆》

作品类别：美术类

作　　者：徐丽娜

发表时间：2012-10-03

发表载体：参加展览

获奖及影响：荣获全市"党建铸辉煌、丹青铭党恩"书画作品展二等奖。

简　　介：徐丽娜，女，汉族，中共党员，生于1984年9月17日，甘肃省美术家协会会员，庆阳市文史馆馆员，正宁县文化馆干部，馆员职称，2007年毕业于西安美术学院国画系，擅长工笔人物、花鸟画，2012年10月工笔画《花朵·记忆》荣获全市"党建铸辉煌、丹青铭党恩"书画作品展二等奖。

0576 工笔画《期盼》

作品类别：美术类

作　　者：徐丽娜

发表时间：2012-07-03

发表载体：参加展览

获奖及影响：参加甘肃省首届"人口文化艺术节荣获工艺美术类一等奖"。

简　介：徐丽娜，女，汉族，中共党员，生于1984年9月17日，甘肃省美术家协会会员，庆阳市文史馆馆员，正宁县文化馆干部，馆员职称，2007年毕业于西安美术学院国画系，擅长工笔人物、花鸟画。2012年7月，工笔画《期盼》参加甘肃省首届"人口文化艺术节荣获工艺美术类一等奖"。

0577 工笔画《庆》

作品类别：美术类

作　　者：徐丽娜

发表时间：2012-09-03

发表载体：参加展览

获奖及影响：荣获市政协"喜迎十八大·建设新庆阳"政协委员书画展优秀奖。

0578 工笔画《时光》

作品类别：美术类

作　　者：徐丽娜

发表时间：2013-08-03

发表载体：参加展览

获奖及影响：入围"墨韵岭南"全国中国画展（国家级）。

0579 国画《秋去山容淡》

作品类别：美术类
作　　者：邢智超
发表时间：2013-02-16
发表载体：参加展览
获奖及影响：获第十届"精神文明建设五个一工程奖"。
简　　介：邢智超，男，汉族，生于1976年11月，正宁县五顷原人，本科学历，1997年参加工作，甘肃省美协会员，政协正宁县第八届委员会委员，两次获庆阳市"五个一工程"奖，现任正宁县文联副主席，中国当代著名画家、诗人。李可染大师再传弟子，深得李可染大师绘画的风格与技巧，并结合自己多年的绘画经验，逐渐在恩师绘画风格的基础上形成自己的绘画特色。先后毕业西北师大美术系、北京画院、国家画院高研班。

0580 国画作品《盛妆》

作品类别：美术类
作　　者：徐丽娜
发表时间：2007-01-03
发表载体：参加展览
获奖及影响：获西安美术学院最高奖"刘文西创作奖"。
简　　介：徐丽娜，女，汉族，中共党员，生于1984年9月17日，甘肃省美术家协会会员，庆阳市文史馆馆员，正宁县文化馆干部，馆员职称，2007年毕业于西安美术学院国画系，擅长工笔人物、花鸟画。国画作品《盛妆》，此作品在陕西省西部美术馆展出，荣获西安美术学院最高奖"刘文西创作奖"。

0581 《秋云下陇》《寒霜过后满山金》

作品类别：美术类
作　　者：冯海龙
发表时间：2011-08-10
发表载体：参展

获奖及影响：2011年美术作品《秋云下陇》在甘肃省首届农民书画展中获优秀奖，并入编画集；2011年本人被聘为定西市书画院画师，作品入选晋京展；2011年《寒霜过后满山金》在甘肃省庆祝中国共产党成立90周年农民画家画农民作品展获优秀奖；2011年《山里人家》入选甘肃省第四届百名艺术家作品展。

0582 《岁月》《岁月的遗存》

作品类别：美术类
作　　者：胡亮
发表时间：2003-08-05
发表载体：参展
获奖及影响：2003年《岁月》参加中美协第十七次新人新作展获优秀奖；2003《岁月的遗存》参加第三届中国油画展；2010年参加中美协传承西北油画邀请展获优秀奖。

0583 《走向辉煌》书画展

作品类别：美术类
作　　者：丁智军
发表时间：2011-06-24
发表载体：参展
获奖及影响：2011年6月获"庆祝中国共产党成立九十周年"书画展三等奖。

0584 国画《古镇幽风》

作品类别：美术类
作　　者：秦玉柱
发表时间：2001-03-10
发表载体：参展
获奖及影响：2001年3月获第三届酒泉精神文明建设"五个一工程"奖。

0585 《山水》

作品类别：美术类
作　　者：崔双胜
发表时间：2009-08-18
发表载体：参展
获奖及影响：2009年八月参加甘肃省东部州市美术书法展获二等奖；2011参加省文化厅主办的《中国共产党成立90周年美术书法摄影展》获优秀奖；2011参加《中国共产党成立90周年走向辉煌美术书法展》获一等奖。

0586 《山水作品》

作品类别：美术类
作　　者：邢鹏飞
发表时间：2008-12-27
发表载体：参展
简　　介：邢鹏飞，甘肃天水市人，1975年生，就职于秦州区文学艺术界联合会，毕业于天水师院美术系，现为甘肃省美术家协会会员，天水市青年书画家协会副秘书长，天水市秦州区美术家协会秘书长，《秦州书画报》执行主编。

0587 油画《牡路》

作品类别：美术类

作　　者：刘雁胜

发表时间：2000-03-10

发表载体：参展

获奖及影响：2000年3月获第二届酒泉精神文明建设"五个一工程"奖。

0588 《窑洞》

作品类别：美术类

作　　者：张永龙

发表时间：2008-09-10

发表载体：长沙市文学艺术界联合会

获奖及影响：在纪念毛泽东诞辰115周年"毛泽东诗词"全国书画大赛中获金奖。

0589 《工笔画》

作品类别：美术类

作　　者：丁海霞

发表时间：2011-06-28

发表载体：纪念中国共产党成立90周年美术书法作品展

获奖及影响：丁海霞美术作品荣获甘肃省文化系统"纪念中国共产党成立90周年美术书法作品展优秀奖"。

0590 《花鸟》

作品类别：美术类

作　　者：丁海霞

发表时间：2011-10-20

发表载体：2011彩墨英华甘肃青年美术作品展

简　　介：《花鸟》入选2011"彩墨英华甘肃青年美术作品展"。

0591 《祁连春色》

作品类别：美术类

作　　者：徐明理

发表时间：2014-06-26

发表载体：追寻中国梦美术作品大展

获奖及影响：徐明理作品《祁连春色》入选追寻中国梦美术作品大展。

简　　介：采用中国传统水墨画形式，表现了临泽的优美人文风光，在"美丽甘肃"——甘肃省美术写生作品展中荣获二等奖。

0592 《祁连人家》

作品类别：美术类

作　　者：徐明理

发表时间：2014-01-10

发表载体："美丽甘肃"——甘肃省美术写生作品展

获奖及影响：徐明理作品《祁连人家》采用中国传统水墨画形式，表现了临泽的优美人文风光，在"美丽甘肃"——甘肃省美术写生作品展中荣获二等奖。

0593 《塞上秋歌》

作品类别：美术类

作　　者：徐明理

发表时间：2011-10-20

发表载体：2011年彩墨英华——甘肃省青年美展

获奖及影响：获2011年彩墨英华——甘肃省青年美展三等奖。

简　　介：徐明理作品《祁连秋色》采用中国传统水墨画形式，表现了临泽的优美人文风光。

0594 《赵晖国画作品集》

作品类别：美术类

作　　者：赵晖

发表时间：2012-08-27

简　　介：赵晖（号南雨轩主），男，汉族，1970年12月生，甘肃省天水市人，大学本科学历，1995年毕业于天水师院美术学院美术系；1999年在中国美术学院第九期书法高研班学习；2001-2003年先后在天津美术学院国画系和天津大学王学仲艺术研究所学习。作品以书法、花鸟、山水见长，书画皆宜，先后在国家、省、市级专业展览中入选、获奖，多次举办书画个展、联展，作品曾发表于《国画家》《美术》《书与画》《书法导报》《美术报》等刊物，并被多家画廊及专业机构收藏。现为中国美协敦煌创作中心创作委员，甘肃省美协会员，甘肃省书协会员，甘肃省青年美协理事，天水市美协副主席，天水市青年书画家协会主席，天水市文联委员，天水市青联四届、五届常委，天水市秦州区政协六届七届委员、常委，天水市秦州区美协主席，天水市秦州区文化馆馆长等。

0595 《瑞映祁连》（国画）

作品类别：美术类

作　　者：庞俊

发表时间：2012-10-01

发表载体：党的建设创刊30周年书画展

获奖及影响：获得辉煌30年，喜迎十八大——纪念中共甘肃省委《党的建设》"创刊30周年全省书画展"优秀奖。

简　　介：获得辉煌30年，喜迎十八大——纪念中共甘肃省委《党的建设》创刊30周年全省书画展优秀奖。

0596 《十五的月亮》

作品类别：美术类

作　　者：刘学信

发表时间：2009-10-12

发表载体：第八届"美展兰州"

获奖及影响：《十五的月亮》在"第八届全国美展"中获优秀奖。

简　　介：刘学信，男，汉族，1964年生于甘肃通渭，中国美术家协会会员，甘肃省工笔画协会副主席，甘肃省中国画学会理事，定西市美术家协会副主席，定西市青年美术家协会主席，工艺美术师，北京京大都画院画师，定西市画院画师，定西市市管拔尖人才。

0597 《喜尝丰收果》

作品类别：美术类

作　　者：李冰

发表时间：1985-08-01

发表载体：第二届"全国年画奖"

获奖及影响：第二届"全国年画奖"获银奖。

简　　介：李冰，甘肃省天水市麦积文化馆原美术组组长、馆员。汉族，1939年2月出生，辽宁省铁岭市人，毕业于兰州铁一中，现任甘肃省美协会员、甘肃省连环画研究会会员、天水市美术家协会名誉主席、羲皇画院高级美术师，曾任麦积区政协委员、天水市和麦积区"拔尖人才"。该作品参加第二届全国年画展，获银奖。

0598 《转场途中》

作品类别：美术类

作　　者：牛路军

发表时间：2009-03-11

获奖及影响：第六届"敦煌文艺奖"二等奖

简　　介：牛路军，1971年生，毕业于西安美术学院中国画系，现任兰州商学院艺术学院副教授，甘肃画院特聘画家，兰州市美术家协会中国画艺术委员会副主任，甘肃中国画学会副秘书长，兰州市青少年书画协会主席，甘肃美术家协会会员，甘肃省青年美术家协会理事。

0599 《虎娃有生气》

作品类别：美术类

作　　者：李冰

发表时间：1986-01-01

发表载体：第六届全国美展

获奖及影响：第六届全国美展获优秀奖。

简　　介：李冰，1939年2月出生，汉族，辽宁省铁岭市人，毕业于兰州铁一中，甘肃省天水市麦积区文化馆原美术组组长、馆员，现任甘肃省美协会员、甘肃省连环画研究会会员、天水市美术家协会名誉主席、羲皇画院高级美术师，曾任麦积区政协委员。该作品参加第六届"全国美展获"优秀奖。

0600 《祖国颂》

作品类别：美术类

作　　者：李冰

发表时间：2009-12-24

发表载体：第七届"全国美展"

0601 《千秋福娃》

作品类别：美术类

作　　者：王亚林

发表时间：2008-07-29

发表载体：第七届"中国工笔画大展"

获奖及影响：2008年获得第七届"中国工笔画大展"银奖。

简　　介："再创作临摹"是对壁画中那些本来应该完美却因为种种不利原因而不完美的部分由临摹者主观进行完美化处理的一种临摹方式，既临摹又创作，临摹为体，创作为用，它需要常年对敦煌壁画进行临摹所积累的经验和功力，更需要由勤奋地创作与思考而具备的天赋。

0602 《天井幽谷》

作品类别：美术类

作　　者：庞永泉

发表时间：2012-10-10

发表载体：第七届"中国山水河南"

获奖及影响：获第七届"当代中国山水画展三百家奖"。

简　　介：庞永泉，字涌泉，1975年生于甘肃省定西市，国家二级美术师、甘肃省美术家协会会员；定西市美术家协会副秘书长；北京金大都画院画家。

0603 《嫁妆》

作品类别：美术类

作　　者：李明珺

发表时间：2012-07-16

获奖及影响：第七届"中国西部大地情中国画入选奖"。

简　　介：《嫁妆》，有一种幸福肃静而悠远，只唱出此时无声胜有声的心曲。

0604 《香远》

作品类别：美术类

作　　者：李明珺

发表时间：2012-07-22

发表载体：第三届"陇南文艺奖"

获奖及影响：第三届"陇南文艺奖"银奖

简　　介：《香远》，一丝清香缭绕在时空，芬芳着精神，让原本没有气味的生命暗生清香。

0605 《国画山水》

作品类别：美术类
作　　者：李军
发表时间：2004-07-01
发表载体：第十届"全国推新大赛甘肃赛区比赛"
获奖及影响：参加甘肃省文联主办的2004第十届"全国推新大赛甘肃赛区绘画比赛"获成人组二等奖。

0606 《汲水图》（国画）

作品类别：美术类
作　　者：党育刚
发表时间：2004-06-28
发表载体：第十届"全国推新人大赛"
获奖及影响：荣获"第十届全国推新人大赛甘肃赛区"二等奖。

0607 《秋实禽趣图》

作品类别：美术类
作　　者：霍仲吉
发表时间：2006-07-20
发表载体：第四届"全国中老年书画大赛"
获奖及影响：该作品入选第四届"全国中老年书画大赛"。
简　　介：霍仲吉，男，1950年生，中国共产党党员，甘肃天水人，现为甘肃省美术家协会会员，中国书画家协会会员，中华全国商业部文艺基金会会员，西部书画艺术研究院副院长，天水麦积山艺术研究会会员，天水市美术家协会会员，麦积区书画家协会常务理事。师从西南师范大学美术系郭克教授，长于写意花鸟，精于工笔花鸟鱼虫，兼能人物山水。其作品用笔洒脱，颇见功力。该作品入选第四届全国中老年书画大赛。

0608 《虔诚》

作品类别：美术类
作　　者：王龙
发表时间：2006-12-07
发表载体：第四届"全国中老年书画大赛"
获奖及影响：该作品在第四届全国中老年书画大赛中获优秀奖（中国书画报社主办）。
简　　介：王龙，福建闽侯人，号龙人，龙墨轩主人，大专学历，1987年毕业于中国书画函授大学，现为甘肃省天水市书法家协会会员，西部书画艺术研究院副秘书长，书法各体皆攻，尤喜草书，形成"既有清丽秀雅之书风，又有癫行怪异、纵毫无羁之气势。"该作品在第四届全国中老年书画大赛中获优秀奖（中国书画报社主办）。

0609 《国画作品》

作品类别：美术类

作　　者：道金平

发表时间：2005-06-15

发表载体：第四届"中国庆阳香包民俗文化节"

获奖及影响：荣获第四届"中国庆阳民俗文化节"《名人书画展暨庆阳书画作品展》一等奖。

0610 国画《黄土情韵》

作品类别：美术类

作　　者：郝普哲

发表时间：2005-06-15

发表载体：第五届中国庆阳香包民俗文化节

获奖及影响：荣获第五届中国庆阳端午香包民俗文化节庆阳书画精品陈列展三等奖。

0611 《雪》

作品类别：美术类

作　　者：张永龙

发表时间：2009-04-08

发表载体：东方艺术家协会

获奖及影响：在"和谐颂"第一届中国艺术家诗书画作品邀请赛活动中获金奖。

0612 《东柯崖谷》

作品类别：美术类

作　　者：赵连顺

发表时间：2006-07-02

发表载体：杜甫陇右诗（意）书画作品展

获奖及影响：该作品入选杜甫陇右诗（意）书画作品展（甘肃省美术家协会、甘肃省书法家协会主办）。

简　　介：赵连顺，男，1971年2月生，天水市麦积区人，1994年毕业于天水师范学院后任教于天水市第七中学，2004年于西北师范大学进修，笔名墨中游，现为天水市青年书画协会会员，该作品入选杜甫陇右诗（意）书画作品展（甘肃省美术家协会、甘肃省书法家协会主办）。

0613 《伎乐天》

作品类别：美术类

作　　者：陈世维

发表时间：2013-08-28

发表载体：敦煌书画院院藏作品展

0614 《黄土塬》（油画）

作品类别：美术类

作　　者：韩风晨

发表时间：2012-05-12

发表载体：敦煌文艺奖

获奖及影响：第六届"敦煌文艺奖"三等奖

简　　介：甘肃省教育学会美术教育专业委员会副秘书长

0615 《秦岭神韵》

作品类别：美术类

作　　者：张志雁

发表时间：2012-05-11

发表载体：敦煌文艺奖

获奖及影响：第六届"敦煌文艺奖"二等奖

简　　介：张志雁，男，1963年12月出生于辽宁省岫岩县，满族，系中国美术家协会会员，甘肃美术家协会理事，甘肃省中国画艺委会委员，西北民族大学美术学院教授、硕士研究生导师。

0616 《国画》

作品类别：美术类

作　　者：郭屹梅

发表时间：1996-12-16

发表载体：敦煌文艺奖

获奖及影响：入选第一届"敦煌文艺奖"

简　　介：郭屹梅，别名一梅，女，辽宁锦县人，擅长中国画。1986年毕业于西安美术学院国画系人物专业，1998年加入中国美协，甘肃省美协理事。时任甘肃省群众艺术馆研究馆员，现就职于兰州商学院艺术学院教授，并任兰州商学院教授委员会委员，甘肃画院特聘画家。作品《童年》入选第四届"中国体育美展"；《祈福》入选第八届"全国美展"；《与花争艳》入选中国画三百家作品展；《祭事－法舞》获文化部全国第十二届"群星奖美术作品展"优秀奖；《踏歌》获"西部辉煌美术作品展优秀奖"；《醉飘彩云中》获甘肃省首届"群星艺术节美术作品"金奖，1993年、2003年获甘肃省委、省政府授予甘肃敦煌文艺奖，2008年获甘肃省金驼奖。

0617 《国画人物创作》

作品类别：美术类

作　　者：郭屹梅

发表时间：2003-12-16

获奖及影响：敦煌文艺奖

0618 《回忆杨家沟》

作品类别：美术类

作　　者：骆少军

发表时间：2009-05-12

获奖及影响：第五届"敦煌文艺奖"三等奖

简　　介：骆少军，1966年生于甘肃兰州，2004年进修于中国画研究院高研班龙瑞工作室，现兰州画院专业画家，甘肃画院院外画家、国家二级美术师。

0619 《金秋欢曲》

作品类别：美术类

作　　者：徐新平

发表时间：2013-01-11

获奖及影响：敦煌文艺奖三等奖

简　　介：徐新平，笔名徐唯泰，男，1962年生，1987年大学美术专业毕业，先后就读于河西学院美术系和中央美术学院国画系，现为、中国金融美术家协会副主席、甘肃画院特聘画家、高级美术师、中国美术家协会会员。

0620 《山高水长》

作品类别：美术类

作　　者：张志雁

发表时间：2009-12-11

获奖及影响："敦煌文艺奖"一等奖

简　　介：张志雁，男，1963年12月出生于辽宁省岫岩县，满族，系中国美术家协会会员，甘肃美术家协会理事，甘肃省中国画艺委会委员，西北民族大学美术学院教授、硕士研究生导师。

0621 《山水创作》

作品类别：美术类

作　　者：郭文涛

发表时间：2005-12-01

获奖及影响：获甘肃省委、省政府颁发的首届、二届、三届敦煌文艺奖。

简　　介：郭文涛，男，1941年生，河北交河人，现为中国美术家协会会员，原甘肃省美协副主席，兰州市美协主席，兰州市文联主席，兰州市政协副主席。

0622 《生日某年某月》（油画）

作品类别：美术类

作　　者：成康

发表时间：2009-05-11

获奖及影响：第五届"敦煌文艺"三等奖

简　　介：成康，1964年9月生于兰州，毕业于西北师范大学美术系油画专业，现为中国美术家协会会员，甘肃省美术家协会理事，甘肃画院特聘画家，兰州市美协副主席，多幅作品先后在《美术》《中国油画》《中国书画报》《甘肃美术家》《甘肃画报》等专业刊物上发表，作为青年油画家，成康用短短几年的时间，通过集约纯粹的绘画属性，架构起属于自己的艺术领地。他的作品曾入选"全国第十七届新人新作展"、"第七届全国水彩水粉画展"、获甘肃省委省政府颁发的"敦煌文艺奖"、获兰州市委市政府颁发的"金城文艺奖"、获甘肃省首届"美术金驼奖"。

0623 《使命》

作品类别：美术类

作　　者：张生进

发表时间：2009-05-12

发表载体：敦煌文艺奖

获奖及影响：第五届"敦煌文艺奖"三等奖

简　　介：1970年出生，甘肃华池人，结业于西北师范大学美术学院，今世著名画家李宝峰先生入室弟子，2010年入清华大学首届人物画创造高级研修班学习，师从今世著名画家冯远先生，2013年，入今世著名画家陈钰铭先生作业室学习。中国画著作屡次参与全国及省市级展览，取得多项奖项并被保藏，现为国家二级美术师，甘肃画院专职画家。

0624 《兄弟》

作品类别：美术类

作　　者：徐弘雯立

发表时间：2013-01-11

发表载体：敦煌文艺奖

获奖及影响：敦煌文艺奖三等奖

简　　介：徐弘雯立，祖籍辽宁，自幼酷爱绘画，毕业于西北民族大学美术学院，擅长水墨人物及工笔人物与花鸟，师承中国著名画家李宝峰先生。现为中国国画家协会理事，兰州市美术家协会理事，甘肃美术家协会会员，兰州市中国画院创研部主任，现在清华美院冯远水墨人物画创作室。1990、1993年作品《生命从这里开始》《荷塘戏水》参加全国国防系统美术大展并在北京展出，分别获二等、三等奖；1994年作品《家园》入选甘肃省国防系统青年大展，获一等奖；2004、2005年作品《秋韵》《蕉园秋色》分别入展"纪念毛泽东同志讲话60周年"及"庆祝中华人民共和国成立55周年"甘肃美展；2006年作品《林风逸趣》分别入展"庆祝中华人民共和国成立56周年"及"西望敦煌甘肃美术作品进京展"，并获奖，入编大型画册《西望敦煌·甘肃美术作品集》；2007年作品《野卉出发》获甘肃画展三等奖；2008年作品《暗香》辑入中共甘肃省委宣传部《盛世中华书画长卷》，并被收藏；2009年作品《大爱无疆》入选"庆祝中华人民共和国成立60周年"甘肃美展，获三等奖；2007年至2010年多次参加"李宝峰师生全国及省、市各地画展"深受关注，作品多次在国家级及省、市级刊物发表，并专版介绍。

0625 《雪野清音》

作品类别：美术类

作　　者：王万成

发表时间：2009-06-11

发表载体：敦煌文艺奖

获奖及影响：第五届"敦煌文艺奖"三等奖

简　　介：王万成，男，汉族，1964年生于兰州市，1988年毕业于西北师范大学美术系，西北民族大学美术学院副院长、教授、硕士研究生导师，中国美术家协会会员，甘肃省美术家协会副主席，兰州市美术家协会副主席，作品获中国美术家协会等主办的国家级展览银奖一次、铜奖四次、优秀奖二次、优秀作品（唯一奖项）三次，入选十余次；省级特等奖一次、一等奖六次、甘肃省委省政府颁发的甘肃省敦煌文艺奖二等奖一次、三等奖一次、甘肃美术金驼奖金奖一次，2012年荣获"甘肃省中青年德艺双馨文艺工作者"称号。

0626 《与歌同行》

作品类别：美术类

作　　者：王生凯

发表时间：2013-01-11

获奖及影响：敦煌文艺奖一等奖

简　　介：王生凯，1974年生，甘肃华池人，1996年毕业于甘肃省庆阳师范高等专科学校美术系，2002年毕业于西北师范大学美术系，获文学学士学位。中国美术家协会会员，甘肃省美术家协会会员，甘肃画院院聘画家，现工作于兰州画院。

0627 《古雅》

作品类别：美术类

作　　者：孔令祖

发表时间：2013-06-16

发表载体：发表于《中国书画家》杂志

获奖及影响：首届"盛世中华"全国书法、美术大展中获一等奖。

简　　介：作者生活在"彩陶之乡"，对当地马家窑文化、齐家文化、辛店文化、寺洼文化遗址中出土的大量彩陶进行了细致的观察和研究，并以新的意境、新的手法将尘封黄土几千年，带着神秘而高贵风采，沉淀着厚重历史和文化的彩陶，表现在画作之中，给人以高雅质朴的感觉，透射出黄土地上深邃的文化内涵。作品《古雅》具有时代精神、富于西部地域特色、饱含历史文化的作品，倾注了作者对黄土地的深深眷恋，激荡着他的创作热情，作品意境深远、气韵生动，通过灵活的线条、淡雅的色调、神秘的纹饰，无不显现出韵律之美，散发着浓浓的文化气息，把彩陶丰富的文化内涵和当今丰富多彩的现实生活和谐完美地统一起来，使人的想象穿越五千年时空，去解读中华民族文化之源，感悟彩陶文化的博大精深。

0628 《山村雪景图》

作品类别：美术类

作　　者：水卫东

发表时间：2009-07-01

获奖及影响：作品荣获中国天水伏羲文化旅游节甘肃东部四市美术书法巡展三等奖

简　　介：水卫东，男，1966年生，甘肃定西人，毕业于宁夏大学美术教育学，本科学历，现为甘肃省美术家协会会员，中国诗书画研究会研究员，定西市青年美术家协会理事，定西市画院画师，北京京大都画院画师，安定区文化馆馆员。

0629 《梦驰敦煌》

作品类别：美术类

作　　者：杨震雨

发表时间：2009-08-12

获奖及影响：美术作品《梦驰敦煌》在第四届"甘肃省群星艺术节"美术、书法摄影展览活动中荣获三等奖，并在市区多次美术展览中展出获奖。

简　　介：杨震雨，2009年创作，作品用梦幻的手法，用敦煌壁画的元素，结合斑斓的色彩，创造了一个梦幻的世界，受到了广泛好评。作品多次参加区、市、省级展览获，获第四届"甘肃省群星艺术节"美术、书法、摄影展览活动三等奖。

0630 《迎春图》

作品类别：美术类

作　　者：蒲光华

发表时间：2003-11-07

发表载体：甘肃《羲里风情》书画摄影作品大展

获奖及影响：该作品入展甘肃省2003特色文化大省宣传周《羲里风情》书画摄影作品展（甘肃省文化厅主办）。

简　　介：蒲光华，又名广华，又署名星雨，男，汉族，生于1937年12月，甘肃天水人，1957年参加工作，青年时代师从天水著名画家王世同先生学习国画，擅长写意花鸟，兼擅工笔重彩。曾得到魏紫熙、方增先等大师的亲授。其作品笔墨简练、构图新颖；工笔画构图充实，意味隽永，现为甘肃省美术家协会会员，甘肃省麦积山石窟艺术研究会会员，多年供职于天水市麦积区文化馆。该作品入展甘肃省2003特色文化大省宣传周《羲里风情》书画摄影作品展（甘肃省文化厅主办）。

0631 《和风》

作品类别：美术类

作　　者：王硕

发表时间：2009-07-20

发表载体：甘肃东部四地市书法巡展

获奖及影响：获"甘肃东部四地市美术书法巡展"一等奖。

简　　介：王硕，女，天水市文化馆副研究馆员，甘肃省美协会员，天水市美协理事、天水市青年书画家协会副主席兼秘书长，毕业于西北师大。

0632 《陇南人家》

作品类别：美术类

作　　者：肖一博

发表时间：2013-11-01

发表载体：《甘肃美术》

简　　介：作品尺寸，68cm×68cm；材质，宣纸设色。

0633 《陇山秋韵》

作品类别：美术类

作　　者：肖一博

发表时间：2013-11-01

发表载体：甘肃美术

获奖及影响：2013年在《甘肃美术》登载。

简　　介：作品尺寸，68cm×68cm；材质，宣纸设色。

0634 《清秋》

作品类别：美术类

作　　者：肖一博

发表时间：2012-11-01

发表载体：甘肃美术

获奖及影响：《甘肃美术》登载。

简　　介：作品尺寸，68cm×136cm；材质，宣纸设色。

0635 《农家庭院》

作品类别：美术类

作　　者：朱吉义

发表时间：2007-08-01

发表载体：甘肃美协

简　　介：该作品为武山草川写生，反映农村山清水秀，鸟语花香幽静清新、远离俗世的农家风土。

0636 《苟正翔山水画集》

作品类别：美术类

作　　者：苟正翔

发表时间：2014-04-10

发表载体：甘肃人民美术出版社

获奖及影响：《苟正翔山水画集》收录了苟正翔所创作的山水画作品，凸显了陇西山水画的独特风格。

简　　介：苟正翔，主攻山水，其作品雄浑大度，笔法墨韵独具特色，线条苍劲律动，作品具有文气淋漓的西部博大壮美之感。

0637 《陈登勇画选》

作品类别：美术类

作　　者：陈登勇

发表时间：2002-12-01

0638 《陇山深处羊为伴》

作品类别：美术类

作　　者：邓雄

发表时间：2010-07-28

发表载体：甘肃日报

获奖及影响：2008年"庆祝建国60周年甘肃美术大展"并刊登于甘肃日报。

简　　介：该作品90×180cm，以黄土高原为题材，突出体现家乡厚重的黄土，纯朴的民风，表现山乡人民平凡而朴实的生活。

0639 《王进喜》

作品类别：美术类

作　　者：王利卫

发表时间：2011-07-01

发表载体：甘肃日报

简　　介：王利卫，男，汉族，1964年出生，临夏市人，1985年毕业于甘肃省张掖高等师范专科学校美术系（现河西学院）。油画创作《我为祖国献石油——王进喜在玉门》反映了英雄人物献身石油工业的典型形象，王进喜曾在甘肃战斗、工作和生活多年，是甘肃工人阶级的骄傲与光荣，该作品历时三个月创作完成，得到了各级领导、专家和同行的普遍认可，并参加了中国美术家协会、甘肃省美术家协会主办的《纪念毛泽东在延安文艺座谈会上的讲话》发表"60周年全国美术作品展"，获优秀奖，同时在各地、州、市巡回展出，获得观众好评，荣获全国美展优秀作品奖。《白衣少妇》入选第三届中国油画展。《少女肖像》获甘肃省首届"美术金驼奖"三等奖。30多年来在省级以上刊物、杂志展览发表，展出油画作品50余幅，2012年荣获第二届"甘肃省中青年德艺双馨文艺工作者"称号。

0640 《暖阳》

作品类别：美术类

作　　者：王硕、董晓霞

发表时间：2009-08-09

发表载体：甘肃省建国60周年书画大展

获奖及影响：获"甘肃省建国60周年书画大展二等奖"（与董小霞合作）

简　　介：王硕，女，天水市文化馆副研究馆员，甘肃省美协会员，天水市美协理事、天水市青年书画家协会副主席兼秘书长，毕业于西北师大。

0641 《萱花》

作品类别：美术类

作　　者：王硕

发表时间：2008-10-30

获奖及影响：获甘肃省第一届美术"金驼奖"优秀奖。

简　　介：王硕，女，天水市文化馆副研究馆员，甘肃省美协会员，天水市美协理事、天水市青年书画家协会副主席兼秘书长，毕业于西北师大．

0642 工笔画《荷花》

作品类别：美术类

作　　者：孙强

发表时间：2013-09-20

发表载体：甘肃省"久鼎杯"促三农农民书画展

简　　介：作品构图内涵较深，构图完美，色彩明快，线条生动，是一副反映荷花高洁品质的工笔画作品。

0643 国画《陇山情》

作品类别：美术类

作　　者：苟汉成

发表时间：2013-09-20

发表载体：甘肃省"三农杯"农民书画展

简　　介：作品反映了陇南的山水景观。

0644 葫芦雕刻《金陵十二钗》

作品类别：雕塑类

作　　者：江明海

发表时间：2007-10-26

发表载体：甘肃省第二届"百合花"奖入选参展

获奖及影响：2008年9月荣获甘肃省第十届工艺美术"百花奖"一等奖。

简　　介：江明海，男，汉族，1974年5月出生，甘肃临夏县人，高中学历，副高职称。自幼酷爱绘画艺术，1992年6月高中毕业后学习葫芦雕刻，在北京、河北等工艺美术雕刻厂进修，雕刻作品题材有人物、山水、动物、历史典故，敦煌壁画故事等创作题材，作品畅销全国各地，有的作品销到马来西亚、加拿大、日、韩等国家地区。甘肃省工艺美术大师，副高级雕刻艺术师，甘肃省工艺美术协会会员，临夏州葫芦雕刻艺术协会会员。

0645 《幽兰》

作品类别：美术类

作　　者：赵康宁

发表时间：2010-09-26

发表载体：甘肃省第二届"科技界书画摄影展"

获奖及影响：该作品在甘肃省第二届"科技界书画摄影展"中获优秀奖（甘肃省文联等单位主办，甘肃省美术家协会、甘肃省书法家协会、甘肃省摄影家协会等协办）。

简　　介：赵康宁，男，汉族，天水市麦积区琥珀乡人，生于1979年12月。2004年毕业于陇东学院美术系，任教于琥珀乡中心学校，教学之余，潜心研习书画，擅长写意花鸟、人物，现为天水市美术家协会会员、天水市青年书法家协会会员，该作品在甘肃省第二届"科技界书画摄影展"中获优秀奖（甘肃省文联等单位主办，甘肃省美术家协会、甘肃省书法家协会、甘肃省摄影家协会协办）。

0646 《山行》

作品类别：美术类

作　　者：姚辉明

发表时间：1998-12-25

发表载体：甘肃省第二届新人新作展

获奖及影响：入选甘肃省第二届新人新作展并参加展出。

简　　介：姚辉明，1966年出生，甘肃和政人，省美协会员、临夏州美协会员、县美协理事，现在刘化学校任教。

0647 《国画》

作品类别：美术类

作　　者：刘占勇

发表时间：2013-09-09

发表载体：甘肃省第三届双拥书画艺术展

获奖及影响：参加"鱼水情"甘肃省第三届双拥书画艺术展荣获一等奖。

0648 《家山春晓》

作品类别：美术类

作　　者：陈顺尧

发表时间：2009-08-01

发表载体：甘肃省第四届群星艺术节书画展

获奖及影响：甘肃省第四届"群星艺术节书画展"三等奖。

简　　介：陈顺尧，男，汉族，1972年12月生于甘肃靖远，中国工笔画学会会员，甘肃省美协会员，白银市美协副主席，现就读于清华大学美术学院，攻读硕士学位，师从韩敬伟教授，2008年3月至2009年3月，在中国艺术研究院研究生课程班学习一年，作品多次参加国家及省市展览，并有部分作品获奖，发表或入编画集，其中主要有：2009年，《家山春晓》获中国第四届"群星艺术节甘肃赛区"三等奖；2010年《铁壁江山》入选《和谐燕赵·红色太行全国中国画展》；2011年《雪漫千山失翠微》入选第八届全国工笔画展；2011年，《生生不息》获甘肃省文化系统美术作品展优秀奖；2014年参加仓库里的蘑菇——清华美院研究生工作室开放展。部分作品先后发表在《美术观察》，《美术界》等国家级核心刊物。

0649 《野秋》

作品类别：美术类

作　　者：王月明

发表时间：2013-11-24

发表载体：甘肃省工笔画协会

获奖及影响：入选甘肃省首届现代工笔画作品展。

0650 国画《富贵有余》

作品类别：美术类

作　　者：郭义务

发表时间：2013-09-20

发表载体：甘肃省"久鼎杯"促三农农民书画展。

简　　介：国画《富贵有余》表现的是富贵花开，吉祥有余的主题。

0651 《甘融》

作品类别：美术类

作　　者：姚辉明

发表时间：2001-07-01

发表载体：肃省美术书法作品展

获奖及影响：入选庆祝"中国共产党成立八十周年甘肃省美术书法摄影作品展览"并展出。

简　　介：姚辉明，1966年出生，甘肃和政人，省美协会员、临夏州美协会员、县美协理事。

0652 《恰似杨花柳絮飞》

作品类别：美术类
作　　者：王硕
发表时间：2013-12-10
发表载体：甘肃省美术写生
获奖及影响：2013年12月该作品获得"美丽甘肃"甘肃省美术写生作品展三等奖。
简　　介：王硕，女，天水市文化馆副研究馆员，甘肃省美协会员，天水市美协理事、天水市青年书画家协会副主席兼秘书长，毕业于西北师大。

0653 《黄土古韵》

作品类别：美术类
作　　者：孔令祖
发表时间：2008-07-26
发表载体：甘肃省美术作品大展
获奖及影响：入选甘肃省美术家协会举办的"庆祝改革开放三十周年、喜迎奥运——甘肃美术作品大展"。
简　　介：《黄土古韵》是一部具有时代精神、富有西部地域特色且饱含历史文化的作品，倾注了作者对黄土地的深深眷恋，激荡着他的创作热情。

0654 《故园春秋》

作品类别：美术类
作　　者：车铭奋
发表时间：2009-08-06
发表载体：甘肃省美术作品大展集
获奖及影响：《故园春秋》创作后入选由甘肃省文联、甘肃省美协主办的《庆祝中华人民共和国成立60周年——甘肃省美术作品大展》荣获得二等奖；同时入编《甘肃省美术作品大展》；2009年7月获甘肃省美术大展二等奖。（甘肃省文化厅、甘肃省美术家协会主办）
简　　介：车铭奋，男，藏族，1972年生于甘肃临夏，现为甘肃省美术家协会会员，临夏中学高级美术教师，省、州青年教学能手。

0655 《国色天姿》

作品类别：美术类
作　　者：孔晓婕
发表时间：2005-10-15
发表载体：甘肃省美术作品展
获奖及影响：入选"庆祝中华人民共和国成立56周年"《西部风情——甘肃省美术作品展》。

简　　介：孔晓婕，1975年生于甘肃省永靖县，2001年至2009年在著名画家莫晓松先生工作室学习工笔花鸟画，2010年在北京中国工笔画学会展前创作班学习，中国工笔画学会会员，甘肃省美术家协会会员。

0656 《西天月》

作品类别：美术类

作　　者：党仁浩

发表时间：2005-10-15

发表载体：甘肃省美术作品展

获奖及影响：荣获庆祝中华人民共和国成立56周年《西部风情——甘肃省美术作品展》优秀奖；荣获临夏回族自治州第一届"花儿"文学艺术奖三等奖。

简　　介：党仁浩，1967年生于甘肃省永靖县，西北师范大学美术学院毕业，2000年进修中央美术学院国画系，2001年至2008年在北京画院著名画家莫晓松工作室学习工笔花鸟画，2010年在北京中国工笔画学会展前创作班学习。现为中国工笔画学会会员，甘肃省美术家协会会员。

0657 《秋林日暮鹊鸟啼》

作品类别：美术类

作　　者：王硕

发表时间：2014-06-15

发表载体：甘肃省美术作品展

获奖及影响：2014年6月作品《秋林日暮鹊鸟啼》获得"中国梦甘肃美术作品展"二等奖。

简　　介：王硕，女，天水市文化馆副研究馆员，甘肃省美协会员，天水市美协理事、天水市青年书画家协会副主席兼秘书长，毕业于西北师大。

0658 《晨晓浮动》

作品类别：美术类

作　　者：邓雄

发表时间：2014-06-26

获奖及影响：入选甘肃省文化厅，甘肃省文联，甘肃省美协举办的"追寻中国梦甘肃美术大展"。

简　　介：该作品尺寸180×180cm，用夸张的手法大胆的使用蓝色为画面的主色调，表现黎明时清冷的空气，村庄里的点点的灯火又给寂静的山村增添了一些活力。

0659 《轩辕问道图》

作品类别：美术类

作　　者：葛琪

发表时间：2012-09-08

获奖及影响："喜迎十八大·走进崆峒"甘肃省美术作品大展。

简　　介：葛琪，女，汉族，1970年9月生，1993年毕业于庆阳师专美术系，2000年至2002年进修于甘肃省西北师大美术系，主攻人物，供职于甘肃省合水一中，作品多次参加国家、省市各级各类美术作品大赛并获奖，甘肃省美协会员，庆阳市美协会员，合水县美协副主席。该作品用笔概括，人物造型准确、传神，显示了作者深厚娴熟的笔墨技巧。

0660 《游心于无穷》

作品类别：美术类

作　　者：杨贤明

发表时间：2008-07-25

获奖及影响：入选"庆祝改革开放三十周年"喜迎奥运——甘肃美术作品大展。

简　　介：该作品以高原为素材，以高原的本色为基调，山石主体用笔勾勒，强化沧桑感和厚重感，四周施重墨，色墨互用，强调"不黑不亮"、"不积不厚"，突显地域特色和山石景物的内在张力，题款和点景以藏的形式作横向处理，上下遥相呼应，含蓄内敛，画面采用封四角，开两边，山体和留云作横、纵、横布置，增强了形式美感，"放怀大野、游心无穷"意在体现高原的苍茫、浑厚，彰显大美、壮美，同时追求一种放浪和心性的自由。

0661 《月梦似银》

作品类别：美术类

作　　者：邓雄

发表时间：2011-10-20

发表载体：甘肃省美协

获奖及影响：2011年彩墨英华——甘肃青年

美术作品展三等奖

简　　介：该作品尺寸90×180cm，以月夜下的黄土高原为主题，层峦叠嶂，蓝色调子是安静的月光。山野、水流、树林相成月夜下的交响曲。

0662 《满园春色》

作品类别：美术类

作　　者：马清丽

发表时间：2011-06-17

发表载体：甘肃省穆斯林书画摄影邀请展

获奖及影响：纪念"中国共产党成立九十周年——甘肃省穆斯林书画摄影邀请展"中荣获二等奖。

简　　介：《春色满园》为六尺整张作品，作者先后利用近两个月的时间创作完成。主要表达春天欣欣向荣热闹非凡的气象，反映如今社会的蓬勃发展的美好景象，因此尽量表现一个"满"字，浓墨重彩，极尽国色天香之牡丹的艳丽、娇艳和华贵。作品以牡丹为主，再辅以蜜蜂、杂草和泥土溶入作品之中，用力营造一个庭园浓春，牡丹是画面上的主要角色，布局、层次、大小形态上着意塑造，色彩上体现春日和煦阳光下的景象，鲜艳、饱满、更有生命力，泥土朴实，是牡丹艳丽华贵的基础，杂草虽小，更加衬托出牡丹的雍容华贵，蜜蜂灵动，使有一种轻盈欢快的气氛和画面融洽起来。

0663 《落户》

作品类别：美术类

作　　者：蒲光华

发表时间：1975-10-20

发表载体：甘肃省年华作品展览

获奖及影响：该作品入展"庆祝中华人民共和国成立二十六周年"甘肃省年画作品展览、甘肃省摄影艺术展览、金川工人美术作品展览。

简　　介：蒲光华，又名广华，又署名星雨。男，汉族，生于1937年12月，甘肃天水人。1957年参加工作，青年时代师从天水著名画家王世同先生学习国画。擅长写意花鸟，兼擅工笔重彩。曾得到魏紫熙、方增先等大师的亲授，其作品笔墨简练、构图新颖；工笔画构图充实，意味隽永。现为甘肃省美术家协会会员，甘肃省麦积山石窟艺术研究会会员，多年供职于天水市麦积区文化馆。该作品入展庆祝中华人民共和国成立二十六周年甘肃省年画作品展览、甘肃省摄影艺术展览、金川工人美术作品展览。

0664 《富贵花开》

作品类别：美术类

作　　者：孙艳丽

发表时间：2012-08-10

发表载体：甘肃省青年书画展

获奖及影响：2012年国画《富贵花开》获甘肃省青年书画展优秀奖。

简　　介：孙艳丽，生于1983年12月，系甘肃省定西市安定区人，2006年6月毕业于河西学院艺术设计系，2010年调入安定区文化馆从事文化工作，现专攻国画工笔花鸟。

0665 山水画《春梦》

作品类别：美术类

作　　者：铁晓英

发表时间：1994-10-01

简　　介：作品尺幅：六尺斗方，宣纸设色。

0666 《敦煌壁画》系列

作品类别：美术类

作　　者：陈宜江

发表时间：1998-08-19

发表载体：甘肃省人民美术出版社

获奖及影响：甘肃省文学艺术界联合会、甘肃省民间文艺家协会授予陈宜江先生"甘肃省民间工艺美术大师"荣誉称号。

简　　介：陈宜江，甘肃省兰州市人，1969年毕业于兰州培黎石油技校，现为"中国工艺美术家"、中国民间艺术家协会会员，甘肃省民间艺术家协会会员、甘肃民协民间工艺美术会副主任。自幼受父母家传，喜爱绘画和剪纸艺术，已从事剪纸创作40余年，1992年获兰州电视台"露一手"大奖赛一等奖，1995年9月联合国教科文组织、中国民间文艺家协会评选为"中国民间工艺美术家"，1998甘肃人民美术出版社发行《敦煌艺术剪纸》一书中精选作品40余幅，多年来创作了百余幅敦煌壁画、古代仕女、唐诗宋词、为内容的大幅剪纸作品，100×30cm长卷作品《五百罗汉》、400×500cm长卷作品《毛主席光辉历程》等为内容的大幅长卷剪纸作品，场面大、人物多。背景复杂、画面开阔、造型准确、生动传神、线条流畅、刀法简练大方精细不苟，深受国内外工艺美术界的好评，部分作品被日本、美国、韩国、香港地区的来宾专家收藏。

0667 《老来乐》（国画）

作品类别：美术类

作　　者：李军

发表时间：2013-10-23

发表载体：甘肃省十四市州美术作品联展

获奖及影响：在由甘肃省文联，金昌市人民政府，甘肃省美术家协会联合举办的"风从敦煌来"甘肃省十四市州美术作品联展。

0668 《雪雾赤壁》（国画山水）

作品类别：美术类

作　　者：卫生伍

发表时间：2011-01-10

发表载体：甘肃省首届农民书画展

获奖及影响：获得甘肃省首届"农民书画展（美术类）优秀奖"。

简　　介：作品《雪雾赤壁》是国画山水。创作于2010年3月，该作品长尺寸为长80、宽80CM，表现了黄河三峡丹霞地貌特有的雪雾美景。其作品构图巧妙，气势宏大。

0669 《国画》

作品类别：美术类

作　　者：刘占勇

发表时间：2013-09-02

发表载体：甘肃省双拥书画展

获奖及影响：甘肃省双拥书画展一等奖

0670 《山水作品》

作品类别：美术类

作　　者：郭文涛

发表时间：2004-12-01

获奖及影响：获甘肃省委、省政府颁发的首届、二届、三届敦煌文艺奖。

简　　介：郭文涛，男，1941年生，河北交河人，现为中国美术家协会会员，原甘肃省美协副主席，兰州市美协主席，兰州市文联主席，兰州市政协副主席。

0671 兰州《农家乐》

作品类别：美术类

作　　者：李彩霞

发表时间：2006-12-01

获奖及影响：2006年12月《农家乐》在甘肃省文化馆50周年美术书法展中获得二等奖。

简　　介：1979年11月至1991年11月在渭源县秦剧团担任演员，1991年至今在安定区文化馆担任群众文化编导工作，2011年10月加入甘肃省舞蹈家协会，2012年4月加入甘肃省曲艺家协会，2006年12月《农家乐》在甘肃省文化馆50周年美术书法展中获得二等奖，2009年9月《守望情》在画圣故里新春中国书画作品小品展荣获金奖，2004年4月《晨曲》获得定西市首届花鸟画展三等奖，2002年11月《花鸟》获得甘肃省两馆专业干部美术书法作品展三等奖。

0672 工笔画作品《和平之春》

作品类别：美术类

作　　者：张凤英

发表时间：2012-08-20

获奖及影响：2012年8月获得中国第四届"全省女性书画展二等奖"。

0673 《蛇盘兔》

作品类别：美术类

作　　者：赵星萍

发表时间：2003-08-07

获奖及影响：在甘肃省首届民间工艺美术展"百合花"奖中获银奖。

0674 《国画人物》

作品类别：美术类

作　　者：葛琪

发表时间：2013-10-08

获奖及影响：第二届"希望圆梦杯全国书画大赛"优秀奖。

简　　介：葛琪，女，汉族，甘肃省合水县人，任教于甘肃省合水一中，甘肃省美协会员，庆阳市美协会员，合水县美协副主席。近年来，作品多次参加国家、省市个美术作品大赛并获奖，工笔人物画扇面《人物》兼工带写，用笔精到，色彩素雅，画面简洁干净，清新，注重传统人物画之形神兼备。

0675 《荷花》

作品类别：美术类

作　　者：姚辉明

发表时间：2008-04-10

发表载体：甘肃新农村书画摄影大赛

获奖及影响：在甘肃省新农村书画摄影大赛

中获二等奖。

简　介：姚辉明，1966年出生，甘肃和政人，省美协会员、临夏州美协会员、县美协理事。现在刘化学校任教。

0676 《土地的颜容》

作品类别：美术类

作　　者：王晓艳

发表时间：2011-12-10

发表载体：国家级展览

获奖及影响：2011年12月漆画作品《土地的颜容》入选由中国美术家协会主办的2011·中国（厦门）漆画展，2013年3月《土地的颜容》荣获甘肃省委省政府颁发的第七届"敦煌文艺奖美术类三等奖"。

简　介：王晓艳，女，汉族，甘肃省两当县人，生于1982年，2004年毕业于西北民族大学美术学院，就职于两当县文化馆，2011年7月到8月参加由中国美术家协会与教育部高教司联合举办的全国漆画高研班，2011年创作的漆画作品《土地的颜容》入选由中国美术家协会主办的中国（厦门）漆画展。在2012年5月被陇南市文化体育出版局评为"陇南市民间工艺美术大师"，2013年3月《土地的颜容》荣获甘肃省委省政府颁发的第七届"敦煌文艺奖"美术类三等奖。

0677 《记忆深处》

作品类别：美术类

作　　者：王晓艳

发表时间：2012-12-06

发表载体：国家级专业展览

获奖及影响：入选由中国美协主办的第三届全国漆画展。

简　介：王晓艳，女，汉族，甘肃省两当县人，生于1982年，2004年毕业于西北民族大学美术学院，就职于两当县文化馆，2011年7月到8月参加由中国美术家协会与教育部高教司联合举办的全国漆画高研班，在2012年5月被陇南市文化体育出版局评为"陇南市民间工艺美术大师"。

0678 《土地的颜容》

作品类别：美术类

作　　者：王晓艳

发表时间：2011-12-06

发表载体：国家级专业展览

获奖及影响：2013年3月《土地的颜容》荣获甘肃省委省政府颁发的第七届"敦煌文艺奖美术类"三等奖。

0679 《在不封闭的山村》

作品类别：美术类

作　　者：张博

发表时间：2014-11-10

获奖及影响：2014年被确立为2014年度国家艺术基金扶持人才艺术类。

0680 《清风》

作品类别：美术类

作　　者：杨立刚

发表时间：2004-09-15

获奖及影响：获"2004年中国书画年展"优秀奖。

0681 《仕女》

作品类别：美术类

作　　者：盛爱萍

发表时间：2006-09-13

获奖及影响：获甘肃省第二届民间文艺"百合花奖"

简　　介：作品系采用戈壁风雨砾石创作的石艺画，画面展现了唐代仕女美貌如玉、姿色娇柔形象。

0682 《青山绿水》

作品类别：美术类

作　　者：肖一博

发表时间：2005-08-15

获奖及影响：作品入选"京、渝、哈、兰"四市区书画联展。

简　　介：作品尺寸，68×136cm；材质，宣纸设色。

0683 《安居乐业》

作品类别：美术类

作　　者：田新安

发表时间：2007-07-01

获奖及影响：2007年7月《安居乐业》获"和谐之春"，全国书法、美术、摄影大赛"优秀奖。

简　　介：田新安，别名心安，男，汉族，1970年3月出生，中共党员，大学学历，甘肃定西人，中国工艺美术家协会会员，甘肃省美术家协会会员，甘肃省书法家协会会员，定西市安定区文化馆副研究员，多年从事专业绘画的研习和创作，擅长工笔花鸟，兼工陇中人物风情。

0684 《好山如佳客》

作品类别：美术类

作　　者：杨天斌

发表时间：2013-01-18

发表载体：河南中州文博书画院

获奖及影响："恒兆杯全国书画大奖赛"优秀奖。

简　　介：作品尺寸，180×103cm；材质，宣纸设色

0685 《觅》

作品类别：美术类

作　　者：田新安

发表时间：2007-11-01

获奖及影响：2007年11月获"中国河套风情书画展"优秀奖。

简　　介：田新安，别名心安，男，汉族，1970年3月出生，中共党员，大学学历，甘肃定西人。中国工艺美术家协会会员，甘肃省美术家协会会员，甘肃省书法家协会会员，定西市安定区文化馆副研究员。多年从事专业绘画的研习和创作，擅长工笔花鸟，兼工陇中人物风情。

0686 《图腾》

作品类别：美术类

作　　者：侯铭源

发表时间：1993-06-04

获奖及影响：国画《图腾》，入选第八届全国美术作品展览，被甘肃省委、省人民政府授予甘肃省第二届"敦煌文艺奖"、甘肃省文学艺术最高政府奖和临夏州首届"五个一"工程优秀作品奖。

简　　介：侯铭源，笔名白墨，1964年生于甘肃临夏，1984年毕业于甘肃河西师范学院美术系，先后从事美术教育、群众文化和艺术创作等工作，现就职于中国共产党甘肃省

临夏回族自治州委员会组织部，为中国美术家协会甘肃分会会员，临夏回族自治州第四届青联副主席，中国文化艺术发展促进会会员等。1993年被中国社会科学院中国现代艺术部等单位授予世界优秀艺术家称号。

0687 《河西印象》

作品类别：美术类

作　　者：许福仓

发表时间：2008-08-08

获奖及影响：油画作品《河西印象》2008年入选"庆祝改革开放三十周年、喜迎奥运——甘肃美术作品大展"；2008年8月获甘肃省第一届美术"金驼奖"，是甘肃省美术界的最高的唯一奖项；2010年2月获嘉峪关市委、市人民政府表彰。

简　　介：作品内容反映的是河西地区的地域风情。

0688 《民族之魂》

作品类别：美术类

作　　者：许福仓

发表时间：2013-08-01

获奖及影响：2013年8月荣获甘肃省"彩绘美丽甘肃"环保绿色书画作品（绘画类）二等奖。

0689 《尧天硕果》

作品类别：美术类

作　　者：郭克

发表时间：1992-12-26

获奖及影响：该作品于1992应邀为纪念毛泽东同志诞辰100周年而创作，被毛主席纪念堂珍藏。

简　　介：郭克，男，汉族，中国共产党党员，1925年11月23日生于甘肃天水市麦积区，1947年定居四川省重庆市，1950年毕业于西南美术专科学校，1951年起执教于西南师范学院美术系，中国美术家协会会员，重庆书法家协会会员，西南师范大学美术学院教授，西南师范大学花鸟画教研室主任。1986年起获国务院批准担任中国花鸟画技法硕士研究生导师，开设中国花鸟画技法研究生课程，1986年至1994年担任四川省教委高等院校教授职称评审会美术学科评审组副组长，1989年至1995年担任重庆缙云书画院副院长、院长，1992年至1994年担任西南师范大学教授职称评审委员，1992年至1994年担任西南师范大学教学指导委员，1992年被国务院授予国家级有突出贡献专家证书、享受政府特殊贡献甲级终生津贴，1993年获国家教委高等师范院校教师三等奖，1995年任重庆美协荣誉理事、重庆国画院顾问、重庆文史馆顾问、重庆中华民族文化促进会顾问、重庆北碚区文联顾问。该作品于1992年应邀为纪念毛泽东同志诞辰100周年而创作，被毛主席纪念堂珍藏。

0690 《日出山花红烂漫》

作品类别：美术类

作　　者：郭克

发表时间：1988-12-26

获奖及影响：该作品于1988年应邀为纪念毛泽东同志诞辰95周年而创作，被毛主席纪念堂珍藏。

简　　介：郭克，男，汉族，中国共产党党员，1925年11月23日生于甘肃天水市麦积区，1947年定居四川省重庆市，1950年毕业于西南美术专科学校，1951年起执教于西南师范学院美术系。中国美术家协会会员，重庆书法家协会会员，西南师范大学美术学院教授、西南师范大学花鸟画教研室主任。1986年起获国务院批准担任中国花鸟画技法硕士研究生导师，开设中国花鸟画技法研究生课程。1986年至1994年担任四川省教委高等院校教授职称评审会美术学科评审组副组长，1989年至1995年担任重庆缙云书画院副院长、院长，1992年至1994年担任西南师范大学教授职称评审委员，1992年至1994年担任西南师范大学教学指导委员，1992年国务院授予国家级有突出贡献专家证书、享受政府特殊贡献甲级终生津贴，1993年获国家教委高等师范院校教师三等奖，1995年任重庆美协荣誉理事、重庆国画院顾问、重庆文史馆顾问、重庆中华民族文化促进会顾问、重庆北碚区文联顾问。该作品于1988年应邀为纪念毛泽东同志诞辰95周年而创作，被毛主席纪念堂珍藏。

0691 《帝王图》

作品类别：美术类

作　　者：纪生泽

发表时间：2012-08-06

发表载体：纪生泽台湾邀请展画集

0692 《古道所见》

作品类别：美术类

作　　者：纪生泽

发表时间：2012-08-06

发表载体：纪生泽台湾邀请展画集

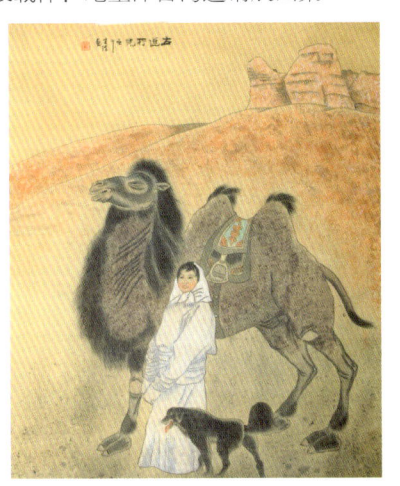

0693 《观音菩萨》

作品类别：美术类

作　　者：纪生泽

发表时间：2012-08-06

发表载体：纪生泽台湾邀请展画集

0694 《菩萨行》

作品类别：美术类

作　　者：纪生泽

发表时间：2012-08-06

发表载体：纪生泽台湾邀请展画集

0695 《普贤菩萨》

作品类别：美术类

作　　者：纪生泽

发表时间：2012-08-06

发表载体：纪生泽台湾邀请展画集

0696 《三兔飞天》

作品类别：美术类

作　　者：纪生泽

发表时间：2012-08-06

发表载体：纪生泽台湾邀请展画集

0697 《水月观音》

作品类别：美术类

作　　者：纪生泽

发表时间：2012-08-06

发表载体：纪生泽台湾邀请展画集

0698 《说法图》

作品类别：美术类

作　　者：纪生泽

发表时间：2012-08-06

发表载体：纪生泽台湾邀请展画集

0699 《四飞天》

作品类别：美术类

作　　者：纪生泽

发表时间：2012-08-06

发表载体：纪生泽台湾邀请展画集

0700 《舞乐图》

作品类别：美术类

作　　者：纪生泽

发表时间：2012-08-06

发表载体：纪生泽台湾邀请展画集

0701 《野牛》

作品类别：美术类

作　　者：纪生泽

发表时间：2012-08-06

发表载体：纪生泽台湾邀请展画集

0702 《三飞天》

作品类别：美术类

作　　者：纪生泽

发表时间：2012-08-06

发表载体：纪生泽台湾邀请展画集

0703 《晓风吹绽陇南春》

作品类别：美术类

作　　者：杨天斌

发表时间：2013-01-18

获奖及影响：2013年入选"第七届加拿大中华诗书画大展"。

简　　介：作品尺寸：180×106cm 材质：宣纸设色

0704 《大漠行驼》

作品类别：美术类

作　　者：邓会平

发表时间：2009-10-14

获奖及影响：在2009年"建国六十周年"获酒泉文联优秀奖。

简　　介：作者邓会平，汉族，职业画家，《大漠行驼》在建国九十周年获酒泉文联优秀奖。

0705 《国画作品》

作品类别：美术类

作　　者：谷云飞

发表时间：2013-09-21

获奖及影响：绘画作品入展"中国梦，美丽甘肃"教书书画展。

0706 《厚土》（油画）

作品类别：美术类

作　　者：丁学祥

发表时间：2010-12-15

获奖及影响：第六届金城文艺奖二等奖

简　　介：省画院专职画家、兰州市美协副秘书长、二级美术师。

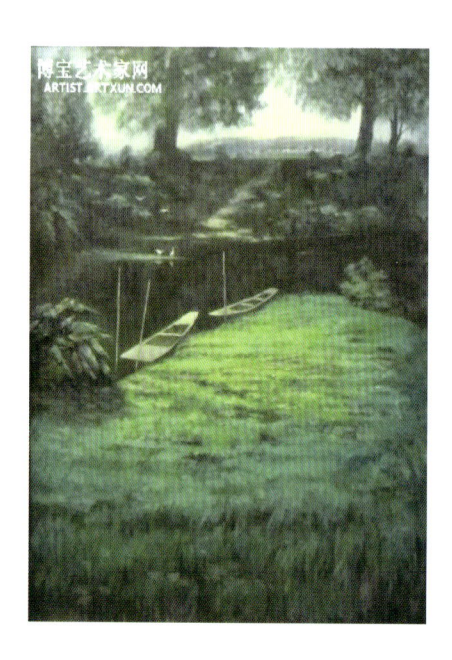

0707 《课间》（油画）

作品类别：美术类

作　　者：韩风晨

发表时间：2010-12-15

获奖及影响："第六届金城文艺奖"二等奖

0708 《空》（油画）

作品类别：美术类

作　　者：王立春

发表时间：2010-12-15

获奖及影响：第六届金城文艺奖一等奖

简　　介：1958年生，北京人，1986年毕业于西安美术学院中国画系，后从事大学美术教育工作至今，现在深圳创办立春画室，主要从事艺术作品创作。作品曾多次获奖，其中《沙场古道》《乡情》《荷》系列、《黄土高坡》等大量作品分别被美国、法国、德国、日本、加拿大、马来西亚等国家及收藏家收藏。

0709 《生日之二》

作品类别：美术类

作　　者：成康

发表时间：2010-12-15

获奖及影响：第六届"金城文艺奖"一等奖

简　　介：成康，1964年9月生于兰州，毕业于西北师范大学美术系油画专业，现为中国美术家协会会员，甘肃省美术家协会理事，甘肃画院特聘画家，兰州市美协副主席。多幅作品先后在《美术》《中国油画》《中国书画报》《甘肃美术家》《甘肃画报》等专业刊物上发表。作为青年油画家，成康用短短几年的时间建立集约纯粹的绘画属性，架构起属于自己的艺术领地，他的作品曾入选"全国第十七届新人新作展"、"第七届全国水彩水粉画展"、获甘肃省委省政府颁发的"敦煌文艺奖"、获兰州市委市政府颁发的"金城文艺奖"、获甘肃省首届美术金驼奖。

0710 《圣地阳光》

作品类别：美术类

作　　者：张正刚

发表时间：2010-12-15

获奖及影响：第六届"金城文艺奖"一等奖

简　　介：张正刚，男，1976年生于兰州，现为中国青年美术家协会理事，兰州市美术家协会理事，甘肃省美术家协会会员，甘肃国画院画家。

0711 《土塬》

作品类别：美术类

作　　者：折祺

发表时间：2010-12-15

获奖及影响：第六届金城文艺奖三等奖

简　　介：折祺，1963年出生于甘肃武威，民进会员，兰州三十四中高级教师，甘肃省美术家协会会员，兰州市民主党派艺术工作者联谊会国画专业委员会副主任。

0712 《西部山水》

作品类别：美术类

作　　者：王庆吉

发表时间：2001-05-05

获奖及影响：2001年荣获兰州市委、市政府颁发的"金城文艺奖"一等奖。

简　　介：1963年12月生于河北省霸州市，1988年就业于天津美术学院国画系。现为兰州画院专业画家。

0713 《红梅》（油画）

作品类别：美术类

作　　者：李志锋

发表时间：2014-06-24

发表载体：景德镇画苑

0714 《清趣》

作品类别：美术类

作　　者：杨继翟

发表时间：1999-11-29

发表载体：酒泉地区改革开放美术摄影书法展

获奖及影响：1999年，酒泉地区"改革开放二十周年美术摄影书法展览"三等奖。

简　　介：作品以映日荷花别样红为题材，反应改革开放二十年来取得的伟大成就，作品清新典雅艺术性强。

0715 《王亚林绘画》作品

作品类别：美术类

作　　者：王亚林

发表时间：1990-07-31

发表载体：酒泉地区美术书法摄影展

获奖及影响：1990年获得酒泉地区改革开放二十年美术书法摄影展二等奖。

简　　介：王亚林，敦煌市画家。

0716 《埙声情》

作品类别：美术类

作　　者：伍东民

发表时间：2011-09-01

发表载体：酒泉地区文艺调演舞美创作

获奖及影响：酒泉地区文艺调演舞美创作"舞美创作一等奖"，同时该奖被《玉门市志》第二十五章文学艺术栏目进行记载。

简　　介：伍东民，男，甘肃玉门人，大学本科学历，毕业于西北师范大学美术系，参加工作后曾在玉门市文化馆、博物馆从事艺术创作和文博管理。现担任玉门市文化体育局副局长、甘肃省美术家协会会员，甘肃省书法家协会会员，甘肃省榜书研究会会员，玉门美术家协会副主席，玉门书法家协会副主席兼秘书长，玉门书画院副院长，甘肃省博物馆协会会员、中国美术学院考级中心甘肃考区辅导教师、酒泉市史志学会会员，长期从事艺术创作和文化理论研究，擅长油画、水粉画和书法。近年来开始积极参加省内外举办的各种书画展览。曾获得《和谐之春》全国书法、美术摄影大赛优秀奖，"弘扬生态文化，构建和谐甘肃"大型书画作品展优秀奖，作品收入《甘肃省生态文明建设书画作品集》并赴境外（日本等国家和地区）展销，书法作品入选"翰墨神韵诗意甘肃—首届甘肃作家书画展"、酒泉首届书法展，酒泉市党员干部书画摄影展书法二等奖，作品被收入在《酒泉市党员干部书画摄影精选作品集》中，酒泉地区文艺调演舞美创作一等奖，庆祝建党80周年全区美术书法摄影展书法三等奖，及玉门市各类书画影展一、二等奖项。

0717 《水月观音》

作品类别：美术类

作　　者：张含

发表时间：2013-06-01

发表载体：酒泉市政协委员书画大赛

获奖及影响：荣获2013年6月首届酒泉市政协委员书画大赛三等奖。

简　　介：获奖作品《水月观音》，作者张含，该作品创作于2011年，属于壁画临摹作品，作品原型系榆林窟3窟水月观音。

0718 《荷花》

作品类别：美术类
作　　者：崔礼平
发表时间：2010-10-01
发表载体：抗美援朝六十周年空军老干部书画展
获奖及影响：历史的丰碑——纪念抗美援朝六十周年空军老干部书画展中获二等奖。
简　　介：崔礼平，男，1961年10月生，甘肃礼县人。毕业于空军电讯工程学院，在空军部队长期从事宣传文化工作，现为天水市美术家协会会员，天水羲皇书画院副院长。该作品于2010年10月，在空军政治部举办的《历史的丰碑——纪念抗美援朝六十周年空军老干部书画作品展》中获二等奖。

0719 《西部山水》

作品类别：美术类
作　　者：王庆吉
发表时间：2001-05-04
获奖及影响：2001年荣获兰州市委、市政府颁发的"金城文艺奖"一等奖。
简　　介：1963年12月生于河北省霸州市，1988年就业于天津美术学院国画系，现为兰州画院专业画家，1992年作品《晴烟漠幻》入选"纪念毛泽东讲话发表五十周年全国展览"，1994年出版连环画《三十六计》《孙子兵法》。1998年作品《高原秋韵》入选由中国画研究院、李可染艺术基金会主办的"98中国山水展"，1998年作品入选第四届中国国际民间艺术节"全国百富山面精品展"，1998年《萧瑟秋风》入选"全国画院作品邀请展"，1999年作品《陇原秋韵》入选中华人民共和国成立五十周年"甘肃省美术作品展"并获三等奖，1999年作品《秋色起暮色茫茫》入选"纪念孔子诞辰2550年全国展览"，2000年作品《秋色清和图》入选"新世纪全国中国画精品展"，2001年荣获兰州市委、市政府颁发的"金城文艺奖"一等奖，2002年作品《暮秋图》入选中国美协主办的"迎奥运全国中国画展"，2002年作品《秋韵》入选甘肃美术作品展并获二等奖，2003年作品参加"甘肃十四人中国作品展南京邀请展"，2004年参加《今日水墨》全国著名画家学术邀请展。

0720 《朝圣》

作品类别：美术类

作　　者：张生进

发表时间：2013-12-16

获奖及影响：兰州市第二届"文艺创作奖"银奖。

简　　介：1970年出生，甘肃华池人，结业于西北师范大学美术学院，今世著名画家李宝峰先生入室弟子，2010年入清华大学首届人物画创造高级研修班学习，师从今世著名画家冯远先生，2013年，入今世著名画家陈钰铭先生作业室学习，中国画著作屡次参与全国及省市级展览，取得多项奖项并被保藏。现为国家二级美术师，甘肃画院专职画家。

0721 《故乡情》

作品类别：美术类

作　　者：郑薇

发表时间：2013-12-16

发表载体：兰州市文艺创作奖

获奖及影响：兰州市第二届"文艺创作奖"

简　　介：郑薇，祖籍山东，出生地甘肃金昌，青年山水画家，西安美院山水专业硕士，衡山画院特聘画家，金川画院画师，师从著名山水画家、西安美术学院山水工作室主持陈国勇教授。近期艺术成果：2010年9月参加力邦艺术港"学院背景"六人山水画邀请展，出版同名画集，作品在陕西各大主流媒体循环推介；2010年参加西部美术馆2010届硕士研究生毕业展，并获西安美术学院研究生三等奖；2008年作品《春回大地》入选"改革开放30周年"全国美展陕西展区；2008年策划并参加在广州举办的；研究生六人速写精品展；2006年作品《希望的田野》获西安美术学院毕业生作品二等奖；2006作品《塬》参加"孔子我问"作品展。

0722 《黑金》

作品类别：美术类

作　　者：牛路军

发表时间：2013-12-16

获奖及影响：兰州市第二届"文艺创作奖"铜奖。

简　　介：牛路军，1971年生，毕业于西安美术学院中国画系，中国美术学院刘国辉教授人物画工作室研究生班、中国国家画院张江舟副院长首届人物画高研班，现任兰州商学院艺术学院副教授，甘肃画院特聘画家，兰州市美术家协会中国画艺术委员会副主任，甘肃中国画学会副秘书长，兰州市青少年书画协会主席，甘肃美术家协会会员，甘肃省青年美术家协会理事。作品入展第十届全国美术作品展，多次获甘肃美展特等奖、一、二等奖；获得首届甘肃"美术金驼奖"银奖，兰州市首届"艺术丹青奖"铜奖，作品被中国国家画院、北京今日美术馆、甘肃省委宣传部、甘肃画院等多家机构收藏。2009年获得甘肃省文艺类最高奖敦煌文艺奖。

0723 《陇山如铁》

作品类别：美术类

作　　者：折琪

发表时间：2013-12-16

获奖及影响：兰州市第二届"文艺创作奖"优秀奖。

简　　介：折琪，1963年出生于甘肃武威，民进会员，兰州三十四中高级教师，甘肃省美术家协会会员，兰州市民主党派艺术工作者联谊会国画专业委员会副主任。

0724 《梦幻空花》

作品类别：美术类

作　　者：李卫东

发表时间：2013-12-16

获奖及影响：第二届兰州市文艺创作奖银奖

简　　介：李卫东1968年生于兰州，青少年时期师从山水画家董吉泉先生，毕业于天津美术学院国画专业，1999年进修于中国画研究院，现任甘肃广播电视报《大黄河·美术》主编，甘肃省美术家协会理事，甘肃天缘艺术研究院副院长，香港艺术研究院特聘画家，国家一级注册建造师，甘肃马家窑研究会理事。2003年12月参加广州花鸟画邀请展，2005年2月获"创作奖"海内外中国书画大赛二等奖，并获"华夏艺术精英"称号，2005年作品入选中国当代水墨实验交流展，2006年作品入选中国西部美术交流展，2009年出版个人专集《中国美术百家——李卫东作品集》。作品曾发表于《中外美术研究》《亚洲日报》《神州书画报》《教育研究》《科学研究月刊》等国内外刊物，作品多次选送香港、韩国、日本、新加坡、泰国等国家和地区展出，并多次被艺术机构、单位、个人收藏。

0725 《梦想飞扬》

作品类别：美术类

作　　者：贾乾文

发表时间：2013-12-16

获奖及影响：兰州市第二届"文艺创作奖"

简　介：贾乾文，1971年生，毕业于西北师大美术系国画专业，结业于中央美术学院重彩画高研班，作品入选六七八届全国工笔画大展等国家级展览，现为兰州画院专业画家。

0726 《品牌服饰店的藏族姑娘》

作品类别：美术类

作　者：范文阳

发表时间：2013-12-16

获奖及影响：兰州市第二届"文艺创作"优秀奖。

简　介：范文阳，男，1965年生，祖籍重庆市1986年毕业于西北师范大学美术系，2006年研修于中国国家画院张江舟人物画高研班，甘肃省美术家协会会员、江苏省国画院特聘画家、甘肃画院特聘画家、兰州画院专职画家，国家二级美术师。

0727 《往事越千年》

作品类别：美术类

作　者：丘宁

发表时间：2013-12-16

获奖及影响：第一届兰州市"文艺创作奖金奖"

简　介：丘宁，甘肃兰州画院专业画家、创作部副主任，国家二级美术师，中国美术家协会会员，1995年毕业于西北师范大学美术系国画专业，获学士学位，2001年研修于中国美术学院国画系人物画专业，2005年首都师范大学美术学院国画专业硕士研究生，2007年应多伦多大学邀请去加拿大参加国际学术活动，现为兰州收藏文化交流协会理事，副秘书长。作品主要参加了2003年"形式的意义"现代水墨作品展，2005年"水墨敦煌—当代中国画名家学术邀请展"，2006年"多重语境"水墨作品巡回展，作品荣获庆祝中华人民共和国成立55周年全国青年书画展优秀奖，第二届全国少数民族画展优秀奖，第十四届当代中国花鸟画大展精英奖，第十一届亚洲艺术节大展；走进鄂尔多斯"优秀奖，21世纪中国当代艺术家12人巡回展"水墨敦煌—当代中国画名家学术邀请展"。多幅作品发表于《美术》《美术观察》《美术报》《中国文化报》等报刊。

0728 《与歌同行》

作品类别：美术类

作　者：王生凯

发表时间：2013-12-16

获奖及影响：兰州市第二届"奖优秀奖"

简　介：王生凯，1974年生，甘肃华池人，1996年毕业于甘肃省庆阳师范高等专科学校美术系，2002年毕业于西北师范大学美术系，获文学学士学位，中国美术家协会会员，甘肃省美术家协会会员，甘肃画院院聘画家，现工作于兰州画院。

0729 《追寻香巴拉》

作品类别：美术类

作　　者：徐弘雯立

发表时间：2013-12-16

获奖及影响：兰州市第二届"文艺创作奖"银奖。

简　介：徐弘雯立，祖籍辽宁，自幼酷爱绘画，毕业于西北民族大学美术学院，擅长水墨人物及工笔人物与花鸟，师承中国著名画家李宝峰先生。现为中国国画家协会理事，兰州市美术家协会理事，甘肃美术家协会会员，兰州市中国画院创研部主任，现在清华美院冯远水墨人物画创作室。1990、1993年作品《生命从这里开始》《荷塘戏水》，参加全国国防系统美术大展并在北京展出，分别获二等、三等奖；1994年作品《家园》入选甘肃省国防系统青年大展，获一等奖；2004、2005年作品《秋韵》《蕉园秋色》分别入展"纪念毛泽东同志讲话60周年"及"庆祝中华人民共和国成立55周年"甘肃美展；2006年作品《林风逸趣》分别入展"庆祝中华人民共和国成立56周年"及"西望敦煌甘肃美术作品进京展"并获奖，入编大型画册《西望敦煌．甘肃美术作品集》；2007年作品《野卉出发》获甘肃画展三等奖；2008年作品《暗香》辑入中共甘肃省委宣传部《盛世中华书画长卷》，并被收藏，2009年作品《大爱无疆》入选"庆祝中华人民共和国成立60周年"甘肃美展，获三等奖；2007年至2010年多次参加"李宝峰师生全国及省、市各地画展"深受关注，作品多次在国家级及省、市级刊物发表，并专版介绍。

0730 《溪山翠霜图》

作品类别：美术类

作　　者：蒲林

发表时间：2011-12-30

发表载体：粮食书画展

获奖及影响：《溪山翠霜图》作品参加《国家粮食局第三届书画展》荣获绘画银奖，并被收藏。

简　介：蒲林，男，汉族，1956年2月生，原籍甘肃会宁，中共党员，高级经济师，供职于定西市安定区粮食局，笔名倪贾，号青刁、十狼，斋号芋墨轩。中国书法家协会会员、甘肃省美术家协会会员、甘肃省丝绸之路协会理事、定西市书协理事、副秘书长、定西市书画院副院长、定西市画院画师，作品在中国书协和美协举办的"全国十届书法篆刻展"、"移动杯二届西部书法篆刻展"、"中国瘗鹤铭奖书法展"、首届"国粹杯"

书法篆刻展、"百年兰大杯"全国书法大奖赛、"华坪金达杯"全国书法作品大展和"第二届希望圆梦杯书画展"等十余次展览入展并获奖，同时参加其他国家级及甘肃省、国家粮食局各项展览50余次，作品曾在中国美术馆、中国军事博物馆、炎黄艺术馆和国家粮食局等有关机构展览并被收藏。

0731 《雅士图》

作品类别：美术类

作　　者：唐占鸿

发表时间：2007-02-28

发表载体：临夏首届葫芦艺术展

获奖及影响：临夏州文联、临夏州葫芦美术协会等主办的临夏首届"葫芦艺术展牡丹奖"二等奖。

简　　介：唐占鸿，男，汉族，1962年9月16日生于甘肃临夏县，副高职称。自幼喜爱绘画，1982年毕业于临夏师范学校，师从孔德良先生学习中国画，对山水、人物等绘画语言有深刻认识。1982年从事美术教学工作。1984年开始自学雕刻葫芦，经中国工艺美术大师阮文辉先生的指点以及结合自己绘画功底，创作出风格独特的作品，自1995年起弃教专门从事葫芦雕刻艺术，所雕刻的葫芦曾多次获奖，2005年被甘肃省工艺美术协会评选为甘肃省二级工艺美术大师，2011年被甘肃省工业和信息化委员会被评为省工艺美术大师。

0732 《任我东西南北风》

作品类别：美术类

作　　者：王建国

发表时间：2012-06-29

发表载体：临夏州第二届科技界书画摄影展

获奖及影响：获得由临夏州委宣传部、临夏州科学技术协会、临夏州教育局、临夏州文联举办的临夏州第二届"科技界书画摄影展"绘画类二等奖。

简　　介：从竹子的劲节，刻画出人的坚忍不拔、顽强毅力和拼搏精神。个人简介：王建国，1969年生于甘肃省临夏县，农民，高中文化，现为临夏州美术家协会会员，州书法家协会会员，自幼酷爱书画与研摹，收益颇丰，精心创作了墨竹为题材的作品百余幅，作品收入《临夏州美术家协会会员作品选》，多次参加省、州、县各级各类书画展，部分作品获奖。

获奖及影响：该作品入展"陇东陇南第二届美术作品联展"（天水市群众艺术馆、陇东陇南第二届美术作品联展办公室主办）。

简　　介：蒲光华，又名广华，署名星雨。男，汉族，生于1937年12月，甘肃天水人。1957年参加工作，青年时代师从天水著名画家王世同先生学习国画，擅长写意花鸟，兼擅工笔重彩，曾得到魏紫熙、方增先等大师的亲授。其作品笔墨简练、构图新颖、情趣盎然；工笔画构图充实，意味隽永。现为甘肃省美术家协会会员，甘肃省麦积山石窟艺术研究会会员，多年供职于天水市麦积区文化馆。该作品入展陇东陇南第二届美术作品联展（天水市群众艺术馆、陇东陇南第二届美术作品联展办公室主办）。

0733 《种子》

作品类别：美术类

作　　者：蒲光华

发表时间：1984-10-20

发表载体：陇东陇南第二届美术作品联展

0734 《永不放弃》

作品类别：美术类
作　　者：苏虎、赵琳
发表时间：2009-10-01
发表载体：陇南日报
获奖及影响：陇南市委宣传部"弘扬抗震救灾精神，加快重建步伐"征文、征画优秀奖。

0735 《灵魂归宿》

作品类别：美术类
作　　者：铁晓英
发表时间：2014-03-08
获奖及影响：2014年获陇南市三八妇女节"梦圆乞巧"女性书画展一等奖。

0736 《工笔花卉》

作品类别：美术类
作　　者：张凤英
发表时间：1996-09-20
获奖及影响：1996年9月获得陇南市全区书画展中，国画组一等奖。

0737 《国画》

作品类别：美术类
作　　者：马吉祥
发表时间：2012-06-12
发表载体：陇南市首届人口文化艺术节

0738 国画作品《花絮》

作品类别：美术类
作　　者：张凤英
发表时间：2014-03-08
获奖及影响：2014年3月获得全市"梦圆乞巧"女性书画大赛一等奖。
简　　介：作品尺寸为六尺对开斗方，宣纸设色。

0739 《益友》

作品类别：美术类
作　　者：周生瑞
发表时间：1992-09-07
发表载体：首届中国丝绸之路节《书画摄影精品展》
获奖及影响：荣获1980-1984甘肃省美术优秀奖；1992年在首届中国丝绸之路节《书画摄影精品展》荣获优秀奖。

0740 《古老经轮》

作品类别：美术类
作　　者：郝普哲
发表时间：2004-02-14
发表载体：美术报
获奖及影响：2004年发表于国家级刊物《美术报》。

0741 《陇原小景》

作品类别：美术类
作　　者：郝普哲
发表时间：2007-04-14
发表载体：美术报
获奖及影响：2007发表于国家级刊物《美术报》。

0742 《牡丹》

作品类别：美术类
作　　者：邵永生
发表时间：2011-07-25
发表载体：美术书法摄影展览
获奖及影响：美术作品国画牡丹在2011年荣获《庆祝党的90年周年"爱党、爱国、爱酒泉"美术书法摄影展览》优秀奖。
简　　介：邵永生，敦煌书法家画家。美术作品国画牡丹荣获《庆祝党的90年周年"爱党、爱国、爱酒泉"美术书法摄影展览》优秀奖。

0743 《花鸟》

作品类别：美术类
作　　者：邢鹏飞

发表时间：2008-07-27

发表载体：美术作品大展

简　　介：邢鹏飞，甘肃天水市人，1975年生，就职于秦州区文学艺术界联合会，毕业于天水师院美术系，现为甘肃省美术家协会会员，天水市青年书画家协会副秘书长，天水市秦州区美术家协会秘书长。《秦州书画报》执行主编。

0744 《塞上秋早》

作品类别：美术类

作　　者：何永生

发表时间：2004-03-18

获奖及影响：《塞上秋早》获甘肃省第四届"版画作品展览会"三等奖。

简　　介：何永生，男、大学本科学历，中学高级教师，甘肃省美术家协会会员，甘肃省版画家协会会员，金塔县中学美术教师，甘肃省骨干教师，甘肃省高中课程改革美术学科专家组成员，几年来，笔耕不辍，在艺术上力求创新，注重色与墨的结合及神韵与形式美的运用，形成了清新隽永、典雅抒情的艺术风格。擅长中国写意画，尤喜人物和山水，近年来多幅作品在省、市、县展览中获奖。

0745 《老屋纪事》

作品类别：美术类

作　　者：杨天斌

发表时间：2012-05-18

获奖及影响：入选"第四届中国西部房车生活文化节"。

简　　介：作品尺寸：136×79cm；材质：宣纸设色

0746 《葵花》

作品类别：美术类

作　　者：田新安

发表时间：2008-07-01

发表载体：农民书画展

获奖及影响：2008年7月《葵花》获"第三届中国农民书画展"优秀奖。

简　介：田新安，别名心安，男，汉族，1970年3月出生，中共党员，大学学历，甘肃定西人，中国工艺美术家协会会员，甘肃省美术家协会会员，甘肃省书法家协会会员，定西市安定区文化馆副研究员，多年从事专业绘画的研习和创作，擅长工笔花鸟，兼工陇中人物风情，其作品在全国各级各类书画大展赛中屡次展出并获奖，在北京、上海、成都、西宁、广州、郑州等地展出时被收藏，作品入编多部大型画集，出版有《田新安工笔花鸟画作品集》，个人艺术简历收编于《甘肃古今书画名人考录辞典》。

0747 《山还是那座山》

作品类别：美术类

作　者：水卫东

发表时间：2008-07-01

发表载体：农民书画展

获奖及影响：入选中国农民日报社主办的"第三届全国农民书画展"获优秀奖。

简　介：水卫东，男，1966年生，甘肃定西人，毕业于宁夏大学美术教育学，本科学历，现为甘肃省美术家协会会员，中国诗书画研究会研究员，定西市青年美术家协会理事，定西市画院画师，北京京大都画院画师，安定区文化馆馆员。

0748 《硕果累累》

作品类别：美术类

作　者：王正东

发表时间：2011-08-16

发表载体：农民书画展

获奖及影响：2011年《硕果累累》获农民书画展优秀奖。

简　介：王正东，字晓峰，甘肃省定西市人，现为甘肃省美术家协会会员、甘肃省书法家协会会员、甘肃诗书画联谊会常务理事、定西市书画联谊会副会长兼秘书长。自幼酷爱书画艺术，曾在西北名族学院美术系学习，多次参加省上举办的书画培训班，先后曾得到陇上著名书画名家的悉心指教，同时潜心临摹古人书稿，擅长花卉、山水，在艺术追求上，充满个性，从师而不为师，法古而不泥古，形成"乐天爱土，以民为风"的艺术理念，花卉作品书风新颖，笔墨饱满，山水画表现西北地域粗犷、厚重，作品多次参加省内外展览并获奖，被录入大型美术集，也被收藏者携之海外。

0749 《陇山语境》

作品类别：美术类

作　　者：庞永泉

发表时间：2012-09-22

发表载体：农民艺术节

获奖及影响：《陇山语境》获日照农民艺术节书画展佳作奖。

简　　介：庞永泉，字涌泉，1975年生于甘肃省定西市，国家二级美术师、甘肃省美术家协会会员；定西市美术家协会副秘书长；北京金大都画院画家；定西市画院画师。国画创作成就：《天井幽谷》获第七届当代中国山水画展三百家奖；《秋旅石沟岩》获"正立阳光"第二届"希望圆梦杯"全国书画展优秀奖；《幽居山水间》获甘肃省第四届"百名艺术家作品展"优秀奖；《天井人家》入选庆祝改革开放三十周年喜迎奥运甘肃美术作品展；《陇山语境》获日照农民艺术节书画展佳作奖；《春望家山》入选"美丽甘肃"甘肃美术写生作品展；其国画作品多幅刊登于《中国艺术》《神州诗书画报》等刊物。

0750 《故乡的河》

作品类别：美术类

作　　者：葛立才

发表时间：2006-05-23

发表载体：青岛艺术博览会

获奖及影响：2006年5月，获中国美术家协会举办的青岛艺术博览会银奖，并被国家博物馆收藏。

0751 《远古的歌》

作品类别：美术类

作　　者：葛立才

发表时间：2006-12-01

发表载体：青岛艺术博览会

获奖及影响：2006年12月，作品《远古的歌》被中国美术家协会、青岛市人民政府主办的第三届中国青岛艺术博览会组委会评为银奖。

0752 国画作品《朝圣》

作品类别：美术类

作　　者：铁晓英

发表时间：2009-09-20

发表载体：青海省文联主办刊物《金银滩》刊登

简　　介：作品尺寸，六尺横幅，宣纸设色。

0753 《裴雪峰美术作品》

作品类别：美术类

作　　者：裴雪峰

发表时间：2002-08-16

获奖及影响：2002年获得青少年美展优秀作品奖。

简　　介：裴雪峰，敦煌画家，他的作品在2002年获得青少年美展优秀作品奖。

0754 《母子情深》

作品类别：美术类

作　　者：杨继瞿

发表时间：1997-12-08

获奖及影响：1997年获得"情系伟大祖国迎盼香港回归"全区中小学师生书画展教师绘画二等奖。

简　　介：通过绘画一对大熊猫深深地母子之情反应香港回归祖国的喜庆之情。

0755 版画《晒》

作品类别：美术类

作　　者：谢文科

发表时间：1992-03-10

获奖及影响：荣获庆阳地区美术书法展三等奖。

0756 国画《积石之桃》

作品类别：美术类

作　　者：道金平

发表时间：2011-12-19

发表载体：庆阳市"翰墨扬清风丹青颂廉政书画展"。

获奖及影响：获"翰墨扬清风丹青颂廉政"全市红色廉政文化书画作品美术类三等奖。

简　　介：中国画《积石之桃》为庆阳市红色廉政文化书画展特作。

0757 《婚嫁图》

作品类别：美术类

作　　者：李庆英

发表时间：2012-06-06

获奖及影响：第十届"中国庆阳端午民俗文化产品展优秀奖"。

0758 《老两口》

作品类别：美术类

作　　者：李庆英发表

发表时间：2013-06-08

获奖及影响：第十一届"中国庆阳端午民俗文化产品展"优秀奖。

0759 《硕果》

作品类别：美术类

作　　者：连宗灏

发表时间：2004-02-08

获奖及影响：荣获庆阳市第三届精神文明建设"五个一工程"美术作品三等奖。

简　　介：连宗灏，男，汉族，1976年生于甘肃省庆阳市合水县，现供职于合水县社保中心，毕业于庆阳师范美术系，多次参加省、市、国家美术作品展览，合水县书画家协会会员，中国书画协会会员，合水县美协会员。代表作品《硕果》为纸本墨笔写意葡萄，笔墨传统，用墨鲜活，以葡萄为素材，通过高度概括、取舍创作完成，反映了收获的喜悦之情。

0760 《迎春曲》

作品类别：美术类

作　　者：郭克发表

发表时间：1984-10-01

获奖及影响：该作品于1984年为庆祝中华人民共和国建国35周年而创作，并被中国美术馆收藏。

简　　介：郭克，男，汉族，中国共产党党员，1925年11月23日生于甘肃天水市麦积区，1947年定居四川省重庆市，1950年毕业于西南美术专科学校，1951年起执教于西南师范学院美术系。中国美术家协会会员，重庆书法家协会会员，西南师范大学美术学院教授，西南师范大学花鸟画教研室主任。1986年起获国务院批准担任中国花鸟画技法硕士研究生导师，开设中国花鸟画技法研究生课程。1986年至1994年担任四川省教委高等院校教授职称评审会美术学科评审组副组长，1989年至1995年担任重庆缙云书画院副院长、院长，1992年至1994年担任西南师范大学教授职称评审委员，1992年至1994年担任西南师范大学教学指导委员，1992年国务院授予国家级有突出贡献专家证书、享受政府特殊贡献甲级终生津贴，1993年获国家教委高等师范院校教师三等奖，1995年任重庆美协荣誉理事、重庆国画院顾问、重庆文史馆顾问、重庆中华民族文化促进会顾问、重庆北碚区文联顾问。该作品于1984年为庆祝中华人民共和国建国35周年而创作，被中国美术馆收藏。

0761 《敦煌，我的故乡》

作品类别：美术类
作　　者：葛立才发表
发表时间：1981-08-01
发表载体：《求是》
获奖及影响：用版画的形式刻画了敦煌莫高窟的雄姿。

0762 《无声花雨唱春晚》

作品类别：美术类
作　　者：孔晓婕发表
发表时间：2011-04-20
发表载体：全国第八届工笔画大展
获奖及影响：参加第八届"全国工笔画大展"，作品在中国美术馆展出，并由人民美术出版社出版作品集。
简　　介：孔晓婕，1975年生于甘肃省永靖县，2001年至2009年在著名画家莫晓松先生工作室学习工笔花鸟画，2010年在北京中国工笔画学会展前创作班学习，中国工笔画学会会员，甘肃省美术家协会会员。主要作品2005年10月《国色天姿》参加"庆祝中华人民共和国成立56周年'西部风情'甘肃省美术作品展"，2010年4月《无声花雨唱春晚》参加第八届全国工笔画大展，作品在中国美术馆展出，并由人民美术出版社出版作品集，2012年天津人民美术出版社出版发行《孔晓婕党仁浩中国当代美术名家作品集》，2012年《雨露花雨影》参加翰墨新象，2012全国中国画作品展，作品被上海浦东画院收藏，并出版《翰墨新象2012全国中国画展作品集》，2012年11月份《滇南暖风》入选全国第三届中国画线描展，作品在河南省美术馆展出，并由河南省美术出版社出版作品集，2014年6月《远溪春溜》入选追寻中国梦甘肃美术作品大展，工笔斗方《无声花雨唱春晚》，创作于2011年春。该作品赞美了默默无闻的小花，点缀春天的美丽。其工笔功力扎实，作品纤细逼真，神态自然，格调秀丽典雅。

0763 《雨林春晓》

作品类别：美术类
作　　者：党仁浩
发表时间：2011-04-20
发表载体：全国第八届工笔画大展
获奖及影响：入选全国第八届工笔画大展，作品在中国美术馆展出。
简　　介：党仁浩，1967年生于甘肃省永靖县，西北师范大学美术学院毕业，2000年进修中央美术学院国画系，2001年至2008年在北京画院著名画家莫晓松工作室学习工笔花鸟画，2010年在北京中国工笔画学会展前创作班学习，现为中国工笔画学会会员，甘肃省美术家协会会员。

0764 《八骏图》

作品类别：美术类

作　　者：邓会平

发表时间：2012-08-14

获奖及影响：2012年获全国第二届"生肖大奖赛"优秀奖。

简　　介：水墨画的现代发展，基本上是语言现代转换的论题，相对于传统而言，着重指水墨语言的时代趋势，也包括时代脉博的表现。水墨语言是内省性很强的艺术语系，思维空间和容量远超越视觉造型美学的极限，反应时代音声也特别敏感，但由于其思维方式建立在内省的基础上，而不易被解读。

0765 《矿山老技师》

作品类别：美术类

作　　者：孙波发表

发表时间：2010-05-15

发表载体：全国第五届职工书画展获优秀奖

获奖及影响：此作品入选《第五届全国职工美术作品集》，并在2000年2月29日被中国煤炭报2656期发表。在平川、白银、兰州、北京的展览馆里老百姓呼声较高，并得到专家的肯定。

简　　介：孙波，男，1966年生于平川，现为甘肃省美术家协会会员、白银市美术家协会常务理事、平川区美术家协会主席，油画作品参加《白银市建市十周年》获一等奖，1998年油画作品参加《甘肃省第二届新人新作展》获优秀奖，1999年油画作品参加《第三届甘肃师生书画印大赛》获三等奖，1999年油画作品参加《全国第五届职工书画赛》获优秀奖，年油画作品参加《颂白银迎开发书画展》获一等奖，2009年油画作品参加《白银市庆祝建国60周年书画展》获二等奖，2010年白银市凤凰文艺奖三等奖获得者，2012年油画作品《遗韵》被白银市美术馆收藏。大型油画作品《靖远兵变》是2012年重点文艺资助项目，作品被《甘肃美术大展作品集》《甘肃美术写生作品集》《白银美术作品集》《平川美术作品集》收录。

0766 《寻梦敦煌心·象之二》

作品类别：美术类

作　　者：王亚林

发表时间：2012-07-30

发表载体：全国工笔画名家邀请展

简　　介："再创作临摹"是对壁画中那些本来应该完美却因为种种不利原因而不完美的部分由临摹者主观进行完美化处理的一种临摹方式，既临摹又创作，临摹为体，创作为用。它需要常年对敦煌壁画进行临摹所积累的经验和功力，更需要由勤奋地创作与思考而具备的天赋。

0767 《牧归》

作品类别：美术类

作　　者：王绪英

发表时间：2001-06-05

发表载体：全国金融美展

获奖及影响：曾参加全国金融美展并获一、二等奖。

简　　介：王绪英，女，籍贯湖北宜昌，出生于甘肃定西，毕业于西北民族学院。1993年在中央工艺美术学院进修，现为甘肃省美术家协会会员，民革甘肃画院理事，定西市书画院副秘书长，定西陇中画院画师。1988年—2001年，国画作品《牧归》《藏女》《甜》等获全省金融美展一、二等奖，国画作品《节日》《陇上情怀》获全国金融美展二等奖，1999年，油画《织》《秋实》参加甘肃省首届"女子美展"获二等奖、优秀奖。1985年—1988年黑白插图画10余幅被定西文艺杂志前后录用，1994年转折插图画20余幅被选入中国工商银行"实用美术"书刊，2009年水粉画《收获的季节》《草原晨曦》参加全省美术大展获优秀奖；2009—2010年国画作品《高原祖孙》《黑土地》入选中国大地情—国画作品展；2011年国画作品《浩气长存》参加全省民主党派"同心颂"书画展获奖并被民革委员会收藏，多次获定西市区书画展一、二等奖。

0768 《春色满园》

作品类别：美术类

作　　者：石兰英

发表时间：1994-10-01

发表载体：全国美术作品展暨甘肃省美术作品展

获奖及影响：临夏州的美术作品在省上参展并获奖。

简　　介：石兰英，女，生于1947年，汉族，甘肃临夏市人，1965 毕业于西北民族学院艺术科，临夏州书画院副研究馆员。现任临夏州美协常务理事，甘肃省美术家协会会员，甘肃省连环画研究会会员，甘肃省中国画学会会员，甘肃省科普创作协会会员，从事专业美术工作三十多年，擅长中国画、工笔重彩人物、花卉创作为主，作品追求写实、严谨、含蓄及细致入微的表现风格，追求文雅恬淡的文人画意境和大众喜闻乐见相统一的艺术语言。

0769 《裴雪峰美术作品》

作品类别：美术类
作　　者：裴雪峰
发表时间：2006-08-03
发表载体：全国美展
获奖及影响：2006 年获得全国美展一等奖
简　　介：裴雪峰，敦煌美术家。

0770 《鸟呢春色不忍飞》

作品类别：美术类
作　　者：霍仲吉
发表时间：1999-01-01
发表载体：全国民间工艺美术书画大赛
获奖及影响：该作品在中国文联举办的《全国民间工艺美术书法大赛》中获精英奖。
简　　介：霍仲吉，男，1950 年生，中国共产党党员，甘肃天水人。现为甘肃省美术家协会会员，中国书画家协会会员，中华全国商业部文艺基金会会员，西部书画艺术研究院副院长，天水麦积山艺术研究会会员，天水市美术家协会会员，麦积区书画家协会常务理事。师从西南师范大学美术系郭克教授，长于写意花鸟，精于工笔花鸟鱼虫，兼能人物山水。其作品用笔洒脱，颇见功力。该作品于 1999 年在中国文联举办的"全国民间工艺美术书画大赛"中获精英奖；于 2002 年在全国十省（区）二十五城市作品巡展中获优秀作品奖。

0771 《富贵长寿》

作品类别：美术类
作　　者：田新安
发表时间：2008-03-08
获奖及影响：2008年《富贵长寿》获文化部"全国群文系统书法、美术、摄影大展"美术铜奖。
简　　介：田新安，别名心安，男，汉族，1970年3月出生，中共党员，大学学历，甘肃定西人。中国工艺美术家协会会员，甘肃省美术家协会会员，甘肃省书法家协会会员，定西市安定区文化馆副研究员。多年从事专业绘画的研习和创作，擅长工笔花鸟，兼工陇中人物风情。

0772 《花鸟》

作品类别：美术类
作　　者：刘学信
发表时间：1996-07-26
获奖及影响：在"首届全国扇子艺术大展"中获二等奖。
简　　介：刘学信，男，汉族，1964年生于甘肃通渭，中国美术家协会会员，甘肃省工笔画协会副主席，甘肃省中国画学会理事，定西市美术家协会副主席，定西市青年美术家协会主席，工艺美术师，北京京大都画院画师，定西市画院画师，定西市市管拔尖人才。

0773 《香远益清》

作品类别：美术类
作　　者：霍仲吉
发表时间：1987-10-20
获奖及影响：全国商业部首届书画大赛获三等奖。

0775 《唐诗》

作品类别：美术类

作　　者：蒲林

发表时间：2008-10-22

发表载体：全国十届书法展

简　　介：蒲林，男，汉族，1956年2月生，原籍甘肃会宁，中共党员，高级经济师，供职于定西市安定区粮食局，笔名倪贾，号青刁、十狼，斋号芋墨轩。中国书法家协会会员、甘肃省美术家协会会员、甘肃省丝绸之路协会理事、定西市书协理事、副秘书长、定西市书画院副院长、定西市画院画师。作品在中国书协和美协举办的"全国十届书法篆刻展"、"移动杯二届西部书法篆刻展"、"中国瘗鹤铭奖书法展"、首届"国粹杯"书法篆刻展、"百年兰大杯"全国书法大奖赛、"华坪金达杯"全国书法作品大展和"第二届希望圆梦杯书画展"等十余次展览入展并获奖。同时参加其他国家级及甘肃省、国家粮食局各项展览50余次，作品曾在中国美术馆、中国军事博物馆、炎黄艺术馆和国家粮食局等有关机构展览并被收藏。

0774 《硕果》（国画）

作品类别：美术类

作　　者：李军

发表时间：2000-01-01

发表载体：全国师生美术作品大赛

获奖及影响：参加《音体美》报社举办的"迎回归，庆国庆"全国师生美术作品大赛，获教师组三等奖。

0776 《清荷》

作品类别：美术类

作　　者：蒲光华

发表时间：1993-03-06

发表载体：全国文化系统中、青年书法绘画展览

获奖及影响：该作品入展全国文化系统中、青年书法绘画画展（中华人民共和国文化部团委主办）。

0777 《收获的季节》

作品类别：美术类

作　者：张四民

发表时间：2011-10-10

发表载体：全国新人新作展

获奖及影响：获全国"新人新作展"优秀奖。

简　介：张四民，1960年生于陕西渭南，毕业于西南大学，北京画院白羽平油画工作室研究生，中国美术家协会会员。

0778 《育花翁》（国画）

作品类别：美术类

作　者：党育刚

发表时间：2008-08-01

获奖及影响：获得全国中小学美术作品评选活动金奖。

0779 《魂铸祁连》

作品类别：美术类

作　者：庞俊

发表时间：2011-07-01

发表载体：全省个体私营企业书画摄影展

获奖及影响：获得全省个体私营企业协会会员书画摄影展美术类三等奖。

0780 《如从笛里闻清音》

作品类别：美术类

作　　者：霍仲吉

发表时间：1993-06-20

发表载体：全省粮食系统书画评展

简　　介：霍仲吉，男，1950年生，中国共产党党员，甘肃天水人。现为甘肃省美术家协会会员，中国书画家协会会员，中华全国商业部文艺基金会会员，西部书画艺术研究院副院长，天水麦积山艺术研究会会员，天水市美术家协会会员，麦积区书画家协会常务理事，师从西南师范大学美术系郭克教授，长于写意花鸟，精于工笔花鸟鱼虫，兼能人物山水，其作品用笔洒脱，颇见功力。该作品在全省粮食系统书画评展中获一等奖。

0781 《秋菊图》

作品类别：美术类

作　　者：霍仲吉

发表时间：1990-08-21

发表载体：全省首届"财贸系统书画"大赛

获奖及影响：全省首届"财贸系统书画"大赛获二等奖。

简　　介：霍仲吉，男，1950年生，中国共产党党员，甘肃天水人。现为甘肃省美术家协会会员，中国书画家协会会员，中华全国商业部文艺基金会会员，西部书画艺术研究院副院长，天水麦积山艺术研究会会员，天水市美术家协会会员，麦积区书画家协会常务理事。师从西南师范大学美术系郭克教授，长于写意花鸟，精于工笔花鸟鱼虫，兼能人物山水。其作品用笔洒脱，颇见功力。该作品在全省首届财贸系统书画大赛二等奖。

0782 《秋实垂丹》

作品类别：美术类

作　　者：郭克

发表时间：1986-08-01

发表载体：人民美术出版社

获奖及影响：该作品入选人民美术出版社1986年《重庆国画院作品选集》。

简　　介：郭克，男，汉族，中国共产党党员，1925年11月23日生于甘肃天水市麦积区，1947年定居四川省重庆市，1950年毕业于西南美术专科学校，1951年起执教于西南师范学院美术系，中国美术家协会会员，重庆书法家协会会员，西南师范大学美术学院教授，西南师范大学花鸟画教研室主任，1986年起获国务院批准担任中国花鸟画技法硕士研究生导师，开设中国花鸟画技法研究生课程，1986年至1994年担任四川省教委高等院校教授职称评审会美术学科评审组副组长，1989年至1995年担任重庆缙云书画院副院长、院长，1992年至1994年担任西南师范大学教授职称评审委员，1992年至1994年担任西南师范大学教学指导委员，1992年国务院授予国家级有突出贡献专家证书，享受政府特殊贡献甲级终生津贴，1993年获国家教委高等师范院校教师三等奖，1995年任重庆美协荣誉理事、重庆国画院顾问、重庆文史馆顾问、重庆中华民族文化促进会顾问、重庆北碚区文联顾问，该作品入选人民美术出版社1986年《重庆国画院作品选集》。

0783 《晚艳出荒篱》

作品类别：美术类
作　　者：周进忠
发表时间：1999-05-15
获奖及影响：入编《中国美术选集》
简　　介：野趣图，既有陇南山区阴湿雨林中藤、蔓、荆等各类植物互相缠绕、错综繁复的葱郁蓬勃，又有沾满苔藓、地皮、残叶、大小顽石的苍拙朴厚；既有野花怒放、争奇斗艳的天真烂漫，又有深涧泉奔、枝头鸟啼、草丛蝉鸣的奇巧灵空。由主体、群落、山石和点景鸣禽多层面的分层结构构图，乱中有序、曲中有直、平中有奇、穿插争让，使画面既充满清新、朴茂、野逸之气，有蕴涵幽深、清凉、逸香等多种美妙情致，就像一首美丽、深邃、神奇的自然生命之歌，使观众陶醉留恋于其中而不思离去。

0784 《生不息》

作品类别：美术类
作　　者：孙波发表
发表时间：2010-10-10
发表载体：入选《甘肃美术大展》作品集
获奖及影响：入选"庆祝中华人民共和国成立60周年——甘肃美术作品大展"，入选"庆祝建国60周年——白银美术作品展"并获二等奖，被评为白银市第二届"凤凰文艺奖"三等奖，此奖项为白银美术工作者最高奖。

简　　介：孙波、男、1966.8生于平川，1986.9—1988.7就读于天水师院美术系，2001.9—2003.7就读于西北师范大学美术系，现为甘肃省美术家协会会员、白银市美术家协会常务理事、平川区美术家协会主席，1995年油画作品参加《白银市建市十周年》获一等奖，1998年油画作品参加《甘肃省第二届新人新作展》获优秀奖，1999年油画作品参加《第三届甘肃师生书画印大赛》获三等奖，1999年油画作品参加《全国第五届职工书画赛》获优秀奖，2000年油画作品参加《颂白银迎开发书画展》获一等奖，2009年画作品参加《白银市庆祝建国60周年书画展》获二等奖，2010年白银市凤凰文艺奖三等奖获得者，2012年油画作品《遗韵》被白银市美术馆收藏。大型油画作品《靖远兵变》是2012年重点文艺资助项目。作品被《甘肃美术大展作品集》《甘肃美术写生作品集》《白银美术作品集》《平川美术作品集》收录。

0785 《燕山秋色》

作品类别：美术类
作　　者：雷国强
发表时间：2012-03-20
获奖及影响：第三届"全国中国画展"获优秀作品奖。
简　　介：金秋时节，燕山漫山遍野的高粱火红一片，月光下山鸟啁啾啼鸣，山乡的丰收喜悦与自然和谐形成秋色的合唱。

0786 《瓶的诱惑》

作品类别：美术类
作　　者：张云
发表时间：2014-08-10
发表载体：第十二届全国美术作品展
简　　介：张云，本科毕业于西安美术学院国画系，研究生毕业于西北师大，师从王宏恩教授，天水师范学院讲师，省美协会员，市美协理事。

0787 《在那遥远的地方》

作品类别：美术类
作　　者：高山
发表时间：2009-12-01
发表载体：第十一届全国美展
获奖及影响：入展2009年第十一届全国美展，在庆祝"中华人民共和国成立60周年——甘肃省美术作品大展中"荣获油画一等奖。
简　　介：高山，汉族，职业画家，作品《在那遥远的地方》，入展第十一届"全国美展，在庆祝中华人民共和国成立60周年——甘肃省美术作品大展"中荣获油画一等奖。

0788 《晨曲》

作品类别：美术类

作　　者：蒲光华

发表时间：1990-09-29

发表载体：三地市中国画作品联展

获奖及影响：该作品入展《天水、定西、陇南三地市中国话作品联展》（中国美术家协会甘肃分会、天水市美术家协会、定西地区美术家协会、陇南地区美术家协会主办）。

简　　介：蒲光华，又名广华，署名星雨。男，汉族，生于1937年12月，甘肃天水人，1957年参加工作，青年时代师从天水著名画家王世同先生学习国画。擅长写意花鸟，兼擅工笔重彩，曾得到魏紫熙、方增先等大师的亲授，其作品笔墨简练、构图新颖、情趣盎然；工笔画构图充实，意味隽永。现为甘肃省美术家协会会员，甘肃省麦积山石窟艺术研究会会员，多年供职于天水市麦积区文化馆。该作品入展《天水、定西、陇南三地市中国话作品联展》（中国美术家协会甘肃分会、天水市美术家协会、定西地区美术家协会、陇南地区美术家协会主办）。

0789 《山水画》

作品类别：美术类

作　　者：周志健

发表时间：2006-08-08

发表载体：陕甘宁泾河流域书画联谊会

获奖及影响："陕甘宁三省区泾河流域书画展"三等奖。

简　　介：周志健，女，1978年生于书画之乡通渭，汉族，现供职于合水县第一中学，擅长山水画，近年来多次参加省市各级书画大赛并有获奖。作品《陇山图》以陇东黄土高原地域特点为创作素材，在生活中通过写生、概括、取舍，用最简练的笔墨语言刻画黄土高原，画面淡雅清新，笔墨鲜活，从传统中走来，有存有作者自己的独特感受和笔墨特色。

0790 《故园》

作品类别：美术类

作　　者：毛文琳

发表时间：2010-10-12

发表载体：上海世博会美展

获奖及影响：2010年上海世博会美展优秀奖。毛文琳，甘肃临洮人，民盟盟员，1998年研修于中央美术学院国画系，2010年6月被评为定西市第三届"十佳优秀青年"，现为清华大学美术学院在读艺术硕士研究生，中国美术家协会会员，中国新水墨画研究会副秘书长，甘肃省画院特聘画师，定西市画院画师，定西市美术家协会副主席，定西市青年美术家协会常务副主席兼秘书长。多年来一直致力于中国山水画的研究与创作，美术作品多次参加国家、省、市级展览并获奖。

0791 《祥和》

作品类别：美术类

作　　者：田新安

发表时间：2010-09-01

发表载体：神七艺术之旅

获奖及影响：荣获"和平颂——神七太空飞行艺术之旅"优秀奖。

简　　介：田新安，别名心安，男，汉族，1970年3月出生，中共党员，大学学历，甘肃定西人。中国工艺美术家协会会员，甘肃省美术家协会会员，甘肃省书法家协会会员，定西市安定区文化馆副研究员。多年从事专业绘画的研习和创作，擅长工笔花鸟，兼工陇中人物风情。

0792 《争辉》

作品类别：美术类

作　　者：王晓艳

发表时间：2013-01-10

获奖及影响：2013年1月份漆画作品《争辉》入选由省文联和省经贸协会联合举办的"2013迎新年全省书画摄影展"并获得绘画类二等奖，2013年10月份，漆画作品《争辉》代表我市参加了由省美协主办的全省十四州市作品联展，并获得三等奖。

0793 《藏区人家》

作品类别：美术类

作　　者：陈学鸿

发表时间：2011-06-28

发表载体：省文化厅美术书法摄影展

获奖及影响：2011年全省文化系统纪念"中国共产党成立90周年美术书法摄影作品展"优秀奖。

简　　介：生动形象地反映了住在深山里藏民的生活风貌，意境悠远，手法灵活。

0794 《陇原幽谷山花香》

作品类别：美术类

作　　者：周进忠

发表时间：2006-09-01

0795 《羲里·永不褪色的辉煌》

作品类别：美术类

作　　者：高爱民

发表时间：2005-09-20

获奖及影响：首届"国际华人诗书画印大展"获优秀奖。

简　　介：高爱明，1971年出生，麦积区人，供职于麦积区文化馆，1995年毕业于天水师范学院美术系，现为清华美院李铁生山水画写生与创作工作室画家，甘肃省美术家协会会员，天水市美术家协会会员，中原书画院客座教授，天水市青年书画家协会创作委员会主任，天水市政协书画研究院院士，天水市麦积区书画家协会副主席。该作品获"第四届当代中国山水画展"。

0796 《纪念毛主席诞辰一百周年》

作品类别：美术类

作　　者：霍仲吉

发表时间：1997-05-01

获奖及影响：首届国内贸易部"春都杯"书画大赛该作品获优秀奖。

简　　介：霍仲吉，男，1950年生，中国共产党党员，甘肃天水人，现为甘肃省美术家协会会员，中国书画家协会会员，中华全国商业部文艺基金会会员，西部书画艺术研究院副院长，天水麦积山艺术研究会会员，天水市美术家协会会员，麦积区书画家协会常务理事。师从西南师范大学美术系郭克教授，长于写意花鸟，精于工笔花鸟鱼虫，兼能人物山水，其作品用笔洒脱，颇见功力。

0797 《童年趣事》（国画）

作品类别：美术类

作　　者：党育刚

发表时间：2011-12-01

发表载体：首届陇原风华美术作品展

获奖及影响：入选首届"陇原风华美术作品展"三等奖。

0798 《山水》

作品类别：美术类

作　　者：邢鹏飞

发表时间：2009-08-27

发表载体：书法、美术、摄影展

简　　介：甘肃天水市人，1975年生，就职于秦州区文学艺术界联合会，毕业于天水师院美术系，现为甘肃省美术家协会会员，天水市青年书画家协会副秘书长，天水市秦州区美术家协会秘书长。《秦州书画报》执行主编。

0799 《黄土古韵》

作品类别：美术类
作　　者：孔令祖
发表时间：2006-06-26
发表载体：书法美术大展赛
获奖及影响：在第二届"金鼎奖"全国书法美术大展赛中荣获金奖，并选入《全国书法美术优秀作品集》。
简　　介：孔令祖，字光如，甘肃省永靖县人，1963年生。30年来，他以一介农民之身，完成了从一个白手起家的创业者到专业画家的蜕变。作者生活在"彩陶之乡"，对当地马家窑文化、齐家文化、辛店文化、寺洼文化遗址中出土的大量彩陶进行了细致的观察和研究，并以新的意境、新的手法将尘封黄土表现在画作之中，给人以高雅质朴的感觉，透射出黄土地上深邃的文化内涵。《黄土古韵》具有时代精神、富于西部地域特色、饱含历史文化的作品，倾注了作者对黄土地的深深眷恋，激荡着他的创作热情，作品意境深远、气韵生动、、灵活的线条、淡雅的色调、神秘的纹饰，无不显现出韵律之美，散发着浓浓的文化气息。把彩陶丰富的文化内涵和当今丰富多彩的现实生活和谐完美地统一起来，使人的想象穿越五千年时空，去解读中华民族文化之源，感悟彩陶文化的博大精深。

0800 《汲水图》

作品类别：美术类
作　　者：党玉刚
发表时间：2004-07-01
获奖及影响：2004年作品《汲水图》荣获甘肃省赛区"2004第十届全国推新人大赛甘肃赛区"绘画二等奖和张掖选拔赛成人组美术"十佳"奖。
简　　介：党育刚，1969年出生于甘肃张掖，1993年毕业于张掖师专美术系，从事国画创作，2007年党育刚被河西学院聘请为书法协会指导老师，现为中国工艺美术家协会会员，甘肃省美协会员张掖美协副秘书长；甘州区书美协副主席、甘州区政协委员，甘州书画院院士，2013年被评为"全市优秀文艺工作者"和市文联美术家协会先进个人。2004年作品《汲水图》荣获甘肃省赛区"2004第十届全国推新人大赛甘肃赛区"绘画二等奖和张掖选拔赛成人组美术"十佳"奖；2005年作品《我给爷爷点支烟》入选"纪念毛泽东5.23讲话"张掖美协会员展优秀奖；2006年作品《秋韵》荣获张掖市美协国画小展品三等奖；2007年荣获"祁尔康"杯张掖市首届书画摄影二等奖；2010年《草原盛装》弟六届中国西部大地情全国美展入选；2011年《童年趣事》首届陇原风华甘肃省三等奖；2012年《关怀》入选"中国河西—乌克兰当代名家美术展"；《红沙果》"辉煌三十年·喜迎十八大"——纪念《党的建设》创刊三十周年全省书画展优秀奖等。

0801 《黄土古翁》

作品类别：美术类

作　　者：孔令祖

发表时间：2006-05-28

发表载体：书画展

获奖及影响：作品《黄土古翁》2006年在第二届中国（许昌）画圣吴道子故里书画节暨第六届中国书画名家大展"中获优秀奖，并被画圣吴道子艺术研究馆永久收藏。

0802 《夕阳更红》

作品类别：美术类

作　　者：刘雷先

发表时间：2013-09-20

发表载体：书画展

获奖及影响："全省久鼎杯——迎国庆，促三农"，2013年农民书画展，荣获一等奖。

简　　介：刘雷先，1962年生于甘肃省永靖县，现为乡村医生，临夏州美术家协会会员，早年曾师从王永青、孔德良先生，后迫于生计，弃画从医，近年重拾画笔，潜心写意花鸟创作，《夕阳更红》是中国人物写意画，创作于2013年8月，作品尺寸四尺整张（长132cm，宽66cm），作品反映了党的惠民政策以来，农民过上幸福日子的喜悦心情。该作品获"甘肃省2013年农民书展"一等奖，其特点是写生。

0803 《猫耄耋》

作品类别：美术类

作　　者：于志全

发表时间：2012-10-14

发表载体：书画展

获奖及影响：获省文联举办的甘肃省首届农民书画展二等奖。

0804 《艳领群芳》

作品类别：美术类

作　　者：牛津琦
发表时间：2013-09-24
发表载体：书画展
获奖及影响：2013年9月获庆阳市"中国梦——美丽甘肃"教师书画大赛绘画组二等奖，2013年获"陇鑫杯"庆阳市美协会员作品展"美术创作奖"。
简　　介：国画写意牡丹，体现陇原劳动人民和谐幸福的美好生活。

0805 《雄关漫道》

作品类别：美术类
作　　者：杨国俊
发表时间：2009年10月
发表载体：书画展览
获奖及影响：《雄关漫道》在国庆六十周年诗书画印艺术大赛活动中，荣获银奖，其作品经大赛组委会推荐，被中国革命历史博物馆永久收藏。
简　　介：杨国俊，甘肃通渭县人，酒泉市文学艺术界联合会美术协会会员，金塔县美术协会会员。2000年6月毕业于张掖师专美术系，2005年5月进修于西南大学美术教育专业，现任职金塔县第三中学，从事美术教学工作。几年来，笔耕不辍，在艺术上力求创新，注重色与墨的结合及神韵与形式美的运用，形成了清新隽永、典雅抒情的艺术风格，擅长中国写意画，尤喜骆驼、牡丹和山水。

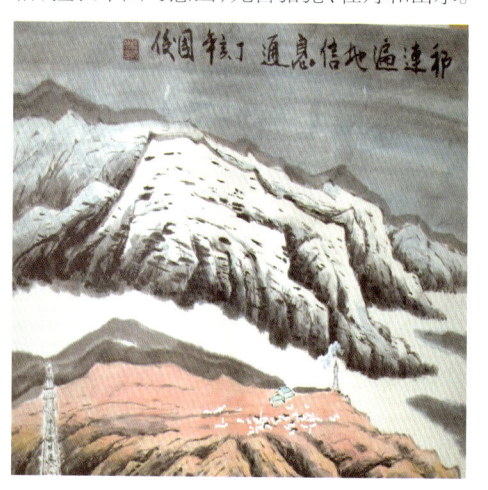

0806 《盛夏图》

作品类别：美术类
作　　者：雷国强
发表时间：2005-08-20
发表载体：首届丝绸之路甘肃省书画大赛
获奖及影响：首届"丝绸之路甘肃省书画大赛"获三等奖。

0807 《灵山之春》

作品类别：美术类
作　　者：陶鉴
发表时间：2000-05-09
获奖及影响：该作品入展庆祝中华人民共和国成立五十周年丝绸之路书画大展赛。
简　　介：陶鉴，男，65岁，甘肃天水人，中国书画研究会会员、中国汉唐诗书画研究院院士、甘肃省美术家协会会员。从事山水、人物、花鸟画创作多年，研习石涛、黄宾虹、张大千、顾炳鑫等大家，赴黄山、崂山、泰山、石林等地写生，收尽奇峰打草稿。该作品入展庆祝中华人民共和国成立五十周年丝绸之路书画大赛。

0808 《花鸟画名家梁宗文》

作品类别：美术类

作　　者：梁宗文

发表时间：2014-08-01

发表载体：四川美术出版社

0809 《清风》

作品类别：美术类

作　　者：蒲光华

发表时间：1992-11-20

获奖及影响：该作品在天水市第二届"文学艺术奖"中获市级创作奖（天水市文学艺术界联合会）。

0810 《春韵》

作品类别：美术类

作　　者：王江平

发表时间：1994-01-08

发表载体：天水市首届"商厦杯"青年作品大赛

获奖及影响：该作品在天水市首届"商厦杯"青年手工艺作品大赛中获三等奖（共青团天水市委、天水市青联、天水广播电视台主办）。

简　　介：王江平，男，汉族，1972年9月生，陕西阎良区人，从艺三十余载，师承著名画家李西民、裴静海。1992年毕业于中国书画函授大学；1994年毕业于天水广播电视大学；2000年结业于天水第一师范学校进修班，毕业后从事邮政工作至今。现为甘肃书画家协会会员、天水市牡丹书画院书画师、兰亭书画院理事等。该作品在天水市首届"商厦杯"青年手工艺作品大赛中获三等奖（共青团天水市委、天水市青联、天水广播电视台主办）。

0811 《华亭芦苇画》

作品类别：美术类

作　　者：丁志刚

发表时间：2014-07-31

简　　介：华亭芦苇画主要由原安口陶瓷厂职工丁志刚独创并发扬广大，选取华亭县关山深处的野生芦苇作为制作材料，经过严格筛选，将芦苇通过一系列复杂工艺后，而后进行艺术创作，其表现形式有山水、花鸟、人物等中国画样式，但芦苇画是新生工艺品，宣传力度不够，导致市场行情冷淡，另外，受西北群众的经济能力和艺术鉴赏能力限制，当地人很少购买，这导致愿意学习芦苇画制作的人少之又少，使芦苇画的传承面临困境。丁志刚独创并发扬广大了华亭芦苇画，虽然只有短短几十年的历程，但是芦苇画独特的艺术风格和精良的制作得到了广大群众的认可，并且作为工艺纪念品馈赠海外友人。

0812 《美术作品》

作品类别：美术类

作　　者：郭文涛

发表时间：2000-09-01

获奖及影响：获首届国家文化部"黄胄美术奖"和"黄宾虹"奖。

简　　介：郭文涛，男，1941年生，河北交河人，现为中国美术家协会会员，原甘肃省美协副主席，兰州市美协主席，兰州市文联主席，兰州市政协副主席。

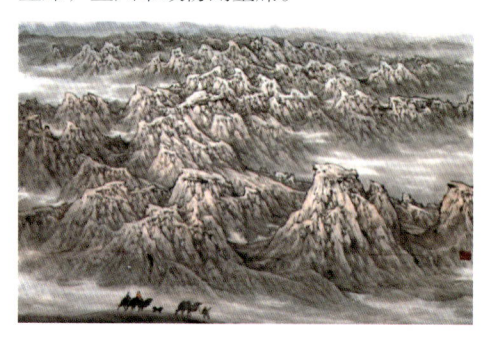

0813 《西部山水图》

作品类别：美术类

作　　者：段新明

发表时间：2010-02-13

获奖及影响：文化部第四届"中国艺术节美术作品"优秀奖。

简　　介：段新明，1957年生于甘肃酒泉，1982年毕业于西北师范大学美术系，现为国家一级美术师、中国美术家协会会员、中宣部文艺界优秀专家、甘肃省美协国画艺委会副主任、兰州市美术家协会主席。作品曾获：96全国首届群星奖优秀奖、首届中国美术"金彩杯"优秀奖，第四届中国艺术节美术作品优秀奖，中国美协国际书画邀请展优秀奖，入选第九届全国美展、99跨世纪暨建国五十周年山水大展、鑫光杯中国画精品展、中国美协当代名家提名展以及国内外大型美术作品展。作品被中国美术馆、中国美协、中国文联、中国画研究院、国务院办公厅等单位收藏，作品先后在中国画研究院、广东画院、广东美术馆、江苏美术馆、大连艺术展览馆等地举办个展及学术邀请提名展。《美术》国画家》《美术观察》《水墨研究》《美术界》《十方艺术》《人民日报》中央电视台、英国BBC广播电台、广东电视台、南京电视台等多家报刊媒体均有专题报道并介绍本人艺术成就。出版有《段新明国画作品精选》《水墨小品选》等。

0814 《陇山有居》

作品类别：美术类

作　　者：水卫东

发表时间：2011-06-28

获奖及影响：《陇山有居》入选甘肃省文化厅主办的"全省文化系统纪念中国共产党成立90周年美术书法摄影作品展"获优秀奖

简　　介：水卫东，男，1966年生，甘肃定西人，毕业于宁夏大学美术教育学，本科学历，现为甘肃省美术家协会会员，中国诗书画研究会研究员，定西市青年美术家协会理事，定西市画院画师，北京京大都画院画师，安定区文化馆馆员。

0815 《楷模杨善洲》

作品类别：美术类

作　　者：曹建洲

发表时间：2013-10-20

获奖及影响：在2013年10月获得由市纪委、市文联、市美术家协会颁发的嘉峪关市主题"廉政书法绘画展"二等奖。

简　　介：描绘了人民公仆，党员的楷模杨善洲同志的伟大事迹，表现了他为公为民人民公仆形象。

0816 《仕女图》

作品类别：美术类

作　　者：王颖

发表时间：2006-09-01

获奖及影响：2006年9月，作品获全国冶金职工书法美术摄影评展铜奖。

0817 《繁华歌盛世》

作品类别：美术类

作　　者：胡青叶

发表时间：2005-12-07

获奖及影响：作品入编"世界和平国际书画家全集"并授予"世界和平文化使者"荣誉称号。

简　　介：作品为4尺整张，由富贵牡丹和和平鸽组成，意为世界和平昌盛。

0818 国画《天上碧桃和露种》

作品类别：美术类

作　　者：道金平

发表时间：2013-02-22

获奖及影响：获庆阳市第十届"精神文明建设五个一工程奖暨第五届梦阳文艺奖"获美术类二等奖。

0819 《荷花》

作品类别：美术类

作　　者：白静洁

发表时间：2014-05-19

获奖及影响：荣获 2014 年嘉峪关市文联纪念"5.23·72 周年举办的书画中精品奖"。

简　　介：荷花 4 条屏，工笔画。

0820 《静以修身，廉以养德》

作品类别：美术类

作　　者：郑淑清

发表时间：2014-04-19

获奖及影响：2010 年 2 月嘉峪关第十七届迎春书画作品展"优秀奖"；2014 年纪念"第十一届会员书画艺术品展毛泽东主席在延安文艺座谈会上的讲话 72 周年暨嘉峪关市书画艺术研究会"获优秀奖；2014 年书、法作品"惠风和畅"入选"中国梦、民族魂"首届少数民族书画展。

0821 《孔雀》

作品类别：美术类

作　　者：胡青叶

发表时间：2010-10-05

获奖及影响：作品"孔雀"由嘉峪关市美术家协会举办的首届工笔画大展中获一等奖。

简　　介：作品为六尺整张熟宣，以富贵牡丹和孔雀以及山石小鸟组成，意为社会和谐。

0822 《红军》

作品类别：美术类

作　　者：张武生

发表时间：2014-05-08

0823 《虾》

作品类别：美术类

作　　者：白静洁

发表时间：2010-02-02

获奖及影响：国画"虾"荣获由嘉峪关市美术家协会举办的第 17 届"迎春展中"优秀奖。

简　　介：4 尺整张，水墨虾图。

0824 油画《格桑花的眸子》

作品类别：美术类

作　　者：郭晓东

发表时间：2013-06-10

获奖及影响：入选全国第二届"和美西藏美"术作品大赛。

0825 《写意花鸟教材》《雨荷图》

作品类别：美术类

作　　者：郭克

发表时间：1995-09-08

发表载体：西南师大出版社

获奖及影响：该作品入选西南师范大学出版社 1995 年版《写意花鸟教材》。

简　　介：郭克，男，汉族，中国共产党党员，1925 年 11 月 23 日生于甘肃天水市麦积区，1947 年定居四川省重庆市，1950 年毕业于西南美术专科学校，1951 年起执教于西南师范学院美术系。中国美术家协会会员，重庆书法家协会会员，西南师范大学美术学院教授，西南师范大学花鸟画教研室主任。1986 年起获国务院批准担任中国花鸟画技法硕士研究生导师，开设中国花鸟画技法研究生课程，1986年至1994年担任四川省教委高等院校教授职称评审会美术学科评审组副组长，1989年至1995年担任重庆缙云书画院副院长、院长，1992年至1994年担任西南师范大学教授职称评审委员，1992年至1994年担任西南师范大学教学指导委员，1992年国务院授予国家级有突出贡献专家证书、享受政府特殊贡献甲级终生津贴，1993年获国家教委高等师范院校教师三等奖，1995年任重庆美协荣誉理事、重庆国画院顾问、重庆文书馆顾问、重庆中华民族文化促进会顾问、重庆北碚区文联顾问。该作品入选西南师范大学出版社1995年版《写意花鸟教材》。

0826 《麦草垛》

作品类别：美术类

作　　者：景韵

发表时间：2012-09-04

发表载体：喜迎十八大走进崆峒甘肃美术作品展

获奖及影响：在2012年9月"喜迎十八大·走进崆峒"甘肃美术作品展荣获三等奖。

简　　介：景韵，男，汉族，祖籍河北省景县，1980年11月出生于甘肃省白银市平川区，2003年6月毕业于兰州师范高等专科学校美术教育专业，2003年12月年毕业于西北师范大学美术教育专业。白银市美术家协会会员，甘肃省美术家协会会员。现任教于甘肃省白银市平川区乐雅学校。这是一幅油画写生作品，主要表现麦草垛在外光沐浴下的色彩变化，整幅作品清新雅致、色彩浓艳厚重。

0827 《果香旱塬》

作品类别：美术类

作　　者：魏小勇

发表时间：2011-01-01

发表载体：写生画展

获奖及影响：入选2011年度甘肃省写生画展（甘肃省美协、省画院），荣获第四届崆峒文艺奖（平凉市委、市政府，2014年7月）

简　　介：魏小勇，男，1976年生，甘肃静宁县人，中共党员，1998年毕业于西安美术学院设计系，2010年攻读西北师范大学美术学硕士学位研究生，获艺术硕士学位。甘肃省美术家协会会员，现为静宁县教育局干部。作品《果香旱塬》入选2011年度甘肃省写生画展（甘肃省美协、省画院），2014年荣获第四届崆峒文艺奖；《天高云淡之一》荣获"庆祝建党90周年"甘肃省青年美术作品展二等奖；《天高云淡之二》入选2013

年甘肃省总工会职工书画展（甘肃省总工会、甘肃省美协）；《崆峒烟云》入选"魅力崆峒"甘肃省美术作品展（甘肃省美协）；《云起陇山》，荣获西北师范大学研究生院学术展二等奖；研究生毕业创作《雪原萌春》被西北师范大学美术学院留校收藏；《高山闲居》等多幅作品发表在《中国美术教育》《中国书画报》等国家级刊物。

0828 《古道歌声》

作品类别：美术类
作　　者：张国庆
发表时间：2006-12-05

0829 《双飞天》

作品类别：美术类
作　　者：纪生泽
发表时间：2013-04-02
发表载体：迎新春书画电视展播作品集
获奖及影响：中央数字电视书画频道迎新春书画电视展播作品集。

0830 《洁怜根是玉清到叶俱香》

作品类别：美术类
作　　者：周进忠
发表时间：1998-09-21
获奖及影响：白银定西天水三地市美术书法作品联展。
简　　介：该作品为四尺整幅，构图严谨，用墨老道，色彩淡雅，表现出作者深厚的绘画功底。作品传递出"清清白白做人，明明白白做事"的人生哲理。

0831 《邓宝珊与李大钊》

作品类别：美术类

作　　者：豆兴军

发表时间：2011-08-22

获奖及影响：入选"甘肃省重大革命历史题材美术作品展"。

简　　介：豆兴军，现为甘肃省中国画研究院画家，甘肃省美协会员，天水市美协理事、副秘书长，天水书画院特邀画家。擅长写意人物，作品遵古创新，格调清新，笔墨洗炼，自然淳朴，贴近生活。二十世纪80年代出版连环画《他和她》《刘巧儿》，并先后出版了《豆兴军中国画集》《豆兴军甘南人物素描集》，曾在青岛、济南、北京荣宝斋举办过个人画展。

0832 国画《老城新曲》

作品类别：美术类

作　　者：李生勤

发表时间：2000-03-05

获奖及影响：2000年3月获第二届酒泉精神文明建设"五个一工程"奖。

0833 《国画牡丹》

作品类别：美术类

作　　者：王宗德

发表时间：2008-10-11

获奖及影响：作品在白银市人口文化书画摄影展中荣获三等奖。

简　　介：王宗德，甘肃靖远人，从小酷爱书画，擅长写意，作品曾多次参加市级，区级展出，并出版个人书画集一册，获得广泛好评。

0834 油画《牡路》

作品类别：美术类

作　　者：刘雁胜

发表时间：2000-03-05

获奖及影响：2000年3月获第二届酒泉精神文明建设"五个一工程"奖。

0835 《买买提. 库尔班》

作品类别：美术类

作　　者：张玉璧

发表时间：2014-12-12

获奖及影响：作品参加第七届山西芮城永乐宫书画艺术暨"永乐之光"中国画名家邀请展（中国美协主办）。

简　　介：天水师院教授，中国美协会员、甘肃省美协理事、天水市政协委员、天水市区文联简直副主席、天水市美协主席。

0836 《茫茫秋声》

作品类别：美术类

作　　者：穆静

发表时间：2014-07-12

获奖及影响：入展中国美协主办晋江全国中国画作品展。

简　　介：天水市美协副主席，天水市政协委员。

0837 《秦州起义》

作品类别：美术类

作　　者：张博

发表时间：2012-07-12

获奖及影响：入展甘肃省重大历史题材额美术作品展。

0838 中国画《消夏图》

作品类别：美术类

作　　者：张爱民

发表时间：2008-07-01

获奖及影响：2008年7月中国画《消夏图》入选由省美协举办的"庆祝改革开放三十周年、喜迎奥运——甘肃美术作品大展"，2011年6月中国画入选2011年全省文化系统"纪念中国共产党成立90周年美术 书法 摄影作品展"并获优秀奖。

简　　介：张爱民，男，1969年生于甘肃会宁，1995年毕业于西北师大美术系，现为白银市美术家协会会员，平川区第二中学教师。

0839 《静物》《寂静天边》《甘南风光》

作品类别：美术类

作　　者：陈红义

发表时间：2005-04-07

获奖及影响：2005年油画《静物》入选定西市委主办的首届美术作品展并收藏；2007年7月油画《寂静天边》入选甘肃省中国画油画艺术作品展并获铜奖；2008年7月《甘南风光》《家园》入选庆祝改革开放三十周年甘肃美术作品展；2007年12月油画《家乡》入选《刚从敦煌来》甘肃美术写生作品展；2013年作品《向日葵》入选定西各家作品展。

0840 《山水》

作品类别：美术类

作　　者：杨映林

发表时间：2011-08-10

获奖及影响：2011至2012年宁夏自治区政府主办的三、四届房东文化节书画展、同时参加两次甘肃农民书画展获优秀奖；2011年内蒙自治区党委"泽贤杯"全国书画名家展入展；《山水》分别入展省文联和定西市文联美协主办的多项书画展。

0841 《幽谷流泉声》

作品类别：美术类

作　　者：裴松林

发表时间：2005-08-01

获奖及影响：甘肃省美术家协会举办的《丝绸之路首届甘肃省书画作品展》中获优秀奖。

简　　介：裴松林，男，毕业于河西学院美术系，现为酒泉市美术家协会会员，甘肃省青年美术家协会会员。主要擅长国画创作，以花卉、山水为创作题材，创作手法以重墨彩为主。2008年和2010年在金塔县举办个人书画作品展两次，至今10余幅国画作品在省、市级刊物上发表并多次获奖，2012年国画作品《牡丹飘香春长在》在被录入《中国美术家大典》，多幅书画作品被单位和个人收藏。

0842 《愿和平之花盛开》

作品类别：美术类

作　　者：芦建华

发表时间：2010-08-13

获奖及影响：《愿和平之花盛开》获省级优秀奖；《世纪伟人》获省级三等奖；《颂回归》获省级铜奖；《家在山那边》入选省级展览。

0843 《国画》

作品类别：美术类

作　　者：邢鹏飞

发表时间：2008-07-27

简　　介：甘肃天水市人，1975年生，就职于秦州区文学艺术界联合会，毕业于天水师院美术系，现为甘肃省美术家协会会员，天水市青年书画家协会副秘书长，天水市秦州区美术家协会秘书长，《秦州书画报》执行主编。

0844 国画《春风得意》

作品类别：美术类

作　　者：王宗德

发表时间：2008-09-11

获奖及影响：作品《春风得意》在全市人口

文化书画摄影展中荣获三等奖。

简　介：王宗德，字润身，1948 年出生于甘肃靖远，自小喜欢绘画，曾从事于靖煤公司工会宣传部，作品多次参展并获奖。2008 年出版个人书画集一册，受到广泛好评。

0845 国画《山家春月》

作品类别：美术类
作　者：何健
发表时间：2007-02-01
获奖及影响：获白银市首届"凤凰文艺奖"二等奖。

简　介：何建，笔名建韵，甘肃陇南人，大专文化，自幼酷爱笔墨丹青，近年潜心山水画业余创作，以传统为基础，以自然为法师，寻求和感悟笔墨语言形式，借鉴不同的表现风格，立足于地域文化，研究创作具有西部特点的山水画作品。作品曾多次参加全国、省市书画展，其中：《巍巍祁连浩气存》入选和入编了《全国书画艺术碑展建党八十周年伟大丰作品集》，《山家春月》获白银市建市 20 周年书画展金奖，白银市首届"凤凰文艺奖"二等奖等，现为中国煤矿美协理事，甘肃省美协会员，白银市美协副主席。

0846 油画《风景》

作品类别：美术类
作　者：吴兵宁
发表时间：2014-01-02
获奖及影响：白银市第三届"凤凰文艺奖"三等奖。

简　介：吴兵宁，西安美术学院油画系，平川区美术家协会副主席兼秘书长，1999 年参加工作，平川区第二中学美术教师，教学之余一直致力于油画写生创作，曾先后在秦岭，祁连山，甘南，青海，宁夏，庆阳等地写生。2008 年完成了油画创作《东湾系列》，荣获"雅昌艺术网油版雕好画"称号，并被白银教育大厦收藏，2009 年油画《风景》在庆祝"中华人民共和国成立 60 周年甘肃美术作品大展中展出"并出版，2011 年油画《风景》获白银市"会师杯"奖，2011 年油画《风景》获甘肃文化厅美术展览优秀奖，2012 年大型历史油画作品《红色打拉池》获白银市2012年重点文艺资助项目，2013年油画作品《滩》获白银市第三届凤凰文艺奖，2014年油画作品《院落》入选"追寻中国梦"甘肃美术作品大展"，2014年油画作品《屈吴春》入选第二届甘肃省十四地州市作品联展油画作品。油画作品《风景》是一幅描绘西部景象的美术作品，作品主要表现西部苍凉，雄厚但不失绿色希望的景象，画面里半壁残垣土墙映衬出了远久的人类居住地，几株小白杨树也尽显时代生机，远处的青山是西部风景的特点，整幅画以绿黄色调为主，低调，简洁，此作品比较艺术地反映出了我们的生存空间，此作品在2014年获白银市凤凰文艺奖三等奖。

0847 《醉人的草原》

作品类别：美术类

作　　者：葛立才

发表时间：2011-07-01

发表载体：张掖市建党九十周年书画展

获奖及影响：张掖市"建党九十周年书画展"获一等奖。

0848 《蓝天白云》

作品类别：美术类

作　　者：张永龙

发表时间：2007-08-10

发表载体：中国当代书画百家小品展组委会

获奖及影响：在"笔墨雅韵"中国当代书画百家小品展中获优秀奖。

0849 《青山不老绿水长流》

作品类别：美术类

作　　者：善教

发表时间：2008-08-28

发表载体：中国国画院书画展

获奖及影响：入选中国国画院书画展。

0850 《中故国秋韵》

作品类别：美术类

作　　者：李权

发表时间：2012-12-08

获奖及影响：作品入选"荆浩杯"中国画双年展。

0851 《敦煌之梦》

作品类别：美术类

作　　者：王亚林

发表时间：2012-07-29

发表载体：中国画名家邀请展

简　　介：敦煌壁画临摹，不是单纯地照猫画虎，不是工匠的运作，而是艺术的临摹，真正的敦煌壁画临摹品是原作精神的再现，是后天变化的美的诸多因素的综合表现，而不是表面的单纯的模仿，是对我们文化遗产的一种传播，我们向世界介绍敦煌壁画的一种途径，更是古代壁画艺术文化在我们现代多样化的展现。

0852 中国画《风雨四十载》

作品类别：美术类

作　　者：李发旺

发表时间：1989-12-30

发表载体：发表于《国画辅导》第6期

获奖及影响：国画《风雨四十载》1989年12月30日在中国画研究院展出并获优秀奖，1993年8月7日获甘肃省首届"敦煌"文艺奖。

0853 《木塑画》

作品类别：其他类

作　　者：苏永生

发表时间：2006-12-06

获奖及影响：入选2006年甘肃省民间艺术品展览。

简　　介：苏永生，甘肃民乐县人，自幼受传统文化艺术的熏陶，喜爱剪纸、雕塑艺术，其木塑画艺术表现手法独特，作品用要质天发以天然色泽，并利用十多种树皮、树枝，以不同的木色搭配，多次雕磨处理等多道工序，塑造出具有环保理念和古色天成的木塑画，画面恬淡素雅，大气而厚重，无论花鸟、人物、山川、水湖都表理的惟妙惟肖、栩栩如生，作品的外包装以纯手工木质打造的外框，具有古色古香的文化气悉，具有很高的欣赏价值和装饰作用。木塑画是当今仿古艺术的佳作，目前此种艺术手法尚属首创，极具收藏价值。

0854 树皮画《春夏秋冬》

作品类别：其他类

作　　者：苏永生

发表时间：2004-06-25

获奖及影响：荣获"民间文艺山花奖·民间工艺奖"优秀奖。

0855 国画《风雨四十载》

作品类别：美术类

作　　者：李发旺

发表时间：1989-12-31

发表载体：中国画研究院展出

获奖及影响：1989年12月国画作品《风雨四十载》在中国画研究院展出并获优秀奖，同时刊登在《国画辅导》第6册，1993年8月荣获甘肃省首届"敦煌文艺奖"。

简　　介：李发旺，男，汉族，1956年1月出生在甘肃会宁，字冰峰、寒斋主人，号永盛德掌门人。现供职于会宁县文化馆、大学学历、副研究馆员，为甘肃省美术家协会会员；甘肃省书法家协会会（委）员；白银市美术家协会副主席；会宁县美术家协会主席。自幼酷爱书画艺术，主攻中国花鸟画兼学山水，深研金农漆书，创作的近百幅书画作品和多篇论文先后在《国画家》《美术报》《中国书画报》《当代国画家画廊》《中国美术书法界名人名作博览》等国家级报刊和大型展览展出发表，其中国画《风雨四十载》于1993年8月荣获甘肃省首届"敦煌文艺奖"；《秋韵》2014年2月获白银市第三届"凤凰文艺奖"；书法《漆书条幅》2007年1月获第三"甘肃省群星艺术奖"，先后在会宁县、白银市成功举办个人画展，获白银市第五届"德艺双馨"文艺工作者称号。

0856 《花垂明珠滴香露》

作品类别：美术类
作　　者：郭克
发表时间：1982-09-01
发表载体：中国绘画赴非洲、美洲巡回展
获奖及影响：该作品于1982年参加中国绘画赴非洲、美洲巡回展。
简　　介：郭克，男，汉族，中国共产党党员，1925年11月23日生于甘肃天水市麦积区，1947年定居四川省重庆市，1950年毕业于西南美术专科学校，1951年起执教于西南师范学院美术系。中国美术家协会会员，重庆书法家协会会员，西南师范大学美术学院教授，西南师范大学花鸟画教研室主任。1986年起获国务院批准担任中国花鸟画技法硕士研究生导师，开设中国花鸟画技法研究生课程，1986年至1994年担任四川省教委高等院校教授职称评审会美术学科评审组副组长，1989年至1995年担任重庆缙云书画院副院长、院长，1992年至1994年担任西南师范大学教授职称评审委员，1992年至1994年担任西南师范大学教学指导委员，1992年国务院授予国家级有突出贡献专家证书、享受政府特殊贡献甲级终生津贴，1993年获国家教委高等师范院校教师三等奖，1995年任重庆美协荣誉理事、重庆国画院顾问、重庆文史馆顾问、重庆中华民族文化促进会顾问、重庆北碚区文联顾问，该作品于1982年参加中国绘画赴非洲、美洲巡回展。

0857 《许超然山水画写生作品集》

作品类别：美术类

作　　者：许超然（许亚平）

发表时间：2014-11-01

发表载体：中国美术出版社

简　　介：许超然通过写生的形式，在与自然山水对话中挖掘自身感悟。

0858 《美丽家乡》

作品类别：美术类

作　　者：裴志刚

发表时间：2006-07-06

发表载体：中国美术大赛

获奖及影响：2006年在"中国美术大赛"中获青年组美术优秀奖。

简　　介：裴志刚，男，生于1980年10月，籍贯甘肃定西，毕业于天水师范学院美术系油画专业，学历，本科现任教于符川中学。素描全身像入选"中国美术家协会及艺术教育促进会"主编的《中国高等美术院校在校学生作品年鉴》，作品《静物》在甘肃省青年美术家协会等主办的"庆祝建党90周年青年美术作品展"中获三等奖油画《清馨》，国画《双雄图》均在甘肃省美术家协会主办的定西市首届"青年美展"中入选在市区主办的各项展览中入选及获奖十余次。

0859 《协力》

作品类别：美术类

作　　者：任志忠

发表时间：1995-11-15

获奖及影响：获第十届大路画展银牌奖

简　　介：以中国铁路建设为主题，反映筑路工为了祖国的铁路建设事业，在机械无法操作的情况下，争分夺秒完成了党和国家交给的光荣任务。

0860 《皓月长歌》

作品类别：美术类

作　　者：任志忠

发表时间：2010-12-30

获奖及影响：获第十五届大路画展铜奖

简　　介：以青藏铁路为主题，反映西藏和平解放60年来的辉煌成就。

0861 《城市森林》

作品类别：美术类

作　　者：李权

发表时间：2012-09-19

获奖及影响：入选"中国芮城永乐宫"第五届国际书画艺术节展览。

简　　介：作品尺寸，180×98cm；材质，宣纸。

0862 《公园里的家》

作品类别：美术类

作　　者：李权

发表时间：2014-04-15

获奖及影响：2014年入选"全国第四届中国画线描展"。

简　　介：作品尺寸，180×120cm；材质，宣纸。

0863 《游园惊梦》

作品类别：美术类

作　　者：李权

发表时间：2011-09-15

获奖及影响：作品入展中国（芮城）"永乐宫"第四节国际书画艺术节展览。

简　　介：作品尺寸，180×98；材质，宣纸。

0864 《又见喜》

作品类别：美术类

作　　者：李权

发表时间：2014-03-18

获奖及影响：作品入选"首届八大山人全国花鸟画作品展"。

简　　介：作品尺寸，180×118；材质，宣纸。

0865 《陇原故土》

作品类别：美术类

作　　者：康云海

发表时间：2003-09-01

获奖及影响：获得"海潮杯"全国中国画大展铜奖。

简　　介：此作品让人有一种"神往之感"，

那山的巍峨壮观，塬的厚重敦实，云的沉重幻化，雾的轻柔飘逸，草的昂然临风，树的繁郁苍劲，人的坚韧不屈，都幻化在意境之中，带给人们一种前所未有的新鲜感，他以强烈的感情开阔的视野，丰富的景观，变化万千的构图和藏润的笔墨创造出富于特色的西部陇原多姿多彩的的动人风景，无不洋溢着这片大地上浓厚的生活气息，和生生不息的精神。

0866 《西部春醉》

作品类别：美术类

作　　者：康云海

发表时间：2002-05-01

获奖及影响：入选纪念毛泽东同志《在沿安文艺座谈会上的讲坛》发表60周年全国美术作品展览。

0867 《福禄寿禧》

作品类别：美术类

作　　者：曹永琴

发表时间：2006-08-07

获奖及影响：在蒙牛情第二届"国际剪纸艺术节"中获铜奖。

0868 《生命的呼唤》

作品类别：美术类

作　　者：葛立才

发表时间：2001-11-01

获奖及影响：2001年11月，在文化部批准、国务院发展研究中心、国家环保总局，联办的中国企业文化年文化艺术博览会"国粹奖"艺术大展中入选并荣获"国粹奖入选奖"。

0869 《风雪归途》

作品类别：美术类

作　　者：卫生伍

发表时间：2008-08-21

发表载体：中国青少年书法美术大赛

获奖及影响：在由共青团中央主办，中国书法家协会担任艺术指导单位的第四届"中国青少年书法美术大赛"中荣获青年组美术一等奖。

简　　介：卫生伍，男，汉族，卫圣伍，1968.7.9生，2008年加入临夏州美术家协会，2009年加入永靖县美术家协会，2010年加入中国书法研究院，2013年加入中国国际工艺美术师协会。中国青少年书法美术大赛青年组一等奖中国青少年书法美术大赛组委会，第三届"中华名人书法美术大赛"二等奖，中国书画家协会"甘肃省首届农民书画展"优秀奖中共甘肃省委，第十五届"美术节"入展作品奖美术节北京展组委会，第三届"甘肃农民书画展"入选作品奖甘肃省农民书画研究院，临夏州首届"农民书画展"优秀奖。

作品《风雪归途》意境深远、气韵生动，无不显现出韵律之美。

0870 《花鸟四条屏》

作品类别：美术类

作　　者：道金平

发表时间：2007-07-10

发表载体：中国庆阳香包民俗文化产业博览会

获奖及影响：荣获"中国庆阳端午香包民俗文化产业博览会书画"精品一等奖。

0871 《古道文明》

作品类别：美术类

作　　者：葛立才

发表时间：2003-05-01

发表载体：中国书画精品展

获奖及影响：2003年5月在文化部社会文化司、中国诗酒文化协会主办的"中国书画精品展"中荣获中青组一等奖。

0872 《硕果满藤》

作品类别：美术类

作　　者：郭克

发表时间：1991-08-01

发表载体：中国书画名家作品展

获奖及影响：该作品参加1991年中国书画名家作品展，赴台湾展出。

简　　介：郭克，男，汉族，中国共产党党员。1925年11月23日生于甘肃天水市麦积区。1947年定居四川省重庆市，1950年毕业于西南美术专科学校，1951年起执教于西南师范学院美术系，中国美术家协会会员，重庆书法家协会会员，西南师范大学美术学院教授，西南师范大学花鸟画教研室主任。1986年起获国务院批准担任中国花鸟画技法硕士研究生导师，开设中国花鸟画技法研究生课程，1986年至1994年担任四川省教委高等院校教授职称评审会美术学科评审组副组长，1989年至1995年担任重庆缙云书画院副院长、院长，1992年至1994年担任西南师范大学教授职称评审委员，1992年至1994年担任西南师范大学教学指导委员，1992年国务院授予国家级有突出贡献专家证书、享受政府特殊贡献甲级终生津贴，1993年获国家教委高等师范院校教师三等奖，1995年任重庆美协荣誉理事、重庆国画院顾问、重庆文史馆顾问、重庆中华民族文化促进会顾问、重庆北碚区文联顾问。该作品参加1991年中国书画名家作品展，赴台湾展出。

0873 《立轮磨》

作品类别：美术类

作　　者：朱吉义

发表时间：2001-12-01

获奖及影响：在第四届当代中国山水画展中入选，经国家级艺术评审委员会终审，评委创新奖。作品先后在中国美术馆，郑州美术馆等地方演出。

简　　介：该作品为西部山水创作，反应山高，岭重，水缺，溪小等自然环境缺陷，人们利用小溪转动立轮，体现西北人改造自然和利用自然的聪明才智。

0874 《梁宗文画作》

作品类别：美术类

作　　者：梁宗文

发表时间：2014-07-27

简　　介：梁宗文，笔名牧毫，1968年生于陇西，先后进修于宁夏大学美术教育专业，中国艺术研究院研究生院何水法花鸟画工作室。现为陇西书画院院长，陇西美术家协会主席，定西市"德艺双馨"青年文艺工作者，陇西县第七、八、九届政协委员，甘肃省美协会员，国家二级美术师。

0875 《步入新时代的藏女》

作品类别：美术类

作　　者：高山

发表时间：2014-05-01

发表载体：中国西部大地情优秀奖

获奖及影响：第八届中国"西部大地情"中国画、油画作品优秀奖。

简　　介：作者高山，职业画家。作品《步入新时代的藏女》荣获中国美术家协会主办的"塞上明珠·美丽宁夏"第八届中国西部大地情中国画、油画作品展优秀奖。

0876 《草原盛装》

作品类别：美术类

作　　者：党育刚

发表时间：2010-08-04

发表载体：中国西部大地情作品展

获奖及影响：入选第六届中国"西部大地情"中国画、油画作品展。

0877 《大山》

作品类别：美术类

作　　者：张永龙

发表时间：2008-03-05

获奖及影响：在"胜利的曙光——井冈山胜利会师80周年全国书画大赛"中，获金奖。

0878 《乡村景色》

作品类别：美术类

作　　者：张永龙

发表时间：2007-11-16

获奖及影响：在纪念"康有为逝世80周年全国书画大赛"中获金奖。

0879 《情歌》

作品类别：美术类

作　　者：刘学信

发表时间：1998-11-06

获奖及影响：《情歌》获"中亨杯"全国书画大展优秀奖。

简　　介：刘学信，男，汉族，1964年生于甘肃通渭，中国美术家协会会员，甘肃省工笔画协会副主席，甘肃省中国画学会理事，定西市美术家协会副主席，定西市青年美术家协会主席，工艺美术师，北京京大都画院画师，定西市画院画师，定西市市管拔尖人才。《情歌》获"中亨杯"全国书画大展优秀奖。

0880 《牵牛花》

作品类别：美术类

作　　者：郭克

发表时间：1998-08-01

获奖及影响：该作品于1998年应邀为中华人民共和国驻德大使馆创作，并被中华人民共和国驻德大使馆收藏。

简　　介：郭克，男，汉族，中国共产党党员，1925年11月23日生于甘肃天水市麦积区，1947年定居四川省重庆市，1950年毕业于西南美术专科学校，1951年起执教于西南师范学院美术系，中国美术家协会会员，重庆书法家协会会员，西南师范大学美术学院教授，西南师范大学花鸟画教研室主任，1986年起获国务院批准担任中国花鸟画技法硕士研究生导师，开设中国花鸟画技法研究生课程，1986年至1994年担任四川省教委高等院校教授职称评审会美术学科评审组副组长，1989年至1995年担任重庆缙云书画院副院长、院长，1992年至1994年担任西南师范大学教授职称评审委员，1992年至1994年担任西南师范大学教学指导委员，1992年国务院授予国家级有突出贡献专家证书，享受政府特殊贡献甲级终生津贴，1993年获国家教委高等师范院校教师三等奖，1995年任重庆美协荣誉理事、重庆国画院顾问、重庆文史馆顾问、重庆中华民族文化促进会顾问、重庆北碚区文联顾问。

0881 《云涌腊子口》

作品类别：美术类

作　　者：康云海

发表时间：2006-09-01

获奖及影响：参加2006年纪念中国美术大师李苦禅艺术馆开馆暨全国中国画作品提名展，被评为优秀作品。

简　　介：该作品240×125cm，画中的腊子口总让人有一种"神往之感"，山的巍峨壮观，塬的厚重敦实，云的沉重幻化，雾的轻柔飘逸，草的昂然临风，树的繁郁苍劲，人的坚韧不屈，都幻化在了神美的意境之中，带给人们一种前所未有的新鲜感。

0882 国画《墨竹》

作品类别：美术类

作　　者：王建国

发表时间：2011-02-03

发表载体：临夏州文化馆第三届"农民书画巡回展"

获奖及影响：由临夏州文化出版局、临夏州文化馆举办的在"临夏州第三届农民书画巡回展"中获二等奖。

简　　介：作品线条流畅，层次分明，体现了墨竹的高风亮节和凌云之气。王建国，1969年生于甘肃省临夏县，农民，高中文化，现为临夏州美术家协会会员，州书法家协会会员，自幼酷爱书画与研摹，收益颇丰，精心创作了墨竹为题材的作品百余幅，作品收入《临夏州美术家协会会员作品选》，多次参加省、州、县各级各类书画展，部分作品获奖。

0883 《荀子造像》

作品类别：美术类

作　　者：庞俊

发表时间：2008-06-01

发表载体："荀子故里神奇安泽"全国书画大赛

获奖及影响：获得"荀子故里神奇安泽"全国书画大赛优秀奖。

（四）雕塑

0884 《何鄂雕塑创作》

作品类别：雕塑

作　　者：何鄂

获奖及影响：大型城市雕塑《黄河母亲》（花岗岩）获全国首届城雕优秀奖，粗陶彩绘《绣花女》获"刘开渠雕塑艺术基金奖"，现由中国美术馆收藏。《艾黎何克与中国孩子》（花岗岩）建造于甘肃山丹培黎学校；大型城雕《边塞新乐章》（锻铜）建造于新疆石河子市文化广场。获中国工艺美术大师荣誉称号，作品参加第4次世界妇女代表大会举办的"中华女画家邀请展"。

简　　介：何鄂，女，笔名岩石，擅长雕塑。上海金山人。现任全国城市雕塑艺委会委员、中国雕塑学会常务理事、甘肃省美术家协会副主席、甘肃何鄂雕塑院院长。1955年毕业于西北艺术学院美术系雕塑专业。1955-1959年在甘肃省美术服务社工作。1960-1962年在兰州艺术学院美术系任教。1962年8月至1974年11月在敦煌文物研究所工作12年。1974年12月至1993年在甘肃省工艺美术公司研究所工作。1994年创立甘肃何鄂雕塑院。

0885 《龙绪理雕塑创作》

作品类别：雕塑

作　　者：龙绪理

获奖及影响：作品《非洲母亲》入选第三届全国美展，并被中国美术馆收藏。《故乡行》入选建党60周年全国美展，《神州气概》入选首届中国体育美展，《丝绸古道》获首届全国城市雕塑优秀作品奖。

简　　介：龙绪理，别名，龙天翔，四川宜宾人。中国美术家协会会员，中国雕塑家协会会员，擅长雕塑。1965年毕业于四川美术学院雕塑系，后在甘肃省博物馆工作，副研究馆员。

0886 《汪兴中雕塑创作》

作品类别：雕塑

作　　者：汪兴中

获奖及影响：《马兰花》参加北京举办的第六界全国美展；《解放兰州大型浮雕》建立于华林山革命烈士陵园；《春雨》在《甘肃文艺》《甘肃日报》等报刊发表，并收入1965年出版的《甘肃美术作品选》；《崛起》参加建党60周年全国美展现建立于永登市。

简　　介：汪兴中，男，四川成都人。擅长雕塑。1954年西南美术专科学校雕塑系毕业。先后在兰州市文化厅、甘肃省轻工厅、甘肃省工艺美术研究所工作。曾任甘肃省工艺美术研究所室主任。高级工艺美术师，中国美术家协会会员。

0887 《罗代奎雕塑创作》

作品类别：雕塑

作　　者：罗代奎

简　　介：罗代奎，别名楚柏，四川巴县人。中国工艺美术大师。1957年毕业于西南美专（现四川美院）雕塑系，师从著名雕塑家叶毓山、郭其祥教授。1959年毕业分配至甘肃省美术服务社任美工，后服务社改为甘肃省工艺美术研究所至退休，曾在该所任副所长。他擅长玻璃钢仿铜、仿石雕塑。作品多为室内雕塑，新奇大胆，艺术感染力强，独具风格，耐人寻味。作品有《亲——周总理与孩子》《山丹丹——路易·艾黎》、玻璃钢仿铜《为国争光》《李时珍》《海的联想》等。

0888 《王志刚美术创作》

作品类别：雕塑

作　　者：王志刚

获奖及影响：作品曾多次参加全国性美展和专题邀请展，大型公共艺术作品《绿色希望》荣获"第二届全国城市雕塑艺术展"优秀奖；《人类的朋友》和《西部扬帆》荣获"第三届全国城市雕塑建设成就展"优秀作品奖。

简　　介：王志刚，兰州市人，祖籍甘肃静宁。1982年毕业于西安美术学院雕塑系，现为西安美术学院教授、雕塑系副主任、硕士生导师。中国美术家协会会员，中国雕塑学会理事，中国工艺美术学会雕塑专业委员会委员。曾任兰州雕塑院雕塑室主任、兰州雕塑艺术研究所所长、甘肃美协雕塑艺术委员会主任。

0889 《卢波雕塑创作》

作品类别：雕塑

作　　者：卢波

获奖及影响：《好喜欢》89年入选第七届全国美展，获雕塑银奖，省美展一等奖，省文化艺术优秀创作奖，并被中国美术馆收藏。《路易.艾黎》头像于1991年由新西兰国家图书馆收藏。《艾黎和他的中国学生》1991年立于新西兰。

简　　介：卢波，陕西省延安县人。河南省雕塑书画院一级美术师，中国美术家协会会员，中国雕塑学会会员。1958年考入中央美术学院附中，1961年毕业，同年考入中央美术学院雕塑系，1966年毕业。1969年到河南省工作。先后在河南省博物馆、省美术摄影展览办公室、省群众艺术馆工作。1981年至1984年曾在河北师范大学美术系任教。84年至98年在河南省雕塑书画院工作，曾任副院长。1992年被评为文化部优秀专家。《路易·艾黎》头像于1991年由新西兰国家图书馆收藏。《艾黎和他的中国学生》1991年立于新西兰。1996年为中国驻新西兰奥克兰总领事馆接待厅创作完成大型风景画《漓江春晓》，现旅居海外。

0890 《毽子》

作品类别：雕塑类

作　　者：段一鸣

发表时间：2006-02-01

发表载体：奥运雕塑方案作品展

获奖及影响：国内40余座城市巡回展出

简　　介：段一鸣，中央美术学院雕塑系艺术硕士；麦积山艺术研究所副研究员，中国美术家协会会员、中国雕塑学会会员、中国雕塑专业委员会会员、天水市民间艺术家协会副主席、麦积山艺术研究会副会长、持有全国城市雕塑创作设计资格证书，被中国国际人才交流中心选入"二十一世纪人才库"工程，中国雕塑百家。该作品入选"2008奥运景观雕塑方案作品展"，获优秀方案奖，2008年5月获"2008奥运景观雕塑方案作品展"五环奖。

0891 《经济年度人物姜建清胸像》

作品类别：雕塑类

作　　者：郭晓丽

发表时间：2011-09-06

发表载体：《中国经融美术家协会美术家图录》

获奖及影响：中国金融美术家协会第一届"美术美术展"银奖。

简　　介：玻璃钢胸像雕塑

0892 《雕塑作品》

作品类别：雕塑类

作　　者：鲁忠周

发表时间：2005-02-24

简　介：采用彩塑的形式表现了临泽的人文风情。

0893 泥塑《裕固牧歌》

作品类别：甘肃省第四届文博会

作　者：鲁忠周

发表时间：2007-11-09

简　介：采用泥塑的形式表现了临泽的人文风光。

0894 《佛传碑》

作品类别：雕塑类

作　者：孙靖

发表时间：1989-09-01

发表载体：第二届"中国艺术节民间美术展"

获奖及影响：该作品入展第二届中国艺术节民间美术展（文化部主办）。

简　介：孙靖，男，江苏无锡人，1959年出生，师从其父著名雕塑艺术家孙纪元学习中国传统雕塑和现代雕塑创作，参加工作后又在敦煌文物研究所从事古代雕塑研究和创作，1983年考入四川美术学院雕塑系，师从我国著名雕塑艺术家叶毓山、伍明万、郭其祥，从四川美术学院雕塑系毕业后又调到天水市麦积石窟艺术研究所继续从事古代雕塑研究和雕塑创作。现为中国雕塑专业委员会会员，甘肃纪元文化艺术有限公司副总经理，甘肃省美术家协会会员、甘肃省联合国教科文组织协会文化艺术专业委员会委员，天水市美术家协会理事、孙纪元雕塑工作室主任设计师，持有国家建设部，全国城市雕塑委员会颁发的《城市雕塑设计资格证书》。该作品入展第二届中国艺术节民间美术展（文化部主办）。

0895 《石雕菩萨》

作品类别：雕塑类

作　者：孙靖

发表时间：1989-09-01

发表载体：第二届"中国艺术节民间美术展"

获奖及影响：该作品入展第二届中国艺术节民间美术展（文化部主办）。

0896 《重返大唐》

作品类别：雕塑类
作　　者：段一鸣
发表时间：2014-07-16
发表载体：第十二届全国美展
获奖及影响：入选第十二届全国美展
简　　介：段一鸣，中央美术学院雕塑系艺术硕士；麦积山艺术研究所副研究员、中国美术家协会会员、中国雕塑学会会员、中国雕塑专业委员会会员、天水市民间艺术家协会副主席、麦积山艺术研究会副会长，持有全国城市雕塑创作设计资格证书，被中国国际人才交流中心选入"二十一世纪人才库"工程，中国雕塑百家，该作品入选第十二届全国美展。

0897 《厚土》

作品类别：雕塑类
作　　者：段一鸣
发表时间：2004-09-01
发表载体：第十届全国美术作品展
获奖及影响：长春雕塑公园美术馆藏

0898 《希望》

作品类别：雕塑类
作　　者：孙靖
发表时间：1996-01-01
发表载体：甘肃省美术新人新作展
获奖及影响：该作品入展甘肃省美术新人新作展（甘肃省美术家协会主办）。
简　　介：孙靖，男，江苏无锡人，1959年出生，师从其父著名雕塑艺术家孙纪元学习中国传统雕塑和现代雕塑创作，参加工作后又在敦煌文物研究所从事古代雕塑研究和创作，1983年考入四川美术学院雕塑系，师从我国著名雕塑艺术家叶毓山、伍明万、郭其祥，从四川美术学院雕塑系毕业后又调到天水市麦积区石窟艺术研究所继续从事古代雕塑研究和雕塑创作，现为中国雕塑专业委员会会员、甘肃纪元文化艺术有限公司副总经理、甘肃省美术家协会会员、甘肃省联合国教科文组织协会文化艺术专业委员会委员、天水市美术家协会理事、孙纪元雕塑工作室主任设计师。持有国家建设部，全国城市雕塑委员会颁发的《城市雕塑设计资格证书》。该作品入展甘肃省美术新人新作展（甘肃省美术家协会主办）。

0899 《晨曲》

作品类别：雕塑类
作　　者：孙靖
发表时间：1991-07-01

发表载体：甘肃省美术作品展
获奖及影响：该作品入展庆祝中国共产党成立70周年甘肃省美术作品展（甘肃省文化厅、中国美术家协会甘肃分会主办）。

0900 《莲花童子·晨》

作品类别：雕塑类
作　　者：孙靖
发表时间：1988-05-01
发表载体：甘肃省首届"城市雕塑设计方案展"
获奖及影响：该作品入展甘肃省首届城市雕塑设计方案展（甘肃省城市雕塑办公室、中国美术家协会甘肃分会主办）。

0901 《少女》

作品类别：雕塑类
作　　者：段一鸣
发表时间：1996-01-01
发表载体：甘肃省新人新作展
简　　介：段一鸣，中央美术学院雕塑系艺术硕士；麦积山艺术研究所副研究员，中国美术家协会会员、中国雕塑学会会员、中国雕塑专业委员会会员、天水市民间艺术家协会副主席、麦积山艺术研究会副会长、持有全国城市雕塑创作设计资格证书，被中国国际人才交流中心选入"二十一世纪人才库"工程，中国雕塑百家。该作品入选甘肃省新人新作展。

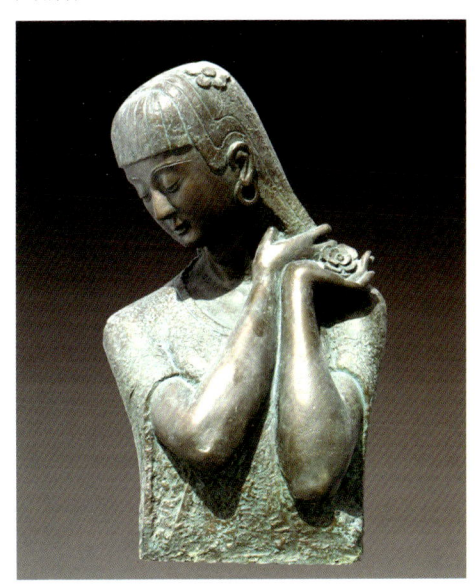

0902 《童谣——胜利歌》

作品类别：雕塑类
作　　者：段一鸣
发表时间：2007-08-01
发表载体：建军八十周年全国美展
获奖及影响：入展中国人民解放军"建军八十周年全国美展"，后被中国美术馆藏。

0903 室外景观雕塑《彩陶王》

作品类别：雕塑类

作　　者：文岩、牛卫军

发表时间：2005-08-10

发表载体：落成于中国沈阳世界园艺博览会甘肃展园

获奖及影响：荣获2006年中国沈阳世界园艺博览会甘肃展园"建筑小品类金奖"、"设计类银奖"、"施工类银奖"、"综合类银奖"。

简　　介：彩陶是新时器时代晚期，中华民族祖先的智慧与创造，它以其造型优美、图案精致、文化积淀深厚闻名于世，尤其在甘肃黄河两岸，分布最多、型质最好，地处黄河上游的兰州，也是许多精美彩陶的出土地之一，以兰州彩陶为主题的城雕作品，无疑是找到了兰州乃至西北的文化之源，黄河——母亲之河孕育了中华民族，彩陶——古文明之物凝聚着中华民族的智慧。景观雕塑《彩陶王》由铜石结合的巨型彩陶罐、多彩的黄河石基座、从陶罐口喷涌而出逐阶而下的黄河水，三位一体组成，它彰显了西部文化的厚重、璀璨、源远流长。

0904 室外景观雕塑《段续与兰州水车》

作品类别：雕塑类

作　　者：牛卫军

发表时间：2007-08-25

发表载体：落成于中国（厦门）国际园林花卉博览会甘肃展园

获奖及影响：荣获2007年中国厦门世界园艺博览会甘肃展园"室外展园银奖"、"施工奖"、"园林建筑小品奖""优秀组织奖"

简　　介：该浮雕运用中国传统雕刻的表现手法，结合甘肃临夏砖雕独有的艺术表现形式，展现出研究、设计、制作兰州水车的场景。

0905 室外景观雕塑《金城揽胜图》

作品类别：雕塑类

作　　者：文岩、牛卫军

发表时间：2012-09-20

发表载体：落成于兰州市白塔山公园

获奖及影响：荣获兰州园林绿化局、兰州园林风景协会颁发的"优秀工程奖"。

简　　介：浮雕画面中间为《金城揽胜图》，左边为《金城古景》，右边为《兰州新韵》采用兰州砖雕的雕刻手法，突出了浮雕的层次感和立体感，将大气、雄浑、厚重的兰州美景刻画出来，与白塔山公园整体环境和谐统一，艺术再现了古金城胜景及新兰州美景，让国内外游人更多的了解古金城，看日新月异变化的新兰州。

0906 室外景观雕塑《平湖雁鸣》

作品类别：雕塑类

作　　者：牛卫军、文岩

发表时间：2005-04-15

获奖及影响：荣获2005年度"全国优秀城市雕塑建设项目"优秀奖。

简　　介：《平湖雁鸣》雕塑作品，营造出一部抒情诗般的田园风情画，此雕塑由七只造型各异的大雁造型组成，配以环境，激发人们对自然生态的保护，大自然是鸟类的家园，也是人类的家园，因此大家有责任，有义务保护好自然生态环境，创建美好家园，使得人与自然相和谐。

0907 室外景观雕塑《人类的朋友》

作品类别：雕塑类

作　　者：王志刚、牛卫军

发表时间：2003-09-25

发表载体：落成于兰州黄河风情线

获奖及影响：荣获2004年第三届"全国城市雕塑"优秀作品奖。

简　　介：鸟是人类的朋友，它那展翅翱翔的雄姿，曾给予人类多少启迪与向往，水草丰美的黄河沿岸曾是鸟类聚集的地方，人类生活范围的不断扩大使鸟类的栖息地越来越少，环境的污染使鸟类的生存受到威胁，我们关注鸟类，既是关注人类自身，景观雕塑《人类的朋友》以抽象的大鸟形态来唤起人们的生态意识，为建一个山更绿、水更清、天更蓝的绿色环保文明城市而努力。

0908 室外景观雕塑《世纪飞天》

作品类别：雕塑类

作　　者：牛卫军

发表时间：2013-02-28

发表载体：落成于北京国际园林博览会兰州展

获奖及影响：荣获第九届中国（北京）国际园林博览会兰州展园"先进集体奖"、"组织奖"、"建筑小品优秀奖"、"先进个人奖"。

简　　介：古有飞天梦，中国载人航天圆梦于飞天故里，抽象的飞天造型，围绕载人火箭旋转升腾，华夏飞天"梦"五千年、实现载人航天，足以让所有华夏儿女、炎黄子孙为我们在实现民族振兴道路上取得的成就倍感自豪。

0909 室外景观雕塑《天女散花》

作品类别：雕塑类

作　　者：牛卫军

发表时间：2013-08-15

发表载体：落成于常州花卉博览会甘肃展园

获奖及影响：荣获2013年第八届中国（常州）花卉博览会甘肃展园"室外展园设计布置奖银奖"。

简　　介：雕塑说明：天女散花雕塑作品，结合敦煌飞天造型以及传统仙女的优美形象，播撒幸福吉祥之花朵，祈福大地、祈福人间，展现甘肃璀璨文化。

0910 《童梦——跳房子》

作品类别：雕塑类

作　　者：段一鸣

发表时间：2009-05-01

发表载体：中国雕塑百家联展

获奖及影响：中国美术馆藏

简　　介：段一鸣，中央美术学院雕塑系艺术硕士，麦积山艺术研究所副研究员，中国美术家协会会员、中国雕塑学会会员、中国雕塑专业委员会会员、天水市民间艺术家协会副主席、麦积山艺术研究会副会长，持有全国城市雕塑创作设计资格证书，被中国国际人才交流中心选入"二十一世纪人才库"工程，中国雕塑百家。该作品入选中国雕塑百家联展，获优秀奖。

0911 《嫂子》

作品类别：雕塑类

作　　者：段一鸣

发表时间：2005-09-01

发表载体：中国美术家协会第十八次新人新作展

获奖及影响：入选"中国美术家协会第十八次新人新作展"，该作品被无锡美术馆收藏。

0912 《黄金周》

作品类别：雕塑类

作　　者：段一鸣

发表时间：2005-09-01

发表载体：中国美协第十八次新人新作展

获奖及影响：无锡美术馆藏

0913 砖雕《博古架》

作品类别：雕塑类

作　　者：沈占伟

发表时间：2007-11-27

发表载体：第二届"甘肃民间工艺美术展"

获奖及影响：2007年11月获得省文联、省民间文艺家协会主办的第二届甘肃民间文艺"百合花奖""民间工艺美术类"评奖活动中获银奖。

简　　介：沈占伟，男，汉族，1968年3月出生，初中学历，正高职称，甘肃临夏市人，1994年3月至2006年11月长期从事临夏砖雕设计、创新、雕刻，2006年12月至今在临夏神韵砖雕有限公司工作，2011年2月被甘肃省工业和信息化委员会授予甘肃省工艺美术大师称号。

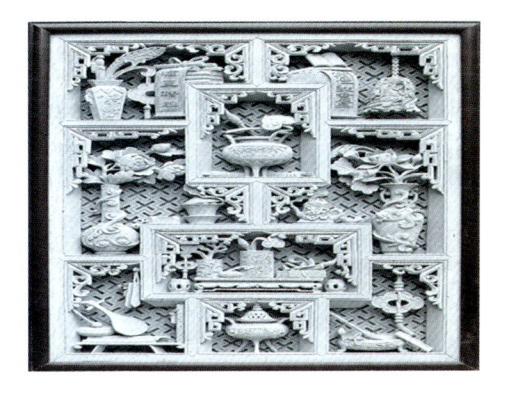

0914 砖雕《锦上添花》

作品类别：雕塑类

作　　者：赵英才

发表时间：2007-11-27

发表载体：第二届"甘肃民间文艺展"

获奖及影响：在省文联、省民间文艺家协会主办的第二届甘肃民间文艺"百合花奖·民间工艺美术类"评奖活动中入选参展。

简　　介：赵英才，男，回族，甘肃临夏市人，1966年3月5日出生，1984年7月至2006年11月长期从事临夏砖雕设计、创新、雕刻，2006年12月至今在临夏神韵砖雕有限公司工作。赵英才作品构思巧妙，工艺精湛，古色古香，高贵典雅，富丽堂皇、极具民族特色和艺术魅力，被誉为临夏砖雕界"锤王"。从1984年起的30年来，赵英才累计创作各种规格的砖雕作品2000多幅（件），面积达2万多平方米，主要作品和合作完成的砖雕艺术品有北京香妃寺、宁夏同心砖雕长廊、临夏大拱北砖雕长廊、临夏河沿头拱北砖雕群、街子拱北砖雕群等，在北京、江苏、陕西、四川、广东、青海、新疆、宁夏等地区有其设计创作、雕刻制作的作品百余处，其作品多次在上海世博会、第四届国际"非遗节"、首届国际文化产业大会等国际、国内展会上展演展出。

0915 砖雕《长城》

作品类别：雕塑类

作　　者：张全明

发表时间：2008-09-27

发表载体：甘肃省第十届"工艺美术展"

获奖及影响：2008年9月甘肃省工艺美术协会评为甘肃省第十届"工艺美术百花奖产品创作设计"二等奖。

简　　介：张全明，男，汉族，1967年10月13日出生，甘肃临夏县人1988年12月至2006年11月长期从事临夏砖雕设计、创新、雕刻，2006年12月至今在临夏神韵砖雕有限公司工作，现为甘肃临夏神韵砖雕有限公司设计生产经理、副高级砖雕艺术师。从1988年起的26年来，张全明累计创作各种规格的砖雕作品1600多件，面积达18000多平方米主要作品和合作完成的砖雕艺术品有北京香妃寺、宁夏同心砖雕长廊、临夏大拱北砖雕长廊、临夏榆巴巴寺砖雕群、街子拱北砖雕群等，作品《长城》砖雕经甘肃省工艺美术评审委员会评审，荣获甘肃省第十届"工艺美术百花奖创作设计"二等奖，并在首届临夏砖雕艺术品展评会上荣获金奖，在青海、新疆、宁夏等地区有其设计创作、雕刻制作的作品百余处，为临夏砖雕这一传统文化艺术的传播、传承和发扬做出了突出贡献。

0916 砖雕《萄园清趣》

作品类别：雕塑类

作　　者：张全光

发表时间：2008-09-27

发表载体：甘肃省第十届"工艺美术"展

获奖及影响：2008年9月甘肃省工艺美术协会评为甘肃省第十届"工艺美术百花奖产品创新"三等奖。

简　　介：作品古朴典雅，构思巧妙，运用多种雕刻手法。

（五）摄影

0917 《司马摄影创作》

作品类别：摄影

作　　者：司马

获奖及影响：作为一位资深的摄影记者，在将近半个世纪的工作与创作实践中，他积累了6000余幅作品及百万多字的新闻、评论类文章。

简　　介：司马（1927年—2013年），山西省大荔县人，兰大历史系毕业，中共党员，主任记者。1949年8月参加革命。1949年至1950年在第一野战军政治部摄影训练班学习摄影，随后在甘肃日报社任编辑记者、摄影组长。1985年任甘肃画报社社长、主编，曾任中国摄影家协会理事、中国摄影家协会甘肃分会第一副主席。从1950年从事新闻工作以来，先后在人民日报、光明日报、甘肃日报及其他报刊发表摄影作品6000余幅，新闻、特写、评论、通讯140多万字。其作品多次在全国影展中展出，部分还送往国外参展。

0918 《李膺摄影创作》

作品类别：摄影

作　　者：李膺

获奖及影响：他担任甘肃省摄影家协会主席以来，一改甘肃省摄影家协会停滞的状态，先后开展了甘肃省首届建设社会主义新农村主题影展等摄影赛事、摄影创作提高班等培训活动，并建立了甘肃摄影工作者之家。

简　　介：李膺，笔名木月，回族，甘肃秦安人。毕业于西北师范大学。曾在甘肃省清水县政府、张家川回族自治县县委、兰州市政府、甘肃省民族事务委员会、甘肃省宗教事务局、甘肃省教育厅、甘肃省政府、甘肃省人大常务委员会等单位工作。工作之余喜爱体育、摄影和旅行。先后出版过《木月摄影画册》（共三集）、《木月摄影作品选》、《思棠心语》（上、下册）等作品。现任甘肃省摄影家协会主席、中国摄影家协会理事。

0919 《王杰摄影创作》

作品类别：摄影

作　　者：王杰

获奖及影响：先后两次发动会员自费举办陇南抗争救灾摄影展和舟曲抗洪救灾摄影展，在全国引起强烈反响。

简　　介：王杰，1972年从事摄影工作，现为中国摄影家协会理事，甘肃省摄影家协会名誉主席。先后筹办了三十多次大型摄影活动及展览，其中两次举办的甘肃青年摄影十佳评选活动为全国摄影界首例；1985年，联合好友在北京举办了摄影作品联展，在全国产生了很大的影响，中国摄影出版社在全国挑选10位有影响的中青年优秀摄影家出版摄影之路丛书，王杰名列其中；1992、2002两次筹办了全国丝绸之路节摄影大赛；1993年，筹办中国西部山地车大赛及山地车影大赛；1994年和2003年，将甘肃风光摄影展，分别办到了澳大利亚和祖国宝岛台湾。

0920 《赵广田摄影创作》

作品类别：摄影

作　　者：赵广田

获奖及影响：在国内外影展、影赛及报刊上发表、入选摄影作品千余幅，其中有200多幅获奖。作品曾获第二届佳能杯亚洲风采华人摄影比赛三等奖、获九省区文化厅主办的"第四届大河上下艺术作品展"二等奖、获中国摄影报主办的"95中国春摄影艺术大奖赛"专业组铜奖、获由联合国教科文组织、中国民俗摄影协会主办的第二届国际民俗摄影"人类贡献奖"年赛宗教文化类二等奖、获国家文物局、中国文物摄影委员会主办的首届全国文物摄影作品展三等奖、获第二届全国文物摄影展二等奖、获"甘肃省首届文艺奖"。

简　　介：赵广田，汉族，民盟盟员，大专学历，副研究员，1954年12月出生，1972年5月参加工作，现任甘肃省博物馆信息中心主任，甘肃省摄影家协会副主席。1983年元月创建甘肃省第一个民间摄影团体—"兰州青年摄影协会"（甘肃省现代摄影学会的前身），历任秘书长、主席等职。25年来为了学会发展，呕心历血、团结同仁，使一个十几人的市级协会，发展到今天拥有1300余人、享誉海内外的省级摄影团体。在四川汶川特大地震后举办抗震救灾专题摄影展，并制作大型画册。近年来先后举办了"百名摄影家拍天祝"、"百名摄影家拍景泰"、"百名摄影家拍宕昌"、"百名摄影家拍冶力关"和"百名摄影家拍武威"等大型活动，通过这些活动促进了当地旅游业的发展。

0921 《杜雨林摄影创作》

作品类别：摄影

作　　者：杜雨林

获奖及影响：作品《劳动间隙》入选全国影展；《第一次合影》获文化部、中国摄影家协会举办的"40年优秀摄影艺术作品展"最优秀十幅作品奖之一，并获1982年中国摄影家协会举办的首届全国青年影展银奖；《思》获团中央、中国青年报、新华社等单位联合主办的"美妙的青春"展览三等奖；《丰》入选1995年九省区第三届大河上下艺术摄影作品展，并荣获优秀奖；《老伴》入选全国影展，并获省影展银奖；《信念》获省影展银奖；《沙洲曲》获省影展铜奖；《大漠早春》、《晒佛》获尼康摄影大赛鼓励奖。1988年获团省委、省青联突击手。

简　　介：杜雨林，男，汉族，中共党员，大专学历，1954年5月出生，1971年1月参加工作，现任甘肃省摄影广告公司经理，甘肃省摄影家协会副主席。

0922 《辛国英摄影创作》

作品类别：摄影

作　　者：辛国英

获奖及影响：作品先后在省市及全国摄影大赛和展览中获奖，其中《独领风骚》、《绘新图》、《心形织我心》、《三代人》等10幅作品在第五届全国乐凯摄影大赛、首届全国社会福利有奖摄影展览、全国绘画书法摄影比赛等全国重大影赛中获奖。《人生难得几回"狂"》在第四届中国艺术节摄影大赛中获金牌奖，《多彩的生活》在"老人世界杯"摄影大赛中获二等奖，《支柱》在第七届尼康全国摄影比赛获四等奖。《游园惊梦》、《新的起点》、《生活的节奏》等20余幅作品先后在《人像摄影》生活人像摄影比赛、"党旗飘飘"全国摄影大赛、全国青年生活摄影大赛、中国经济摄影大赛、民族风情摄影大赛、全国生活·健康摄影大赛中分别获得一、二、三等奖。《断掌再植》、《较量》、《心弦》等60余幅作品在省内各级影展影赛中获金、银、铜奖和优秀奖。《生财之道》、《弃婴》等新闻摄影作品先后在第二届全国晚报新闻摄影大赛、首届全国工人报刊新闻摄影大赛、全国经济新闻摄影大赛等分别获得二等奖。1989年在兰州举办个人专题摄影展览。辞条列入《中国摄影家大辞典》和《中国青年摄影家名人录》。

简　　介：辛国英，甘肃临夏人。1988年毕业于甘肃省联合中专。《兰州日报》摄影记者，兼任东方文化艺术学会理事，甘肃省中老年摄影艺术家协会教育部主任，兰州现代摄影学会副主席。

0923　《吴平关摄影创作》

作品类别：摄影

作　　者：吴平关

获奖及影响：作品在《中国摄影》、《大众摄影》、《摄影世界》、《人民摄影》等报刊上发表，并在香港《中国旅游》、《摄影画报》、《世界经济》和台湾《大地》地理杂志等刊物上刊登。因题材广泛、手法平实、思维超前、角度独特，功力到位，被评介为"中国西部人文纪实摄影家"，在摄影界颇具实力和影响。目前，在国内外发表作品千余幅，获奖百余次。

简　　介：吴平关，曾任兰州第一毛纺织厂宣传干事、摄影师，兰州毛纺织工业公司编辑、摄影师。1现为自由撰稿人、职业摄影师。现为中国摄影家协会会员、甘肃省现代摄影学会副主席、兰州市摄影家协会副秘书长。

0924　《左竺灵摄影创作》

作品类别：摄影

作　　者：左竺灵

获奖及影响：中国摄影家协会主办第6届、7届、9届、11届国际摄影艺术展览中入选及获奖；第1届全国黑白摄影艺术展览；第17届、19届全国摄影艺术展览；1995年纪念联合国成立50周年摄影艺术展览；2000年赴联合国总部千年之禧摄影艺术展览等入选及获奖。国际摄影艺术联合会FIAP主办第24届国际黑白双年摄影艺术展览获FIAP铜牌奖，受到国际摄联FIAP主席昂立克·帕米埃斯的亲自嘉奖。1997年获国际摄联FIAP铜牌奖；2001年获国际摄联FIAP银牌奖。

简　　介：左竺灵，正高职研究馆员。甘肃省摄影家协会副主席。中国摄影家协会2003年评为德艺双馨优秀会员，2006年授予突出贡献摄影工作者。中国新闻摄影学会会员，中国民俗摄影协会首批博学会士。蝉联甘肃省人民政府颁发甘肃省文艺界最高奖"敦煌文艺奖"第1届、2届、3届、4届，其中有两届获一等奖。获甘肃省文联、甘肃省摄影家协会颁发摄影界最高奖"奔马奖"二等奖。

0925　《郑屹摄影创作》

作品类别：摄影

作　　者：郑屹

获奖及影响：摄影作品《草原夜色》1992年在第四届全国乐凯摄影艺术大奖赛中获纪念奖，《远方来客》等作品在第三届横贯中国摄影展览中入选，《陌生》1993年在《大众摄影》杂志上获月赛三等奖，《晨光下》1993年在《中国摄影》杂志发表，《大漠行》被评为1992年甘肃·秋田友好交往摄影展优秀作品并在日本展出，《暮归》在1989年甘肃省"春风杯"摄影大奖赛获优秀作品奖，《力敌千钧》等作品获1991年兰州市摄影展金牌奖和铜牌奖，《心曲》、《伸手不凡》获首届中国丝路节"公元杯"摄影大赛三等奖。

简　　介：郑屹，笔名关山。陕西临潼人。1982年毕业于兰州工业专科学院。甘肃省摄影家协会会员，兰州现代摄影学会高级会士、常务理事、创作部部长，兰州市安宁区摄影学会副会长。近年来200余幅作品在省市级影赛影展中获奖或入选，560余幅摄影作品在各报刊杂志发表。

0926 《陈兴发摄影创作》

作品类别：摄影

作　　者：陈兴发

获奖及影响：他先后在各类报刊和展赛发表展出摄影作品2000幅，有《大地神韵》《流淌的记忆》等系列专题在国际国内影展中展出或获奖，有数十篇论文被大型丛书入编。

简　　介：陈兴发，甘肃武威人，中共党员，本科学历，曾任甘肃省公安消防总队政委，中国摄影家协会会员，美国职业摄影师协会（PPA）会员，中共公安消防文联摄影专业委员会主任，甘肃省文联第四届委员会委员，甘肃省摄影家协会副主席，甘肃省消防文联主席。

0927 《王玫摄影创作》

作品类别：摄影

作　　者：王玫

获奖及影响：作品《诗意的栖居》入选由意大利莫妮卡－德马黛策展的《似是而非》16位中国摄影师作品，《永泰龟城》获2012雪花纯生 全国古建筑摄影大赛"金奖《八角古城》获2012年"丝路·长城 中国嘉峪关国际摄影艺术大展"银质收藏奖 摄影专题多次刊登在《中国国家地理》《中国摄影报》《中国摄影》《环球人文》《西藏人文地理》等刊物。

简　　介：王玫，祖籍山西，毕业于兰州教育学院美术系，中国摄影家协会会员，美国职业摄影师协会会员，国家高级摄影师，甘肃省摄影家协会理事。摄影作品《万众瞩目》获第22届全国摄影艺术展纪实类铜奖，出版个人摄影专集《藏地物语》画册。王玫以女性的温柔和浪漫让摄影语言充满飘逸，颜色在这里得以极至的夸张，不仅仅且有作为光谱各部分的视觉区别，它们还涉及理智和所有意义的整个精神生物学体验领域的节略式浓缩，并与基本的人类关系有关。当王玫仅仅是在对这些原素构造进行了抽象之后，其它被人类使用的社会分类模式与命名才得以再现。她很好地处理"地域"差异与艺术特殊的问题，形成了具有个人话语表达体系的摄影世界。

0928 《孙杰摄影创作》

作品类别：摄影

作　　者：孙杰

获奖及影响：作品《100个卓玛》被国家选送欧美六国展出。

简　　介：孙杰，中国摄影家协会会员，中国艺术摄影学会会员，甘肃摄影家协会副主席，甘肃青年摄影家协会副主席，硕士生导师；2003年，被中国艺术摄影学会授予"中国优秀摄影家"称号；2013年，被甘肃省评为"有突出贡献专家"。自上世纪80年代以来，有600余副作品在军内外重点刊物发表，连续二十余次在全国、全军获奖。

0929 《曾红兵摄影创作》

作品类别：摄影

作　　者：曾红兵

获奖及影响：其作品曾荣获第二十届全国摄影艺术展优秀奖、第十二届全国群星奖摄影优秀奖、第十三届全国群星奖摄影入围奖、第四届"大河上下"摄影展三等奖、第三届甘肃省群星奖金奖、甘肃省第四届敦煌文艺奖、兰州市第四届金城文艺奖二等奖及五、六届金城文艺奖一等奖、甘肃省第六届敦煌文艺奖三等奖、甘肃省第二届摄影"奔马奖"一等奖、甘肃省第七届敦煌文艺奖一等奖、"2012群星璀璨·全国群众美术书法摄影优秀作品展"（群星奖）获银奖等。在国家级、省级刊物发表摄影作品几百余幅。

简　　介：曾红兵，汉族，中共党员，大专学历。1984年以来从事摄影工作，现为中国摄影家协会会员、中国艺术摄影家协会会员、甘肃省摄影家协会副秘书长、兰州市摄影家协会副主席、现任兰州市文化馆办公室主任，副研究馆员。

0930 《冬日》

作品类别：摄影类

作　　者：张浩

发表时间：2010-12-30

获奖及影响：2010年12月30日获甘肃省第二届"摄影奔马奖"三等奖。

简　　介：张浩，男，1979年生，中国摄影家协会会员、甘肃省摄影家协会会员、兰州市摄影家协会会员。

0931 《捐赠营养包》

作品类别：摄影类

作　　者：刘江涛

发表时间：2013-05-16

发表载体：环县双联行动摄影展

获奖及影响：荣获全县双联行动摄影书画展摄影类三等奖。

0932 《裴明星系列摄影作品》

作品类别：摄影类

作　　者：裴明星

发表时间：2002-08-01

发表载体：2002 丝绸之路中国摄影艺术节

0933 《羊毛丰收》

作品类别：摄影类

作　　者：佘佐军

发表时间：2002-08-01

发表载体：丝绸之路中国摄影艺术节

0934 《马兰花》

作品类别：摄影类

作　　者：俞岚枫

发表时间：2004-12-01

发表载体：2004 甘肃摄影艺术展

获奖及影响："飞腾的大地"甘肃摄影艺术展二等奖

简　　介：图片记录了在阳光下盛开的马兰花，展示了生态是瓜州人赖于生存的生活环境。

0935 《男儿流汗不流泪》

作品类别：摄影类

作　　者：李建武

发表时间：2009-09-13

发表载体：2009 年消防摄影大奖赛

获奖及影响：该作品在甘肃省公安消防部队2009 年"颂消防、爱驻地"消防摄影大奖赛中获优秀奖（中共甘肃省委宣传部、甘肃省文学艺术界联合会、甘肃日报社、甘肃省公安消防总队主办）。

简　　介：李建武，男，生于 1970 年，毕业于天水师范学院美术系，任职于天水市麦积区桥南联中，现为甘肃省摄影家协会会员、天水市美术家协会会员、天水新闻摄影学会会员，近年来有多幅绘画、摄影作品发表于各类省、市级报刊杂志。

0936 《狼渡湿地风光》（组照）

作品类别：摄影类

作　　者：包新田

发表时间：2010-04-14

简　　介：《狼渡湿地风光组照》之一《湿地之韵》，摄于闾井狼渡湿地，绿毯般的湿地草原上，小河弯弯曲曲，犹如一条银蛇爬向远方，牧牛点点像镶嵌在绿毯上的黑宝石，使作品更加富有诗情画意。《狼渡湿地风光组照》之二《高原行舟》，摄于闾井狼渡草原，在清澈的蓝天下，在绿色的山丘上，越野性能极高的低轱辘车队依次从山丘上走过，使人联想到了大海上的扁舟和沙漠中的骆驼……该作品曾参展于第四届甘肃省群星艺术节摄影展和"多彩定西"摄影作品展；《狼渡湿地风光组照》之三《草原牧歌》，摄于闾井狼渡草原。夏日的草原，蓝天绿草，野花盛开，牛羊在牧草，牧童在歌唱，犹如一曲优美的草原赞歌；《狼渡湿地风光组照》之四《湿地风情》，辽阔的草原，羊群攒动，流水蜿蜒，微风轻抚，空气新鲜，恰似一幅自然的风景画，展现在人们面前；《狼渡湿地风光组照》之五《狼渡湿地》，在狼渡草原上，水和草四季可见，它不仅满足了大小牧群的需求，同时也是这片草原独有的特色和吸引人们观光的亮点；《狼渡湿地风光组照》之六《草丰牛欢》，摄于闾井狼渡草原。夏日的草原，水草丰盛，小牛犊相互嬉闹，大牛群在旁吃草捧场，幽静的草原，一派和谐景象。

0937 《七彩丹霞》

作品类别：摄影类

作　　者：成林

发表时间：2011-12-01

发表载体：2011PSAChina 国际摄影大赛

0938 《甘州真棒》

作品类别：摄影类

作　　者：成林

发表时间：2011-07-18

发表载体：2011张掖中国汽车拉力赛摄影大赛

0939 《甩辫子》

作品类别：摄影类

作　　者：任勇刚

发表时间：2011-06-25

发表载体：2011中国非物质文化遗产摄影展

获奖及影响：2011中国非物质文化遗产摄影大展中被评为优秀收藏作品。

简　　介：任永刚，生于1957年11月，甘肃省现代摄影学会会士、临夏州摄影家协会员，供职于刘家峡水电厂，擅长风、民俗摄影。作品《打卡环》获中国水电记协华北西北地区水电记者联合会1991年度好新闻二等奖；《吊装》在1995年10月全省"电与社会"摄影大赛中获艺术类优秀奖；《夕阳红》2003年入选甘肃省现代摄影20年优秀摄影作品集；《万家灯火》2005年在临夏州第二届民族风情摄影展中获优秀奖。

0940 《如画家园》

作品类别：摄影类

作　　者：成林

发表时间：2013-12-01

发表载体：PSAChina 国际摄影大赛

获奖及影响：入围第三届"PSAChina 国际摄影大赛"。

0941 《意境》

作品类别：摄影类

作　　者：成林

发表时间：2013-12-01

发表载体：PSAChina 国际摄影大赛

获奖及影响：入围第三届"PSAChina 国际摄影大赛"。

0942 《华亭莲花湖》

作品类别：摄影类

作　　者：梁胜儒

发表时间：2012-09-17

发表载体："彩绘丽甘肃"环保绿色

简　　介：梁胜儒，男，汉族，生于1951年，在甘肃省华亭县计划生育局工作（已退休），甘肃省摄影家协会会员，平凉市摄影家协会会员，华亭县摄影家协会会员。本人在国家人口与计划生育杂志、甘肃人口报、平凉日报等媒体刊登摄影、文字稿件40余篇（幅）。

0943 《麦积冬韵》

作品类别：摄影类

作　　者：李克强

发表时间：2009-09-03

发表载体："看陇原长庆杯"摄影大赛

获奖及影响：该作品在甘肃省庆祝新中国成立60周年"看陇原长庆杯"摄影大奖赛，荣获风光类收藏奖（中共甘肃省委宣传部、甘肃省文学艺术界联合会、甘肃日报、甘肃省现代摄影学会、甘肃省公安消防总队、甘肃风采网主办）。

简　　介：李克强，男，1961年生，天水市麦积区麦积山人。甘肃省摄影家协会会员，甘肃省现代摄影学会会员，天水市摄影家协会理事。酷爱摄影，二十多年来致力于拍摄麦积山风景名胜区不同时节，不同角度的奇观异景。

0944 《夕照丹霞》

作品类别：摄影类

作　　者：李晓华

发表时间：2013-08-22

发表载体："多彩张掖，美丽甘州"

获奖及影响：《夕照丹霞》在2013年"多彩张掖，美丽甘州"全国摄影大展评选中被评为优秀奖。

简　　介：李晓华，男，汉族，陕西汉中张骞故里人，媒体从业者。七十年代末在部队从事党务文化宣传工作，二十世纪初从事地方新闻媒体工作。在工作之余一贯喜爱图片摄影。多幅图片被国内外媒体采用、转发，部分作品获新闻奖等。

0945 《白马藏族妇女风采》

作品类别：摄影类

作　　者：刘闽江

发表时间：2014-09-15

发表载体："共圆妇幼健康梦"公益摄影

获奖及影响：2014年9月摄影作品《白马藏族妇女风采》在"共圆妇幼健康梦"公益摄影大赛获三等奖。

简　　介：刘闽江，男，汉族，1956年8月生，现在职甘肃省广播电影电视总台新闻综合广播编辑，曾在职原《甘肃商报》摄影记者，现为甘肃省摄影家协会会员，甘肃省现代摄影协会会员，兰州市摄影家协会理事。

0946 《爱》

作品类别：摄影类

作　　者：张士诚

发表时间：2014-09-15

发表载体："共圆妇幼健康梦"摄影

获奖及影响：2014年9月摄影作品《爱》在2014年"共圆妇幼健康梦"公益摄影大赛获二等奖。

简　　介：张士诚，男、汉族、中共党员，大专，61岁。1974年开始学习摄影知识，曾在兰州日报、晚报、甘肃日报、甘肃工人报、中国供水节水报等报刊杂志发表过多篇摄影作品，2001年3月加入甘肃省摄影家协会，2003年12月加入中国摄影家协会，2004年被兰州市委宣传部兰州报社等评为兰州市十大优秀残疾人，作品《当代禹公》1991年获中国水协政工委全国摄影大赛最佳摄影奖，作品《为了和平》1990年获甘肃省摄影大赛二等奖，作品《谁说佛家不爱美》获兰州、杭州、并州（太原）三州联展优秀奖，作品《待发》2005年获大众摄影优秀奖，2001年在甘肃省第二届残疾人职业技能竞赛中，获封面摄影一等奖，作品《残疾人来到天安门》在2002年全国第二届残疾人职业技能竞赛摄影项目中获全国第三名，2005年在甘肃省第三届残疾人职业技能竞赛中，获室内摄影一等奖。

0947 《草原晨曲》

作品类别：摄影类

作　　者：安合成

发表时间：2009-08-03

发表载体："金张掖之夏"摄影大赛

简　　介：作品《草原晨曲》于2009年9月在首届"金张掖之夏"摄影大展中获得优秀奖，同时被甘肃国土资源网作为网页被采用。

0948 《官鹅沟风光》组照

作品类别：摄影类

作　　者：刘辉
发表时间：2007-09-14
发表载体："今日长征路"
获奖及影响：该作品入选9省12市（州）共同举办的第四届"今日长征路"摄影艺术联展。

0949 《雪域牧歌》

作品类别：摄影类
作　　者：葛宏伟
发表时间：2007-10-02
发表载体："警苑杯"美术书法摄影展
获奖及影响：2007年10月荣获甘肃省首届"警苑杯"美术书法摄影展摄影类优秀奖。
简　　介：葛宏伟，男，生于1969年，甘肃永登县人，中共党员，本科学历，兰州市公安局交警支队民警。现为全国公安文联摄协会员、甘肃省摄影家协会会员、甘肃省现代摄影学会会士、甘肃省公安文联会员、兰州市摄影家协会理事、兰州摄影艺术家联合会理事。2000年开始从事业余摄影创作，擅长拍摄新闻纪实、风光民俗等题材，多次参加公安系统、省市摄影家协会等部门举办的影展、影赛，并荣获多种奖项。

0950 《一叶知冬》

作品类别：摄影类
作　　者：丁天平
发表时间：2008-12-12
发表载体："赛富图"杯全国数码摄影大赛
获奖及影响：该作品在"赛富图"杯全国数码摄影大赛中获优秀奖（中国数码摄影家协会主办）。
简　　介：丁天平，男，1963年出生于甘肃天水，1981年入伍，酷爱摄影，1996年开办阿门照相馆至今，现为中国摄影家协会网VIP会员（网名：阿门金镜头影楼）、大众摄影网（摄影漫谈）版块版主（网名：阿门金镜头）、甘肃省摄影家协会会员、甘肃省现代摄影家协会会员、天水市摄影家协会理事。

0951 《舍题》

作品类别：摄影类
作　　者：丁天平
发表时间：2010-05-23
发表载体："天水影友联谊会"比赛
获奖及影响：该作品在新奇摄影网举办的"天水影友联谊会"比赛中获优秀奖（甘肃省摄影家协会主办）。

0952 《小息》

作品类别：摄影类
作　　者：丁天平
发表时间：2010-05-23
发表载体："天水影友联谊会"比赛
获奖及影响：该作品在新奇摄影网举办的"天水影友联谊会"比赛中获佳作奖（甘肃省摄影家协会主办）。

0953 《心愿》

作品类别：摄影类

作　　者：王彩云

发表时间：2010-05-23

发表载体："天水影友联谊会"比赛

获奖及影响：该作品在新奇摄影网举办的"天水影友联谊会"比赛中获佳作奖（甘肃省摄影家协会主办）。

简　　介：王彩云，女，笔名风影，1970年6月生于甘肃天水麦积区，现供职于甘肃省天水市锻压机床有限责任公司。喜爱文学、摄影，现为甘肃摄影家协会会员，天水摄影家协会会员，秦州区摄影家协会理事。

0954 《瑞应寺春雪》

作品类别：摄影类

作　　者：孙永刚

发表时间：2011-06-11

发表载体："文化遗产与美好生活"摄影大赛

获奖及影响：该作品获甘肃省文物局主办"文化遗产与美好生活"主题摄影比赛三等奖。

简　　介：孙永刚，男，1956年出生，祖籍江苏无锡，自1983年在甘肃敦煌市文化馆美术摄影组工作，1984年起在麦积山石窟从事文博摄影室工作，文博馆员职称，1988年考入兰州大学新闻系摄影专业班学习，1993年参加全国成人高等教育考试，考入武汉大学摄影艺术大专班，1995年7月毕业，先后参加了中国文物出版社与日本平凡社出版的大型画册《中国石窟·麦积山石窟》画册的拍摄，任助理摄影，1996年参加了四川人民美术出版社出版的《中国石窟雕塑全集·麦积山石窟》一书的拍摄，2004年完成了《麦积山石窟志》一书的出版摄影工作，2006年出版的《甘肃文物菁华》大画册摄影者之一，2013年在文联出版社出版个人摄影作品集《麦积山石窟》一部。现供职于麦积山石窟艺术研究所，任资料室副主任2002年先后加入甘肃省摄影家协会、中国文物摄影委员会，为该会会员。

0955 《放牧闲暇时》

作品类别：摄影类

作　　者：魏峰

发表时间：2006-08-18

发表载体："兴国杯"摄影大赛

获奖及影响：入选"魅力肃南裕固花香神奇丹霞兴国杯"摄影大赛。

0956 《他来了》

作品类别：摄影类
作　　者：魏峰
发表时间：2006-08-18
发表载体："兴国杯"摄影大赛
获奖及影响：入选"魅力肃南裕固花香神奇丹霞兴国杯"摄影大赛。

0957 《成县鸡峰山》

作品类别：摄影类
作　　者：刘闽江
发表时间：2014-11-23
发表载体："绚丽甘肃、精品丝路"摄影
获奖及影响：2014年11月23日摄影作品《成县鸡峰山》在兰州银行杯"绚丽甘肃·精品丝路"全国摄影大赛获二等奖。
简　　介：刘闽江，男，汉族，一九五六年八月生。现在职甘肃省广播电影电视总台新闻综合广播编辑，曾在职原《甘肃商报》摄影记者，现为甘肃省摄影家协会会员，甘肃省现代摄影协会会员，兰州市摄影家协会理事。近年获奖作品：2011年四月摄影作品《兴隆远眺》在"走进兴隆山"摄影大赛获三等奖，2012年八月摄影作品《冠军风采》在"兰州银行杯"2012年兰州国际马拉松摄影大赛获三等奖，2013年七月摄影作品《农家戏班》在甘肃省"联村联户、为民富民"美术，书法，2014年九月摄影作品《白马藏族妇女风采》在"共圆妇幼健康梦"公益摄影大赛获三等奖。

0958 《春到刘家峡》

作品类别：摄影类
作　　者：史有东
发表时间：2014-07-25
发表载体："义顺杯"旅游新闻摄影大赛
简　　介：史有东，生于1973年7月，男，大专文化，中共党员，现为甘肃省永靖县委宣传部摄影记者，近几年来，在报刊杂志上发表照片1000多张，拍摄像片30000多张，2002年荣获甘肃省省新闻摄影二等奖，2004年获全省"兴顺杯旅游新闻摄影大奖赛"二等奖，多次在临夏州摄影艺术展览中获奖，现为省、州、县摄影家协会会员。作品说明：春天来临，永靖县刘家峡镇居民在黄河岸边向红嘴鸥喂食，随着生态环境的改善和人们爱鸟意识的增强，数以万计的候鸟飞临永靖黄河三峡湿地越冬，这里又成了人鸟和谐相处的乐园。

0959 《雨后春笋》

作品类别：摄影类
作　　者：封虎
发表时间：2012-12-24
发表载体："中粮可口可乐杯"全国
获奖及影响：《雨后春笋》在"中粮可口可乐杯"全国摄影大赛甘肃赛区荣获优秀奖。

0960 《麦积烟云》

作品类别：摄影类
作　　者：毛恩海
发表时间：2014-11-26
发表载体：《甘肃日报》绚丽甘肃版刊登并
获奖及影响：本次大赛，由甘肃省委宣传部、省文明办、甘肃日报社、省摄影家协会和兰州银行联合主办的兰州银行杯"绚丽甘肃·精品丝路"全国摄影大赛。其影响力较大且获得高知名度。

0961 《黄河在咆哮》

作品类别：摄影类

作　　者：封虎

发表时间：2005-12-26

发表载体：《魅力陇原》全国摄影

获奖及影响：《黄河在咆哮》在第四届"中粮可口可乐杯"魅力陇原全国摄影大赛甘肃赛区荣获银奖。

0962 《黄河一隅》

作品类别：摄影类

作　　者：单锋胜

发表时间：2007-12-13

获奖及影响：在白银市第一届"凤凰文艺奖"，甘肃省第十六届"摄影艺术展中"展出。

简　　介：单锋胜，男，汉族，1969年1月出生于山东省惠民县，目前是自由职业者，甘肃摄影家协会会员，甘肃现代摄影协会会士，靖远县摄影协会副主席。喜欢民俗、纪实类题材作品，曾参加庆祝白银市恢复建市20周年"陇烨杯"书法、美术和摄影展活动，白银首届"蒙娜丽莎"杯摄影大奖赛暨人像摄影展多幅入选，其中一幅作品荣获三等奖。本作品曾入选甘肃省第一届摄影奔马奖暨甘肃省第十六届"摄影艺术展览"，获首届"白银市凤凰文艺奖"三等奖。

0963 《魅力陇西》摄影卷

作品类别：摄影类

作　　者：魅力陇西编委会

发表时间：2012-08-01

发表载体：北京日报报业集团，同心出版社

获奖及影响：《魅力陇西》以神奇的镜头诉说陇西人民艰苦奋斗和辉煌历程。

简　　介：《魅力陇西》摄影卷以特色产业、乡村乐章、田园山水、古郡新貌、文化流韵五个篇章诉说陇西发展的辉煌历程。

0964 《印象》

作品类别：摄影类

作　　者：袁志强

发表时间：2000-12-01

获奖及影响：获得甘肃省第三届"敦煌文艺奖"二等奖。

简　　介：该作以诗情画意般的意境，再现了祖国大西北水草丰美、碧波荡漾的美丽景色，借此表现作者呼唤人们保护自然、热爱家乡的情怀。

0965 《赵博摄影作品》

作品类别：摄影类

作　　者：赵博

发表时间：2013-12-02

发表载体：参加展览

获奖及影响：获"树人杯"大赛二等奖

简　　介：赵博，男，汉族，中共党员，1991年10月出生，庆阳市正宁县人，本科学历，艺术设计专业。有室内设计师资格证、高级摄影师资格证、甘肃省摄影家协会会员、庆阳市摄影家协会会员、庆阳市美术家协会会员等资格证书。

0966 摄影作品《荷》

作品类别：摄影类

作　　者：赵博

发表时间：2013-12-02

发表载体：参加展览

获奖及影响：入展《甘肃省2013年迎新春书画摄影展》

0967 《秋日私语》

作品类别：摄影类

作　　者：马晓伟

发表时间：2012-04-08

发表载体：参赛

获奖及影响：获摄影世界杂志与尼康公司摄影年赛优秀奖。

0968 《画卷》

作品类别：摄影类

作　　者：吴开春

发表时间：2014-03-11

发表载体：参赛

获奖及影响：《画卷》荣获"党的建设杯"扁都口摄影大赛二等奖。

简　　介：吴开春，男，汉族，现年37岁，甘肃民乐人，笔名俊风，本科学历，中共党员，张掖市摄影家协会会员，甘肃省摄影家协会会员，甘肃省青年摄影家协会会员。现任甘肃省民乐县文化馆副馆长、党支部书记。

0969 《出征时》

作品类别：摄影类

作　　者：田卫

发表时间：2000-03-05

获奖及影响：2000年3月获第二届酒泉精神文明建设"五个一工程"奖。

0970 《家书抵万金》

作品类别：摄影类

作　　者：苗丰俊

发表时间：2005-03-06

获奖及影响：2005年3月获第七届酒泉精神文明"五个一工程奖"。

0971 《沙韵》

作品类别：摄影类

作　　者：马晓伟

发表时间：2004-03-05

获奖及影响：2004年3月获第六届酒泉精神文明"五个一工程奖"。

0972 《乡里娃》

作品类别：摄影类

作　　者：陈立忠

发表时间：2005-03-05

获奖及影响：2005年3月获第七届酒泉精神文明"五个一工程奖"。

0973 《笑逐颜开》

作品类别：摄影类

作　　者：陈立忠

发表时间：2004-03-05

发表载体：参展

获奖及影响：2004年3月获第六届酒泉精神文明"五个一工程奖"。

0974 《雪域冰峰》

作品类别：摄影类

作　　者：戴友春

发表时间：2004-03-05

发表载体：参展

获奖及影响：2004年3月获第六届酒泉精神文明"五个一工程奖"。

0975 《总理在农家》

作品类别：摄影类

作　　者：朱有仁

发表时间：2004-02-05

发表载体：参展

获奖及影响：2004年2月获第六届酒泉精神文明"五个一工程奖"。

0976 《时尚婚礼》

作品类别：摄影类

作　　者：佘佐军

发表时间：2009-09-03

发表载体："长庆杯百名摄影家看陇原摄影大赛"

获奖及影响：获得甘肃省庆祝"中国共产党成立90周年长庆杯百名摄影家看陇原摄影大赛"入选奖。

0977 《扁都风光》

作品类别：摄影类

作　　者：曹芬华

发表时间：2013-01-01

发表载体：出版

简　　介：曹芬华，女，甘肃民乐县人，1975年8月出生，本科学历，中共党员。中国民俗摄影协会会士、甘肃省摄影家协会会员，张掖市摄影家协会会员，现供职于民乐县能源办。

0978 《穿越黑河大峡谷》

作品类别：摄影类

作　　者：曹芬华

发表时间：2010-10-18

获奖及影响：《穿越黑河大峡谷》荣获联合国教科文组织与中国民俗摄影协会主办的"魅力肃南裕固花乡"全国摄影大赛佳作奖.。

0979 《飞跃》

作品类别：摄影类

作　　者：曹芬华

发表时间：2011-07-28

获奖及影响：荣获"2011丝路春杯张掖·中国汽车拉力竞标赛"全国摄影大赛入选奖。

简　　介：曹芬华，女，甘肃民乐县人，1975年8月出生，本科学历，中共党员，中国民俗摄影协会会士、甘肃省摄影家协会会员，张掖市摄影家协会会员。现供职于民乐县能源办。

0980 《花香四溢》

作品类别：摄影类

作　　者：曹芬华

发表时间：2014-03-01

获奖及影响：《花香四溢》获"党的建设杯"扁都口摄影大赛三等奖。

简　　介：曹芬华，女，甘肃民乐县人，1975年8月出生，本科学历，中共党员，中国民俗摄影协会会士、甘肃省摄影家协会会员，张掖市摄影家协会会员。现供职于民乐县能源办。

0981 《祁连山下好牧场》

作品类别：摄影类

作　　者：曹芬华

发表时间：2011-06-24

获奖及影响：荣获甘肃省"庆祝中国共产党成立90周年——第二届建设社会主义新农村摄影艺术展"入选奖。

简　　介：曹芬华，女，甘肃民乐县人，1975年8月出生，本科学历，中共党员，中国民俗摄影协会会士、甘肃省摄影家协会会员，张掖市摄影家协会会员。现供职于民乐县能源办。

0982 《山野》

作品类别：摄影类

作　　者：曹芬华

发表时间：2010-10-18

获奖及影响：荣获联合国教科文组织与中国民俗摄影协会主办的"魅力肃南裕固花乡"全国摄影大赛佳作奖。

0983 《夕照青龙寺》

作品类别：摄影类

作　　者：曹芬华

发表时间：2013-01-01

获奖及影响：获甘肃省文联、甘肃省经贸协会主办的甘肃省二〇一三年迎新春书画摄影展入选展出。

简　　介：曹芬华，女，甘肃民乐县人，1975年8月出生，本科学历，中共党员。中国民俗摄影协会会士、甘肃省摄影家协会会员，张掖市摄影家协会会员。现供职于民乐县能源办。

0984 《藏野驴》

作品类别：摄影类

作　　者：戴友春

发表时间：2009-05-06

获奖及影响：2009年"红色诗章·酒泉市庆祝新中国成立67周年摄影展览"获二等奖。

0985 《春江水暖》

作品类别：摄影类

作　　者：康明生

发表时间：1996-04-12

获奖及影响：获得中国民俗摄影二等奖

0986 《大地的音符》

作品类别：摄影类

作　　者：薛永成

发表时间：2011-07-20

获奖及影响：入选甘肃省摄影家协会举办的"甘肃省第十七届摄影艺术展览"二等奖。

简　　介：在广袤的天空下，一群天鹅展翅飞翔，画面犹如大地之歌，雄浑嘹亮。

0987 《古道》

作品类别：摄影类

作　　者：赵军

发表时间：2014-12-19

获奖及影响：甘肃省第十九摄影展荣获优秀奖。

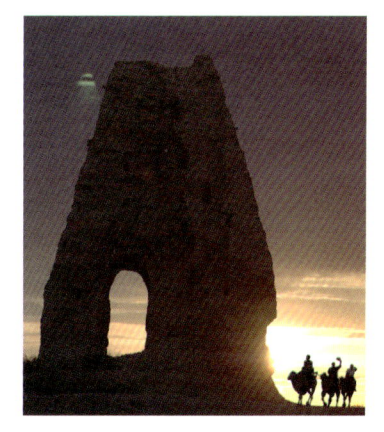

0988 《过大年》

作品类别：摄影类

作　　者：王永江

发表时间：2009-05-06

获奖及影响：2009年红色诗章酒泉市"庆祝新中国成立65周年摄影展"览获二等奖。

0989 《老鞋匠》

作品类别：摄影类

作　　者：王彦琪

发表时间：2014-12-19

获奖及影响：甘肃省第十九届摄影展荣获优秀奖。

0990 《麦积冬韵》

作品类别：摄影类

作　　者：闫新生

发表时间：2014-02-10

获奖及影响：获得"绚丽甘肃"全国摄影大展一级佳作奖。

简　　介：闫新生，男，汉族，生于1955年，从1980年开始进行摄影创作，1984年创立甘肃棉纺厂摄影创作小组，任副组长，1998年加入甘肃省现代摄影学会，1999年加入中国民俗摄影学会，2003年加入天水市摄影家协会，2008年加入甘肃省摄影家协会。2003年至2011年12月任天水市摄影家协会秘书长；2011年12月至今任天水市摄影家协会常务副主席，2013年2月至2014年2月参加北京摄影学院省级会员提升班学习，获优秀学员称号。作品在北京摄影学院网在线影展中展出，《麦积冬韵》获2003年大众摄影走进陕、甘、宁影友联谊大赛"三等奖"，作品《天水麦积山》获2004年"寻找美丽大自然"全国摄影大赛佳作奖，《门神》获2012年雪花纯生中国古建筑摄影大赛甘肃赛区"创意奖"；2014年1月作品《麦积冬韵》获绚丽甘肃全国摄影大展一级佳作奖；2014年6月作品《石窟悬阁》获雪花纯生中国古建筑摄影大赛甘、青、藏赛区优秀奖。获省级优秀奖10余副、在市级曾获一等奖一副、二等奖四副、三等奖六副、优秀奖若干。在各种报刊、书籍、画册发表作品600余副，2008年被评为甘肃省抗震救灾优秀摄影工作者。

0991 《麦积山夏之秀》

作品类别：摄影类

作　　者：李克强

发表时间：2014-12-19

获奖及影响：甘肃省第十九届"摄影展"荣获优秀奖。

0992 《松声云涛》

作品类别：摄影类

作　　者：赵军

发表时间：2014-12-19

获奖及影响：甘肃省第十九届摄影展荣获优秀奖。

0993 《天水麦积山》

作品类别：摄影类

作　　者：闫新生

发表时间：2003-12-23

获奖及影响：获得"寻找美丽大自然"全国摄影大赛佳作奖。

简　　介：闫新生，男，汉族，生于 1955 年，从 1980 年开始进行摄影创作，1984 年创立甘肃棉纺厂摄影创作小组，任副组长，1998 年加入甘肃省现代摄影学会，1999 年加入中国民俗摄影学会；2003 年加入天水市摄影家协会；2008 年加入甘肃省摄影家协会。2003 年至 2011 年 12 月任天水市摄影家协会秘书长；2011 年 12 月至今任天水市摄影家协会常务副主席。2013 年 2 月至 2014 年 2 月参加北京摄影学院省级会员提升班学习，获优秀学员称号。作品在北京摄影学院网在线影展中展出。作品《天水麦积山》获 2004 年"寻找美丽大自然"全国摄影大赛佳作奖，在各种报刊、书籍、画册发表作品 600 余副，2008 年被评为甘肃省抗震救灾优秀摄影工作者。

0994 《通向未来》

作品类别：摄影类
作　　者：董仪
发表时间：2009-05-06
获奖及影响：2009 年"红色诗章：酒泉市庆祝新中国成立 64 周年摄影展览"获二等奖。

0995 《我们的村子》

作品类别：摄影类
作　　者：王治斌
发表时间：2009-05-06
获奖及影响：2009 年"红色诗章：酒泉市庆祝新中国成立 65 周年摄影展览"获二等奖。

0996 《圆梦》

作品类别：摄影类
作　　者：王文钊
发表时间：2014-12-19
获奖及影响：甘肃省十九届摄影展荣获优秀奖

0997 《空气去哪儿》

作品类别：摄影类
作　　者：张晓斌
发表时间：2014-12-19
获奖及影响：甘肃省第十九届摄影展荣获银奖。

0998 《晨曦》

作品类别：摄影类
作　　者：张佐积
发表时间：2008-08-06
获奖及影响：入编《迎奥运庆祝中国科协五十周年甘肃省科协书法绘画摄影诗词作品集》，甘肃省科学技术协会《大众科普》编辑部出版。

简　　介：张佐积，男，汉族，1963 年生，甘肃民乐县人，民乐县博物馆干部，系中国书画艺术家协会会员、甘肃省美术家协会会员。自幼酷爱书画艺术，参加工作以来，潜心研习，坚持读碑临帖，求索不止，广泛涉猎，笔耕不辍。

0999 《冬日牧羊》

作品类别：摄影类
作　　者：巴爱天
发表时间：2008-08-06
获奖及影响：入编《迎奥运庆祝中国科协五十周年甘肃省科协书法绘画摄影诗词作品集》，甘肃省科学技术协会《大众科普》编辑部出版。
简　　介：巴爱天，男，1957年生，甘肃民乐县人。甘肃省美术家协会会员，甘肃省摄影家协会会员，1977年毕业于张掖师范艺术专业，1996年在兰州教育学院学习美术专业。

1000 《尽情欢腾》

作品类别：摄影类
作　　者：曹芬华
发表时间：2013-07-01
获奖及影响：《尽情欢腾》获由甘肃省书法家协会、甘肃省美术家协会、甘肃省摄影家协会、甘肃省收藏协会文房四宝艺术委员会承办的"第四届甘肃省百名艺术家作品展览"荣获优秀奖。
简　　介：曹芬华，女，甘肃民乐县人，1975年8月出生，本科学历，中共党员，中国民俗摄影协会会士、甘肃省摄影家协会会员，张掖市摄影家协会会员。现供职于民乐县能源办。

1001 《夕阳》

作品类别：摄影类
作　　者：王振武
发表时间：2008-08-06
获奖及影响：入编《迎奥运庆祝中国科协五十周年甘肃省科协书法绘画摄影诗词作品集》，甘肃省科学技术协会《大众科普》编辑部出版。
简　　介：王振武，笔名雪峰，1965年10月出生，男，汉族，甘肃省民乐县人，中共党员，大学本科学历，甘肃省作家协会会员，民乐县文联主席。

1002 《水磨房渐行渐远的风景》

作品类别：摄影类

作　　者：陈维山

发表时间：2010-10-08

获奖及影响：获得甘肃省第六届"敦煌文艺奖"二等奖。

1003 《鸡司令》

作品类别：摄影类

作　　者：裴明星

发表时间：2009-06-01

简　　介：入选当代中国农业农村和农民图片展。

1004 《枯藤老树昏鸦》

作品类别：摄影类

作　　者：杨红

发表时间：2011-06-28

获奖及影响：2011年6月荣获甘肃省文化厅主办摄影全省文化系统荣获"纪念中国共产党成立90周年美术书法摄影作品展"优秀奖。

简　　介：杨红，男，1979年4月生于甘肃定西，毕业于西安美院，美术学专业，本科。副研究馆员（副教授、二级美术师），"陇中板帘子"非物质文化遗产传承人。中国美协大赛获奖者、中国书协大赛获奖者、中国民协大赛获奖者，2013年文化部授予"文化优秀志愿者"称号，被定西市文广局评为"2013年全市文广系统先进个人"，设计、版画、书法、剪纸、评论、摄影、文学等作品在文化部、中国文联、中国书协、中国美协、中国民协、省文化厅、省文联、省书协、省摄协、省美协、省民协、小小说月刊杂志社、天涯网等主办的大赛中多次获奖或入展（选）。

1005 《欢庆》

作品类别：摄影类

作　　者：张玉林

发表时间：1993-08-16

发表载体：第二届"大河上下艺术节"

获奖及影响：1993年黄河中上游九省区第二届大河上下艺术节一等奖。

简　　介：张玉林，甘肃甘谷人，1975年毕业于兰州市万里中学，1976年下乡插队，79年10月进甘肃省送变电公司送电工，87进入公司宣传科任政工员，摄影干事。现为市青年影协常务理事，市现代影协理事，展览部部长，曾任甘肃省青年摄影家协会常务理事《西部摄影报》编辑记者，2001年加入中国摄影家协会会员。

1006 《露似珍珠》

作品类别：摄影类

作　　者：刘俞呈

发表时间：2002

获奖及影响：第二届定西市"马家窑文艺奖"。

简　　介：组照《露似珍珠》分为五个小段，《大珠小珠落玉盘》《天眼》《五彩梦》《月光石》《沐浴阳光》取材于不同的时间段和各异的光照。作品获得第二届定西市"马家窑文艺奖摄影类"三等奖。

1007 《大地乐章》

作品类别：摄影类

作　　者：佘佐军

发表时间：2000-07-01

获奖及影响：入选第二届"甘肃省群星艺术节"摄影展。

1008 《金秋落玉》

作品类别：摄影类

作　　者：佘佐军

发表时间：2000-07-01

发表载体：第二届"甘肃省群星艺术节"摄影展

获奖及影响：入选第二届"甘肃省群星艺术节"摄影展。

1009 《转场》

作品类别：摄影类

作　　者：佘佐军

发表时间：2000-07-01

发表载体：第二届"甘肃省群星艺术节"摄影展

获奖及影响：入选第二届甘肃省群星艺术节摄影展。

1010 《怒射天狼》

作品类别：摄影类

作　　者：佘佐军

发表时间：2000-07-29

发表载体：第二届"甘肃省群星艺术节"摄影作品展

1011 《水磨房渐行渐远的风景》

作品类别：摄影类

作　　者：陈维山

发表时间：2009.12

发表载体：第六届敦煌文艺

简　　介：2009年12月，专题摄影作品《水磨房》获省委、省政府第六届"敦煌文艺奖摄影类"二等奖。

1012 《瑞雪兆丰年》

作品类别：摄影类

作　　者：曾红兵

发表时间：2013-03-27

获奖及影响：2013年获第七届甘肃"敦煌文艺奖"一等奖。

简　　介：曾红兵，男，汉族，现年45岁，中共党员，大专学历，1984年以来从事摄影工作，现为中国摄影家协会会员、中国艺术摄影家协会会员、甘肃省摄影家协会副秘书长、兰州市摄影家协会副主席，现任兰州市文化馆办公室主任，副研究馆员，其作品曾荣获，第二十届全国摄影艺术展优秀奖、第十二届"全国群星奖摄影优秀奖"、第十三届"全国群星奖摄影入围奖"、第四届"大河上下"摄影展三等奖、第三届"甘肃省群星奖金奖"、甘肃省第四届"敦煌文艺奖"、兰州市第四届"金城文艺奖"二等奖及五、六届"金城文艺奖"一等奖、甘肃省第六届"敦煌文艺奖"三等奖、甘肃省第二届摄影"奔马奖"一等奖、甘肃省第七届"敦煌文艺奖"一等奖、"2012群星璀璨•全国群众美术书法摄影优秀作品展"（群星奖）获银奖、"中国西北游•出发在兰州"启动仪式暨中国原生态国家摄影大展活动中荣获优秀奖等。在国家级、省级刊物发表摄影作品几百余幅。

1013 《冬之韵》

作品类别：摄影类

作　　者：成林

发表时间：2013-12-01

发表载体：第三届"PSAChina国际摄影大赛"

获奖及影响：入围第三届"PSAChina国际摄影大赛"。

1014 《通渭刘氏皮影戏》

作品类别：摄影类

作　　者：陈维山

发表时间：2007

获奖及影响：获得第三届"定西市马家窑文艺奖"摄影类一等奖。

简　　介：通渭皮影戏是国内较早成型的皮影戏之一，又称"影子戏"，表演艺术讲究演员既演唱，又挑线，由四至五人演出，民间有"三紧四慢五消停"之说。通渭刘氏皮影戏由常河镇固堆河村刘纯儒所创，创建于清嘉庆初年，现第七代传人为刘满仓。

1015 《青春年华》

作品类别：摄影类

作　　者：刘晓明

发表时间：2007-08-20

发表载体：第三届全国职业技能大赛

简　　介：刘晓明，1980年自学摄影，1994年毕业于中国摄影学院，现为中国摄影家协会会员、中国艺术摄影学会员、中国民俗摄影协会永久会员、中国人像摄影学会会员、中国摄影著作权协会会员、甘肃省摄影家协会理事、天水市旅游协会理事、第三届天水市摄影家协会主席、第四届天水市摄影家协会名誉主席、第三、四届天水市文联委员。

1016 《违章楼连续报道》

作品类别：摄影类

作　　者：封虎

发表时间：2002-10-25

发表载体：第十八届全国城市报纸舆论

获奖及影响：2002年摄影作品《违章楼连续报道》在第十八届全国城市报纸舆论监督好新闻评比中荣获二等奖。

简　　介：《违章楼连续报道》在第十八届全国城市报纸舆论监督好新闻评比中荣获二等奖，在兰州日报兰州晚报社2002年年度新闻大赛中被评为一等奖。

1017 《丰年》

作品类别：摄影类

作　　者：康明生

发表时间：1992-05-01

发表载体：第十三届摄影艺术展

获奖及影响：甘肃省第十三届"摄影艺术展"三等奖。

1018 《国球的魅力》

作品类别：摄影类

作　　者：刘明伟

发表时间：2004-02-17

发表载体：第十一届"亚洲风采"全国摄影大赛。

获奖及影响：荣获第十一届"亚洲风采"全国摄影大赛三等奖，由新华通讯社《摄影世界》杂志社和佳能（中国）有限公司联合主办的第十一届佳能杯"亚洲风采"摄影比赛，于2004年2月17日在北京新华社新闻大厦评选揭晓。

简　　介：刘明伟，男，汉族，1955年9月出生于兰州市榆中县，兰州交通运输集团退休职工，现为中国摄影家协会会员、中国民俗摄影家协会会士、中国艺术摄影学会会员、甘肃省摄影家协会会员、兰州市摄影家协会副秘书长、新奇摄影网总监，1997年开始摄影创作并发表作品，迄今在全国既省市级各类媒体发表作品1000多幅，有100余幅作品在省级以上影展影赛中入选、获奖。

1019 《生命之魂》

作品类别：摄影类

作　　者：郑耀德

发表时间：2014-09-10

发表载体：第十一届影像中国摄影大展

获奖及影响：该作品入选第十一届影像中国摄影大展获优秀作品奖。

1020 《陇源潮》

作品类别：摄影类

作　　者：张玉林

发表时间：1994-09-15

发表载体：第四节中国艺术影赛

获奖及影响：1994年获第四节"中国艺术影赛"最佳风情金牌。

简　　介：张玉林，甘肃甘谷人，1975年毕业于兰州市万里中学，1976年下乡插队，79年10月进甘肃省送变电公司送电工，87进入公司宣传科任政工员，摄影干事。现为市青年影协常务理事，市现代影协理事，展览部部长，曾任甘肃省青年摄影家协会常务理事《西部摄影报》编辑记者，2001年加入中国摄影家协会会员，1985年处女作《力的旋律》在中国电力报发表后，在100多种杂志报刊发表作品四千多幅，在国内外获奖四百多次。

1021 《劳动之歌》

作品类别：摄影类

作　　者：云吉庆

发表时间：2005-12-31

发表载体：第四届中粮可口可乐杯

获奖及影响：获第四届"中粮可口可乐杯魅力陇原"大赛金奖。

简　　介：云吉庆，男，汉族，出生于1953年2月28日，祖籍山东龙口，大专学历，中共党员，曾就职于甘肃省军区五泉山干休所，现为甘肃省摄影家协会会员、兰州市摄影家协会副秘书长、兰州市摄影艺术联合会副主席。

1022 《辉煌时刻》

作品类别：摄影类

作　　者：梁国安

发表时间：2007-07-11

发表载体：第五届中国石油职工艺术节

获奖及影响：作品《辉煌时刻》在2007年7月第五届"中国石油职工艺术节摄影大赛中"获得金牌奖。

简　　介：梁国安，中国摄影家协会会员，甘肃省摄影家协会会员，兰州市摄影家协会会员，现就职于兰州石化离退休管理二处，从事业余摄影20多年，多次参加企业及省市有关部门组织的大型摄影采访创作和航拍活动，举办了多个网络摄影个人展览，作品刊发在《摄影世界》《大众摄影》《中国摄影报》等专业刊物上，有百余幅作品在国内外重大影展影赛中参展获奖。

1023 《冬日早餐》

作品类别：摄影类

作　　者：李勃

发表时间：2011-12-08

发表载体：电脑报

获奖及影响：2011年获"电脑报拍客摄影大赛"年度一等奖。

简　　介：李勃，男，汉族，1964年2月26日生于甘肃省庆阳市合水县肖咀乡西沟村，农村教学点教师，残疾人。业余时间多次参加全国各级各类摄影大赛并获奖。作品《冬日早餐》以农村学生在校吃早饭的场景为素材，瞬间抓拍完成，人物场景均有原型，这幅作品传达给读者的是多种感人信息，该作品曾获某摄影大赛大奖，是一幅很有代表性的原创摄影佳作。

1024 《官鹅沟组照》9幅

作品类别：摄影类

作　　者：刘辉

发表时间：2014-09-21

发表载体：读者

获奖及影响：该作品发表于《读者》。

1025 《黄河谣》

作品类别：摄影类

作　　者：马忠贤

发表时间：2006-12-29

发表载体：敦煌文艺奖

获奖及影响：甘肃省第五届"敦煌文艺奖"三等奖。

简　　介：马忠贤、回族、临夏市人，曾供职于临夏州文化局、州文学艺术界联合会、州人大机关，现为甘肃省文化促进会常务理事、甘肃省摄影家协会第二、三、四届理事会理事、甘肃现代摄影学会常务理事、临夏回族自治州摄影家协会主席、中国摄影家协会会员。多年来，其影作在省内外各级各类影展中入选，《柳梅滩秀色》《守望》《云海》《会礼》《花儿盛会》等十多幅作品分别发表于《黄河潮》（甘肃人民出版社·1992年）、《河陇大地》（甘肃人民出版社·2013年）等多部大型画册中；曾先后担纲主编过《美丽临夏》《甘肃摄影家·临夏专集》等四部摄影画册，作品《黄河谣》曾获"甘肃敦煌文艺奖"《旱塬小村》获"郎静山国际艺术摄影大赛"提名奖和"国际摄影艺术奖"等奖项。

1026 《地纹》

作品类别：摄影类

作　　者：赵永正

发表时间：2013-03-12

发表载体：敦煌文艺奖、摄影大赛

获奖及影响：甘肃省第七届"敦煌文艺奖"二等奖、甘肃省公安消防部队庆祝"建党90周年暨第二届橙色魅力摄影大奖赛"二等奖。

简　　介：赵永正，汉族，临夏市人，中国摄影协会会员，美国职业摄影师协会会员（PPA），临夏州摄影家协会副主席，现供职于临夏市民政福利塑料厂。主要摄影获奖作品：2002年作品《禧》获佳能竞苑摄影赛优秀奖；2004年作品《早霞》《流我溢彩》分别获《大众摄影》月赛佳作奖；2005年作品《藏地晨光》获甘肃惠陇杯摄影大赛银奖；2006年出版个人摄影画册《精彩临夏》；2008年作品《早霞》获甘肃摄影25年获奖作品精品入选奖；2010年作品《琼楼玉宇》获中国西藏珠穆朗玛摄影双年展入选；2010年作品《诚心不移》获第三届中国齐鲁国际摄影双年展入选；2011年作品《藏乡丰收曲》获中国西藏珠穆朗玛摄影大展入选；2011年作品《地纹》获省宣传部、公安消防庆建党90周年《橙色魅力》摄影大奖赛二等奖；2012年作品《藏乡丰收曲》获甘肃省第三届摄影奔马奖提名奖；2013年作品《地纹》获省第七届敦煌文艺奖二等奖。

1027 《丹霞春色》

作品类别：摄影类

作　　者：曾建军

发表时间：2013-10-01

发表载体：多彩张掖美丽甘州全国摄影大展

获奖及影响：获得"多彩张掖美丽甘州"全国摄影大展优秀奖。

1028 《多彩张掖》

作品类别：摄影类

作　　者：曾建军

发表时间：2013-10-01

发表载体：多彩张掖美丽甘州全国摄影大展

获奖及影响：获得"多彩张掖美丽甘州"全国摄影大展银奖。

1029 《探寻黑河之源》

作品类别：摄影类

作　　者：曾建军

发表时间：2013-10-01

发表载体：多彩张掖美丽甘州全国摄影大展

获奖及影响：获得"多彩张掖美丽甘州全国摄影大展"优秀奖。

1030 《丹霞牧歌》

作品类别：摄影类

作　　者：佘佐军

发表时间：2013-10-01

发表载体：多彩张掖美丽甘州全国摄影大赛

获奖及影响：获得"多彩张掖美丽甘州全国摄影大赛"优秀奖。

1031 《滚滚红尘》

作品类别：摄影类

作　　者：曹斌

发表时间：2013-10-01

发表载体：多彩张掖美丽甘州全国摄影大赛

获奖及影响：获得"多彩张掖美丽甘州"全国摄影大赛优秀作品奖。

1032 《黑河湿地鸟类影像志—遗鸥》

作品类别：摄影类

作　　者：吴玮

发表时间：2013-10-01

发表载体："多彩张掖美丽甘州"全国摄影大赛

获奖及影响：获得"多彩张掖美丽甘州全国摄影大赛"优秀奖。

1033 《黑河源日出》

作品类别：摄影类

作　　者：吴玮

发表时间：2013-10-01

发表载体：多彩张掖美丽甘州全国摄影大赛

获奖及影响：荣获"多彩张掖美丽甘州全国摄影大赛"铜奖。

1034 《湖光水色》

作品类别：摄影类

作　　者：成林

发表时间：2013-10-01

发表载体："多彩张掖美丽甘州"全国摄影大赛

获奖及影响：被评为"多彩张掖美丽甘州"全国摄影大赛优秀作品。

1035 《雷腾云奔》

作品类别：摄影类

作　　者：曹斌

发表时间：2013-10-01

发表载体：多彩张掖美丽甘州全国摄影大赛

获奖及影响：获得"多彩张掖美丽甘州"全国摄影大赛金质收藏奖。

1036 《马蹄寺佛事》

作品类别：摄影类

作　　者：曹玉坤

发表时间：2013-10-01

发表载体：多彩张掖美丽甘州全国摄影大赛

获奖及影响：获得"多彩张掖美丽甘州"全国摄影大赛优秀作品奖。

1037 《湿地秋色》

作品类别：摄影类

作　　者：成林

发表时间：2013-10-01

发表载体："多彩张掖美丽甘州"全国摄影大赛

获奖及影响：被评为"多彩张掖美丽甘州"全国摄影大赛优秀作品。

1038 《天庭瑶池》

作品类别：摄影类

作　　者：曹斌

发表时间：2013-10-01

发表载体："多彩张掖美丽甘州全国"摄影大赛

获奖及影响：获得"多彩张掖美丽甘州"全国摄影大赛优秀作品奖。

1039 《藏野驴》

作品类别：摄影类

作　　者：吴玮

发表时间：2013-10-01

获奖及影响：获得"多彩张掖美丽甘州全国摄影大赛"优秀奖。

1040 《大漠黄沙接苍穹》

作品类别：摄影类

作　　者：吴玮

发表时间：2012-09-01

发表载体：多彩张掖中国地貌景观大观园

获奖及影响：入选由中国国家地理杂志社编印的《多彩张掖中国地貌景观大观园》。

1041 发表《晨光》

作品类别：摄影类

作　　者：郭风斌

发表时间：2001-03-05

获奖及影响：2001年3月获第三届酒泉精神文明建设"五个一工程"奖。

1042 《敦煌莫高窟夜色》

作品类别：摄影类

作　　者：李成

发表时间：2002-03-05

获奖及影响：2002年3月获第四届酒泉精神文明"五个一工程奖"。

1043 《干海落日》

作品类别：摄影类

作　　者：徐福国

发表时间：2001-03-04

获奖及影响：2001年3月获第三届酒泉精神文明建设"五个一工程"奖。

1044 《门神》

作品类别：摄影类

作　　者：闫新生

发表时间：2012-07-02

获奖及影响：获得2012年"雪花纯生"中国古建筑摄影大赛甘肃赛区创意奖。

简　　介：闫新生，男，汉族，生于1955年，从1980年开始进行摄影创作，1984年创立甘肃棉纺厂摄影创作小组，任副组长，1998年加入甘肃省现代摄影学会，1999年加入中国民俗摄影学会，2003年加入天水市摄影家协会，2008年加入甘肃省摄影家协会，2003年至2011年12月任天水市摄影家协会秘书长，2011年12月至今任天水市摄影家协会常务副主席。

1045 《沙漠胡杨》

作品类别：摄影类

作　　者：赵立云

发表时间：2002-03-05

获奖及影响：2002年3月获第四届酒泉精神文明"五个一工程奖"。

1046 《谁不夸今日好政策呦》

作品类别：摄影类

作　　者：闫新生

发表时间：2008-05-10

获奖及影响：获得聚焦新农村甘肃省首届"建设社会主义新农村主题影展"。

简　　介：闫新生，男，汉族，生于1955年，从1980年开始进行摄影创作，1984年创立甘肃棉纺厂摄影创作小组，任副组长。1998年加入甘肃省现代摄影学会；1999年加入中国民俗摄影学会；2003年加入天水市摄影家协会；2008年加入甘肃省摄影家协会，2003年至2011年12月任天水市摄影家协会秘书长。

1047 《雪霁》

作品类别：摄影类

作　　者：赵勤

发表时间：2000-03-05

获奖及影响：2000年3月获第二届酒泉精神文明建设"五个一工程"奖。

1048 《远去的钟声》

作品类别：摄影类

作　　者：王鹏

发表时间：2001-03-05

获奖及影响：2001年3月获第三届酒泉精神文明建设"五个一工程"奖。

1049 《真是笑死人》

作品类别：摄影类

作　　者：沙红梅

发表时间：2002-03-06

获奖及影响：2002年3月获第四届酒泉精神文明"五个一工程奖"。

1050 发表《祖国，你好》

作品类别：摄影类

作　　者：田卫

发表时间：2001-03-09

获奖及影响：2001年3月获第三届酒泉精神文明建设"五个一工程"奖。

1051 《圣地》

作品类别：摄影类

作　　者：蒲永刚

发表时间：2012-10-15

获奖及影响：无

简　　介：摄于青海省祁连县卓尔山，哈达般的祥云缠绕的远处的山腰，屹立的佛塔护佑着山脚下的城镇，金色的油菜花与绿莹莹的草地交相辉映，呈现出一派神圣的气氛。

1052 《等待》

作品类别：摄影类

作　　者：郑耀德

发表时间：2014-05-21

发表载体：蜂鸟网

获奖及影响：该作品获"蜂鸟摄影2014年月赛"优秀作品奖。

1053 《天光云影共徘徊》

作品类别：摄影类

作　　者：郑耀德

发表时间：2013-11-25

发表载体：蜂鸟网

获奖及影响：该作品获2013年蜂鸟摄影月赛优秀作品奖。

1054 《羊皮鼓舞》

作品类别：摄影类

作　　者：杨立新

发表时间：2012-08-01

发表载体：风采定西

获奖及影响：2012年8月1日，参加定西市委宣传部，定西市文广局举办的"风采定西"摄影艺术作品展荣获一等奖。

简　　介：杨立新，男，汉族，1967年10月28日生，甘肃省定西市安定区内管镇人，本科学历，定西市安定区文化广播影视局工作，党员，现为甘肃省摄影家协会会员，甘肃现代摄影学会会士，定西市摄影家协会常务副主席，定西市青年摄影家协会常务副主席，2011年2月17日，参加国家体育总局社会体育指导中心，中国龙狮运动协会举办"全民健身"龙腾狮跃闹元宵——2010年全国龙狮大联欢活动，荣获民族传统特别奖、参与奖、最佳摄影效果奖，2011年6月28日，参加甘肃省文化厅2011年全省文化系统纪念中国共产党成立90周年美术、书法、摄影作品展，荣获优秀奖，2012年6月，参加甘肃省文化厅《文化记忆》甘肃省非物质文化遗产摄影展"传统社火"入选并收藏，2012年8月1日，参加定西市委宣传部，定西市文广局举办的"风采定西"摄影艺术作品展《羊皮鼓舞》荣获一等奖，2012年8月2日，参加甘肃省现代摄影学会第四届"全国攀岩精英赛既甘肃定西漳县贵清山，遮阳山旅游文化节"魅力漳县摄影大赛优秀奖，2012年有中国摄协和51家团体会员联合发起的"万名摄影志愿者万幅作品进万家"公益活动中，表现突出，评为先进个人。

1055 《三十年三个家》

作品类别：摄影类

作　　者：张玉林

发表时间：2008-12-16

发表载体：改革开放30年全国摄影展

获奖及影响：2008年入选（长安杯）改革开放30年全国摄影展。

简　　介：张玉林，甘肃甘谷人，1975年毕业于兰州市万里中学，76年下乡插队，79年10月进甘肃省送变电公司送电工，87进入公司宣传科任政工员，摄影干事。现为市青年影协常务理事，市现代影协理事，展览部部长，曾任甘肃省青年摄影家协会常务理事《西部摄影报》编辑记者。

1056 《龙腾盛世》

作品类别：摄影类

作　　者：张玉林

发表时间：2005-01-21

发表载体：甘肃"精彩陇原"摄影大赛

获奖及影响：摄影作品《龙腾盛世》获甘肃"精彩陇原"摄影大赛2005年专题赛金奖。

简　　介：张玉林，甘肃甘谷人，1975年毕业于兰州市万里中学，76年下乡插队，79年10月进甘肃省送变电公司送电工，87进入公司宣传科任政工员，摄影干事。现为市青年影协常务理事，市现代影协理事，展览部部长，曾任甘肃省青年摄影家协会常务理事《西部摄影报》编辑记者。

1057 《流》

作品类别：摄影类

作　　者：苏进

发表时间：2012-12-17

发表载体：甘肃贵青山遮阳山摄影

获奖及影响：2012年第四届"全国攀岩精英暨甘肃贵青山、遮阳山摄影大赛"中，《流》等四幅作品荣获优秀奖。

1058 《玉门昌马月亮湾》

作品类别：摄影类

作　　者：陈立忠

发表时间：2013-08-06

发表载体：甘肃环保摄影展

获奖及影响：获得甘肃省"彩绘美丽甘肃"环保绿色摄影优秀作品奖。

简　　介：作品描述了玉门经济发展，社会和谐，努力打造环保旅游的成果。

1059 《心中的胡杨》

作品类别：摄影类

作　　者：李国民

发表时间：2014-05-20

发表载体：甘肃人民美术出版社

简　　介：《心中的胡杨》是作者历经三年多时间跟踪拍摄，用光影记录家乡胡杨的春夏秋冬，用心灵交流家乡胡杨的声韵风采，用生活感受家乡胡杨的悲怆遒劲，用温情碰触家乡胡杨的魂牵梦萦。摄影集分景致、意韵和形态三个篇章，共收录胡杨影像160余幅，作者用独特的视角与光影全方位记录了胡杨的大美和韵律，装帧精美、内容丰富、图文并茂，是一部赞美胡杨、对话胡杨的难得作品。

1060 《耕耘》

作品类别：摄影类

作　　者：王诚

发表时间：2012-10-16

获奖及影响：2012年10月甘肃省第十八届"摄影艺术展"中获奖。

简　　介：王诚，男，汉族，1970年12月出生，天水人，中共党员，大学本科学历。1986年10月中国酒泉卫星发射中心基地电厂政治部从事新闻宣传报道工作；1990年6月至今在甘肃省天水市秦州区房地产管理局工作；现为甘肃摄影家协会会员；秦州区摄影家协会主席，甘肃省摄影家协会网——《广角咨询》栏目首席版主，热爱摄影事业，能够积极参加省、市摄影家协会组织的各项活动，个人作品曾多次参加甘肃省、市、区摄影展获奖。2012年10月甘肃奔马奖和甘肃省第十八届"摄影艺术展中"，2012年12月甘肃省摄影家协会举办的"莫高杯"摄影大赛中获优秀奖1幅，入围奖4幅；2012年12月甘肃省摄影家协会举办的摄影协会会员作品展中《联村联户唱响富民歌》获二等奖；2012年3月年天水市第一届摄影艺术摄影展中作品《明目善睐》获三等奖，《暮色》《雁南飞》二幅作品获优秀入围奖，2010年摄影作品《心灵的沟通》入选天水市秦州区摄影艺术展，2011年摄影作品《踏着朝阳编织梦想》入选《多彩秦州书画摄影作品集》，2012年摄影作品《都市晨曦》《鹭舞天水湖》入选《魅力秦州摄影作品集》。

1061 《走进天堂》

作品类别：摄影类

作　　者：王诚

发表时间：2012-12-20

获奖及影响：2012年《莫高杯》全省摄影大赛作品《走进天堂》获50副优秀奖。

1062 《耕耘》

作品类别：摄影类

作　　者：李存荣

发表时间：2005-11-13

获奖及影响：今日中国——第三届"全国摄影艺术家精品大奖赛"二等奖。

简　　介：这幅照片2004年4月拍摄于靖远县若笠塬，白银市恢复建市二十周年大庆二等奖（2005年7月甘肃省文学艺术联合会、中共白银市委、白银市人民政府），"今日中国——第三届全国摄影艺术家精品大奖赛"二等奖及"中国摄影艺术成就奖"（2008年11月中国摄影艺术家协会）。

1063 《新世纪的航拍》

作品类别：摄影类

作　　者：郇建农

发表时间：2004-06-18

获奖及影响：作品《新世纪的航拍》获2003年度甘肃好新闻三等奖。

简　　介：郇建农，男1964年1月出生，目前为兰州市摄影家协会副秘书长，甘肃现代摄影学会常务理事，国家高级摄影师，美国职业摄影师协会（PPA）会员，常年工作在新闻媒体，其新闻摄影作品多次获得甘肃省年度好新闻奖，新闻摄影作品被国内多家媒体刊发和新浪，腾讯等门户网站全片幅的转载，中国日报英文版多次刊发其新闻作品。《旱情，绝不会让民勤成为第二个"罗布泊"》

获第六届"金城文艺奖",获甘肃省年度好新闻三等奖,《航天英雄莅临兰州》获首届兰州"文艺创作奖炫彩奖铜奖",甘肃省年度好新闻三等奖,《风驰电掣-环青海湖自行车经过兰州中山桥》获第二届兰州"文艺创作奖炫彩奖银奖",多幅新闻摄影作品多次获得全省好新闻奖,《新世纪的航拍》获2003年甘肃省年度好新闻三等奖。

1064 《巧手绣出好春光》

作品类别:摄影类
作　　者:刘晓明
发表时间:2001-12-20
发表载体:甘肃省"长安杯"摄影大赛
简　　介:刘晓明,1980年自学摄影,1994年毕业于中国摄影学院,现为中国摄影家协会会员、中国艺术摄影学会员员、中国民俗摄影协会永久会员、中国人像摄影学会会员、中国摄影著作权协会会员、甘肃省摄影家协会理事、天水市旅游协会理事、第三届天水市摄影家协会主席、第四届天水市摄影家协会名誉主席、第三、四届天水市文联委员。

1065 《他们太累了》《亲人在哪里》《亲人们走好》

作品类别:摄影类
作　　者:梁新勇
发表时间:2011-10-29
发表载体:甘肃省"橙色魅力"大赛
获奖及影响:获甘肃省消防部队纪念建党九十周年暨第二届"橙色魅力"大奖赛入选奖。

1066 《今非昔比》

作品类别:摄影类
作　　者:刘晓明
发表时间:1993-01-15
发表载体:甘肃省"富康杯"摄影比赛
获奖及影响:甘肃省"富康杯"摄影比赛获二等奖。
简　　介:刘晓明,1980年自学摄影,1994年毕业于中国摄影学院,现为中国摄影家协会会员、中国艺术摄影学会员员、中国民俗摄影协会永久会员、中国人像摄影学会会员、中国摄影著作权协会会员、甘肃省摄影家协会理事、天水市旅游协会理事、第三届天水市摄影家协会主席、第四届天水市摄影家协会名誉主席、第三、四届天水市文联委员。

1067 《农家戏班》

作品类别:摄影类
作　　者:刘闽江
发表时间:2013-07-10
获奖及影响:2013年7月摄影作品《农家戏班》在甘肃省"联村联户,为民富民"美术,书法,摄影展中获三等奖——甘肃省委宣传部,甘肃省摄影家协会举办。
简　　介:刘闽江,男,汉族,一九五六年八月生,现在职甘肃省广播电影电视总台新闻综合广播编辑,曾在职原《甘肃商报》摄影记者,现为甘肃省摄影家协会会员,甘肃省现代摄影协会会员,兰州市摄影家协会理事。近年获奖作品:2011年七月摄影作品《金城新貌》在兰州市城关区纪念中国共产党成立90周年摄影大展获二等奖,2011年四月摄影作品《兴隆远眺》在"走进兴隆山"摄影大赛获三等奖——甘肃省摄影,2012年八月摄影作品《冠军风采》在"兰州银行杯"2012年兰州国际马拉松摄影大赛获三等奖,2013年七月摄影作品《农家戏班》在甘肃省"联村联户,为民富民"美术、书法、摄影展中获三等奖,2014年九月摄影作品《白马藏族妇女风采》在2014年"共圆妇幼健康梦"公益摄影大赛获三等奖。

1068 《轮椅上的故事》

作品类别：摄影类

作　者：李勃

发表时间：2010-06-08

发表载体：甘肃省残联、省文联、摄影协会

获奖及影响：第四届甘肃省残疾书法、美术、摄影大赛三等奖。

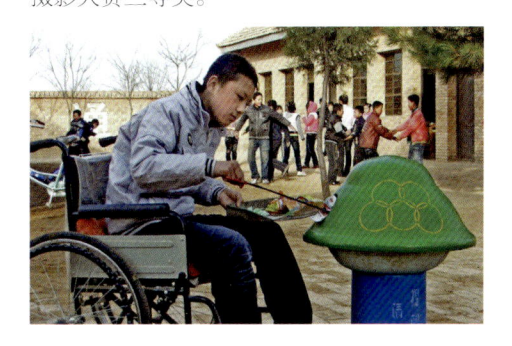

1069 《待发》

作品类别：摄影类

作　者：张士诚

发表时间：2001-03-14

获奖及影响：2001年在甘肃省第二届残疾人职业技能竞赛中获封面摄影一等奖。

简　介：张士诚，男，汉族，中共党员，大专，61岁，1988年6月参加甘肃省现代摄影协会前身兰州青年职工摄影学会，1988年10月参加兰州现代摄影学会，1989年5月参加甘肃青年摄影家协会，2001年3月加入甘肃省摄影家协会，2003年12月加入中国摄影家协会，1990年在西固区委区政府区文化局的支持扶持下筹备并组织成立了兰州市西固区摄影家协会，并连任协会1至4届协会主席（每届任期4年），任期内共组织举办大型摄影艺术作品展览28次，组织会员外出摄影创作42次，各类摄影讲座交流拍摄60余次为本地区培养了一大批摄影人才，为双文明建设做出突出的贡献，2003—2010年先后4次被兰州市委市政府和西固区委区政府评为自强模范。作品《春满人间》2009年获兰州市书画摄影大赛一等奖，《美丽三江源》2012年获兰州西固旅游摄影大赛一等奖，《律》2014年获甘肃省残联书画摄影大赛二等奖，《爱》2014年获兰州市残联书画摄影大赛一等奖，获省摄协和省妇幼保健院联合举办的"共圆妇幼健康梦"摄影大赛二等奖，获省摄协和敦煌市联合举办的"阳关杯"摄影大赛优秀奖。

1070 《敬老院里乐悠悠》

作品类别：摄影类

作　者：成林

发表时间：2011-06-24

发表载体：甘肃省第二届"建设新农村摄影艺术展"

获奖及影响：入展"庆祝中国共产党成立90周年——甘肃省第二届建设社会主义新农村摄影艺术展"。

1071 《牧马归来马蹄疾》

作品类别：摄影类

作　者：陈礼

发表时间：2011-06-24

发表载体：甘肃省第二届"建设新农村摄影艺术展"

获奖及影响：入展庆祝"中国共产党成立90周年——甘肃省第二届建设社会主义新农村摄影艺术展"。

1072 《医疗进牧区》

作品类别：摄影类

作　者：成林

发表时间：2011-06-24

发表载体：甘肃省第二届建设新农村摄影艺术展

获奖及影响：入展"庆祝中国共产党成立90周年——甘肃省第二届建设社会主义新农村

摄影艺术展"。

1073 《又是一个丰收年》

作品类别：摄影类
作　　者：成林
发表时间：2011-06-24
发表载体：甘肃省第二届建设新农村摄影艺术展
获奖及影响：入展庆祝中国共产党成立90周年——甘肃省第二届建设社会主义新农村摄影艺术展。

1074 《金色海洋》

作品类别：摄影类
作　　者：曹玉坤
发表时间：2011-06-24
发表载体：甘肃省第二届"建设新农村摄影展"

1075 《三九寒天葡萄香》

作品类别：摄影类
作　　者：裴明星
发表时间：2011-06-24
发表载体：甘肃省第二届建设新农村摄影展

1076 《合作医疗就是好》

作品类别：摄影类
作　　者：成林
发表时间：2011-06-24
发表载体：甘肃省第二届"新农村摄影艺术展"。

1077 《丰收年》

作品类别：摄影类
作　　者：赵彦真
发表时间：2013-03-22
获奖及影响：荣获甘肃省第七届"敦煌文艺奖三等奖"。

1078 《陇南池哥昼》

作品类别：摄影类
作　　者：陈维山
发表时间：2013.3
获奖及影响：2012年12月，摄影组照《陇南池哥昼》获省委、省政府第七届"敦煌文艺奖摄影类"二等奖。
简　　介：池哥昼是白马藏人从先祖信仰和崇拜里继承的一种祭祀活动和民间舞蹈，其似人非人、似兽非兽的面具代表着深刻的原始宗教涵义，是白马人图腾崇拜、祖先崇拜和自然崇拜的融合体，正月十三开始，至十六止。舞者头戴面具，扮成"山神"、"菩萨"、"小丑"等，逐户为村民驱鬼除恶、避难消灾，场面古朴豪放、庄重热烈。作品《陇南文县池哥昼》是融纪实性和艺术性、真实性和典型性于一体的摄影佳作，用镜头语言全面而客观地反映了我国非物质文化遗产的资源状况、存续状态和保护成果，使人们通过摄影家的镜头，感受非物质文化遗产跨时空的强大生命力和魅力，从而唤起人们珍爱传统的文化自觉。

1079 《守护者》

作品类别：摄影类

作　　者：李小鹏

发表时间：2012-10-01

发表载体：甘肃省第十八届"暨奔马奖摄影作品展"

获奖及影响：作品荣获甘肃省第十八届摄影作品展览艺术类入选奖。

简　　介：李小鹏，男，汉族，生于1975年，就职于中共华亭县委农村工作办公室，2010年涉足摄影，《守护者》《莲花台的守护者》《紫气东来》《莲花台之门》先后荣获甘肃省第十八届"暨奔马奖摄影作品展览"入选奖、全国第九届民间艺术节摄影类入选奖、"诗话关山·山水华亭"全国旅游风光摄影作品大展优秀奖，华亭县"工会杯"首届职工文化联合会会员作品大展优秀奖。

1080 《丰收庆典》

作品类别：摄影类

作　　者：张浩

发表时间：2007-01-25

获奖及影响：2007年1月《丰收庆典》在甘肃省第十六届摄影艺术展铜奖。

简　　介：张浩，男，1979年生，中国摄影家协会会员、甘肃省摄影家协会会员、兰州市摄影家协会会员。2009年《闹春》被邀请参加首届中国西部当代摄影艺术展，2005年《天眼》《摄影世界》荣获"尼康奖"三等奖，2007年1月《丰收庆典》甘肃省第十六届摄影艺术展铜奖，2010年《冬日》。

1081 《守望》

作品类别：摄影类

作　　者：张浩

发表时间：2010-12-17

获奖及影响：2010年12月17日获甘肃省第十七届摄影艺术展铜奖。

简　　介：张浩，男，1979年生。中国摄影家协会会员、甘肃省摄影家协会会员、兰州市摄影家协会会员。

1082 《跃》

作品类别：摄影类

作　　者：俞岚枫

发表时间：2006-08-01

发表载体：甘肃省第十一届运动会书画摄影展

获奖及影响：甘肃省第十一届运动会书画摄影集邮奇石展览铜奖。

简　　介：记录了瓜州县中学生田径运动会的瞬间，展现了瓜州体育事业蒸蒸日上。

1083 《光韵》

作品类别：摄影类

作　　者：张世杰

发表时间：2007-01-27

获奖及影响：2007年1月27日在甘肃省文学艺术联合会、甘肃省摄影家协会举办的"甘肃省第一届摄影奔马奖"荣获三等奖。

简　　介：张世杰，男，汉族，1957年出生于兰州，现为甘肃省摄影家协会会员，兰州市摄影家协会副秘书长，高级摄影师，现就职与兰州市城关区工商行政管理局，副主任科员。

1084 《守护》

作品类别：摄影类

作　　者：徐永茂

发表时间：1999-10-11

发表载体：甘肃省公安系统书法、美术、摄影展

获奖及影响：甘肃省公安系统书法、美术、摄影展中荣获一等奖。

简　　介：徐永茂，男，汉族，1970年5月生，甘肃武威人，本科文化程度。永靖县公安局民警，二级警督，全国公安文联会员、甘肃省摄影家协会会员、甘肃省现代摄影协会会员、临夏州摄影家协会会员、永靖县摄影家协会理事兼秘书长。1997年以来，多幅摄影作品在报刊杂志上发表、参展，或被宣传及旅游部门选用，1999年荣获全省公安系统摄影展一等奖，2003年获全省公安系统"卫士之光"摄影作品展三等奖，2006年获"金发杯"走近黄河三峡摄影大赛优秀奖，2007年获甘肃首届"警苑杯"摄影大赛优秀奖，2009年获"百名摄影家看陇原"摄影大奖赛综合类入选奖，2010年获首届临夏"花儿"文学大奖赛摄影二等奖、全州公安机关首届书画摄影展摄影一等奖、2010中国（青海）三江源摄影节展入选奖。作品摄于1998年7月，忠诚卫士日夜守护九曲黄河第一哨——刘家峡水电站大坝。

1085 《抢答》

作品类别：摄影类

作　　者：岑峰

发表时间：2011-10-01

发表载体：甘肃省两基迎国检网络征文摄影大赛

获奖及影响：甘肃省"两基"迎国检《春天的记忆》摄影大赛作品选获二等奖。

简　　介：主要反映玉门市人民政府高度重视移民乡民族孩子的教育，在民族乡加大教育投入，修建教学楼，添置教学仪器，孩子们带着喜悦纷纷抢着回答问题。

1086 《民主当选》

作品类别：摄影类

作　　者：陈尚志

发表时间：2011-09-13

发表载体：甘肃省美术馆

获奖及影响：2013年获省委省政府第七届"敦煌文艺奖"摄影类三等奖。

简　　介：《民主当选》组照拍摄于2007年至2010年之间，当时靖远县刘川电灌工程灌区正在实施英国赠款项目，项目要求灌区支渠以下（不含支渠）由农民用水户协会自管，全灌区要逐年成立用水户协会，先后选举成立用水户协会11个，这组图片就是在这期间拍摄的，第一副是用水户老大爷在填选票，第二幅是用水户露着笑脸开心的投票，第三幅是统票人紧张认真的统计选票数，第四幅是当选的用水户协会班子成员合影。2011年6月24日上午，庆祝"中国共产党成立90周年——甘肃省第二届建设社会主义新农村（新牧区）摄影艺术展"在甘肃画院开展，这次共展出200幅作品，《民主当选》组照夺魁，获一等奖。

1087 《丰收》

作品类别：摄影类
作　　者：张超
发表时间：2008-04-08
获奖及影响：甘肃省新农村建设摄影艺术展优秀奖。
简　　介：张超，男，汉族，甘肃省庆阳市合水县人，摄影作品多次参加国家、省市县各级各类摄影大赛并获奖。《丰收的喜悦》取材于农村某农户葡萄园，瞬抓拍而成。秋收季节，最是农民喜悦日子，虽然多了不少辛苦，但更多的是享受丰收带来的喜悦，该作品反映了广大农民朋友这一喜悦的时刻，人物形象突出，作品光影、色彩丰富。

1088 《田园交响曲》

作品类别：摄影类
作　　者：佘佐军
发表时间：2002-04-26
发表载体：甘肃省企业美术书法摄影大展
获奖及影响：入展甘肃省企业美术书法摄影大展。

1089 《生命的嘱托》

作品类别：摄影类
作　　者：岑峰
发表时间：2012-09-26
发表载体：甘肃省人口文化艺术节摄影赛
简　　介：主要反映玉门市人民政府加大医疗设施的投入，购置了大量医疗流动设备，亲自上门，解决农村妇女看病难的困难。

1090 《分享瞬间》

作品类别：摄影类

作　　者：王诚

发表时间：2012-12-10

发表载体：甘肃省摄影家协会

获奖及影响：2012年12月甘肃省摄影家协会举办的"莫高杯"摄影大赛中入选。

简　　介：王诚，1986年10月中国酒泉卫星发射中心基地电厂政治部从事新闻宣传报道工作，1990年6月至今在甘肃省天水市秦州区房地产管理局工作，现为甘肃摄影家协会会员，秦州区摄影家协会主席，甘肃省摄影家协会网《广角咨询》栏目首席版主。

1091 《联村联户唱响富民歌》

作品类别：摄影类

作　　者：王诚

发表时间：2012-12-01

发表载体：甘肃省摄影家协会

获奖及影响：2012年12月甘肃省摄影家协会举办的摄影协会会员作品展中《联村联户唱响富民歌》获二等奖。

1092 《天堂人间两不误》

作品类别：摄影类

作　　者：王诚

发表时间：2012-12-10

发表载体：甘肃省摄影家协会

获奖及影响：2012年12月甘肃省摄影家协会举办的"莫高杯"摄影大赛中入选。

1093 《我的模特》

作品类别：摄影类

作　　者：王诚

发表时间：2012-12-10

发表载体：甘肃省摄影家协会

获奖及影响：2012年12月甘肃省摄影协

会举办的"莫高杯"摄影大赛中入选。

1094 《舞龙》

作品类别：摄影类

作　　者：刘晓明

发表时间：2012-10-16

发表载体：甘肃省摄影家协会

获奖及影响：甘肃省八届影展入选展出

简　　介：刘晓明，1980年自学摄影，1994年毕业于中国摄影学院，现为中国摄影家协会会员、中国艺术摄影学会员员、中国民俗摄影协会永久会员、中国人像摄影学会会员、中国摄影著作权协会会员、甘肃省摄影家协会理事、天水市旅游协会理事、第三届天水市摄影家协会主席、第四届天水市摄影家协会名誉主席、第三、四届天水市文联委员。

1095 组照《天祝之光》

作品类别：摄影类

作　　者：王诚

发表时间：2012-12-10

发表载体：甘肃省摄影家协会

获奖及影响：2012年12月甘肃省摄影家协会举办的"莫高杯"摄影大赛中入选。

1096 《大自然的报复》

作品类别：摄影类

作　　者：袁志强

发表时间：2003-12-01

发表载体：甘肃省摄影展参展

获奖及影响：荣获甘肃省"第四届敦煌文艺奖"二等奖。

简　　介：该作品真实记录了1993年5月5日发生在河西走廊的特大沙尘暴涌起瞬间的情景，给人以强烈震撼。作品旨在呼唤人们热爱自然，保护自然；警示人们，如果过于破坏自然，则自然会给予人类以严厉的报复。

1097 《被侵蚀的家园》

作品类别：摄影类

作　　者：张玉林

发表时间：2007-09-10

发表载体：甘肃省首届环保摄影艺术大赛

获奖及影响：《被侵蚀的家园》2007年9月10日获甘肃省首届环保摄影艺术大赛三等奖。

1098 《大地乐章》

作品类别：摄影类

作　　者：陈尚志

发表时间：2010-11-13

发表载体：甘肃省艺术馆

获奖及影响：获甘肃省第十七届"摄影艺术展铜奖"。

简　　介：这幅照片拍摄于白银市靖远县乌兰镇营房村，靖远县地膜种植面积很大，这是其中一角。

1099 《良种待发》

作品类别：摄影类

作　　者：陈尚志

发表时间：2006-12-13

发表载体：甘肃省艺术馆

获奖及影响：甘肃省十六届摄影艺术展获优秀奖，获2007年白银市首届"凤凰文艺奖"二等奖。

1100 《我家的鸭子群》

作品类别：摄影类

作　　者：武占林

发表时间：2008-11-14

发表载体：甘肃省艺术馆

获奖及影响：获甘肃省第二届"奔马奖"三等奖。

1101 《元宵节》

作品类别：摄影类

作　　者：房振国

发表时间：2009-11-13

发表载体：甘肃省艺术馆

获奖及影响：获白银市第二届"凤凰文艺奖"二等奖。

简　　介：房振国，男，汉族，生于1957年1月，籍贯甘肃省靖远县，大专文化程度，靖远县文广局干部，甘肃省摄影家协会会员，白银市摄影家协会理事。《元宵节》在甘肃省委宣传部，甘肃现代摄影学会等单位联合举办的庆祝新中国成立六十周年"百名摄影家看陇原"摄影活动中被评为优秀奖，并在北京民族文化宫、津巴布韦、中国丝绸之路摄影展中展出，2010年《元宵节》被评为白银市第二届"凤凰文艺奖摄影类"二等奖，这幅照片拍摄于靖远县城2010年春节元宵社火大赛场景。

1102 《祁连生涯》

作品类别：摄影类

作　　者：裴明星

发表时间：2008-03-15

发表载体：甘肃现代摄影25年获奖精品展

1103 《尽收眼底》

作品类别：摄影类

作　　者：刘晓明

发表时间：1993-11-28

发表载体：甘肃现代摄影第五届摄影展览

获奖及影响：甘肃现代摄影第五届摄影展览获二等奖

简　　介：刘晓明，1980年自学摄影，1994年毕业于中国摄影学院，现为中国摄影家协会会员、中国艺术摄影学会员员、中国民俗摄影协会永久会员、中国人像摄影学会会员、中国摄影著作权协会会员、甘肃省摄影家协会理事、天水市旅游协会理事、第三届天水市摄影家协会主席、第四届天水市摄影家协会名誉主席、第三、四届天水市文联委员。

1104 《河西沙尘暴》

作品类别：摄影类

作　　者：裴明星

发表时间：2001-06-05

发表载体：国家环境警示教育图片展

获奖及影响：获得"国家环境警示教育图片展"优秀奖。

1105 《渔舟唱晚》

作品类别：摄影类

作　　者：郑耀德

发表时间：2014-06-18

获奖及影响：该作品获"2014年国家摄影六月赛十佳优秀"作品奖。

1106 《户户通电工程》

作品类别：摄影类

作　　者：王灵通

发表时间：2013-05-16

发表载体：环县双联行动摄影展

获奖及影响：荣获全县双联行动摄影书画展摄影类二等奖。

1107 《户户通电工程》

作品类别：摄影类

作　　者：文璟

发表时间：2013-05-16

发表载体：环县双联行动摄影展

获奖及影响：荣获全县双联行动摄影书画展摄影类三等奖。

1108 《十八大宣讲在农村》

作品类别：摄影类

作　　者：刘兴中

发表时间：2013-05-16

发表载体：环县双联行动摄影展

获奖及影响：荣获全县双联行动摄影书画展摄影类二等奖。

1109 《阎部长在农田》

作品类别：摄影类

作　　者：胡金娟

发表时间：2013-05-16

发表载体：环县双联行动摄影展

获奖及影响：荣获全县双联行动摄影书画展摄影类一等奖。

1110 《玉米追肥》

作品类别：摄影类

作　　者：陈建宗

发表时间：2013-05-16

发表载体：环县双联行动摄影展

获奖及影响：荣获全县双联行动摄影书画展摄影类三等奖。

1111 《吴部长在农田》

作品类别：摄影类

作　　者：陈羿舟

发表时间：2013-05-16

发表载体：环县双联行动摄影展载体

获奖及影响：荣获全县双联行动摄影书画展摄影类三等奖。

1112 《边疆牧人》

作品类别：摄影类

作　　者：康明生

发表时间：1995-10-10

获奖及影响：第二届"民百杯全国摄影比赛"优秀奖。

1113 《朝圣者》

作品类别：摄影类

作　　者：康明生

发表时间：1996-12-03

获奖及影响：获得中国民俗摄影三等奖

1114 《粉砌银装》

作品类别：摄影类

作　　者：康明生

发表时间：2000-07-29

获奖及影响：甘肃省第二届"群星艺术节获铜奖"。

1115 《粉砌银装、草原欢歌》

作品类别：摄影类

作　　者：康明生

发表时间：2000-07-01

获奖及影响：获文化部主办的第五届"大河上下摄影艺术展览"中获优秀奖。

1116 《风雪无阻》

作品类别：摄影类

作　　者：王金平

发表时间：2014-09-01

获奖及影响：获国家级优秀奖、省级二等奖、市级凤凰文艺奖三等奖。

1117 《赶海》

作品类别：摄影类

作　　者：康明生

发表时间：1999-10-27

获奖及影响：99年迎澳门回归全国摄影大赛获得四等奖。

1118 《贵清山烟雨》

作品类别：摄影类

作　　者：康明生

发表时间：2012-08-02

获奖及影响：获第四届"全国攀岩摄影大赛"优秀奖。

1119 《积翠叠绿》《石门烟云》《太皇山草原》

作品类别：摄影类

作　　者：康明生

发表时间：2005-06-05

获奖及影响：兰天杯人与环境摄影大赛获入选奖。

1120 《椒乡》

作品类别：摄影类

作　　者：康明生

发表时间：2000-12-05

获奖及影响：2000年获得第三届"敦煌文艺"一等奖。

1121 《鲁班烟云》

作品类别：摄影类

作　　者：康明生

发表时间：2000-01-01

获奖及影响：全国书画摄影大展优秀奖。

1122 《明清街》

作品类别：摄影类

作　　者：康明生
发表时间：2006-07-01
获奖及影响：天水历史文化城摄影艺术创作大展中获优秀奖。

1123 《木梯寺》
作品类别：摄影类
作　　者：康明生
发表时间：1999-10-01
发表载体：天水"玄极杯"摄影大赛一等奖。

1124 《农家》
作品类别：摄影类
作　　者：康明生
发表时间：2011-06-24
获奖及影响：2011年甘肃省文联、影协举办的第二届"新农村影展"中获得二等奖。

1125 《农家乐》
作品类别：摄影类
作　　者：康明生
发表时间：2011-05-01
获奖及影响：甘肃省摄协、书协、甘报社举办的书画这硬展览中获得一等奖。

1126 《祈福圣地》
作品类别：摄影类
作　　者：康明生
发表时间：2012-10-01
获奖及影响：获得天水市第一届摄影艺术展二等奖。

1127 《获奖秋乡》
作品类别：摄影类
作　　者：康明生
发表时间：2001-01-02
获奖及影响：2011年获天水市首届"精神文明建设五个一工程奖"。

1128 《获奖晒佛节》《仪仗队》《法会》《喇叭声声》《碾台》《法论滚滚》《外边世界》《虔诚》等8幅
作品类别：摄影类
作　　者：康明生
发表时间：1998-12-10
获奖及影响：获得中国国际民俗摄影人类贡献奖。

1129 《获奖山韵》
作品类别：摄影类
作　　者：康明生
发表时间：1996-12-25
获奖及影响：96年参加第三届"甘肃省民百杯影赛"获优秀奖。

1130 《水帘洞》
作品类别：摄影类
作　　者：康明生
发表时间：2002-09-26
获奖及影响：甘肃民俗风情摄影展二等奖。

1131 《卧牛山烟云》
作品类别：摄影类
作　　者：康明生
发表时间：2011-07-01
获奖及影响：甘肃省"精神文明办省影协举办的书画摄影展览"获一等奖。

1132 《西部鼓韵》
作品类别：摄影类
作　　者：康明生
发表时间：2002-05-10
获奖及影响：甘肃省摄协新奇杯三等奖。

1133 《夏日的藏北草原》

作品类别：摄影类

作　　者：康明生

发表时间：1996-12-11

获奖及影响：获得中国民俗摄影二等奖。

1134 《迎奥运会》

作品类别：摄影类

作　　者：常琦彪

发表时间：2008-08-28

获奖及影响：2008年8月荣获由国家电网公司、中国新闻社会举办的"同一个世界、同一个梦想"全球华人迎奥运征文活动摄影类作品三等奖，2010年10月，荣获白银市第二届"凤凰文艺"奖三等奖。

简　　介：常琦彪，男，汉族，1973年10月生，爱好新闻、文学、摄影创作，已在《农民日报》《中国特产报》《中国粮食经济》《粮油市场报》《飞天》《甘肃日报》《甘肃粮食工作》《光芒》《西凉文学》《白银文学》《白银日报》等十余家市级以上报刊发表文学作品100余篇（首），报告文学2篇，新闻4000多篇，论文6篇，各类摄影作品400多幅。有新闻、文学、摄影作品获市级以上奖励、现为甘肃省作家协会会员，甘肃省摄影家协会会员，甘肃省延安精神研究会会员，多家新闻媒体的特约通讯员。合著有《图说三军大会师》一书，有作品入选《甘肃红色故事作品集》《故土风情》《当代网络作家诗人作品精选》等。

1135 《又是一个丰收年》

作品类别：摄影类

作　　者：康明生

发表时间：1999-10-01

获奖及影响：1999年获得天水市庆祝"建国50周年摄影展"一等奖。

1136 《抗争》

作品类别：摄影类

作　　者：裴明星

发表时间：2009-07-01

发表载体：捷宝国际摄影大赛

获奖及影响：获得2008年度"捷宝"国际摄影大赛优秀奖。

1137 《黄土雪韵》

作品类别：摄影类

作　　者：车新利

发表时间：2005-03-04

发表载体：金张掖文艺奖

获奖及影响：获得首届"金张掖文艺奖"摄影类一等奖。

1138 《春讯》

作品类别：摄影类

作　　者：车新利

发表时间：2009-09-01

发表载体："金张掖之夏全国摄影大赛"

获奖及影响：获得"金张掖之夏全国摄影大赛"铜质收藏作品。

1139 《大漠如雪》

作品类别：摄影类

作　　者：裴明星

发表时间：2009-09-01

发表载体："金张掖之夏"全国摄影大赛

获奖及影响：获得"金张掖之夏"全国摄影大赛优秀作品奖。

1140 《牧马祁连》

作品类别：摄影类

作　　者：裴明星

发表时间：2009-09-01

发表载体："金张掖之夏全国摄影大赛"

获奖及影响：获得"金张掖之夏"全国摄影大赛金质收藏作品。

1141 《永远的敦煌》

作品类别：摄影类

作　　者：康锦虎

发表时间：2006-08-01

获奖及影响：在2006年获得酒泉市委颁发的对外宣传突出贡献奖。

简　　介：康锦虎，敦煌市摄影家，他的作品获得酒泉市委颁发的对外宣传突出贡献奖。

1142 《收获的喜悦》

作品类别：摄影类

作　　者：张建平

发表时间：2009-07-01

发表载体："酒泉市建党90周年美术书法摄影展"

获奖及影响：2009年7月获酒泉市宣传部酒泉市文联《庆祝建党90周年"爱党爱国爱酒泉"美术书法摄影展览》优秀奖。

简　　介：张建平，男，1969年3月出生于甘肃渭源县，中国民盟盟员，甘肃省摄影家协会会员，酒泉市摄影协会理事，玉门市摄影家协会副主席兼秘书长，汉语言文学本科学历，中级职称。

1143 《乡里娃》

作品类别：摄影类

作　　者：陈立忠

发表时间：2005-03-07

发表载体：酒泉市精神文明建设"五个一工程"

获奖及影响：参加本市摄影展受到好评。荣获酒泉市精神文明建设"五个一工程"优秀作品奖。

简　　介：作品反映了农村少年对美好生活的憧憬。

1144 《笑逐颜开》

作品类别：摄影类

作　　者：陈立忠

发表时间：2003-05-06

发表载体：酒泉市精神文明建设"五个一工程"

获奖及影响：参加本市的摄影展受到好评。荣获酒泉市精神文明建设"五个一工程"优秀作品奖。

简　　介：在文化下乡演出中拍摄到农民群众兴高采烈的精神风貌。

1145 《咱也和村里来的老外聊聊》

作品类别：摄影类

作　　者：俞岚枫

发表时间：2009-01-01

发表载体：酒泉市庆祝"新中国成立60周年"摄影

获奖及影响：酒泉市庆祝新中国成立60周年摄影展"二等奖酒泉市党员干部书画摄影精选作品集，酒泉市党员干部书画摄影展二等奖。

简　　介：图片记录了非洲文化考察团来瓜州考察文化发展。

1146 《三色宕昌九奇宕鹅》

作品类别：摄影类

作　　者：刘辉

发表时间：2014-08-29

获奖及影响：获第二届"陇南文艺奖摄影类"银奖。

1147 《天池冶海》

作品类别：摄影类

作　　者：敏生贵

发表时间：2007-04-27

发表载体：刊物

简　　介：敏生贵，男，回族，临潭县城关镇人，1972年参加工作，系中国民俗摄影家协会会员，长期探索摄影艺术，《天池冶海》获甘肃省摄影家协会、甘肃省国际艺术摄影交流协会等多家专业机构联办的摄影大奖赛一等奖。

1148 《冠军风采》

作品类别：摄影类

作　　者：刘闽江

发表时间：2012-08-13

发表载体：兰州国际马拉松摄影

获奖及影响：2012年8月摄影作品《冠军风采》在"兰州银行杯"2012年兰州国际马拉松摄影大赛获三等奖。

简　　介：刘闽江，男，汉族，一九五六年八月生。现在职甘肃省广播电影电视总台新闻综合广播编辑，曾在职原《甘肃商报》摄影记者，现为甘肃省摄影家协会会员，甘肃省现代摄影协会会员，兰州市摄影家协会理事。近年获奖作品：2011年七月摄影作品《金城新貌》在兰州市城关区纪念"中国共产党成立90周年摄影大展"获二等奖，2011年四月摄影作品《兴隆远眺》在"走进兴隆山"摄影大赛获三等奖，2012年八月摄影作品《冠军风采》在"兰州银行杯"2012年兰州国际马拉松摄影大赛获三等奖，2013年七月摄影作品《农家戏班》在甘肃省"联村联户，为民富民"摄影展中获三等奖。

1149 《汭河湾湾》

作品类别：摄影类

作　　者：刘正武

发表时间：2012-08-28

发表载体：龙泉文艺奖

获奖及影响：获崇信县首届"龙泉文艺奖"三等奖。

简　　介：刘正武，男，甘肃省崇信县人。

1150 《香包节》

作品类别：摄影类

作　　者：赵安民　左丽萍

发表时间：2010-06-16

简　　介：2012年端午节前夕在庆城县北区设立各乡镇香包展览，这是驿马镇的两个展棚。

1151 《藏乡秋语》

作品类别：摄影类

作　　者：雨声

发表时间：2014-11-05

发表载体：陇南日报

获奖及影响：参加"绚丽甘肃丝路"全国摄影大赛，获得优秀奖。

简　　介：该作品作者雨声，发表于陇南日报，参加"绚丽甘肃丝路"全国摄影大赛，获得优秀奖。

1152 《我们有了新学校》

作品类别：摄影类

作　　者：雨声

发表时间：2014-12-05

发表载体：陇南日报

获奖及影响：获得陇南市政府和甘肃日报联合举办的"新家园"摄影大赛，获得优秀奖。

1153 《谢谢叔叔们》

作品类别：摄影类

作　　者：王耀东

发表时间：2009-08-21

发表载体：陇南日报

获奖及影响：第三届"陇南市文艺奖摄影"类铜奖。

1154 《秋韵》

作品类别：摄影类

作　　者：刘辉

发表时间：2006-01-18

获奖及影响：获得陇南市文艺奖银奖

1155 《官鹅沟风光》

作品类别：摄影类

作　　者：王耀东

发表时间：2010-10-29

发表载体：陇南市摄影大赛

获奖及影响：陇南市摄影大赛金奖

1156 《亲人，走好！》

作品类别：摄影类

作　　者：梁新勇

发表时间：2012-09-02

发表载体：陇南市文化艺术节

获奖及影响：陇南市文化艺术节铜奖

1157 《让五星红旗迎风飘扬》

作品类别：摄影类

作　　者：梁新勇

发表时间：2012-11-02

发表载体：陇南市文化艺术节

获奖及影响：陇南市文化艺术节铜奖

1158 《土豆四季》

作品类别：摄影类

作　　者：陈习田

发表时间：2009-12-01

获奖及影响：2009年12月，摄影作品获定西市委、市政府第二届"马家窑文艺奖"二等奖。

简　　介：陈习田，1963年生，全日制大专，历任定西县李家嘴学校教师、教导主任；定西县委研究室干部；甘肃定西石羊公司副书记、副经理；东岳乡党委副书记；安定区委报道组副组长、组长（正科）。现任安定区电视台党支部书记、副台长。曾在同济大学经济与管理学院企业管理人才培训班脱产学习，2009年被聘为新华社签约摄影师。

1159 《丹霞雪》

作品类别：摄影类

作　　者：裴明星

发表时间：2011-10-01

发表载体：美国地理杂志全球摄影大赛

获奖及影响：获得"2011年度美国地理杂志全球摄影大赛自然类"优秀奖。

1160 《和谐家园》

作品类别：摄影类

作　　者：徐永茂

发表时间：2007-10-18

发表载体：美术书法摄影展

获奖及影响：2007年获甘肃首届"警苑杯"摄影大赛优秀奖。

简　　介：徐永茂，男，汉族，1970年5月生，甘肃武威人，本科文化程度。永靖县公安局民警，二级警督。全国公安文联会员、甘肃省摄影家协会会员、甘肃省现代摄影协会会员、临夏州摄影家协会会员、永靖县摄影家协会理事兼秘书长。1997年以来，多幅摄影作品在报刊杂志上发表、参展，或被宣传及旅游部门选用，1999年荣获全省公安系统摄影展一等奖，2003年获全省公安系统"卫士之光"摄影作品展三等奖，2006年获"金发杯"走近黄河三峡摄影大赛优秀奖，2007年获甘肃首届"警苑杯"摄影大赛优秀奖，2009年获"百名摄影家看陇原"摄影大奖赛综合类入选奖，2010年获首届临夏"花儿"文学大奖赛摄影二等奖、全州公安机关首届书画摄影展摄影一等奖、2010中国（青海）三江源摄影节展入选奖。作品《和谐家园》主要说明随着生态环境的改善和人们爱鸟意识的增强，数以万计的候鸟飞临永靖黄河三峡湿地越冬，这里又成了人与鸟类和谐相处的乐园，用光影发现美，创造美，把美留给每一个人，从中享受无穷的快乐。

1161 《花儿声声》

作品类别：摄影类

作　　者：胡兆萱

发表时间：2011-06-28

发表载体：美术书法摄影展

获奖及影响：2011年全省文化系统纪念"中国共产党成立90周年美术书法摄影作品展"三等奖。

简　　介：胡兆萱，女，1969年出生，汉族，大专文化，中共党员，现为临夏州文化馆馆员、甘肃省摄影家协会会员、甘肃省现代摄影家协会会员、临夏州摄影家协会副主席兼秘书长，摄影作品多次在省、地级展览入选、展出并获奖，其中，作品《花儿声声》在甘肃省文化厅主办的全省文化系统纪念"中国共产党成立90周年美术书法摄影作品展"中获三等奖，并在《甘肃省文化系统美术书法摄影作品集》刊登；《雪中送炭》在中共甘肃省委宣传部主办的联村联户、为民富民美术书法摄影展中获得三等奖；《雪中送"炭"》在省文联主办的甘肃省迎新春书画摄影展获摄影类一等奖，并在《甘肃省迎新春书画摄影展作品选集刊登》，多幅作品在《甘肃摄影》《现代摄影》《甘肃文苑》《群文天地》等省级刊物刊登，组织、编辑、合作出版《现代摄影》临夏专刊。

1162 《科学技术助发展，同心同德奔小康》

作品类别：摄影类

作　　者：李兰兰

发表时间：2013-07-16

发表载体：美术书法摄影展

获奖及影响：甘肃省"联村联户、为民富民"美术、书法、摄影作品展二等奖。

简　　介：李兰兰，女，满族，1970年4月生，辽宁沈阳市人，本科学历，现任临夏回族自治州文化馆馆员。临夏州摄影家协会会员，从事摄影工作长达14年之久。作品《科学技术助发展，同心同德奔小康》在省委宣传部、省文联举办的"联村联户、为民富民"美术、书法、摄影作品展中荣获二等奖。

1163 《牧归》

作品类别：摄影类

作　　者：李兰兰

发表时间：2013-12-01

发表载体：美术书法摄影展

获奖及影响：甘肃省摄影家协会第二期摄影创作提高班摄影作品展中荣获一等奖。

简　　介：李兰兰，女，满族，1970年4月出生，1992年9月参加工作，辽宁沈阳市人，本科学历，中共党员，现任临夏回族自治州文化馆馆员，甘肃省摄影家协会会员，甘肃省现代摄影学会会员，临夏州摄影家协会会员，从事摄影工作16年；作品《牧归》在甘肃省摄影家协会第二期摄影创作提高班摄影作品展中荣获一等奖。

1164 《夕照刘家峡》

作品类别：摄影类

作　　者：秦德生

发表时间：2009-08-08

发表载体：美术书法摄影展

获奖及影响：第四届"甘肃省群星艺术节美术书法摄影展"三等奖。

简　　介：秦德生，高级政工师，供职于刘家峡水电厂，现为美国职业摄影师协会PPA会员，甘肃省摄影家协会会员，甘肃现代摄影协会理事并任永靖县联络站站长、永靖县摄影家协会副主席。由于工作需要，从上世纪90年代初开始爱好摄影至今，先后在《人民日报》《宣传手册》《甘肃日报》《中国电力报》《江河丰碑》等报刊和大型画册发表新闻及摄影作品近400幅。2010年9月联合出版《甘肃摄影家临夏专集》大型画册，2011年7月创作的10幅摄影作品在"甘肃摄影家眼中的津巴布韦"大型摄影展中展出，60余幅摄影作品用于企业及当地政府各种宣传画册、年历、纪念封及个性化邮票印制，40余幅作品在刘家峡水电厂、临夏州、甘肃省电力公司各项影展中展出。

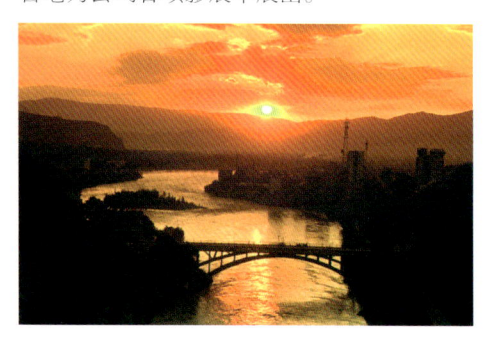

1165 《雪中送炭》

作品类别：摄影类

作　　者：胡兆萱

发表时间：2013-07-16

发表载体：美术书法摄影展

获奖及影响：甘肃省"联村联户为民富民"美术书法摄影展三等奖。

简　　介：胡兆萱，女，1969年出生，汉族，大专文化，中共党员，现为临夏州文化馆馆员、甘肃省摄影家协会会员、甘肃省现代摄影家协会会员、临夏州摄影家协会副主席兼秘书长。摄影作品多次在省、地级展览入选、展出并获奖，其中，作品《花儿声声》在甘肃省文化厅主办的全省文化系统纪念"中国共产党成立90周年美术书法摄影作品展"中获三等奖，并在《甘肃省文化系统美术书法摄影作品集》刊登；《雪中送炭》在中共甘肃省委宣传部主办的联村联户、为民富民美术书法摄影展中获得三等奖;《雪中送"炭"》在省文联主办的甘肃省迎新春书画摄影展获摄影类一等奖,并在《甘肃省迎新春书画摄影展作品选集刊登》,多幅作品在《甘肃摄影》《现代摄影》《甘肃文苑》《群文天地》等省级刊物刊登,组织、编辑、合作出版《现代摄影》(临夏专刊)。

1166 《抱新娘》

作品类别:摄影类

作　者:张国银

发表时间:2012-10-15

发表载体:宁夏回族自治区日报

获奖及影响:获"宁夏回族自治区伊斯兰教风情轻摄影大赛"一等奖。

1167 《湿地精灵》

作品类型:摄影类

作　者:郑耀德

发表时间:2014-11-26

发表载体:七彩肃北全国摄影大赛

获奖及影响:七彩肃北全国摄影大赛佳作奖

1168 《关爱》

作品类型:摄影类

作　者:裴明星

发表时间:2012-08-01

发表载体:情暖万家摄影大赛

获奖及影响:获得"情暖万家"摄影大赛三等奖。

1169 《童真》

作品类型:摄影类

作　者:窦生满

发表时间:2013-06-19

发表载体:庆阳市摄影家协会

获奖及影响:获中国"梦德诚杯"庆阳市第二届"摄影艺术作品展艺术类"优秀奖。

1170 《陇原春早》

作品类型:摄影类

作　者:裴明星

发表时间:1999-10-01

发表载体:庆祝建国 50 周年美术书法摄影展

获奖及影响:入选甘肃省庆祝建国 50 周年美术书法摄影展。

1171 庆祝中华人民共和国建立60周年《辉煌时刻》组照

作品类型：摄影类

作　　者：梁国安

发表时间：2009-10-02

获奖及影响：作品《辉煌时刻》组照2009年10月在庆祝"中华人民共和国建立60周年全国摄影大奖赛"中获得银镜奖。

简　　介：梁国安，中国摄影家协会会员，甘肃省摄影家协会会员，兰州市摄影家协会理事，现就职于兰州石化离退休管理二处，从事业余摄影20多年，多次参加企业及省市有关部门组织的大型摄影采访创作和航拍活动，举办了多个网络摄影个人展览，作品刊发在《摄影世界》《大众摄影》《中国摄影报》等专业刊物上，有百余幅作品在国内外重大影展影赛中参展获奖。

1172 《大地的乐章》

作品类型：摄影类

作　　者：张征

发表时间：2007-07-17

发表载体：全国大河上下摄影展

获奖及影响：摄影作品《大地的乐章》在2000年7月全国大河上下摄影展中获三等奖

简　　介：张征，男，汉族，1952年出生，甘肃省渭源县人，大学文化，高级政工师，兰州石油化工公司工作，中国摄影家协会会员、甘肃省摄影家协会会员、甘肃省现代摄影学会会士、兰州市摄影家协会会员、兰州市现代摄影学会理事、九三学社石化支社主委、兰州市统战部艺术联合会专业部副主任。

1173 《遁入空门》

作品类型：摄影类

作　　者：孙永刚

发表时间：1992-07-01

发表载体：全国第二届"文物摄影艺术作品展"

简　　介：孙永刚，男，58岁，1956年出生，祖籍江苏无锡，自1983年在甘肃敦煌市文化馆美术摄影组工作，1984年起在麦积山石窟从事文博摄影室工作，现为文博馆员职称。1988年考入兰州大学新闻系摄影专业班，进行了为期两年的半脱产专业学习，与1990年毕业，取得专业证书，1993年参加了全国成人高等教育考试，考入武汉大学摄影艺术大专班，进行了两年脱产学习，1995年7月毕业，先后参加了中国文物出版社与日本平凡社出版的大型画册《中国石窟.麦积山石窟》画册的拍摄，任助理摄影。1987年参加了有人民美术出版社出版的《中国美术全集.麦积山石窟》一书的拍摄，任助理摄影，1996年参加了四川人民美术出版社出版的《中国石窟雕塑全集.麦积山石窟》一书的拍摄，时任摄影（合作），2004年完成了《麦积山石窟志》一书的出版摄影工作，2006年出版的《甘肃文物菁华》大画册本人为摄影者之一，2013年在文联出版社出版个人摄影作品集《麦积山石窟》一部，现供职于麦积山石窟艺术研究所，任资料室副主任，2002年先后加入甘肃省摄影家协会、中国文物摄影委员会，为该会会员，该作品入选全国第二届文物摄影艺术作品展。

1174 《甘露》

作品类型：摄影类

作　　者：孙永刚

发表时间：1992-07-01

发表载体：全国第二届"文物摄影艺术作品展"

1175 《菩萨与弟子》

作品类型：摄影类

作　　者：孙永刚

发表时间：1992-07-01

发表载体：全国第二届"文物摄影艺术作品展"

1176 《旅途》

作品类型：摄影类

作　　者：陈旭东

发表时间：2007-11-19

发表载体：全国第十四届"群星奖摄影展览"

获奖及影响：入选第七届中国艺术节"全国第十四届群星奖"摄影展览，第三届"甘肃省群星奖"摄影展览获铜奖。

简　　介：陈旭东，男，汉族，生于1965年4月，2003年毕业于西北师范大学"图片摄影艺术专业"大专班。现为甘肃省摄影家协会会员、甘肃省现代摄影学会会士、兰州市摄影家协会副主席、榆中县摄影学会第三届理事会会长、政协榆中县第八委员会委员、榆中县文化馆馆员、高级摄影师。

1177 《老鹰捉小鸡》

作品类型：摄影类

作　　者：赵彦真

发表时间：2008-03-01

发表载体：全国教师摄影大赛

获奖及影响：荣获全国教师摄影大赛优秀奖；中国民间体育摄影大赛入围奖。

1178 《雄狮闹春》

作品类型：摄影类

作　　者：杨立新

发表时间：2011-02-17

获奖及影响：2011年2月17日，参加国家体育总局社会体育指导中心、中国龙狮运动协会举办"全民健身"龙腾狮跃闹元宵——2010年全国龙狮大联欢活动，荣获民族传统特别奖、参与奖、最佳摄影效果奖。

简　　介：杨立新，男，汉族，1967年10月28日生，甘肃省定西市安定区内官镇人，本科学历，定西市安定区文化广播影视局工作，党员，现为甘肃省摄影家协会会员，甘肃现代摄影学会会士，定西市摄影家协会常务副主席。

1179 《穆斯林圣纪节》

作品类型：摄影类

作　　者：梁胜儒

发表时间：2012-10-17

发表载体：全国旅游风光摄影作品大展

获奖及影响：佳作奖

简　　介：梁胜儒，男，汉族，生于1951年，在甘肃省华亭县计划生育局工作（已退休）。中国民俗摄影家协会会士。甘肃省摄影家协会会员，平凉市摄影家协会会员，华亭县摄影家协会会员。本人在国家人口与计划生育杂志、甘肃人口报、平凉日报等媒体刊登摄影、文字稿件40篇（幅）。摄影作品多次获奖。《米家沟》获全国旅游风光摄影作品大赛优秀奖，《春到米家沟》获全国旅游风光摄影作品大赛优秀奖，《家乡风景》入选2013年平凉市"迎国庆，展风采"摄影家协会会员优秀作品联展。《看戏》《农机补贴》获2014年"华亭县美丽新农村摄影展"入选奖。

1180 《碧翠山庄》

作品类型：摄影类

作　　者：夏建平

发表时间：2013-10-20

发表载体：全国摄影比赛

获奖及影响：中国共产党西吉县委、县政府，中国摄影杂志社。

1181 《塞上人家》

作品类型：摄影类

作　　者：夏建平

发表时间：2013-10-23

发表载体：全国摄影比赛

获奖及影响：中国共产党西吉县委、县政府，中国摄影杂志社。

1182 《字典下乡》

作品类型：摄影类
作　　者：丁天平
发表时间：2014-03-12
发表载体：全国网络摄影大赛
获奖及影响：该作品在2013-2014第二届"贵在责任贵在关爱"全国网络摄影大赛中获优秀奖（贵州福贵文化传播主办，贵州旅游在线网站承办，中央数字电视摄影频道协办）。
简　　介：丁天平，男，1963年出生于甘肃天水，1981年入伍，酷爱摄影，1996年开办阿门照相馆至今，现为中国摄影家协会网VIP会员、大众摄影网（版块版主、甘肃省摄影家协会会员、甘肃省现代摄影家协会会员、天水市摄影家协会理事。

1183 《小沙弥》

作品类型：摄影类
作　　者：孙永刚
发表时间：1998-12-20
发表载体：全国文物摄影展
获奖及影响："全国文物摄影展"荣获优秀奖。

1184 《人口与和谐》

作品类型：摄影类
作　　者：陈习田
发表时间：2012-05-28
获奖及影响：2009年5月获定西市"人口文化艺术作品展"摄影类一等奖。
简　　介：陈习田，1963年生，历任定西县李家嘴学校教师、教导主任；定西县委研究室干部；甘肃定西石羊公司副书记、副经理；东岳乡党委副书记；安定区委报道组副组长、组长（正科）。现任安定区电视台党支部书记、副台长，曾在同济大学经济与管理学院企业管理人才培训班脱产学习，2009年被聘为新华社签约摄影师。

1185 《长征加油站》

作品类型：摄影类
作　　者：刘辉
发表时间：2014-08-02
发表载体：发表于《人民日报》
简　　介：该作品，发表于人民日报，画面主要为哈达铺新风貌。

1186 《若有所思》

作品类型：摄影类
作　　者：魏峰
发表时间：2011-05-01
发表载体：人像摄影杂志社

获奖及影响：获得人像摄影杂志社举办的"人像摄影精英赛"三等奖。

1187 《夕阳夕照》

作品类型：摄影类

作　　者：朱朝淑

发表时间：2005-07-13

发表载体："陇烨杯"书法美术摄影作品展

获奖及影响：荣获白银市"陇烨杯"书法、美术、摄影作品展三等奖，为庆祝白银市建市20周年，在甘肃省文学艺术界联合会、中共白银市委、白银市人民政府联合举办。

简　　介：朱朝淑，女，1974年10月出生于会宁县郭城驿镇扎子塬村，中共共产党员，本科学历，高级摄影师，摄影技师，中国民俗摄影协会会员、甘肃省摄影家协会会员、甘肃省现代摄影学会会士、白银市摄影协会会员、会宁县摄影家协会副主席，甘肃省民间艺术家协会会员、白银市民间艺术家协会副主席、会宁县民间艺术家协会主席。现任会宁县图书馆馆长。

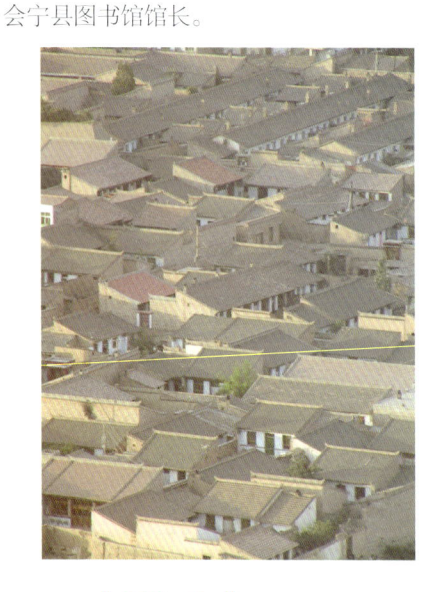

1188 《珍惜瞬间》

作品类型：摄影类

作　　者：朱朝淑

发表时间：2009-08-02

发表载体：第四届"省级群星艺术节展"

获奖及影响：入选第四届甘肃省群星艺术节美术、书法、摄影展。

简　　介：朱朝淑，女，1974年10月出生于会宁县郭城驿镇扎子塬村，中共共产党员，本科学历，高级摄影师，摄影技师，中国民俗摄影协会会员、甘肃省摄影家协会会员、甘肃省现代摄影学会会士、白银市摄影协会会员、会宁县摄影家协会副主席。甘肃省民间艺术家协会会员、白银市民间艺术家协会副主席、会宁县民间艺术家协会主席。现任会宁县图书馆馆长。

1189 《金石时代》《珍惜瞬间》

作品类型：摄影类

作　　者：朱朝淑

发表时间：2009-08-02

发表载体：第四届省级群星艺术节展

获奖及影响：入选第四届"甘肃省群星艺术节美术、书法、摄影展"。

1190 《会宁皮影》

作品类型：摄影类

作　　者：朱朝淑

发表时间：2014-09-09

发表载体：甘肃省第十八届"摄影作品展"

获奖及影响：《会宁皮影》在中国移动我与甘肃60年摄影大赛中荣获优秀奖，入选甘肃省第十八届摄影作品展览记录类，荣获白银市第二届"凤凰文艺奖"一等奖。

1191 《头寨子镇新农村建设》

作品类型：摄影类

作　　者：朱朝淑

发表时间：2013-07-16

发表载体：甘肃省美术书法摄影展

获奖及影响：入选甘肃省"联村联户、为民富民"美术、书法、摄影展。

1192 《金色的田野》

作品类型：摄影类

作　　者：朱朝淑

发表时间：2010-07-19

发表载体：陕甘宁青四省摄影展

获奖及影响：在《舞动的黄河》陕西、甘肃、青海、宁夏四省(区)摄影展览中荣获优秀奖。

1193 《碟恋花》

作品类型：摄影类

作　　者：朱朝淑

发表时间：2006-12-18

发表载体：省级美术书法摄影展

获奖及影响：荣获"全省文化馆美术书法摄影展"三等奖。

1194 《入选舞动麦场》

作品类型：摄影类

作　　者：朱朝淑

发表时间：2011-06-28

发表载体：省级美术书法摄影作品展

1195 《流金岁月》

作品类型：摄影类

作　　者：徐永茂

发表时间：2010-07-18

发表载体：在三江源国际摄影节

获奖及影响：国务院新闻办公室、中国文学艺术界联合会、中国摄影家协会、青海省人民政府联合主办的2010中国（青海）三江源国际摄影节展出，荣获作品入选奖。

简　　介：徐永茂，男，汉族，1970年5月生，甘肃武威人，本科文化程度，永靖县公安局民警，二级警督。全国公安文联会员、甘肃省摄影家协会会员、甘肃省现代摄影协会会员、临夏州摄影家协会会员、永靖县摄影家协会理事兼秘书长。作品《流金岁月》摄于2008年8月，永靖县充分依托丰富的水资源发展水产养殖业和旅游业。美丽的黄河三峡在夕阳的衬托下，显得更加迷人。

1196 《傲雪不让春梅》

作品类型：摄影类

作　　者：马映辉

发表时间：2014-06-01

发表载体：摄影

获奖及影响：全省第二届少数民族书画摄影唐卡展。

简　　介：马映辉，男，回族，生于1980年，张家川人，目前供职于张家川县文联，省摄协会员，天水市摄影协会会员，张家川县摄影协会副秘书长。

1197 《桃峰仙境》

作品类型：摄影类

作　　者：杨友峰

发表时间：2013-08-23

发表载体：摄影

获奖及影响：获得甘肃省"彩绘美丽甘肃"摄影作品大赛（摄影类）一等奖。

1198 《植树的妇女》

作品类型：摄影类

作　　者：马小龙

发表时间：2014-12-24

发表载体：摄影

获奖及影响：全省第二届"少数民族书画摄影唐卡展"。

简　　介：马小龙，男，回族，出生于1983年，现供职于县委宣传部新闻中心，张家川县摄影家协会副秘书长，擅长新闻摄影、花鸟、风景拍摄。诸多作品在省、市、县摄影展中入展。

1199 《冬日夕照西宁城》

作品类型：摄影类

作　　者：王兴国

发表时间：2013-11-20

发表载体：摄影

获奖及影响：冬日夕照西宁城拍摄于会宁张城堡西宁城，两幅作品参加了由文化部、中国摄影家协会、中国新闻社等单位共同主办的"中国西北游，出发在兰州"暨中国原生态国际摄影大展，并获优秀奖，作品分别在全国多个大网站登载。

简　　介：王新国，会宁县教育局工作。现为甘肃省摄影家协会、甘肃现代摄影家协会会员，会宁摄影家协会副主席。

1200 《发展喷灌》

作品类型：摄影类

作　　者：杨顺森

发表时间：1977

发表载体：摄影

获奖及影响：甘肃省摄影艺术三等奖

1201 《飞》

作品类型：摄影类

作　　者：张光勋

发表时间：1985

发表载体：摄影

获奖及影响：《甘肃青年》十佳奖

1202 《丰收在望》

作品类型：摄影类

作　　者：李军

发表时间：2008-05-10

发表载体：摄影

获奖及影响：2008年入选"聚焦新农村——甘肃省首届建设社会主义新农村主题影展"。

1203 《挂面》

作品类型：摄影类

作　　者：李军

发表时间：2012-06-20

发表载体：摄影

获奖及影响：2012年入选"文化记忆"——甘肃省非物质文化遗产摄影展。

1204 《官鹅沟风景》

作品类型：摄影类

作　　者：李军

发表时间：2005-12-28

发表载体：摄影

获奖及影响：2005年在"走访哈达铺，感读官鹅沟"大型摄影活动中荣获二等奖。

1205 《红与黑》

作品类型：摄影类

作　　者：张光勋

发表时间：1985

发表载体：摄影

获奖及影响：《甘肃青年》十佳奖

1206 《怀念家园》

作品类型：摄影类

作　　者：李军

发表时间：2007-01-10

发表载体：摄影

获奖及影响：2007年在第三届"甘肃省群星艺术节展演评奖活动中"荣获铜奖。

1207 《黄河铁桥》

作品类型：摄影类

作　　者：李军

发表时间：2012-11-08

发表载体：摄影

获奖及影响：2012年在《大美之城·幸福城关——兰州市城关区"献礼十八大，率先奔小康"摄影大赛》中荣获优秀奖。

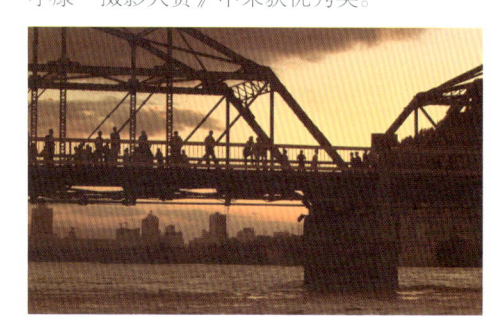

1208 《辉映》

作品类型：摄影类

作　　者：李军

发表时间：2012-07-25

发表载体：摄影

获奖及影响：荣获"2012年中国·民勤首届向日葵摄影大赛"一等奖。

1209 《会宁皮影》

作品类型：摄影类

作　　者：王兴国

发表时间：2014-02-23

发表载体：摄影

获奖及影响：《会宁皮影》在由人民日报社、中共甘肃省委主办，人民日报社摄影部、甘肃省委宣传部、人民日报社甘肃分社、人民日报传媒广告有限公司承办的"绚丽甘肃"全国摄影大展中获优秀佳作奖，作品先后在甘肃日报及腾讯微博、新浪微博、人人网、兰州市政府网、百度空间、新浪图集、新浪网、中国甘肃网、人民网、每日甘肃等网站刊登。

简　　介：王新国，会宁县教育局工作，现为甘肃省摄影家协会、甘肃现代摄影家协会会员，会宁摄影家协会副主席。

1210 《火红的事业》

作品类型：摄影类

作　　者：李军

发表时间：2008-05-10

发表载体：摄影

获奖及影响：2008年入选"聚焦新农村——肃省首届建设社会主义新农村主题影展"。

1211 《金城人月》

作品类型：摄影类

作　　者：张光勋

发表时间：1985-01-01

发表载体：摄影

获奖及影响：《甘肃青年》十佳奖

1212 《渴求》

作品类型：摄影类

作　　者：冯广正

发表时间：1984

发表载体：摄影

获奖及影响：《甘肃日报》二等奖

1213 《兰州之夜》

作品类型：摄影类

作　　者：张广顺

发表时间：1985-01-12

发表载体：摄影

获奖及影响：《甘肃青年》十佳奖

1214 《力举千钧》

作品类型：摄影类

作　　者：张光勋

发表时间：1987

发表载体：摄影

获奖及影响：《甘肃青年》十佳奖

1215 《民勤治沙》

作品类型：摄影类

作　　者：李军

发表时间：2010-12-20

发表载体：摄影

获奖及影响：2010年在《扶贫开发在甘肃》摄影展中荣获优秀奖。

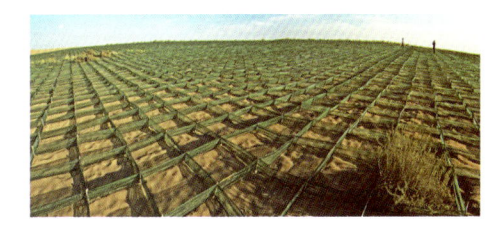

1216 《秋天的梦》

作品类型：摄影类

作　　者：徐家树

发表时间：1985-01-01

发表载体：《摄影画报》

1217 《日新月异》

作品类型：摄影类
作　　者：张光勋
发表时间：1985-01-12
发表载体：摄影
获奖及影响：《甘肃青年》十佳奖

1218 《水！水！水！》

作品类型：摄影类
作　　者：李军
发表时间：2010-01-10
发表载体：摄影
获奖及影响：2010年荣获"迎国庆，讲文明"全省优秀公益广告评选银奖。

1219 《水车》

作品类型：摄影类
作　　者：张光勋
发表时间：1985
发表载体：摄影
获奖及影响：《甘肃青年》十佳奖

1220 《睡莲》

作品类型：摄影类
作　　者：徐家树
发表时间：1985
发表载体：摄影
获奖及影响：第一届"全国摄影比赛鼓励奖"

1221 《锁黄龙》

作品类型：摄影类
作　　者：李军
发表时间：2009-09-03
发表载体：摄影
获奖及影响：2009年在甘肃省庆祝新中国成立60周年"长庆杯"百名摄影家看陇原摄影大奖赛入选奖。

1222 《腾飞》

作品类型：摄影类
作　　者：张光勋
发表时间：1985-01-01
发表载体：摄影
获奖及影响：《甘肃青年》十佳奖

1223 《羞》

作品类型：摄影类
作　　者：张光勋
发表时间：1985
发表载体：摄影
获奖及影响：《甘肃青年》十佳奖

1224 《藏乡丰收曲》

作品类型：摄影类
作　　者：赵永正
发表时间：2012-10-16
发表载体：摄影
获奖及影响：甘肃省第三届"摄影奔马奖"提名奖。

简　　介：赵永正，汉族，临夏市人，中国摄影家协会会员，美国职业摄影师协会会员（PPA），临夏州摄影家协会副主席，现供职于临夏市民政福利塑料厂。其摄影作品多次获奖，2002年作品《禧》获"佳能竞苑摄影赛优秀奖"，2004年作品《早霞》《流我溢彩》分别获《大众摄影》月赛佳作奖，2008年作品《早霞》获甘肃摄影25年获奖作品精品入选奖，2010年作品《琼楼玉宇》获中国西藏珠穆郎玛摄影双年展入选，2010年作品《诚心不移》获第三届中国齐鲁国际摄影双年展入选，2011年作品《地纹》获省宣传部、公安消防庆建党90周年《橙色魅力》摄影大奖赛二等奖，和甘肃省第七届"敦煌文艺奖"二等奖。

1225 《家园》

作品类型：摄影类

作　　者：高向明

发表时间：2010-05-27

发表载体：摄影比赛

简　　介：高向明，男，汉族，1971年1月出生于甘肃省秦安县安伏乡，现供职于天水市秦州区文联，业余喜爱摄影艺术，至今已先后在中央及省，地，州，市各类媒体发表文字及图片稿件800多篇（幅），有30多幅（组）摄影作品在省、市摄影协（学）会组织的影赛，影展中获奖，入选，展出，并被编入画册，出版发行。现为中国摄影著作权协会会员，甘肃省摄影家协会会员，甘肃现代摄影学会会士，天水市摄影家协会副秘书长，秦州区摄影家协会副主席。

1226 《梦幻崆峒》

作品类型：摄影类

作　　者：夏建平

发表时间：2014-06-29

发表载体：摄影比赛

1227 《生意惨淡》

作品类型：摄影类

作　　者：高向明

发表时间：2010-05-27

发表载体：摄影比赛

1228 《升腾的电力》

作品类型：摄影类

作　　者：秦德生

发表时间：2001-09-11

发表载体：摄影比赛

获奖及影响：纪念建党八十周年"株洲电业杯摄影"比赛优秀奖。

简　　介：秦德生，高级政工师，供职于刘家峡水电厂，现为美国职业摄影师协会PPA会员，甘肃省摄影家协会会员，甘肃现代摄影协会理事并任永靖县联络站站长、永靖县摄影家协会副主席。由于工作需要，从上世纪90年代初开始爱好摄影至今，先后在《人民日报》《宣传手册》《甘肃日报》《中国电力报》《江河丰碑》等报刊和大型画册发表新闻及摄影作品近400幅，2011年7月创作的10幅摄影作品在"甘肃摄影家眼中的津巴布韦"大型摄影展中展出。

1229 《晚唱》

作品类型：摄影类

作　　者：高向明

发表时间：2010-05-27

发表载体：摄影比赛

简　　介：高向明，男，汉族，1971年1月出生于甘肃省秦安县安伏乡，现供职于天水市秦州区文联。业余喜爱摄影艺术，至今已先后在中央及省、地、州、市各类媒体发表文字及图片稿件800多篇（幅），有30多幅（组）摄影作品在省、市摄影协（学）会组织的影赛、影展中获奖、入选、展出，并被编入画册、出版发行。现为中国摄影著作权协会会员，甘肃省摄影家协会会员，甘肃现代摄影学会会士，天水市摄影家协会副秘书长，秦州区摄影家协会副主席。

1230 《震湖》

作品类型：摄影类

作　　者：夏建平

发表时间：2013-09-23

发表载体：摄影比赛

获奖及影响：中国摄影杂志社

1231 《正午》

作品类型：摄影类

作　　者：高向明

发表时间：2015-01-10

发表载体：摄影比赛

1232 《嬉》

作品类型：摄影类

作　　者：赵永正

发表时间：2002-03-20

发表载体：摄影比赛

获奖及影响："佳能竞苑"摄影赛优秀奖

1233 《舞狮》

作品类型：摄影类

作　　者：张明政

发表时间：2007-11-02

发表载体：摄影艺术作品展

获奖及影响：在庆阳市首届"摄影艺术"作品展览中铜奖。

1234 《暮归》

作品类型：摄影类

作　　者：张明政

发表时间：2010-01-26

发表载体：摄影展

获奖及影响：在庆阳市个体劳动者私营企业"迎新春"书画摄影作品活动中，荣获一等奖。

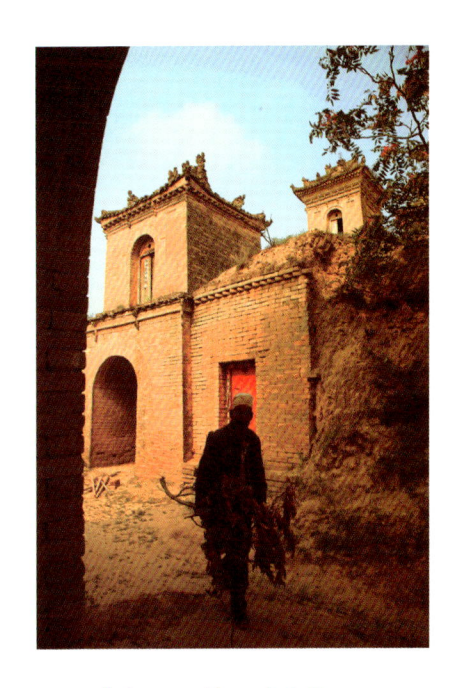

1235 《白云深处是我家》

作品类型：摄影类

作　　者：马忠华

发表时间：2008-05-10

发表载体：摄影展

获奖及影响：在聚焦新农村——甘肃省首届"建设社会主义新农村主题影展"一等奖。

简　　介：马忠华，男，东乡族，1955年7月生，1978年参加工作，现任东乡县文学艺术界联合会主席，临夏回族自治州摄影家协会副主席，甘肃省穆斯林书画摄影协会会员，甘肃省摄影家协会会员，甘肃现代摄影学会理事。

1236 《诚心不移》

作品类型：摄影类

作　　者：赵永正

发表时间：2010-11-05

发表载体：摄影展

获奖及影响："影像亚洲齐鲁国际摄影周暨第三届中国济南国际摄影"双年展入选。

1237 《花海牧歌》《张掖丹霞》《新疆秋色》

作品类型：摄影类

作　　者：秦德生

发表时间：2011-03-28

发表载体：摄影展

获奖及影响：津巴布韦2011年中国文化聚焦活动"这个大西北民俗风情"摄影展入选。

简　　介：秦德生，高级政工师，供职于刘家峡水电厂，现为美国职业摄影师协会PPA会员，甘肃省摄影家协会会员，甘肃现代摄影协会理事并任永靖县联络站站长、永靖县摄影家协会副主席。由于工作需要，从上世纪90年代初开始爱好摄影至今，先后在《人民日报》《宣传手册》《甘肃日报》《中国电力报》《江河丰碑》等报刊和大型画册发表新闻及摄影作品近400幅，2010年9月联合出版《甘肃摄影家临夏专集》大型画册，2011年7月创作的10幅摄影作品在"甘肃摄影家眼中的津巴布韦"大型摄影展中展出，60余幅摄影作品用于企业及当地政府各种宣传画册、年历、纪念封及个性化邮票印制，40余幅作品在刘家峡水电厂、临夏州、甘肃省电力公司各项影展中展出。

1238 《烧毁的香蕉车》

作品类型：摄影类

作　　者：许吉年

发表时间：2012-10-27

发表载体：摄影展

获奖及影响：甘肃省第十八届"摄影展记录类金奖"。

1239 《时光凝滞》

作品类型：摄影类

作　　者：张杰

发表时间：2009-10-10

发表载体：摄影展

获奖及影响：入展天水湖"城投杯"摄影大赛并获优秀奖。

简　　介：张杰，字鸣石，号百印楼主，曾任中国艺术研究院文化艺术市场研究中心特邀书画师，金陵印社艺术顾问，世界硬笔书法家协会（加拿大总部）会员。现为甘肃省书法家协会会员，天水市书法家协会理事，秦州区书法家协会副秘书长。

1240 《小康路上》

作品类型：摄影类

作　　者：夏建平

发表时间：2009-08-10

发表载体：摄影展

1241 《雪山牧歌》

作品类型：摄影类

作　　者：康明生

发表时间：1993-10-13

发表载体：摄影展

获奖及影响：国家文化部举办的"九省区摄影展"中获三等奖。

1242 《早霞》

作品类型：摄影类

作　　者：赵永正

发表时间：2008-03-15

发表载体：摄影展

获奖及影响：甘肃现代摄影25年获奖作品精品汇报展入选。

1243 《风雪中》

作品类型：摄影类

作　　者：佟家宝

发表时间：2012-11-28

发表载体：摄影展览

简　　介：佟家宝，现年65岁，会计师，秦州区摄影家协会副秘书长。

1244 《花团锦簇》

作品类型：摄影类
作　　者：高向明
发表时间：2007-09-27
发表载体：摄影展览
简　　介：高向明，男，汉族，1971年1月出生于甘肃省秦安县安伏乡，现供职于天水市秦州区文联。业余喜爱摄影艺术，至今已先后在中央及省，地，州，市各类媒体发表文字及图片稿件800多篇（幅），有30多幅（组）摄影作品在省、市摄影协（学）会组织的影赛，影展中获奖、入选、展出，并被编入画册、出版发行。现为中国摄影著作权协会会员，甘肃省摄影家协会会员，甘肃现代摄影学会会士，天水市摄影家协会副秘书长，秦州区摄影家协会副主席。

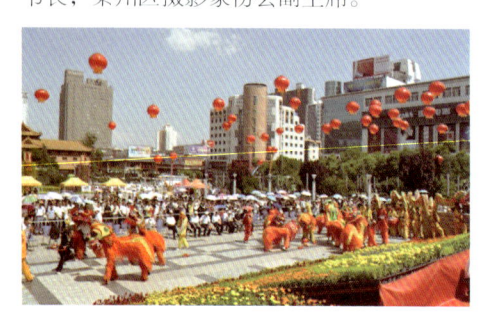

1245 《金城流动的"音符"》

作品类型：摄影类
作　　者：葛宏伟
发表时间：2014-09-02
发表载体：甘肃省公安系统书画摄影展
获奖及影响：2014年9月荣获甘肃省公安系统书画摄影展二等奖。
简　　介：葛宏伟，男，生于1969年，甘肃永登县人，中共党员，本科学历，兰州市公安局交警支队民警，现为全国公安文联摄协会员、甘肃省摄影家协会会员、甘肃省现代摄影学会会士、甘肃省公安文联会员、兰州市摄影家协会理事、兰州摄影艺术家联合会理事。2000年开始从事业余摄影创作，擅长拍摄新闻纪实、风光民俗等题材，多次参加公安系统、省市摄影家协会等部门举办的影展、影赛，并荣获多种奖项。

1246 《社火来了》

作品类型：摄影类
作　　者：徐治财
发表时间：2014-03-20
发表载体：首届"庆阳年俗风情网络摄影大赛"
获奖及影响："首届庆阳年俗风情网络摄影大赛中荣获记录类优秀奖。

1247 《总理的关怀》

作品类型：摄影类
作　　者：魏存武
发表时间：2012-11-02
发表载体：首届全国公安摄影艺术展
获奖及影响：摄影作品《紧急抢救》在2012年11月2日全国公安摄影家协会、全国公安文学艺术联合会联合举办的首届全国公安摄影艺术展中获优秀奖。
简　　介：魏存武，男，1967年12月出生，现年47岁，大学本科学历，供职于兰州市公安局。任兰州市公安局宣传处警察公共关系科科长，1988年参加公安工作以来，因工作需要，从事公安宣传摄影工作，现为兰州市摄影家协会会员和甘肃省现代摄影家协会会员。其作品多次在全国、省、市以及本系统举办的各类摄影比赛中获奖。

1248 《观阵待战》

作品类型：摄影类

作　　者：张玉林

发表时间：1992-09-28

发表载体：首届中国丝绸之路节

获奖及影响：1992年摄影作品《观阵待战》在首届"中国丝绸之路节摄影大赛"中荣获大赛特等奖。

简　　介：张玉林，甘肃甘谷人，1975年毕业于兰州市万里中学，76年下乡插队，79年10月进甘肃省送变电公司送电工，87进入公司宣传科任政工员，摄影干事。现为市青年影协常务理事，市现代影协理事，展览部部长，曾任甘肃省青年摄影家协会常务理事《西部摄影报》记者，2001年加入中国摄影家协会会员。

1249 《枯藤老树昏鸦》

作品类型：摄影类

作　　者：杨红

发表时间：2011-10-08

发表载体：书法摄影作品展

获奖及影响：摄影《枯藤老树昏鸦》获2011年6月甘肃省文化厅主办的书法摄影作品展优秀奖。

简　　介：杨红，男，1979年4月生于甘肃定西，毕业于西安美院，美术学专业，本科，副研究馆员（副教授、二级美术师），"陇中板帘子"非物质文化遗产传承人。中国美协大赛获奖者、中国书协大赛获奖者、中国民协大赛获奖者，2013年文化部授予"文化优秀志愿者"称号，被定西市文广局评为"2013年全市文广系统先进个人"。

1250 《柳梅滩秀色》

作品类型：摄影类

作　　者：马忠贤

发表时间：2009-09-11

发表载体：书画摄影展

获奖及影响：甘肃省公安消防部队2009"颂消防、爱驻地"消防摄影展参展。

简　　介：马忠贤、回族、临夏市人。曾供职于临夏州文化局、州文学艺术界联合会、州人大机关，现为甘肃省文化促进会常务理事、甘肃省摄影家协会第二、三、四届理事会理事、甘肃现代摄影学会常务理事、临夏回族自治州摄影家协会主席、中国摄影家协会会员。

1251 《松鸣岩花儿会》

作品类型：摄影类

作　　者：杨进明

发表时间：2013-12-25

发表载体：书画摄影展

获奖及影响："美丽甘肃幸福家园"——2013甘肃省穆斯林书画摄影邀请展二等奖

简　　介：杨进明，甘肃省临夏市人，回族，1952年5月生，大学文化程度，新华社签约摄影师，甘肃省摄影家协会会员，甘肃省摄影家协会网特邀记者，甘肃省摄影家协会网特邀摄影师，甘肃省穆斯林书画摄影协会会员，临夏州摄影家协会秘书长，先后供职于东乡县政府、临夏州政府部门、州人大等，作品多次入选全国、省、州摄影展并获奖，亦曾入选国家核心期刊《环球人文地理》和全国、甘肃省有关画册，曾合作出版《甘肃摄影家临夏专集》，作品《太子山云海》《太子魂》《雨后》分别获省级二三等奖，《晨韵》入选香港第四届全国摄影艺术展等。

1252 《太子魂》

作品类型：摄影类

作　　者：杨进明

发表时间：2011-06-17

发表载体：书画摄影展

获奖及影响：纪念中国共产党成立90周年——甘肃省穆斯林书画摄影邀请展三等奖。

1253 《雨后》

作品类型：摄影类

作　　者：杨进明

发表时间：2012-10-20

发表载体：书画摄影展

获奖及影响：甘肃省"穆斯林美术书法摄影艺术作品展"三等奖。

1254 《云海》

作品类型：摄影类

作　　者：马忠贤

发表时间：2011-06-17

发表载体：书画摄影展

获奖及影响："纪念中国共产党处理90周年——甘肃省穆斯林书画摄影邀请展"三等奖。

1255 《冬雪牧归》

作品类型：摄影类

作　　者：魏君

发表时间：2007-11-12

获奖及影响：2007年获白银市首届"凤凰文

艺奖摄影类"三等奖，获黄河石林大型风光摄影展三等奖。

简　　介：其拍摄作品的取景，人物的抓取位置独到，人物的造型细腻，表现的意境极佳，对光线的表现有张力，表现手法到位，拍设的感想深刻。作品多次被选入省市，乃至国家大展，作品分别在全国多个大网站登载。

1256 《筏子客的儿子》

作品类型：摄影类

作　　者：魏其儒

发表时间：2012-11-12

获奖及影响：荣获"大众摄影兰州影友联谊会佳作奖"。

1257 《耕耘》

作品类型：摄影类

作　　者：李存荣

发表时间：2007-11-12

获奖及影响：2007年获白银市首届"凤凰文艺奖摄影类三等奖"，2005年获"庆祝白银市恢复建市二十周年书画摄影展"二等奖。

简　　介：李存荣，甘肃靖远人。从事摄影20余年，多次参加省市举办的影展活动。

1258 《古道汉长城》

作品类型：摄影类

作　　者：何建银

发表时间：2012-11-12

简　　介：何建银，自由摄影人，美国职业摄影师协会理事，甘肃省摄影家协会会员，甘肃省现代摄影学会理事，白银市摄影家协会副主席兼秘书长。代表作：《古道汉长城》（该作品被甘肃省摄影作品集《敦煌风》收藏）。

1259 《黄河一隅》

作品类型：摄影类

作　　者：单锋胜

发表时间：2007-11-12

获奖及影响：2007年获白银市首届"凤凰文艺奖摄影类"三等奖，入展省首届"摄影奔马奖暨甘肃第16届摄影艺术展"。

简　　介：单锋胜，山东惠民人，省摄协会员，省现代摄影协会会员，2004年开始学习摄影，喜欢民俗、纪实类题材作品。

1260 《佳竞》

作品类型：摄影类

作　　者：付新鹏

发表时间：2012-11-12

获奖及影响：荣获人民摄影报"安塞杯"摄影大赛三等奖。

1261 《金色的麦子扬起来》

作品类型：摄影类

作　　者：张效民

发表时间：2007-11-12

发表载体：图片

获奖及影响：《金色的麦子扬起来》2007年获白银市首届"凤凰文艺奖摄影类"三等奖，2005年获"陇烨杯"书画摄影展二等奖。

1262 《辣妹子》

作品类型：摄影类

作　　者：徐长峰

发表时间：2007-11-12

获奖及影响：2007年获白银市首届"凤凰文艺奖摄影类"三等奖（该作品2005年入展"陇烨杯"书画摄影展）。

简　　介：徐长峰，甘肃庆阳人，供职于白银日报社。中国摄影家协会会员，甘肃省摄影家协会会员，白银市摄影家协会副主席。

1263 《老红军苏桂英》

作品类型：摄影类

作　　者：周新刚

发表时间：2007-11-12

发表载体：图片

获奖及影响：《老红军苏桂英》，2007年获白银市首届"凤凰文艺奖摄影类"一等奖，入选2006年10月由中国文联、中摄协主办的长征胜利70周年聚焦长征路摄影大展，并在人民大会堂展出。

简　　介：周新刚，甘肃会宁人，供职于会宁县邮政局，中国邮政摄影家协会会员，新华社图片网签约摄影师，省现代摄影学会会士，市新闻摄影学会会员，会宁县摄协理事，从事摄影活动近20年。

1264 《马尾沟梨树园》

作品类型：摄影类

作　　者：王复库

发表时间：2012-11-12

简　　介：王复库，甘肃靖远人，现就职于白银市教育局，甘肃省现代摄影学会会士，白银市摄影家协会名誉主席，酷爱风光摄影。

1265 《千年守望》

作品类型：摄影类

作　　者：张文生

发表时间：2007-11-12

获奖及影响：2007年获白银市首届"凤凰文

艺奖摄影类"三等奖（该作品2006年入展16届省展）。

简　　介：张文生，自由摄影人，中国摄影家协会会员，甘肃省摄影家协会会员，白银市文联委员，白银市摄影家协会副主席，从事摄影近30年。

1266 《手拉手》

作品类型：摄影类

作　　者：寇明灿

发表时间：2012-11-12

发表载体：图片

简　　介：寇明灿，甘肃景泰人，景泰县委宣传部副部长，景泰县文联主席，甘肃省摄影家协会会员，白银市摄影家协会副主席。从事新闻、纪实摄影多年。

1267 《条城记忆》

作品类型：摄影类

作　　者：高崇军

发表时间：2007-11-12

获奖及影响：《条城记忆》2007年获白银市首届"凤凰文艺奖"摄影类二等奖，2006年获《中国摄影报》兰州联谊会摄影展三等奖，并发表于《中国摄影报》2006年第66期。

1268 《风光地貌》

作品类型：摄影类

作　　者：武占林

发表时间：2012-11-12

发表载体：图片

简　　介：现供职于靖远县供电局，中摄协会员，省摄协会员，市摄协理事，酷爱风光摄影创作。

1269 蒋光辉摄影作品集《秦陇情怀》

作品类型：摄影类

作　　者：蒋光辉

发表时间：2009-06-06

简　　介：蒋光辉，中共党员，研究生学历，1981年10月入伍，任职甘肃省白银军分区参谋长，大校军衔，中国摄影家协会会员，甘肃省摄影家协会会员，爱好从事摄影近20年，钟情于西部风光，多次入选省以上摄影作品展览，2009年获甘肃省第六届文学艺术"敦煌文艺奖"。出版有：《蒋光辉摄影作品集——秦陇情怀》（中国摄影出版社，2008年6月）；《蒋光辉摄影作品集——黄河银珠》（2010年3月）。

1270 《良种待发》

作品类型：摄影类

作　　者：陈尚志

发表时间：2007-11-12

获奖及影响：《良种待发》2007年获白银市

首届"凤凰文艺奖摄影类"二等奖（该作品获在省26届摄影艺术展优秀奖）。

简　　介：陈尚志，甘肃靖远人，甘肃省摄影家协会会员，甘肃省现代摄影学会会士，白银市摄影家协会副主席，靖远县摄影家协会主席，1991年开始学习摄影。

1271 《龙湾》

作品类型：摄影类

作　　者：张冀林

发表时间：2007-11-06

获奖及影响：《龙湾》2007年获白银市首届"凤凰文艺奖摄影类"一等奖（该作品入选2005年甘肃省现代摄影二十年大型画册，入选中韩日三国大型画册；2006年4月入选中韩日三国摄影艺术展览）。

简　　介：张冀林，甘肃天水人，原白银市文联副主席，中国摄影家协会会员，甘肃省摄影家协会理事，甘肃省现代摄影学会副主席，白银市摄影家协会名誉主席，白银市新闻摄影学会会长，从事摄影活动30多年，作品多次在国内外大赛中入选和获奖。

1272 孟庆焜摄影作品集：《山水情怀》

作品类型：摄影类

作　　者：孟庆焜

发表时间：2008-11-12

简　　介：1955年8月生，河南安阳人，现任中共白银市委讲师团团长，副教授，中国摄影家协会会员，甘肃省摄影家协会会员，白银市摄影家协会名誉主席，从事摄影三十多年。出版有：《孟庆焜摄影作品集——山水情怀》（中国摄影出版社，2008年1月）。

1273 《人物肖像》

作品类型：摄影类

作　　者：张玉伟

发表时间：2012-11-12

简　　介：张玉伟，甘肃省摄影家协会理事，甘肃省现代摄影学会副主席，白银市摄影家协会主席，现任职白银公司文化中心主任，爱好摄影艺术。

1274 《传统社火》

作品类型：摄影类

作　　者：杨立新

发表时间：2012-06-09

获奖及影响：2012年6月，参加甘肃省文化厅《文化记忆》甘肃省非物质文化遗产摄影展"传统社火"入选并收藏。

简　　介：杨立新，男，汉族，1967年10月

28日生，甘肃省定西市安定区内管镇人，本科学历，定西市安定区文化广播影视局工作，党员，现为甘肃省摄影家协会会员，甘肃现代摄影学会会士，定西市摄影家协会常务副主席，定西市青年摄影家协会常务副主席。

1275 《杂技》

作品类型：摄影类

作　　者：杨立新

发表时间：2011-06-28

发表载体：文化系统作品展

获奖及影响：2011年6月28日，参加甘肃省文化厅2011年全省文化系统纪念"中国共产党成立90周年"美术、书法、摄影作品展，荣获优秀奖。

1276 《秋韵》

作品类型：摄影类

作　　者：刘辉

发表时间：2011-07-04

获奖及影响：获第一届"陇南文艺奖摄影类"银奖。

1277 《专业户》

作品类型：摄影类

作　　者：康明生

发表时间：1992-10-10

获奖及影响：天水市第二届"文学艺术评奖中获得部省级荣誉奖"，获市级一等奖。

1278 《生命之歌》

作品类型：摄影类

作　　者：金兰兰

发表时间：2010年-05-12

1279 《拾哈达》

作品类型：摄影类

作　　者：毛富

发表时间：2006-08-01

获奖及影响：《拾哈达》获甘肃省第十一届"运动会书画摄影集邮展览"摄影金奖，甘肃省第十一届"运动会组委会甘肃省摄影家协会"。

简　　介：少数民族赛马拾哈达

1280 《铁魂》

作品类型：摄影类

作　　者：肖世强

发表时间：2008-08-13

获奖及影响：2008年获甘肃省第一届"摄影奔马奖"三等奖。

简　　介：摄影照片《铁魂》拍摄于2011年12月，在严冬的季节，酒钢的炼铁工人坚守在工作岗位上，火红的铁水奔流而出，映红了整个厂房，钢铁工人用勤劳的双手把铁水导向铁水罐，同事也记录美妙的瞬间。

1281 《远山的呼唤》

作品类型：摄影类

作　　者：肖世强

发表时间：2012-08-14

获奖及影响：2013年8月，作品《远山的呼唤》参加甘肃省委宣传部、省文联举办的"联村联户·为民富民"美术、书法、摄影展览中获一等奖。

简　　介：在祁连深处，在深秋季节，在炊烟缭绕的早晨，勤劳的山民们把一年辛勤耕作的青稞收割后集中堆放在田间，村口温室大棚象征着现代农业的气息，天空飞翔的信鸽传递着大山深处呼唤"联村联户"的梦想。

1282 《追踪》

作品类型：摄影类

作　　者：周永龙

发表时间：2011-06-10

获奖及影响：获2011年公安部、中摄协第四届"卫士之光"摄影展三等奖，《丹霞风光》获2007年公安部、中摄协汇能杯"和谐之光"摄影大展二等奖，《驼》获2004年公安部、中摄协第三届"卫士之光"摄影展三等奖，《搏》入选2006年甘肃省16届摄影展。

1283 《魅力雄关》

作品类型：摄影类

作　　者：毛富

发表时间：2009-09-01

获奖及影响：《魅力雄关》获甘肃省公安消防部队"2009颂消防爱驻地摄影大赛"二等奖。

1284 《春种》

作品类型：摄影类

作　　者：吴勇

发表时间：2012-04-20

获奖及影响：龙泉文艺奖

简　　介：吴勇，男，崇信县档案局工作，甘肃省摄影家协会。

1285 《丰收图》

作品类型：摄影类

作　　者：朱孝才

发表时间：2008-6-28

获奖及影响：龙泉文艺奖

简　　介：朱孝才，男，甘肃省崇信县人，甘肃省摄影家协会。

1286 《炉台雄风》

作品类型：摄影类

作　　者：曹太和

发表时间：1997-01-01

获奖及影响：1997年1月获得第四届佳能杯"亚洲风采"华人摄影比赛四等奖。

简　　介：该黑白作品反映的是奋战在酒钢二号高炉上的炉前工们抢修风口的惊险场面。因此，命名为《炉台雄风》。

1287 《月是故乡明》

作品类型：摄影类

作　　者：于兆龙

发表时间：2011-12-01

获奖及影响：2011年12月，在"紫轩杯"大美嘉峪关庆祝建党90周年全国网络摄影大赛荣获二等奖。

1288 《新世纪的曙光》

作品类型：摄影类

作　　者：曹太和

发表时间：2000-06-01

获奖及影响：2000年6月，获得"世纪之光"全国摄影大赛一等奖。

简　　介：该彩色作品拍摄于2000年1月1日清晨，反映的是千禧之年第一天，一轮红日从嘉峪关关城之上冉冉升起的场面。

1289 《筑起新的长城》

作品类型：摄影类

作　　者：张玉林

发表时间：1996-12-16

发表载体：西北五省区"秦电杯"

获奖及影响：《筑起新的长城》1996年获西北五省区"秦电杯"摄影大赛一等奖。

简　　介：张玉林，甘肃甘谷人，1975年毕业于兰州市万里中学，1976年下乡插队，1979年10月进甘肃省送变电公司送电工，1987进入公司宣传科任政工员，摄影干事。

现为市青年影协常务理事，市现代影协理事，展览部部长，曾任甘肃省青年摄影家协会常务理事《西部摄影报》编辑记者。

1290 《图说会宁》

作品类型：摄影类

作　　者：周新刚

发表时间：2009-02-23

获奖及影响：《图说会宁》在新浪博客开通以来受到会宁各界的好评，是了解宣传会宁文化、历史、人文的一个平台，转载达4000多次。

简　　介：周新刚同志生于1967年7月，现供职于会宁县邮政局，中国摄影家协会会员、中国民俗摄影协会会员、中国邮政摄影家协会会员，新华社图片网签约摄影师，甘肃摄影网图片签约摄影师，甘肃省摄影家协会会员、甘肃省现代摄影学会会士，白银市摄影家协会理事、会宁县摄影协会副主席，白银市集邮协会理事、会宁县集邮协会秘书长，从事摄影工作近30年，拍摄了大量反映会宁城市农村的各类图片素材。

1291 《一云一故宫》

作品类型：摄影类

作　　者：刘生堂

发表时间：2013-04-30

获奖及影响："雪花纯生"中国古建筑摄影大赛"古都传承"新浪赛区三等奖。

1292 《舞动的风车》

作品类型：摄影类

作　　者：俞岚枫

发表时间：2010-05-01

发表载体：新能源装备制造业建设成果摄影展

获奖及影响："风光无限好"新能源装备制造业建设成果摄影展优秀奖。

简　　介：展现了瓜州新能源建设、发展的蓝图。

1293 《拔棍》

作品类型：摄影类

作　　者：佘佐军

发表时间：2006-08-18

发表载体：兴国杯摄影大赛

获奖及影响：获得魅力肃南裕固花香神奇丹霞"兴国杯"摄影大赛三等奖。

1294 《草原雄姿》

作品类型：摄影类

作　　者：佘佐军

发表时间：2006-08-18

发表载体：兴国杯摄影大赛

获奖及影响：获得魅力肃南裕固花香神奇丹霞"兴国杯"摄影大赛入选奖。

1295 《裕固儿女拔河乐》

作品类型：摄影类

作　　者：佘佐军

发表时间：2006-08-18

发表载体：兴国杯摄影大赛

获奖及影响：获得魅力肃南裕固花香神奇丹霞"兴国杯"摄影大赛鼓励奖。

1296 《虔诚的裕固阿尼尕》

作品类型：摄影类
作　　者：佘佐军
发表时间：2006-08-18
发表载体：兴国杯摄影大赛
获奖及影响：获得魅力肃南裕固花香神奇丹霞"兴国杯"摄影大赛鼓励奖。

1297 《拙政园里的荷塘》

作品类型：摄影类
作　　者：刘生堂
发表时间：2014-08-01
发表载体：雪花纯生中国古建筑摄影大赛官网
获奖及影响：2014年"雪花纯生"中国古建筑摄影大赛光影园林组优秀奖。

1298 《把微笑留给祁连山的傍晚》

作品类型：摄影类
作　　者：魏峰
发表时间：2011-12-01
发表载体：英特尔影像大赛中国区比赛
获奖及影响：获英特尔影像大赛中国区人像摄影一等奖，并刊登在《中国国家地理》《数码摄影》、新浪网、腾讯网等26家媒体和刊物上。

1299 《武山旋鼓》

作品类型：摄影类
作　　者：关春明

发表时间：2012-10-28

获奖及影响：敦煌文艺奖

简　　介：关春明为中国摄影家协会会员。

1300 《家园》

作品类型：摄影类

作　　者：丁永福

发表时间：2009-05-06

获奖及影响：2009年"红色诗章·酒泉市庆祝新中国成立60周年摄影展览"获三等奖。

1301 《暖风》

作品类型：摄影类

作　　者：李志明

发表时间：2009-05-06

获奖及影响：2009年"红色诗章·酒泉市庆祝新中国成立60周年摄影展荣获获三等奖。

1302 《大山深处有人家》

作品类型：摄影类

作　　者：毛恩海

发表时间：2014-06-06

获奖及影响：聚焦世界文化遗产麦积山——天水市首届"麦积山杯"摄影大赛。

简　　介：甘肃省摄影家协会会员、甘肃现代摄影协会会员、天水市摄影家协会会员。

1303 《绿色家园》

作品类型：摄影类

作　　者：吕红霞

发表时间：2014-08-06

获奖及影响：获甘肃省"彩绘美丽甘肃"环保绿色摄影、书画作品展优秀奖。

1304 《大漠落日》

作品类别：摄影类

作　　者：傅立诚

发表时间：2005-04-01

获奖及影响：2005年《酒泉市首届美术书法摄影名人精品展》获二等奖。

1305 《渡》

作品类别：摄影类

作　　者：张巧玲

发表时间：2012-9-23

获奖及影响：获第十八届"摄影作品展艺术类"银奖。

1306 《敦煌白马塔》

作品类别：摄影类

作　　者：周海军

发表时间：2009-05-06

获奖及影响：2009年《画说发展·酒泉市学习实践科学发展观美术书法作品展览》获三等奖。

1307 《黑山湖神韵》

作品类别：摄影类

作　　者：王文林

发表时间：2006-12-01

获奖及影响：2006 年 12 月获甘肃省摄影家协会奖项甘肃省"第十六届摄影展金奖"。

简　　介：作品拍摄于 2004 年 12 月的嘉峪关市黑山湖水库，大地一片洁白，展现了黑山湖的神韵。

1308 《家园》

作品类别：摄影类

作　　者：张晓斌

发表时间：2012-09-23

获奖及影响：获甘肃省"第十八届摄影作品展创意类"银奖。

1309 《历史的记忆》

作品类别：摄影类

作　　者：李玉龙

发表时间：2005-04-01

获奖及影响：2005 年"酒泉市首届美术书法摄影名人精品展"获一等奖。

1310 《马社火》

作品类别：摄影类

作　　者：魏小军

发表时间：2012-10-16

获奖及影响：入选甘肃省第十八届摄影展

1311 《麦积冬韵》

作品类别：摄影类

作　　者：闫新生

发表时间：2014-08-09

获奖及影响：绚丽甘肃全国摄影大赛一级佳作奖。

1312 《牧归》

作品类别：摄影类

作　　者：田卫

发表时间：2005-04-01

获奖及影响：200 年酒泉市首届"美术书法摄影名人精品展"获三等奖。

1313 《农家书屋》

作品类别：摄影类

作　　者：吕红霞

发表时间：2013-8-13

获奖及影响：获甘肃省联村联户、为民富民美术、书法、摄影作品展三等奖。

1314 《期盼》

作品类别：摄影类

作　　者：黄晓虎

发表时间：2005-04-01

获奖及影响：2005 年"酒泉市首届美术书法摄影名人精品展"获三等奖。

1315 《俏》

作品类别：摄影类

作　　者：赵军

发表时间：2012-12-15

获奖及影响：获甘肃省第十八届"摄影作品展创意类"银奖。

1316 《沙岭晴鸣》

作品类别：摄影类

作　　者：范吉孝
发表时间：2005-04-01
获奖及影响：2005 年"酒泉市首届美术书法摄影名人精品展"获二等奖。

1317 《山村早晨》
作品类别：摄影类
作　　者：湛社琴
发表时间：2009-05-06
获奖及影响：2009 年"红色诗章·酒泉市庆祝新中国成立60周年摄影展览"获三等奖。

1318 《守护》
作品类别：摄影类
作　　者：王发云
发表时间：2009-05-06
获奖及影响：2009 年"红色诗章：酒泉市庆祝新中国成立60周年摄影展览"获三等奖。

1319 《苏北风情》
作品类别：摄影类
作　　者：戴友春
发表时间：2005-04-01
获奖及影响：2005 年"酒泉市首届美术书法摄影名人精品展"获二等奖。

1320 《我是小博士》
作品类别：摄影类
作　　者：李志明
发表时间：2005-04-01
获奖及影响：2005 年"酒泉市首届美术书法摄影名人精品展"获三等奖。

1321 《希望》
作品类别：摄影类
作　　者：李娜
发表时间：2009-05-06
获奖及影响：2009 年"红色诗章·酒泉市庆祝新中国成立60周年摄影展览"获三等奖。

1322 《心坎里的话》
作品类别：摄影类
作　　者：王彦琪
发表时间：2013-08-13
获奖及影响：甘肃省联村联户为民富民美术书法摄影展二等奖、

1323 《云中漫步》
作品类别：摄影类
作　　者：陈峰
发表时间：2012-9-23
获奖及影响：获第十八届"摄影作品展创意类"铜奖。

1324 《咱也和村里来的老外聊聊》
作品类别：摄影类
作　　者：俞岚枫
发表时间：2009-05-06
获奖及影响：2009 年"红色诗章：酒泉市庆祝新中国成立74周年摄影展览"获二等奖。

1325 《联手建成联心渠》
作品类别：摄影类
作　　者：吴开春
发表时间：2013-11-19
获奖及影响：作品在《联手建成联心渠》在甘肃省"联村联户、为民富民"美术、书法、摄影展中荣获三等奖。
简　　介：吴开春，男，汉族，现年37岁，甘肃民乐人，笔名俊风，本科学历，中共党员。张掖市摄影家协会会员，甘肃省摄影家协会会员，甘肃省青年摄影家协会会员，现任甘肃省民乐县文化馆副馆长、党支部书记。

1326 《祁连山下好牧场》

作品类别：摄影类

作　　者：吴开春

发表时间：2013-08-06

获奖及影响：作品《祁连山下好牧场》荣获甘肃省"彩绘美丽甘肃"环保绿色摄影、书画作品展（摄影类）三等奖。

简　　介：吴开春，男，汉族，现年37岁，甘肃民乐人，笔名俊风，本科学历，中共党员。张掖市摄影家协会会员，甘肃省摄影家协会会员，甘肃省青年摄影家协会会员。现任甘肃省民乐县文化馆副馆长、党支部书记。

1327 《秋收时节》

作品类别：摄影类

作　　者：吴开春

发表时间：2010-06-22

获奖及影响：参加全省文化系统庆祝"建党90周年书画摄影展"中获市级二等奖、省级优秀奖。

1328 《小康之路》

作品类别：摄影类

作　　者：吴开春

发表时间：2012-11-19

获奖及影响：入选甘肃省"联村联户、为民富民"美术、书法、摄影展。

1329 《心贴心的服务》

作品类别：摄影类

作　　者：吴开春

发表时间：2012-07-16

获奖及影响：获全省人口文化艺术节摄影大赛优秀奖。

1330 《凝神》

作品类别：摄影类

作　　者：李存杰

发表时间：2012-06-03

发表载体：摄影作品

获奖及影响：《凝神》摄影作品入选"文化记忆"甘肃省非物质文化遗产摄影展。

简　　介：李存杰，男，生于1976年5月5日，从事人像摄影已十余年，现任维纳新娘首席摄影师，2006 年 12 月 30 日加入甘肃省摄影家协会持证会员，2007 年 3 月加入甘肃省现代摄影家学会持证会士，2014 年 5 月加入酒泉市摄影家协会理事，其摄影作品多次在县、市、省内获奖。《凝神》摄影作品入选"文化记忆"甘肃省非物质文化遗产摄影展；《神话传说鸳鸯》《互动》入选中共酒泉市委宣传部、酒泉市文学艺术界联合会、《北方作家》杂志承办的"红色诗章·酒泉市庆祝"新中国成立 60 周年摄影展览"，其中《神话传说鸳鸯》荣获优秀奖，《蓝色交响曲》摄影作品荣获《中国共产党酒泉市第二次代表大会美术书法摄影展览》创作金奖，《沙漠无痕》摄影作品荣获"庆祝建党 90 周年——爱党爱酒泉美术书法摄影展览"优秀奖。

1331 《通渭刘氏皮影戏》

作品类别：摄影类

作　　者：陈维山

发表时间：2010-09-08

获奖及影响：获得第三届定西市"马家窑文艺奖摄影类"一等奖。

简　　介：通渭皮影戏是国内较早成型的皮影戏之一，又称"影子戏"，表演艺术讲究，演员既演唱，又挑线，由四至五人演出，民间有"三紧四慢五消停"之说，通渭刘氏皮影戏由常河镇固堆河村刘纯儒所创，创建于清嘉庆初年，约公元 1796 年，现第七代传人为刘满仓。

1332 《"溅"劫难逃》

作品类别：摄影类

作　　者：辛国英

发表时间：1996-10-04

发表载体：中国"夏"摄影大赛

获奖及影响：1996 年在中国"夏"摄影大赛获得铜奖。

简　　介：辛国英，男，汉族，1953 年 1 月生，甘肃人，中专学历，兰州日报社摄影记者，中国摄影家协会会员，甘肃省摄影家协会副主席，兰州市文联副主席，兰州市摄影家协会名誉主席，兰州现代摄影学会主席等。

1333 《天下黄河循化美》

作品类别：摄影类

作　　者：吴玮

发表时间：2011-05-17

发表载体："中国电信天之翼摄影大赛"

获奖及影响：获得"中国电信天之翼摄影大赛"三等奖。

1334 《古刹夕照》

作品类别：摄影类

作　　者：陈亚熙

发表时间：2014-10-28

发表载体：中国甘孜首届国际摄影

获奖及影响：2014 年 10 月在中国摄影家协会，四川省甘孜藏族自治州，四川省文联"圣洁甘孜，情歌故乡"中国甘孜首届国际摄影大展，作品《古刹夕照》评为铜质收藏作品。

简　　介：陈亚熙，中国摄影家协会会员，甘肃省摄影协会会员，兰州市摄影协会会员，甘肃省现代摄影协会会员，甘肃省艺术摄影家协会会员。

1335 《烟雨崆峒》

作品类别：摄影类

作　　者：梁国安

发表时间：2014-05-06

发表载体：中国古建筑摄影大赛

获奖及影响：作品《烟雨崆峒》获得第六届全国"雪花纯生·中国古建筑摄影大赛"三等奖。

简　　介：梁国安，中国摄影家协会会员，甘肃省摄影家协会会员，兰州市摄影家协会会员，现就职于兰州石化离退休管理二处，从事业余摄影20多年，多次参加企业及省市有关部门组织的大型摄影采访创作和航拍活动，举办了多个网络摄影个人展览，作品刊发在《摄影世界》《大众摄影》《中国摄影报》等专业刊物上，有百余幅作品在国内外重大影展影赛中参展获奖。

1336 《影》

作品类别：摄影类

作　　者：车新利

发表时间：2012-12-01

发表载体：中国嘉峪关国际摄影艺术大展

获奖及影响：入展"丝路长城"中国嘉峪关国际摄影艺术大展。

1337 《旭日东升》

作品类别：摄影类

作　　者：魏兴梅

发表时间：2007-11-05

发表载体：中国旅游摄影报社载体

获奖及影响：入选2007年第11期"中国旅游摄影报记者作品之窗"。

1338 《"飞"的更高》

作品类别：摄影类

作　　者：郑耀德

发表时间：2013-09-05

发表载体：中国摄影报

获奖及影响："2013多彩张掖全国摄影大展"铜质收藏奖。

1339 《浩气长存》

作品类别：摄影类
作　　者：郑德
发表时间：2014-09-05
发表载体：中国摄影报
获奖及影响：首次将中国工农红军红西路军纪念馆摄影作品推上《中国摄影报》并进行旅游拍摄推荐，为推动省内红色旅游发展起到积极宣传作用。

1340 《家园》

作品类别：摄影类
作　　者：郑耀德
发表时间：2014-11-28
发表载体：中国摄影报
获奖及影响：2014多彩张掖全国摄影大展三级收藏奖。

1341 《椒乡》

作品类别：摄影类
作　　者：康明生
发表时间：1993-10-01
发表载体：中国摄影报
获奖及影响：中国摄影报举办的中国秋摄影大赛入选奖。

1342 《霞光万丈透九重》

作品类别：摄影类
作　　者：郑耀德
发表时间：2014-09-23
发表载体：中国摄影报
获奖及影响：该作品摄于张掖市高台县的国家级AAA级游景区大湖湾，拍摄完成后在《中国摄影报》刊登并进行了旅游拍摄推荐，该作品的发表在国内摄影界内引起了广泛关注，为推动张掖湿地生态旅游发展起到了积极助推作用。

1343 《雪漫金山》

作品类别：摄影类
作　　者：张玉林
发表时间：2012-03-09
发表载体：中国摄影报

1344 《荷》

作品类别：摄影类
作　　者：曹斌
发表时间：2014-06-10
发表载体：中国摄影报
获奖及影响：发表于2014年6月10日的《中国摄影报》。

1345 《玄凤.玄峰》

作品类别：摄影类

作　　者：孟耀辉

发表时间：2012-12-04

发表载体：中国摄影家杂志

获奖及影响：2012年获"金秋关山文化旅游节摄影展"二等奖。

简　　介：《玄凤.玄峰》以写实的手法向观众真实的表现了初冬的玄凤山的挺拔、险峻的雄姿，在雪、雾、苍柏的映衬中，玄凤山的风姿更加挺拔优美，而玄韵也更加丰富。

1346 《秋日思语》

作品类别：摄影类

作　　者：郑耀德

发表时间：2013-10-05

发表载体：中国摄影杂志

获奖及影响：首届"天翼杯"全国摄影大赛优秀作品奖。

1347 《赤水风光》

作品类别：摄影类

作　　者：魏兴梅

发表时间：2002-05-08

发表载体：中国石油新闻摄影工作委员会

获奖及影响：获新闻摄影类二等奖。

1348 《当代禹公》

作品类别：摄影类

作　　者：张士诚

发表时间：1991-12-27

发表载体：中国水协政工委全国摄影

获奖及影响：1991年获"中国水协政工委全国摄影大赛"最佳摄影奖。

1349 《奔腾欲飞》

作品类别：摄影类

作　　者：刘晓明

发表时间：1998-10-01

发表载体：中国艺术摄影学会

获奖及影响：入选《新亚欧大陆桥沿线中心城市横贯中国摄影作品展》。

1350 《高原平湖》

作品类别：摄影类

作　　者：马健

发表时间：2013-11-14

发表载体：中国原生态国际摄影大展

获奖及影响：2013 年 11 月"中国西北游，出发在兰州"中国原生态国际摄影大展摄影活动中获得"特别贡献奖"。

1351 《罐罐茶》

作品类别：摄影类

作　　者：曹伯正

发表时间：2013-11-14

发表载体：中国原生态国际摄影大展

获奖及影响：《罐罐茶》在 2013 年 11 月"中国西北游，出发在兰州"中国原生态国际摄影大展"摄影活动中获得精品奖。

简　　介：曹伯正，1957 年出生，兰州市文联副县级调研员，兰州市摄影家协会主席，甘肃省摄影家协会会员。多种作品被收入画册、作品集并获奖。"中国西北游、出发在兰州"中国原生态国际摄影大展获"精品奖""优秀奖"，兰州广播电视报、少年文摘报（教育周刊）整版介绍刊登，多幅作品发表于《兰州文苑》《金城》《兰州日报》《兰州晚报》《天水日报》《兰州新区特刊、专刊、巡礼》等报刊杂志，曾给《沿着丝绸之路旅行》《祁连高处旧山河》《笔尖下的西藏》等书配图。

1352 《琵琶峡》

作品类别：摄影类

作　　者：曾红兵

发表时间：2013-11-17

发表载体：中国原生态国家摄影大展

获奖及影响：2013 年 11 月"中国西北游·出发在兰州"启动仪式暨中国原生态国家摄影大展活动中荣获优秀奖。

简　　介：曾红兵，中国摄影家协会会员、中国艺术摄影家协会会员、甘肃省摄影家协会副秘书长、兰州市摄影家协会副主席、现任兰州市文化馆办公室主任，副研究馆员。其作品《丰年》在甘肃省第二届摄影"奔马奖"获一等奖，《瑞雪兆丰年》获甘肃省第七届"敦煌文艺奖一等奖"，作品《池哥昼》在"2012 群星璀璨·全国群众美术书法摄影优秀作品展"（群星奖）获银奖。在国家级、省级刊物发表摄影作品几百余幅。

1353 《杨塔》

作品类别：摄影类

作　　者：阎丽丽

发表时间：2013-11-17

发表载体：中国原生态国家摄影大展

获奖及影响：摄影作品《杨塔》在 2013 年 11 月"中国西北游、出发在兰州"启动仪式暨中国原生态国家摄影大展活动中荣获优秀奖。

简　　介：阎丽丽，女，汉族，1982 年生，从事舞蹈专业 20 多年，自 2008 年军队转业以来，工作于兰州市文学艺术界联合会，副主任科员，现为甘肃省舞蹈家协会会员、甘肃省摄影家协会会员、兰州市摄影家协会秘书长。近年来，部分摄影作品获奖情况如下：《欢腾的节日》2012 年 7 月 9 日在兰州市"美丽兰州、凡人善举"大型摄影展中入选并获得优秀奖，《杨塔》2013 年 11 月在"中国西北游、出发在兰州"中国原生态国际摄影大展中获得优秀奖，《看球》2014 年 8 月 3 日在"舞动金城、炫美兰州"兰州市足球宝贝摄影大赛中获得三等奖，《圆圆的你》获得入选奖，《夕照兰州港》《黄河水上游》2014年8月在"黄河之都、水上看兰州"摄影大赛中获得优秀奖。

1354 《麦积山秋色》

作品类别：摄影类
作　　者：刘晓明
发表时间：2000-05-01
发表载体：中国中央电视台
获奖及影响：作为宣传天水形象公益广告在天气预报中播放。

1355 《夕阳牧歌》

作品类别：摄影类
作　　者：张建平
发表时间：2012-08-02
发表载体：中摄协中国嘉峪关国际摄影艺术大展
获奖及影响：中摄协2012年"中国嘉峪关国际摄影艺术大展优秀奖"。
简　　介：张建平，男，1969年3月出生于甘肃渭源县，中国民盟盟员，甘肃省摄影家协会会员，酒泉市摄影协会理事，玉门市摄影家协会副主席兼秘书长，汉语言文学本科学历，中级职称。

1356 《节水喷灌》

作品类别：摄影类
作　　者：裴明星
发表时间：2012-10-01
获奖及影响：入选"温暖边疆辉煌历程"祖国边疆建设成就摄影展。

1357 《你追我赶》

作品类别：摄影类
作　　者：陈礼
发表时间：2010-10-18
发表载体：魅力肃南裕固花香全国摄影大赛
获奖及影响：在2010年10月18日举办的"魅力肃南·裕固花香全国摄影大赛"中荣获优秀奖。

1358 《一路祝福》

作品类别：摄影类
作　　者：魏峰
发表时间：2010-10-18
发表载体：魅力肃南裕固花香全国摄影大赛
获奖及影响：获得"魅力肃南裕固花香"全国摄影大赛佳作奖。

1359 《裕固花香》

作品类别：摄影类

作　　者：魏峰

发表时间：2010-10-18

发表载体：魅力肃南裕固花香全国摄影大赛

获奖及影响：入选"魅力肃南裕固花香"全国摄影大赛。

1360 《牧场秋色》

作品类别：摄影类

作　　者：曹玉坤

发表时间：2010-10-18

发表载体：魅力肃南裕固花乡全国摄影大赛

获奖及影响：获得"魅力肃南裕固花乡"全国摄影大赛佳作奖。

1361 《裕固花乡》

作品类别：摄影类

作　　者：曹玉坤

发表时间：2010-10-18

发表载体：魅力肃南裕固花乡全国摄影大赛

获奖及影响：入展"魅力肃南裕固花乡"全国摄影大赛。

1362 《珍珠撒祁连》

作品类别：摄影类

作　　者：曹玉坤

发表时间：2010-10-18

发表载体：魅力肃南裕固花乡全国摄影大赛

获奖及影响：入展"魅力肃南裕固花乡"全国摄影大赛。

（六）电视剧、电影、广播剧

1363 《这仅仅是开始》

作品类别：电视剧类

作　　者：甘肃电视台录制

发表时间：1980

发表载体：甘肃电视台

获奖及影响：获得首届全国优秀电视剧三等奖（即第一届飞天奖）。

简　　介：《这仅仅是开始》取材于张蒂远的小说《生活从这里开始》，讲述插队知识青年王华从农村回到城市以后，筹建木工厂，自谋出路的故事。在当时国家对知青办厂、是否允许多种经济成份同事发展还没有明确的政策法规的重重困难和压力面前，王华和他的伙伴们以坚定的创业信念、诚实劳动和全心全意为人民服务的精神，终于赢得了社会的承认。

1364 《艰难的抉择》

作品类别：电视剧类

作　　者：甘肃省委宣传部组织、兰州电视剧制作中心摄制。

发表载体：电视台

获奖及影响：获第12届中国电视"飞天奖"，获中宣部"五个一工程"优秀作品奖，获"西北五省长篇一等奖"。

简　　介：讲述的是新任V省省委记贺长安通过实地调查，与省委常委朱实、省报代总编韩光亚和调研室主任秦奇观等人探求中国广大农民新的生存和生产形式的故事。贺长安的所为与V省省委第一书记金云飞之间产生了分歧，省委宣传部长马继有出自个人的利益在金云飞面前制造谗言，使贺长安的得力助手们遭到下放、外调和劳动管制，贺长安陷入孤立的困境。贺长安知难而进，以一个共产党人对社会主义事业的坚定信念，以敢于负责任的大无畏气魄和以"为人民鼓与呼"的刚直精神，为党对农村未来体制改革的导向提出了建设性的积极意见。笼罩中国大地的阴霾终于散尽了。在贺长安、秦奇观等领导同志的支持下，高全林重新带领乡亲们以承包责任制的生产方式，为农村的体制改革进行着不懈的努力和伟大实践。卸任的原省委第一书记金云飞在离别这块土地时，发出了深切的负疚喟叹，对前来送行的贺长安给予了深情的勉励。

1365 《走进香巴拉》

作品类别：电视剧类

作　　者：甘肃省委宣传部组织，中央电视台影视部和兰州电影制片厂联合摄制。

获奖及影响：获中央台"CCTV杯"一等奖，1994年9月20日获第五届全国少数民族题材电视艺术"骏马奖"电视连续剧二等奖，1994年11月获第14届全国电视剧"飞天奖"

中篇电视剧二等奖，1995年获中宣部"五个一工程奖"。

简　　介："香巴拉"是藏传佛教中的极乐世界，走进"香巴拉"正是一个追寻幸福的过程。藏族青年仁青复员回到了草原，他凭着在部队学习的科学知识和刻苦勤奋的精神，以自己的聪明才智和对草原深挚、真诚的爱，在草原组建了牧工商公司，给草原带来了活力。而洛哲像草原上世代代的牧民一样梦想着拥有千只羊、百头牛，这梦想在他心中是那样强烈，全家几辈人省吃俭用，苦熬苦挣。他看不惯儿子到外面经商，也不许女儿学习农牧机械，他不愿花钱买奶油分离器减轻妻子的劳累，更不许把自己的羊卖出。面对草原上保守势力及落后的经济基础，牧工商公司历经磨难。在艰苦的日子里，仁青得到了女老板珠牡和纯朴善良的草原姑娘堪卓真挚的帮助，同时赢得了堪卓姑娘的爱。在以仁青为代表的年轻人们的感召下，最终也让洛哲这样的牧民们看到了商品经济的优越性，走出传统的阴影，主动要求加入牧工商联合体，当综合加工厂开工之际，堪卓的奶奶也踏上了朝拜的征程。

1366 《江隆基》

作品类别：电视剧类

作　　者：李宝元、李德文编剧，刘好学导演，著名演员朱旭、许还山、智一桐联合主演。

发表时间：1999-08

发表载体：甘肃电视台

获奖及影响：荣获第八届全国精神文明"五个一工程奖"。

简　　介：《江隆基》，围绕江隆基在北大和兰大工作时，与马寅初等几位我国著名学者和专家相濡以沫、不惜以命运相交付的高尚友情和曲折经历，讲述了一个在时代风云的大背景下将事业和个人情操都加以悉心呵护的"人"的故事，生动再现了江隆基作为中国共产党的卓越教育家，为了党和人民的教育事业披肝沥胆、鞠躬尽瘁的光辉形象。该剧由李宝元、李德文编剧，刘好学导演，演员阵容庞大，由著名演员朱旭、许还山、智一桐联合主演。

1367 《望子成龙》

作品类别：电视剧类

作　　者：孙中信编剧，赵焕章导演

发表时间：2012

发表载体：兰州金城大剧院

获奖及影响：1995年11月获国家广电总局第十九届全国电视剧戏曲连续剧"飞天奖"三等奖；12月获第七届中国"人口文化奖"中篇剧三等奖；第三届西北五省区"天马奖"中篇剧三等奖；2001年获甘肃省第三届"敦煌文艺奖"一等奖。

简　　介：电视剧《望子成龙》讲述的是一个带有传奇色彩的故事：丁氏兄弟同年同月各生一子，取名文龙、文凤。周岁日，舅爷为两个外孙算命，文凤为富贵命，文龙为乞丐命。从此，两个孩子受到了不同的待遇和教育，结果发奋读书的文龙金榜高中，文凤沦落为杀人犯。《望子成龙》给人的思考是父母如何教育子女，溺爱娇纵不是爱，而是害，从另一方面说人到底应该怎样认识自身，认识顽强拼搏对改变命运、改变生活所起的巨大作用。这种以现代理念阐释"望子成龙"的传统观念，鲜明而有力地揭示了人的精神世界在人生历程中所起的不容忽视的强大力量。

1368 《黄河浪》

作品类别：电视剧类

作　　者：黄河浪

发表时间：2006-08-15

获奖及影响：该片荣获甘肃省第五届敦煌文艺奖一等奖，是我省近年来首部挺近央视的电视连续剧。

简　　介：1936年，在甘肃境内的黄河边，一西路军高级指挥员被马家军追到黄河岸边，无奈之下壮烈投河，后在青龙湾老筏子工高占武救起，躲过了敌人的搜捕之后，最终被众筏子工安全送走。在此过程中，穿插了众筏子工的生活、工作、爱情及相互间恩恩怨怨。剧情也涉及到马家军、地方武装、政府、土匪等多方势力，从而电视剧《黄河浪》讴歌了筏子工等劳动人民的真善美，鞭挞了反动势力的假、丑、恶。

1369 《艾黎与何克》

作品类别：电视剧类
作　　者：甘肃省话剧团　甘肃电视台
发表时间：1989
发表载体：中央电视台
获奖及影响：获第十届全国优秀电视剧"飞天奖"中篇连续剧二等奖。

简　　介：描述抗日战争后期，中国人民的朋友、著名的新西兰作家、诗人路易艾黎与英国青年乔治。何克维迎接新中国诞生培养人才，在我国西部带领一批战争难童，长途跋涉，历经艰辛，度过的一段极端艰苦的生活。艾黎的外甥大卫。萨默塞特，何克的外甥马克托斯，他们带着对父辈的崇敬和爱戴之情，饰演了艾黎与何克。该剧采取了浓厚的纪实风格拍摄，真实地展现了当时的历史风貌和人物心态。

1370 《白马》

作品类别：电视剧类
获奖及影响：该剧荣获十三届"飞天"奖和优秀摄影奖，及1993年中共中央宣传部"五个一工程"提名奖。

简　　介：原著赋予白马的丰富的人格象意蕴，要全靠这匹马的"表演"来传达。白马的表演，的确比较准确完整地传达出了原著赋予这匹神骏白马的独特的精神意蕴。给人印象最深的，比如白马那种飘然世外，不肯合群，不轻易驯服，善于识别蹩脚的或者卓越的骑手，一旦认准了主人，便忠贞不渝生死相依。这显然是一种极具象征意味的高标个性。故事讲述了这匹白马与戚连长失散后，忽然邂逅旧主，那一股委屈、哀怨、依恋、用无声的语言来招呼的神情，也仿佛极有灵性。戚念冰身负重伤后，白马于敌阵、我军中来往驰骋，反复寻找主人，找到主人后用唇吻弄醒昏迷中的戚营长，背负起主人回去的那一种挚情侠义、温软亲和，俨然是一个不会说话却生死相依的情人和战友。后来白马被日军俘获，日军不论是施以暴刑还是诱以美食，白马毫不为之所动，大有威武不屈，富贵不淫之烈风。一种高标独立、有情有意、气节如山的人格风貌，被一匹本无灵性的马表演得如此淋漓尽致，这其中，蕴含导演多少心血与匠心。

1371 《玫瑰悄悄红》

作品类别：电视剧类

发表时间：1994

作　　者：兰州电影制片厂与中央台影视部合作拍摄

获奖及影响：获第二届甘肃省"敦煌文艺奖"、1998年12月获首届甘肃省精神文明建设"五个一工程奖"。

简　　介：讲述的是"文革"中随父在玫瑰川农村落户的女知青肖玫，在改革中冲破世俗旧规，不仅在自己家当家致富，还带领村民兴办工厂，走共同致富的道路的故事，具有浓郁的甘肃地方色彩。但全剧的基本视角，不是在空洞地歌颂改革任务，而是在层层描写肖玫的人生，肖玫的顽强性格，由于特殊的历史原因，聪慧的肖玫忍痛割舍了心上人陈亮，嫁给了全无爱情可言的农民满仓。若干年后，肖玫成了一家公司的总经理，而昔日的恋人陈亮成了她的助手，帮助她工作，这就造成了戏剧冲突，肖玫遇到了非常棘手的感情问题。最终，她的丈夫在一次事故中不幸身亡，而她也没有和陈亮重续连理。这种结尾给观众留下了遗憾，也留下了长长的悬念。《玫瑰静悄悄》在人生境况上的浓墨重彩，使得改革剧充满了令人一吟三叹的生活血肉。令人一吟三叹的生活血肉。

1372 《使命》

作品类别：电视剧类

获奖及影响：获第二届甘肃省"敦煌文艺奖"二等奖、1998年12月获首届甘肃省精神文明建设"五个一工程奖"。

简　　介：这是一部规模更大的改革剧。描写的内容反映甘肃中部干旱穷困地区在农村深化改革中，省、地、县、乡、村各级党政领导，带领广大干部、农民，因地制宜、种草种树、发展多种经营脱贫致富的故事。剧中观念冲突变成了主线，即省委书记吴静人与地委书记周逊萍之间在搞生态农业还是抓粮食两种脱困思路上的冲突。创作者的思想观念也发生了变化。《使命》的编剧、导演充分发挥了写家庭风云、感情纠葛、人生况味的优长，细腻、准确地描写了谭存锋、林放与谭妻魏雯之间的感情戏，卢传基与谭晓宁之间的爱情戏，流浪汉张三饼与寡妇兰子之间的感情戏。这三场曲曲折折、高潮迭起的私人生活戏，与政界谭存锋与陈铁之间的政治角逐，吴静人与周逊萍之间的观念冲突纠结在一起，构成了一幅既有宏观描述，又有微观雕镂的社会生活全景图，有骨有肉，有政治有人生，有主干也有精湛的细节。

1373 《肋巴佛传奇》

作品类别：电视剧类

获奖及影响：获第三届西北地区优秀电视剧奖、第二届全国少数民族题材电视剧"骏马奖"三等奖。

简　　介：《肋巴佛传奇》取材于1943年初"甘南民变"这样一段真实的历史，这是发生在甘南草原上的重大历史事件。基本选取肋巴佛富有传奇色彩的一生中的主要经历和当时的社会历史背景，虚构了符合艺术真实的情节和人物，塑造了当年被广大藏族牧民称之为"穷人的活佛"的甘南民变主要领导人之一的怀来仓肋巴佛的艺术形象，真实细腻地刻画了他由佛到人再到革命者的思想历程。剧作在反映甘肃地方少数民族的斗争和历史人物方面，开拓了新的表现领域。剧本冠以传奇并不是因为它是一个虚构的故事，而是因为他是民族宗教地区由活佛成长为共产党员的第一人，就人物的人生经历而言，充满了浓厚的传奇色彩。

1374 《大营救》

作品类别：电视剧类

获奖及影响：获得第七届敦煌文艺奖优秀成

果奖。

简　　介：讲述了国共合作时期一段鲜为人知的故事。红军在河西惨败后，中央领导指示当地的地下组织与爱国人士高新城负责营救流散的红军战士，其中一位红军女政委被围困，共产党游击队和地下党展开营救，最后高新城却惨遭文思雨所在的组织的暗杀，死有戚戚，谱写了一出英雄无悔的壮烈诗篇。

重要价值：这段在甘肃省张掖地区几乎家喻户晓的故事，是首次以影视剧的形式向广大观众展现。红色经典主旋律谍战大戏《大营救》由游江雄编剧并执导，著名演员高曙光、李君峰、车永莉等领衔主演。李君峰在剧中饰演中共地下特工佟铁生，化身珠宝商人，携手由高曙光饰演的福音堂教会医院院长高新城，并肩营救被困红军，面对马匪和蓝衣社特务组织的狡诈，与敌人展开一场场惊心动魄、无声的较量。在这场营救行动中，佟铁生一方面与高新城携手并肩，里应外合，另一方面还受到中央委托保护高新城这位爱国人士。

1375 《邻里之间》

作品类别：电视剧类

作　　者：南仁民

发表时间：2009-08-01

获奖及影响：获第二届甘肃省电视金鹰奖三等奖。

简　　介：南仁民，甘肃省省文学协会会员，甘肃省影视协会会员。

1376 《为了子孙》

作品类别：电视剧类

作　　者：冯会鸽

发表时间：2004-11-20

获奖及影响：该作品在第四届"中国世纪大采风活动"中获银奖（中华民族文化促进会、中国广播电视学会、中国电视艺术家协会、中国报告文学学会、中国散文学会、中国诗歌学会等主办）。

简　　介：冯会鸽，女，汉，1970年7月生，甘肃天水市麦积区人，1997年至2000年连续四年被北道文化单位评选为"先进个人"、"先进妇女代表"，多次在省市级大奖赛中获奖。

1377 《剑横崆峒》

作品类别：电视剧类

作　　者：仇非、张中一

发表时间：1991-04-01

简　　介：电视剧《剑横崆峒》由仇非创作并改编，高级导演张中一执导，甘肃省音像出版社和平凉地市联合拍摄。该剧以明末清初为时代背景，以平凉崆峒山传剑弟子玉灵芝的传奇经历为主线，再现了一段江湖儿女荡气回肠的感人故事。

1378 《梨树沟往事》

作品类别：电视剧类

作　　者：樊龙霖

发表时间：2009-12-18

发表载体：甘肃电视台公共频道

获奖及影响：《梨树沟往事》被评为庆阳市第八届精神文明建设"五个一工程"奖暨第三届"梦阳文艺奖影视剧片类"一等奖，这是我省首部由农民投资、自导、自拍的农村乡土题材的电视剧。

简　　介：甘肃龙霖影视业有限公司创作拍摄的电视剧《梨树沟往事》，以改革开放三十年的陇东山区农村为背景，以发生在梨树沟的往事为题材，真实地再现了陇东三个家庭、两代农民在思想观念上发生的矛盾冲突和由此而导致的不同命运，该剧透过田六子与王秀兰、花花与二蛋两代人悲欢离合、荡气回肠的爱情故事，以小见大，演绎出当代陇东农村在改革开放中的历史变迁和陇东农民与自己命运抗争的心路历程。

1379 《长征路上的曙光》

作品类别：电视剧类

作　　者：刘治学

发表时间：2008-12-02

发表载体：甘肃电视台

获奖及影响：该作品发行于省电视台，获得省级三等奖。

简　　介：作者刘治学，发行于甘肃省电视台，获得省级三等奖，该作品是宕昌县唯一电视剧方面获得省级奖项的作品，主要内容是哈达铺红色文化遗产保护近记。

1380 《盗马贼》

作品类别：电影类

作　　者：张锐创作，西安电影制片厂拍摄

获奖及影响：参加1988年瑞士弗里堡第四届"第三世界电影节"。

简　　介：《盗马贼》描写牧民罗尔布沦为盗马贼，被部落驱逐，在颠沛流离中他又失去了宝贝儿子，接着，一场罕见的大瘟疫毁灭了他生存的希望。他虔诚地希望佛爷保佑自己从罪恶与不幸的深渊里走出来。但天灾人祸依然一个接一个地降临在他身上，可悲的是，他最终还是屈服于环境、宗教的压力。他是一个不能主宰自我的悲剧性人物。

1381 《路漫漫》

作品类别：电影类

发表时间：1981-01-01

作　　者：由八一电影制片长拍摄

获奖及影响：荣获1981年文化部优秀故事片奖。

简　　介：《路漫漫》描写湘西乌石山下的贫苦少年朱华，目睹旧社会的黑暗，立志仿效民间传说中的乌石将军，杀富济贫，铲除人间不平。他率众揭竿起义，抢劫官粮，后又投身行伍，参加北伐。他最终成为中国工农红军的一名指挥员。《路漫漫》特别注重情节性，注重在行动中刻画人物。剧本把当时复杂的社会矛盾和剧中错综的人物关系，组织成生动而曲折的故事情节，种种矛盾纠葛相生相激，互为因果。其中每个情节不是单一的，具有一石三鸟的作用。它的情节大起大落，一个矛盾接着一个矛盾，一个情节点接着一个情节点，把影片推向了高潮。作者将主人公朱华始终置于种种复杂错综的矛盾纠葛形成的情节旋涡中心，随着种种矛盾的形成、激化和解决，清晰地揭示了主人公思想性格的发展。

1382 《祁连山的回声》

作品类别：电影类

获奖及影响：该片获1984年文化部优秀影片奖，以及文化部电影创作二等奖。

简　　介：《祁连山的回声》描写1937年西路红军女子独立团在祁连山下的沙漠中被国民党顽敌马步青部队围追堵截，女战士们在极度困难的环境下，坚持勇敢战斗，终因粮尽弹绝，走投无路，最后十几位女战士紧握手榴弹集体自尽，壮烈牺牲的故事。剧中通过女子独立团西征途中悲壮战斗历程的再现，热情歌颂了女红军战士为党为人民不惜抛头颅、洒热血的革命英雄主义精神和"宁为玉碎、不为瓦全"的崇高革命气节。《祁》片之所以感人，主要是因为在创作上果断地摆脱了"左"的约束，选择了悲剧这种不易为广大观众"参透"的新的表现形式，展现了感人至深的人性美。

1383 《淘金王》

作品类别：电影类

发表时间：1985

获奖及影响：是甘肃西部题材电影剧作的代表性作品，被文化部评为1985年19部国产好影片之一。

简　　介：《淘金王》描写清末年间，在新疆阿尔泰山聚集着数万人在那里淘金之事。《淘》片在揭示主题、发掘作品的思想深度上有探索，它透过清末在我国西部淘金人的艰辛生活和悲惨遭遇，歌颂了生活在社会最底层、被当作亡命徒的淘金人金子般的心灵，充分体现了我们中华民族、特别是大西北各民族的特有性格，那就是路见不平、拔刀相助的英雄气概和不屈不挠、患难与共的斗争精神。影片努力塑造典型形象，在大起大落的情节中描写人物的性格，揭示人物的内心世界。

1384 《月圆凉州》

作品类别：电影类

发表时间：2010

作　　者：兰影厂与电影频道节目中心联合出品

获奖及影响：是中国第一部在联合国总部首映的影片。

简　　介：《月圆凉州》根据公元1629年西藏高僧萨迦寺寺主昂旺·贡噶索南所著的《萨迦世系谱》创作而成，全方位、立体式的反映了公元1247年发生在中国西部凉州（今甘肃武威）关于西藏纳入中国版图完成祖国和平统一的真实历史故事。在公元13世纪初，蒙古汗国西凉王阔端在奉父王之命率蒙古大军挺进吐蕃雪山脚下时，想起10多年前战争给吐蕃带来的灾难和被藏族姑娘卓玛所救的往事时，他毅然决定抗旨撤兵。为了祖国和平统一，阔端忍辱负重，放弃汗位，以汗国名义颁发诏书，亲派助手多达那布将军为金子使者和女儿萨日朗一起前去邀请西藏高僧萨班来凉州会谈。吐蕃高僧接受了邀请，并说服众僧族人，毅然率侄儿八思巴和那多吉等僧人赴凉州与阔端举行了举世瞩目的"凉州会盟"。从此使西藏纳入了中国版图，实现了蒙藏汉及多民族之间的世代团结和睦。

1385 《生死不离》

作品类别：电影类

作　　者：袁兴荣

发表时间：2011-05-12

获奖及影响：被甘肃省委宣传部、组织部、广电局列入建党90周年重点影视剧展播展映剧目。

1386 《风雨密国》

作品类别：电影类

作　　者：李志锋

发表时间：2012-09--10

发表载体：灵台电视台

获奖及影响：《风雨密国》是首部反映灵台商周文化的音乐微电影，此片经灵台电视台播出后，先后在甘肃日报、平凉广播电台等媒体上播出。

简　　介：讲述公元前1046年，周武王克商，后在密须故地封同姓为密国诸侯，建立密国，公元前922年，周共王游泾水，密康公纳彩，违犯周礼，其母劝之，康公不听。后周共王兵临城下，密康公仓促应战，夜半城破，康公斩断马缰，让马三女，骑牛突围，拂晓还未逃出，牛被拦在城东两里许的河湾里，密康公被斩。三女西奔闻知康公已死，跳河殉情。

1387 《告诉他们，我乘白鹤去了》

作品类别：电影类

作　　者：李睿珺

发表时间：2012-09-01

获奖及影响：2014 年 2 月 9 日，农历正月初十，在悉尼举行的 2014 年第四届"金考拉"国际华语电影节颁奖典礼，张掖市高台县罗城乡农民马兴春和高台籍著名青年导演李睿珺，获得本届国际华语电影节最佳男主角。

1388 《儿娃子》

作品类别：电影类

作　　者：兰州广播电视传播中心

发表时间：2008-08-12

发表载体：中央电视台电影频道

获奖及影响：甘肃省重点文艺创作项目，甘肃省第二届电视金鹰奖二等奖、最佳摄影奖，第六届"金城文艺奖"二等奖。

简　　介：《儿娃子》是一部具有鲜明的时代气息，集体育题材、少儿题材和农村题材为一体的主旋律影片，是兰州市独立创作的唯一一部为奥运献礼的影片。兰州电视台、兰州人民广播电台、兰州日报、兰州晚报、科技鑫报、兰州晨报、西部商报、兰州新闻网、中国甘肃网等数十家媒体从不同角度对影片做了报道，同时，新华社甘肃频道以"兰州娃演自己的电影，《儿娃子》兰州热拍"对数字电影《儿娃子》的拍摄做了详尽的报道，中国新闻网以"西部农村娃故事感人，搬上荧屏为奥运献礼"为题进行了报道，央视经济频道专程制作了《兰州：电影带你走近奥运》的专题，节目播出后，引起了各方关注，为宣传兰州文化，提升兰州形象起到了极大的作用。

1389 《兰州 1949》

作品类别：电影类

作　　者：兰州广播电视传播中心丁如玮

发表时间：2009-12-23

发表载体：中央电视台电影频道

获奖及影响："新中国成立六十周年"、"兰州解放六十周年献礼影片"，第六届"金城文艺奖一等奖"央视电影频道播出。

简　　介：《兰州 1949》是第一部以兰州命名的电影作品，也是第一部反映兰州解放的影片。作为兰州影视精品项目，被确定为国庆六十周年和兰州解放六十周年重点献礼影片，2009 年 8 月 26 日在兰州解放纪念大会上首映，11 月 24 日晋京公映，12 月 23 日在中央电视台电影频道黄金时段播出。影片放映后，省内外专家学者撰文发表影评 20 余篇，认为"该片是近几年我省创作的最好的一部电影"，"在甘肃影视史上具有里程碑的意义"。在晋京公映专家座谈会上，仲呈祥等十多位影视界、文艺界的国内顶尖级权威专家学者盛赞该片"比较成功地塑造了 1949 年兰州这场解放历史中的人物形象，是可以让当代的观众从电视电影的鉴赏当中获取历史评价、具有历史唯物主义态度的优秀影片，体现了兰州市委、市政府及兰州广电人具有政治智慧和艺术智慧的远见卓识"。《人民日报》、中央电视台等 20 多家媒体都从不同角度对《兰州1949》进行了报道，引起了社会的广泛反响。

1390 《上去高山望平川》

作品类别：电影类

作　　者：兰州广播电视传播中心丁如玮

发表时间：2013-01-28

发表载体：中央电视台电影频道

获奖及影响：获第五届"新农村电视艺术节农村题材电视电影"二等奖。

简　　介：电影故事片《上去高山望平川》以大学生支教和秦王川开发为背景，通过城里的车祸事件和村里的打井争端两条叙事线索手法，展示了一幅西部干旱缺水农村的现实图景，在面对灾祸和误解，艰难与困惑时，人们的道德及人生选择。

1391 《点亮天上街市的明灯》

作品类别：广播剧类

作　　者：张春生

发表时间：2010-10-15

获奖及影响：2010年全省精神文明建设典型宣传优秀节目广播节目一等奖。

1392 《飞天的呼唤》

作品类别：广播剧类

作　　者：秦川

发表时间：2003-03-10

获奖及影响：2003年3月获第二届酒泉精神文明建设"五个一工程"奖。

1393 《快乐的小飞天》

作品类别：广播剧类

作　　者：刘玲

发表时间：2011-05-04

获奖及影响：2011年获全省县级台广播节目评选一等奖。

1394 《驴之墓》

作品类别：广播剧类

作　　者：杨成利

发表时间：2011-06-05

获奖及影响：2011年获省广播影视节目一等奖。

1395 《绿色的呼唤》

作品类别：广播剧类

作　　者：张宏礼

发表时间：2003-03-06

获奖及影响：2000年3月获第二届酒泉精神文明建设"五个一工程"奖。

1396 《鸣沙山下话变迁》

作品类别：广播剧类

作　　者：张虎、李忠武

发表时间：2000-03-06

获奖及影响：2000年3月获第二届酒泉精神文明建设"五个一工程"奖。

1397 《寻访干海子》

作品类别：广播剧类

作　　者：秦川

发表时间：1999-03-05

获奖及影响：1999年3月获第一届酒泉精神文明建设"五个一工程"奖。

1398 《阳关别情》

作品类别：广播剧类

作　　者：刘玲

发表时间：2010-07-09

获奖及影响：2010年全国少儿节目精品评选获优秀少儿广播栏目鼓励奖。

1399 《敦煌书法》

作品类别：广播剧类

作　　者：秦川

发表时间：2009-08-09

获奖及影响：获2009年度甘肃广播影视奖、电视社教一等奖。

1400 《石油师长》

作品类别：广播剧类

作　　者：张自智

发表时间：2011-11-01

发表载体：敦煌广播电视台

获奖及影响：作品被甘肃省委宣传部确定为2010年度重点文艺创作扶持项目，2012年11月在敦煌人民广播电台播出，参加2012年度酒泉市和甘肃省广播影视作品奖评选获一等奖，在酒泉人民广播电台、甘肃广播电视总台展播，广播剧制作播出产生广泛影响力，开酒泉市广播影视剧制作先河，被誉为宣传甘肃光辉历史的好教材和好宣传品。

简　　介：十四集广播剧《石油师长》主要展现了玉门市首任市长、石油部运输公司书记、经理张复振为代表的老一辈石油人立志摘掉贫油国帽子，报效国家，为民族争光的的精神风采，剧情在甘肃玉门、敦煌和新疆、青海多地展开，场面宏大、立意深远，传奇性和纪实性巧妙结合，具有很强的感染力、震撼力和鼓舞力。

1401 《牵挂》

作品类别：广播剧类

作　　者：徐凯

发表时间：2010-12-05

发表载体：兰州生活文艺广播

获奖及影响：在兰州、西宁等地广播电台播出。

简　　介：该剧讲述了2010年4月14日青海玉树地震后，发生在救援一线的感人故事，艺术再现了在党和政府的坚强领导，和各民族同胞同心同德抗天灾、保家园的坚定信心。作品内容充实、演播精湛、制作精良，是一部优秀的广播剧。

1402 微广播剧《爱与希望》

作品类别：广播剧类

作　　者：徐凯

发表时间：2012-07-05

发表载体：兰州生活文艺广播

获奖及影响：在"郴州杯"全国首届微广播剧大赛中获银奖。

简　　介：作品讲述了一对夫妻通过克隆人技术拯救先心病儿子的故事。凸显"克隆"技术对人伦道德的冲击和反思。孩子是上天赐予父母最好的礼物，哪怕这个礼物并不完美。安明轩和雨彤在检查时意外得知尚未出生的孩子心脏发育不全，出生后要健康地生活，必须更换心脏，面对着是放弃这个孩子还是冒险一试的抉择，安明轩和雨彤选择了前沿科学——克隆技术，在孩子未出生前抽取DNA进行基因重组，然后克隆出一个健康的宝宝，并计划在等孩子长到合适的年龄后用克隆孩子的心脏挽救自己腹中孩子的生命。两个生命就这样一前一后的诞生了，安明轩和雨彤给他们的孩子和克隆孩子分别起名安雨希和安雨望，并隐瞒了安雨望是克隆人的事实，让两个孩子在一起生活。15年后意外发生了，安明轩和雨彤的对话被孩子无意间听到了，莫大的打击让小望冲出家门，小希在找寻小望时发生意外，必须马上进行器官移植，弟弟小望表示愿意放弃自己的生命来救哥哥，但小希在弥留之际却坚辞拒绝用弟弟的心脏延续自己的生命，并希望小望替自己完成未尽的义务，小希离开了，小望带着哥哥的嘱托继续生活……

1403 微广播剧《神秘电波》

作品类别：广播剧类

作　　者：徐凯

发表时间：2012-07-05
发表载体：兰州生活文艺广播
获奖及影响："郴州杯"全国首届微广播剧大赛金奖。
简　　介：2012年6月，正当人们为"天宫一号"飞船顺利完成太空任务而欢欣鼓舞之时，国家安全局某绝密会议室内，科学家们却正在被一组神秘电波所困扰。这是由飞船带回的一组从外太空接收到的诡异信号，进行修复后，他们惊奇地发现，这似乎更像是来自未来某个时刻的电台节目，而节目的内容更是令人惊奇……

1404　五集连续广播剧《鼓乐天平》

作品类别：广播剧类

作　　者：徐凯
发表时间：2011-08-05
发表载体：兰州生活文艺广播
获奖及影响：在兰州电台、甘肃电台播出，获得了甘肃广播影视奖广播剧奖一等奖和敦煌文艺奖三等奖。
简　　介：该剧以现代中国广大农村在新形势下的发展变化为背景，主题重大，导向正确，选材精良，演播、制作水准较高，在该剧录制完成后的审听会上，省委宣传部等有关领导和专家一致认为这是省内近年来少有的广播剧优秀作品，该剧在有关媒体播出后产生了良好的社会反响，为党和政府的涉农政策鼓舞宣传，为倡导新型农村、新型农民、新型农业的发展发挥了良好的作用。

（七）其他

1405 《安定八景》

作品类别：其他类（剪纸）

作　　者：付忠民

发表时间：2012-08-29

发表载体：辉发杯吉林

获奖及影响：《安定八景》在"辉发杯"全国剪纸艺术大展中荣获特殊贡献奖。

简　　介：付忠民，甘肃省定西市安定区凤翔镇石坪村人，1963年4月生。现为中国民间文艺家协会会员，中国国际剪纸协会会员，中华文化促进会剪纸艺术委员会委员，定西市剪纸协会秘书长兼理事，副高级剪纸艺术师。

1406 剪纸《福寿娃娃》

作品类别：其他类（剪纸）

作　　者：朱朝淑

发表时间：2004-11-19

发表载体：甘肃省级民族民俗展

获奖及影响：参加首届"甘肃省民族民间文化艺术节"甘肃省民族民间、民俗艺术展览

简　　介：朱朝淑，女，甘肃会宁人，出生于1974年10月，中共党员，本科学历，馆员。现为中国民俗摄影协会会员、甘肃省摄影家

协会会员、甘肃省现代摄影学会会士、白银市摄影协会理事、会宁县摄影家协会副主席。甘肃省民间艺术家协会会员、白银市民间艺术家协会副主席、会宁县民间艺术家协会主席，会宁县图书馆馆长。

1407 《又是一年窗花红》

作品类别：其他类（剪纸）

作　　者：党文博

发表时间：2002

获奖及影响：第二届定西市"马家窑文艺奖"

简　　介：通渭剪纸，也叫剪花、窗花，是甘肃剪纸的一部分，属中原文化体系，但由于地理、风土人情的影响，甘肃各地的剪纸也不尽相同，陇东剪纸质朴稚拙，与陕北剪纸一脉相承，但某些作品又比陕北民间剪纸显得更古拙质朴，到了陇南天水地区，山清水秀，剪纸也在敦厚朴实中显出其灵巧精细，到了陇中干旱地区，自然条件艰苦，但定西通渭的窗花剪纸却以精细见称。

1408 《农勤系列》

作品类别：其他类（剪纸）

作　　者：魏涌红

发表时间：2012-11-01

获奖及影响：作品《农勤系列》在定西市"李唐杯"民间工艺品展览中荣获一等奖。

简　　介：魏涌红，女，汉族，出生于1972年甘肃定西人，定西市安定区文化馆馆员，大专学历，系中华民族文化促进会剪纸艺术委员会会员，定西市巾帼摄影联谊会会员，2008年6月荣获定西市十大剪纸新秀荣誉称号，2006年10月作品《农家趣事》参加第二届"神州风韵"全国剪纸大赛获三等奖，2008年6月作品"窗花"《全堂富贵》在"西风烈.中国剪纸艺术大赛"获三等奖，2012年11月作品《农勤系列》在定西市"李唐杯"民间工艺品展览中荣获一等奖。

1409 《农家趣事》

作品类别：其他类（剪纸）

作　　者：魏涌红

发表时间：2006-10-20

发表载体："神州风韵"

获奖及影响：《农家趣事》参加第二届"神州风韵"全国剪纸大赛获铜奖。

1410 《定西马铃薯》

作品类别：其他类（剪纸）

作　　者：景爱琴

发表时间：2012-11-01

获奖及影响：荣获由中共定西市委宣传部、定西市文化艺术界联合会、定西市文化广播影视新闻出版局主办的定西市"李唐文化杯"民间工艺品展中荣获二等奖。

简　　介：景爱琴，女，汉族，出生于1982年10月6日，中共党员，定西艺梅民间文化艺术品有限公司董事长，中华民族文化促进会剪纸艺术委员会会员，中书协西部教育基地书画研究会会员，甘肃省定西市艺术学校特邀讲师。

1411 《心上人》

作品类别：其他类（剪纸）

作　　者：杨红

发表时间：2012-11-01

获奖及影响：剪纸《心上人》获定西市委宣传部、定西市文联、定西市文化出版局主办"李唐文化杯"民间工艺品展览中荣获一等奖。

简　　介：杨红，男，1979年4月生于甘肃定西，毕业于西安美院，美术学专业，本科。副研究馆员（副教授、二级美术师），"陇中板帘子"非物质文化遗产传承人。中国美协大赛获奖者、中国书协大赛获奖者、中国民协大赛获奖者，2013年文化部授予"文化优秀志愿者"称号，被定西市文广局评为"2013年全市文广系统先进个人"。

1412 《百子团圆图》

作品类别：其他类（剪纸）

作　　者：付忠民

发表时间：2011-05-26

获奖及影响：《百子团圆图》在第六届"孝义三皇文化艺术节·全国名家民俗剪纸品邀请展"中，荣获三皇奖。

简　　介：付忠民，甘肃省定西市安定区凤翔镇石坪村人，1963年4月生，现为中国民间文艺家协会会员，中国国际剪纸协会会员，中华文化促进会剪纸艺术委员会委员，定西市剪纸协会秘书长兼理事，副高级剪纸艺术师。

1413 《舐犊深情》

作品类别：其他类（剪纸）

作　　者：杨红

发表时间：2012-05-28

获奖及影响：熏版画《舐犊深情》获定西市委宣传部、定西市计生委、定西市文化出版局主办定西市人口文化艺术作品展中荣获二等奖。

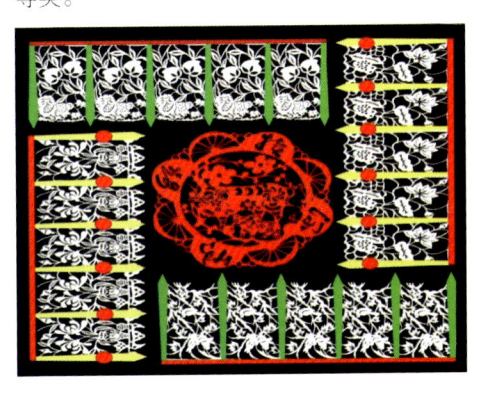

1414 《剪纸窗花系列》

作品类别：其他类（剪纸）

作　　者：秦英

发表时间：2006-11-15

发表载体：入选省级精品展

获奖及影响：在甘肃省2006特色文化大省宣传周白银主题活动民间民俗文化精品展中展出20余幅。

简　　介：秦英，女，汉族，生于1949年9月7日，甘肃会宁人郭城驿镇扎子塬村，初中文化程度，甘肃省民间艺术家协会会员、白银市民间艺术家协会会员、会宁县民间艺术家协会理事。2011年被评为白银市首批民间艺术大师。

25米长卷剪纸：《长征》

作品类别：其他类（剪纸）

作　　者：傅强

发表时间：2008-06-02

获奖及影响：获得西风烈全国剪纸大赛"金剪刀"奖。

简　　介：剪纸长卷《长征》长25米（2万5千毫米），寓意二万五千里长征。全卷由18幅作品组成，分别反映了红军长征途中的重要战役或事件，包括"从瑞金出发"、"血战湘江"、"突破乌江天险"、"遵义曙光"、"四渡赤水"、"巧渡金沙江"、"强渡大渡河"、"飞夺泸定桥"、"翻越雪山"、"过草地"、"激战腊子口"、"会宁会师"、"到达延安"等。全部作品由红军长征路线贯穿，形散而神凝，既有宏大场面的描摹，又有细部情绪的刻画，人物、事件、情景融为一体，体现了中国剪纸艺术的精髓。

1415 《天下雄关》

作品类别：其他类（剪纸）

作　　者：傅强

发表时间：2008-01-09

获奖及影响：在第六届中国（黑龙江）剪纸艺术节全国剪纸作品评比奖励中荣获金奖，2007年11月，《天下雄关》在第八届"中国艺术节"、第二届"国际（武汉）剪纸艺术博览会剪纸大赛"中荣获铜奖。

简　　介：剪纸作品《天下雄关》，是一副2.6米长的风景剪纸，展现了嘉峪关的雄关风姿。

1416 《中国历史七十二贤人》

作品类别：其他类（剪纸）

作　　者：付忠民

发表时间：2008-06-01

获奖及影响：《中国历史七十二贤人》在首届"西风烈中国剪纸艺术大赛"中荣获银奖

简　　介：付忠民，甘肃省定西市安定区凤翔镇石坪村人，1963年4月生。现为中国民间文艺家协会会员，中国国际剪纸协会会员，中华文化促进会剪纸艺术委员会委员，定西市剪纸协会秘书长兼理事，副高级剪纸艺术师。作品有《中国历史七十二贤人》《毛泽东诗词》《仕女百图》《百子团圆图》《二十四孝图》等大幅作品，剪纸作品《丰收在希望》参加"甘肃省亿万农民精神健康文明展"并获得一等奖，作品《中国历史七十二贤人》已被定西市档案收藏并颁发收藏证，作品与2008年在全国剪纸大赛获得银奖并被全国"庆祝建国60周年"各大城市剪纸作品巡回展所特邀，获得优秀作品奖，2011 年 5 月作品《百子团圆图》荣获全国名家民俗剪纸品邀请展，荣获三皇奖，2011 年作品《红色革命》《毛泽东诗词》荣获庆祝"建党九十周年全国百名传承人剪纸大赛"二等奖。

1417 《全堂富贵》

作品类别：其他类（剪纸）

作　　者：魏涌红

发表时间：2008-06-01

获奖及影响：作品"窗花"《全堂富贵》在"西风烈·中国剪纸艺术大赛"获三等奖。

简　　介：魏涌红，女，汉族，出生于1972.10.17，甘肃定西人，定西市安定文化馆馆员，大专学历，系中华民族文化促进会剪纸艺术委员会会员，定西市巾帼摄影联谊会会员，2008 年 6 月荣获定西市十大剪纸新秀荣誉称号。2006 年 10 月作品《农家趣事》参加第二届"神州风韵"全国剪纸大赛获三等奖，2008 年 6 月作品窗花《全堂富贵》在"西风烈.中国剪纸艺术大赛"获三等奖，2012 年 11 月作品《农勤系列》在定西市"李唐杯"民间工艺品展览中荣获一等奖。

1418 《百子闹春》

作品类别：其他类（剪纸）

作　　者：盛爱萍

发表时间：2011-10-12

发表载体：展出

获奖及影响：荣获首届中国（集美）民间工艺精品博览会金奖。

简　　介：作品系采用戈壁风雨砾石创作的石艺画，画面展现了上百个儿童在初春时节放风筝、耍龙灯等娱乐活动场面，栩栩如生，惟妙惟肖，再现了一个社会的安宁、和谐和富足的人民生活。

1419 剪纸《十二生肖茶壶》

作品类别：其他类（剪纸）

作　　者：刘晓英

发表时间：2014 年 7 月

获奖及影响：第四届甘肃省民间文艺"百合花"奖。

1420 剪纸：《伏羲女娲交尾图》

作品类别：其他类（剪纸）

作　　者：刘晓英

发表时间：2014 年 9 月

获奖及影响：甘肃省民间美术优秀作品优秀奖

1421 书籍《公民言论》

作品类别：其他类

作　　者：张慧源

发表时间：2008-11-13

获奖及影响：甘肃渭源人，供职于市市场建设服务处，市作协会员，省杂文学会会员。20 世纪 80 年代初开始创作发表作品，有部分作品获省级国家级奖项。《公民言论》（杂文集）2005 年由人民日报出版社出版，获白银市首届"凤凰文艺奖文学类"三等奖。

1422 《谁掌控了网络话语权？》

作品类别：其他类

作　　者：李安乐

发表时间：2011-11-01

发表载体：《社会学家茶座》

获奖及影响：获首届"成纪文艺奖三等奖"，被中国社会学网、共识网、爱思想、清华大学国际传播研究中心、公民社会网、四川大学哲学研究所、中国社会科学在线、华中师范大学社会学院、群学网、百家讲坛等转载。

简　　介：李安乐，1980年生，甘肃静宁人，甘肃省文艺评论家协会美术专业委员、甘肃省美术家协会会员、中国艺术人类学学会会员、中华美学学会会员，有文艺评论、社会随笔等类文章发表在《艺术生活》《中国书画报》《中国社会科学论丛》《社会学家茶座》《美术报》等刊物，并被广泛转载。曾获静宁县首届"成纪文艺奖"、平凉市第三届"优秀社会科学成果奖"、平凉市第三届、第四届"崆峒文艺奖"、2008及2012年中央美术学院青年艺术批评奖。

1423 《题兰州水车园》

作品类别：其他类

作　　者：李庆松

发表时间：2008-11-13

获奖及影响：李庆松，字永年，号紫阳山人，甘肃景泰人，中国楹联学会会员、中华对联文化研究院研究员、省诗词学会会员、国际青年书画家联合会会员、中国小草协会理事、省书协会员等，《题兰州水车园》（楹联）获白银市首届"凤凰文艺奖文学类"二等奖、兰州水车博览园征联三等奖（一等奖空缺）。

1424 《范长江与红色土司》

作品类别：其他类

作　　者：兰州广播电视传播中心

发表时间：2011-12-07

发表载体：北京高清纪实频道

获奖及影响：入选中国电视艺术家协会、中国纪录片学会《文化中国》系列播出片；2011年度甘肃广播影视奖电视社教二等奖；2012中国（青海）世界山地纪录片节"玉昆仑"奖人文类长片入围奖。

简　　介：纪录片讲述了1935年来，著名记者、作家范长江在甘南采访期间，与卓尼土司杨积庆相互结识，从而使土司王国首次呈现在当时的国民视野里。两个著名人物后来又分列与中国共产党的工农红军建立了友好联系。三方联系纽带构筑出20世纪30年代中国西北真实历史变局和社会人文生态。

1425 《流淌的日子》

作品类别：其他类

作　　者：王君明

发表时间：2001-08-31

发表载体：敦煌文艺出版社

获奖及影响：小说散文诗歌综合集

1426 《东方夜谭》

作品类别：其他类

作　　者：唐光玉

发表时间：2001-03-05

获奖及影响：2001年3月获第三届酒泉精神文明建设"五个一工程"奖。

1427 《敦煌的传说》

作品类别：其他类

作　　者：陈钰

发表时间：1986-06-09

获奖及影响：先后于1986年、1989年、1991年、1992年出版中文、日文、英文、繁体版本。获甘肃省民间文学二等奖，获得日本已故作家井上靖推荐，1986年9月获"甘肃民间文学作品二等奖"。

简　　介：敦煌的神秘，不仅有石窟宝藏，自然奇观，历史遗迹，还有流传着许许多多丰富多彩的传说故事，这些故事产生于敦煌地区的山水大地，名胜古迹，历史人物，民俗风情，物产轶事，不但是敦煌地区广大劳动人民口头创作的语言文学作品，而且是千百年来人们智慧与艺术才能的结晶。传说故事，是敦煌艺术中一颗闪光夺目的瑰宝，充满了奇异的想象力和浓郁的地方特色，故事所包涵的思想性，知识性内容，可使人认识真伪、善恶、美丑，从中得到聪明智慧，增长才干，有的传说富有哲理，发人深思，耐人寻味；有的传说饶有趣味，给人以健康的享受；有的传说可助游人了解敦煌的民俗风土人情，提升游览兴趣，为敦煌方兴未艾的旅游事业增光添彩。

1428 《8.26颂》

作品类别：其他类

作　　者：汪小平

发表时间：1999-08-16

获奖及影响：兰州市金城文艺奖、甘肃省敦煌文艺奖。

简　　介：1999年策划、总导演纪念兰州解放50周年大型室外庆典活动《8·26颂》，在中央电视台播出，同时获兰州市金城文艺奖、甘肃省敦煌文艺奖。

1429 《最后一站》

作品类别：其他类

作　　者：汪小平

发表时间：2009-12-15

发表载体：电视《解放中国》

获奖及影响：获全国中广协会社教节目三等奖

简　　介：2009年策划制作的庆祝中华人民共和国建国六十周年大型系列专题片《解放中国》之《最后一站》获全国中广协会社教节目三等奖。

1430 《绿色春潮》

作品类别：其他类

作　　者：汪小平

发表时间：2000-12-15

发表载体：电视台

获奖及影响：甘肃省广播电视节目一等奖、甘肃省敦煌文艺奖。

简　　介：总导演大型文艺纪录片《绿色春潮》，运用电视文艺手段反映兰州两山绿化的历史，该片获得甘肃省广播电视节目一等奖、甘肃省敦煌文艺奖，还获得甘肃省青联委员突出贡献奖、甘肃省第二届"德艺双馨电视艺术家"荣誉称号。

1431 《我们在一起》

作品类别：其他类

作　　者：汪小平

发表时间：2009-11-15

发表载体：电视台

获奖及影响：荣获2008年度"甘肃广播影视奖"电视社教一等奖。

简　　介：2009年采制的特别节目《我们在一起》，荣获2008年度"甘肃广播影视奖"电视社教一等奖，2011年被中国电视艺术家协会电视节目制作委员会评为"2011电视栏目优秀策划人"。

1432 《河州说唱艺术》

作品类别：其他类

作　　者：王沛

发表时间：1999-07-16

发表载体：敦煌文艺出版社

获奖及影响：临夏是说唱艺术首次整理出版，填补了国家曲艺空白，荣获第三届敦煌文艺奖二等奖。

简　　介：王沛，男，1953年出生，临夏市人，临夏州文化馆研究馆员。中国音乐家协会、民间文艺家协会、少数民族音乐家学会会员，临夏州民协主席，临夏州王竑文化研究会主任，2000年专著《河州说唱艺术》获省委省政府"敦煌文艺二等奖"，2001年获国家文化部"群星奖优秀奖"。

1433　《中国花儿曲令全集》

作品类别：其他类

作　　者：王沛

发表时间：2007-07-12

发表载体：甘肃人民出版社

简　　介：王沛，男，1953年出生，临夏市人，临夏州文化馆研究馆员，中国音乐家协会、民间文艺家协会、少数民族音乐家学会会员，甘肃省民协副主席，临夏州文联副主席，临夏州民协主席，临夏州王竑文化研究会主任。是中国花儿曲令的第一部专著，选入河州花儿曲令340首，洮岷花儿曲令20首，全面展现了中国花儿的音乐曲牌、曲令、曲调的音乐特色，流传地域、民族风味等，荟萃近百年来国内知名音乐家搜集整理花儿的音乐成果，名人题词作序，图文并茂。

1434　《大西北之魂》

作品类别：其他类

作　　者：王沛

发表时间：2006-07-12

发表载体：黑龙江人民出版社

获奖及影响：中国申报世界非物质文化遗产专著之一，发挥了积极作用。

简　　介：王沛，男，1953年出生，临夏市人，临夏州文化馆研究馆员，中国音乐家协会、民间文艺家协会、少数民族音乐家学会会员，临夏州民协主席，临夏州王竑文化研究会主任，作品简介《大西北之魂》。花儿，是流传在西北高原一代的民歌，早在南北朝时期，花儿就出现在文人的诗文中，可谓历史源远流长，然而花儿的演唱习俗、传承方法使它的发展受到了限制，为挽救这种伴随大西北各族人民生产、生活的文化活动，我们出版了该书。河州说唱艺术文图并茂、词曲荟萃、色彩浓郁、让人陶醉。河州花儿，是各族人民智慧的结晶，是西北高原上的优秀歌种，花儿的内蕴是相当丰富的，是艺术殿堂的一颗灿灿闪光的明珠。

1435 《环县道情皮影志》

作品类别：其他类
作　　者：康秀林
发表时间：2006-09-01
发表载体：甘肃文化出版社
获奖及影响：2007年6月荣获中国庆阳端午香包民俗文化产业博览会优秀图书展一等奖。
简　　介：环县道情皮影志《环县道情皮影志》是为环县道情皮影艺术正本清源，树碑立传的专业志书，它以马列主义、毛泽东思想为指导，坚持辨证唯物主义的观点，实事求是地记述了环县道情皮影的历史和现状，是一部集思想性、知识性、科学性、资料性、可读性为一体的民间文化专著，内容翔实，体例完备，结构严谨。

1436 《十二生肖富贵图》

作品类别：其他类（剪纸）
作　　者：赵东阳
发表时间：2003-08-08
获奖及影响：入围甘肃省首届民间工艺美术"百合花奖"。
简　　介：赵东阳，男，汉族，42岁，任教于甘肃省庆阳市合水县西华池小学，合水县民间文艺家协会会员，剪纸作品多次参加各级剪纸大赛并获奖，剪纸作品《十二生肖富贵图》为作者代表作品之一，该作品以我国传统十二生肖富贵图为创作素材，略参己意，既传统，又个性，采用剪、镂空等多种手法，形象的创作了普通大众喜爱的素材十二生肖，深受广大人民群众及国内外友人喜爱，被多年艺术机构收藏。

1437 《中国艺术百年》

作品类别：其他类
作　　者：付伯平
发表时间：2013-08-15
发表载体：华夏文艺出版社
获奖及影响：《中国艺术百年》图书共选入10名最负盛名的艺术家，如张大千、李可染、齐白石、徐悲鸿、傅抱石、刘海粟、吴冠中、刘大为、金永亮。书籍大16开，仿古手工线状，在全球100余个国家和地区同步发行。
简　　介：付伯平，笔名平原，字秀琛；1971年出生；甘肃天水人，中共党员，甘肃天水人，行伍出身，上士军衔，二等功臣，中共党史党建专业研究生，现为天水市作家协会、天水诗词学会、天水杜甫研究会等会会员；天水市民间文学研究会会长、党总支书记。

1438 《窑洞人家过大年》

作品类别：其他类
作　　者：兰州广播电视传播中心
发表时间：2012-11-12
发表载体：兰州电视台
获奖及影响：第六届"金城文艺奖三等奖"，甘肃省广播电视节目奖三等奖，兰州市广播电视节目奖一等奖；第十一届中国山花奖影像作品奖；第三届"人文中国——传承中国"全国电视专题片、纪录片推选活动二等奖。
简　　介：镇原位于甘肃省庆阳市南隅，是典型的陇东黄土高原，这里的黄土深厚而细密，孕育了独具特色的窑洞文化。中华民族的四大节日之一——春节，在这里历来都显得尤为隆重，在县城以北的太平镇马南庄村至今还延裔着传统的节日习俗，马南庄村地坑庄是一种比较典型的窑洞，从高处看是一个长方形的大坑，深约3米多，再从坑外十多米的地方斜剌里挖一条通道，直通坑里，而靠南的山墙上挖着几孔洞，那就是生活居住的地方。本片深入马南庄村的一户农家进行实地拍摄和深度采访，用影像和声音诠释了身处窑洞这一古老民居中人们的春节习俗。

1439 《中山桥的言说》

作品类别：其他类
作　　者：兰州广播电视传播中心
发表时间：2015-08-26
发表载体：兰州电视台
获奖及影响：第七届甘肃省"敦煌文艺奖二等奖"；2010年度中国优秀纪录片二等奖，第六届"金城文艺奖"一等奖，第三届"中国旅游电视周优秀旅游专题三等奖"，甘肃省广播电视节目奖二等奖，兰州市广播电视节目奖一等奖，2012年兰州首届文艺创作奖铜奖，2012中国（青海）世界山地纪录片节"玉昆仑"奖人文类长片入围奖。
简　　介：本片以黄河铁桥的历史为主要线索，以赴德国寻找铁桥资料为副线，交错表现，深度挖掘铁桥的历史故事，全景展现了黄河铁桥作为国家级文物和兰州市著名文化景点的历史与文化意义，作为一部反映黄河铁桥历史的专题片，在影像艺术上极富特色，尤其在文字、结构、镜头等方面表现出匠心独具的融合魅力，从而较好地营造并建构出一个特色化的影像艺术世界，较为完美地展现了铁桥的历史风貌。

1440 《把"花儿"推向世界的人》

作品类别：其他类
作　　者：兰州广播电视传播中心
发表时间：2009-12-09
发表载体：兰州电视台生活频道
获奖及影响：2010年度中国优秀纪录片一等奖，第六届"金城文艺奖"三等奖，"兰州市广播电视节目奖"三等奖，2012年兰州"首届文艺创作奖"优秀奖
简　　介：朱仲禄，一个从西北高原上走出来的汉子，他的人生代表了花儿这种民间艺术的一个时代，就像京剧界的梅兰芳，豫剧界的常香玉，他的作品影响了整整一个世纪，是他将花儿这个长期生长于穷乡僻壤的民间艺术推向了全国，既而推向了世界，作为演唱者，他将"花儿"唱出了西北，唱到了北

京，唱响了全中国，他独唱、领唱的"花儿"不计其数，目前我们见到的有文字记载的就多达1000余首，其中《宴席曲》等已被专业艺术团体搬上舞台；作为研究者，他一生都在研究"花儿"的历史源流、风格特色，从1954年的《花儿介绍》开始，到2002年5月，他发表了三十余篇学术性论文，所著颇丰，即使在80岁的高龄，他依然笔耕不缀，完成了《爱情花儿》这部厚厚的文集；作为音乐创作者，朱仲禄是一位典型的创新者，他不仅从理论上说明了创新的必要性，而且在自己的演唱实践中进行有益的实验。本片展示了一代"花儿王"朱仲禄在新中国民歌史上的地位和做出的贡献，同时，该片选取了朱仲禄最有代表性的四首"花儿"作品进行了艺术展现，充分展现了"花儿"这一民族音乐种类的独特魅力。

1441 《大美阳刚——兰州太平鼓》

作品类别：其他类

作　　者：兰州广播电视传播中心

发表时间：2010-12-29

发表载体：兰州电视台生活频道

获奖及影响：第四届"中国旅游电视周优秀旅游专题二等奖"；第18届"中国电视纪录片盛典年度短片十优作品"。

1442 《东乡诗画人》

作品类别：其他类

作　　者：兰州广播电视传播中心

发表时间：2008-12-02

发表载体：兰州电视台生活频道

获奖及影响：甘肃省广播电视节目奖三等奖（2008年）。

简　　介：本片以东乡族诗人、画家汪玉良2008年故乡行为线索，用真实纪录的手法为观众展示了汪玉良用旺盛的生命坚守民族文化的阵地，用创造性的艺术弥补文化人生的缺憾，撑起民族的理想与信念的精神境界，本片从2008年3月初开始拍摄，先后四次跟随诗人前往东乡实地拍摄，并进行了大量的采访工作，于2008年11月底完成全片，该片采用平视的角度，以质朴自然、完全开放式的结构叙述内容，通过与人物相关的情节、细节的流程，使观众更深刻地理解了人物的思想境界和内心情感。

1443 《福禄葫芦》

作品类别：其他类

作　　者：兰州广播电视传播中心

发表时间：2009-01-29

发表载体：兰州电视台生活频道

获奖及影响：兰州市广播电视节目奖三等奖（2008年）。

简　　介：葫芦，音同"福禄"，同时，葫芦里有"子"，赋子孙万代、多子多福的含义，故而兰州人通常把它当作吉祥物，而兰州刻葫芦，则是兰州独有的一种手工雕刻的工艺品，刻葫芦在大小不一的葫芦上用刀或针刻画，山水、人物、花草、鸟兽、诗文和佛经都有涉猎。虽然它与牙、玉、木、石雕刻所用的材质及表现手法不同，却有异曲同工之妙，其艺术价值丝毫不比其它雕刻逊色，是工艺美术宝库中璀璨夺目的一颗明珠。本片看点一、全面讲述刻葫芦的特殊工艺，该片通过镜头语言和人物讲述，艺术地再现了兰州刻葫芦的艺术价值，多侧面地表现了这一工艺美术宝库中璀璨夺目的一颗明珠。看点二、全方位地展示了刻葫芦大师的生活状态，兰州刻葫芦从清末开始出现，到如今成为别具风采的民间艺术品，与一代代艺术大师们的辛苦琢磨和勇于创新是分不开的，从陈唯一到陈红、陈兵姐妹，从阮文辉到女儿阮琳，兰州刻葫芦人才辈出，而他们又以不同的风格和技艺流派，为兰州刻葫芦创作了一大批具有极高艺术价值的珍品。

1444 《高高跷上的舞者》

作品类别：其他类

作　　者：兰州广播电视传播中心

发表时间：2010-12-08

发表载体：兰州电视台生活频道

获奖及影响：2012中国（青海）世界山地纪录片节"玉昆仑"奖人文类长片入围奖。

简　　介：来自中国玫瑰之乡永登苦水的"高高跷"2006年6月2日出现在国务院公布的首批国家级非物质文化遗产名录中，流传于永登苦水街的高跷属于文跷，在长期的发展演变过程中，尤其在南北街社火的竞争中，高跷腿子逐年拔高，加上表演者的身高，达5米之多，后民俗专家称之为高高跷，被誉为全国高跷之冠。在高高跷的世界里，人人都是杂技高手，一绑，一蹬，潇洒走来，扬长而去，一个个面无惧色的在高低不平的乡野村道上一步三摇，令观者不禁为他们捏了一把汗，而高跷手们却毫不在意，或是谈笑风生，或是坐在屋檐下的高架上俯瞰众生，这就是艺高人胆大，是村民们希望站得高看得远，了解外面世界的朴素愿望。苦水人对高高跷的爱，在骨子里，高高跷的名扬四方和世人的惊叹对于他们来说，是一件高兴的事，却不是生活的主流，踩在高高跷上，他们是技高一等的高跷手，卸下高跷，他们继续埋头干活，耕耘着自己的土地。该片并没有停留在再现苦水高高跷这一现实层次上，而是巧妙设置悬念，从高高跷的高度、踩高跷的人、高高跷的制作等等地域文化、历史、人文精神的因素，融入到高高跷这一看似比较枯燥的文化活动中，并将这一文化遗产以一种审美的方式艺术地呈现给观众。

1445 《红色迷行》

作品类别：其他类

作　　者：兰州广播电视传播中心

发表时间：2011-11-01

发表载体：兰州电视台生活频道

获奖及影响：第四届"中国旅游电视周红色之旅类"一等奖。

简　　介：本片通过主持人现场讲解的方式，展示了甘肃省甘南州迭部县独特的历史文化风情及在中国革命史上的重要地位，俄界会议、抢夺腊子口等典型事件在片中都进行了重点描写，该片不同于以往历史文化类纪录片的叙述方式，而是以编导的主观眼光来表现这块红色土地上的传奇故事，构思新颖，具有较强的观赏性。

1446 《黄河古镇——青城》

作品类别：其他类

作　　者：兰州广播电视传播中心

发表时间：2011-11-17

发表载体：兰州电视台生活频道

获奖及影响：第五届"中国旅游电视周优秀旅游专题"三等奖；2012年"人文中国——世居系列"全国优秀纪录片二等奖；2011年度甘肃广播影视奖电视社教三等奖；2012年首届"兰州文艺创作奖"优秀奖。

简　　介：黄河上游的的千年古镇——青城。它位于兰州市、白银市、榆中县之间，从秦代就有了正式建制，宋代名将狄青在此地修筑了城镇，狄青所建的这座新城东西狭长，所以被人们称作"一条城"。此后的几百年间，后人为了纪念狄青又称之为"青城"，从上个世纪中前期开始，青城的鹿谷山下，黄河之滨，就陆续不断的有求知求学胸怀报负的年轻人走出青城。走向外面的世界。水烟的这种制作技艺，一直为青城所独有，明清时期青城水烟驰名全国，尤为上海、福州、广州等东南沿海所喜爱。全篇以散文化的表现手法，展示了青城这一古镇独特的文化底蕴和人文气息，在追寻历史的过程中不断加入对黄河文化的思考，体现出独特的艺术魅力。

1447 《兰州鼓子》

作品类别：其他类

作　　者：兰州广播电视传播中心

发表时间：2011-09-28

发表载体：兰州电视台生活频道

获奖及影响：2011年度甘肃广播影视奖电视社教二等奖。

简　　介：兰州，作为古代丝绸之路的重镇，这里曾经是中西方文化的交汇点，留下过许多历史文化遗迹，而对于土生土长的老兰州人，让他们魂牵梦萦的还有一个兰州鼓子，这倒是新生代兰州人所不为熟知的。2006年5月20日，兰州鼓子经国务院批准列入第一批国家级非物质文化遗产名录，也是从这一年开始，沉寂已久的兰州鼓子脱离了小众，慢慢进入了大众的视野，兰州鼓子究竟是什么？数百年间它经历了怎样的变化？它又积淀了兰州民众怎样的艺术文化？当飘逸清丽的鼓子曲响起时，促使我们再次去追寻这一民间音乐文化的前世今生……该片以兰州鼓子是什么开片发问，将一段段鼓子唱曲巧妙地与人物访谈结合起来，全片幽默、恢谐，并给人以理性的启迪和回味。

1448 《兰州黄河大水车的情怀》

作品类别：其他类

作　　者：兰州广播电视传播中心

发表时间：2010-11-02

发表载体：兰州电视台生活频道

获奖及影响：2010年度甘肃广播影视奖电视社教二等奖。

简　　介：约于明嘉靖二十年，荣归故里的段续，开始仿制水车，经反复实践，终于在明嘉靖三十五年（公元1556年）获得成功，第一轮水车就在广武门外黄河北岸，起名水车园，后人称为"祖宗车"。2006年2月，兰州水车制造工艺进入第一批国家非物质文化遗产保护目录。本片以兰州大水车的历史为主要线索，以兰州大水车的制作为副线，交错表现，深度挖掘兰州大水车的历史故事，全景展现了兰州大水车的历史与文化意义。

1449 《羊皮筏子的记忆》

作品类别：其他类

作　　者：兰州广播电视中心

发表时间：2009-01-13

发表载体：兰州电视台生活频道

获奖及影响：2010年度"中国优秀纪录片"三等奖，第三届"中国旅游电视周优秀旅游专题"二等奖，2010年"甘肃省广播电视节目奖"一等奖，第二届"青海国际山地纪录片节"优秀纪录短片提名奖。

简　　介：在兰州穿城而过的古老黄河上，现代大都市的喧嚣中还保留着一幅令人心醉神迷的古老图画，它就是至今还保留在黄河上游地区的古老渡河工具——羊皮筏子。旧时，黄河河道既无水文资料又无导航设备，羊皮筏子能否将乘客与货物安全送达，全凭筏客子们的经验与胆识，因此形成这个行当很多禁忌风俗，在筏子客运输货物的时候，常将多只羊皮筏子连接在一起，形成一只大筏子，这种由十几只或几十只筏子组成的超大筏子，就是享誉黄河两岸的"羊皮筏子赛军舰"了。该片体现出宏观与微现结合、求真与求美结合，纪实与诗意结合以及纪录与思辩结合的艺术特色，是反映兰州历史文化特色的又一部力作。

1450 《百年藏寨》

作品类别：其他类

作　　者：兰州广播电视传播中心

发表时间：2006-08-01

发表载体：兰州市广播电视总台

获奖及影响：兰州市广播电视节目奖三等奖；2012年"人文中国——世居系列"全国优秀纪录片三等奖；第十二届"四川电视节金熊猫奖"入围奖。

简　　介：纪录片《百年藏寨》是一部集历史、人文、自然风光、探秘为一体的电视纪录片，从卓尼县尼巴寨这个鲜为人知的有数百年历史的藏民族村寨为着眼点，围绕藏寨建筑、藏区文化、藏寨历史、放牧生活、赛马活动、嘛呢会等内容架构全片，展示了藏寨悠久神秘的文化，又提示了人与自然和谐共存的思想，使故事性、艺术性、思想性得到内在的统一。

1451　《三寸金莲》

作品类别：其他类

作　　者：苏兰英

发表时间：2004-06-16

发表载体：展览

获奖及影响：在首届"中国工艺品博览会上"获优秀奖。

简　　介：苏兰英，甘肃民乐县人，自幼受传统文化艺术的熏陶，喜爱刺绣艺术，其布艺刺绣作品体裁广泛，作品内容以花鸟虫鱼见长，巧妙利用色彩搭配，构图极富生活情趣和艺术气氛，画面构图完美，技法典雅大方，造型纯朴素雅，栩栩如生，具有一定的收藏价值。

1452　布衣作品《木塔》

作品类别：其他类

作　　者：苏兰英

发表时间：2003-08-08

发表载体：展览

获奖及影响：在首届甘肃民间工艺美术"百合花奖"评选活动中荣获入围奖。

简　　介：苏兰英，甘肃民乐县人，自幼受传统文化艺术的熏陶，喜爱刺绣艺术，其布艺刺绣作品体裁广泛，作品内容以花鸟虫鱼见长，巧妙利用色彩搭配，构图极富生活情趣和艺术气氛。画面构图完美，技法典雅大方，造型纯朴素雅，栩栩如生，具有一定的收藏价值。

1453　《刺绣》

作品类别：其他类

作　　者：苏兰英

发表时间：2006-12-06

发表载体：展览

获奖及影响：入选2006年甘肃省民间艺术品展览。

简　　介：苏兰英，甘肃民乐县人，自幼受传统文化艺术的熏陶，喜爱刺绣艺术，其布艺刺绣作品体裁广泛，作品内容以花鸟虫鱼见长，巧妙利用色彩搭配，构图极富生活情趣和艺术气氛。画面构图完美，技法典雅大方，造型纯朴素雅，栩栩如生，具有一定的收藏价值。

1454　《刺绣》

作品类别：其他类

作　　者：王秀娥

发表时间：2006-12-06

发表载体：展览

获奖及影响：入选2006年甘肃省民间艺术品展览。

简　　介：王秀娥，甘肃民乐县人，其刺绣作品的先祖是清代末期在古都西安制作经营宫灯的老艺人，民国年间宫灯制作技艺传至甘肃河西走廊，到了王秀娥已是第四代传人，她在古代宫灯制作技艺的基础上结合现代工艺精心创作设计，使几乎失传的民间宫灯艺术又放异彩。王秀娥的民俗工艺作品以配色独特，针角细密，图案明快，大气见长，作品中透着一种奢华富丽之气。

1455 工艺作品《绣花鞋·布贴画》

作品类别：其他类

作　　者：苏兰英

发表时间：2004-11-16

发表载体：展览

获奖及影响：入选首届"甘肃省民族民间文化艺术节"甘肃省民族民间、民俗艺术展览。

简　　介：苏兰英，甘肃民乐县人，自幼受传统文化艺术的熏陶，喜爱刺绣艺术，其布艺刺绣作品体裁广泛，作品内容以花鸟虫鱼见长，巧妙利用色彩搭配，构图极富生活情趣和艺术气氛，画面构图完美，技法典雅大方，造型纯朴素雅，栩栩如生，具有一定的收藏价值。

1456 《绣球》

作品类别：其他类

作　　者：沈凤英

发表时间：2006-12-26

发表载体：展览

简　　介：沈凤英，甘肃民乐县人，自幼喜爱刺绣艺术，她的刺绣作品清新高雅、种类繁多，有六合鱼、鸳鸯好合、龙凤呈祥、绣球等，其作品构图新颖、绣绘精细、讲究色彩搭配，造型优美、撑合自如、易于保存，既可用于喜庆饰品，点缀升平，又可作艺术宣传，表彰新风，具有一定的观赏及收藏价值。

1457 《318字的长联》

作品类别：其他类

作　　者：赵跟明

发表时间：2013-09-29

发表载体：中华诗词楹联大赛

获奖及影响：2013年9月，在由中华诗词学会等单位举办的"黄河之都"中华诗词楹联大赛中，天水市青年诗人艾叶创作的318字长联从参赛的4672首（副）作品中脱颖而出，荣获优秀奖。该联为天水市历史上所创作的最长楹联。

简　　介：赵跟明，笔名艾叶，字芳亮，号振之，男，1966年1月14日生，天水市麦积区甘泉镇人，中华诗词学会会员、甘肃省诗词学会理事，天水市诗词学会副会长，甘肃诗词界实力派诗人。

1458 《仇池风》

作品类别：其他类

作　　者：杨克栋

发表时间：2006-07-13

发表载体：图书

获奖及影响：2009年被评为"敦煌文艺奖"金奖。

简　　介：本书是作者用了40余年时间搜集整理而成的山歌集，共收录陇南山歌4000余首，分为10辑，包括传统情歌、婚姻家庭、生活劳动、时事政治等内容，并对山歌所涉及的500余条方言词作了诠释。全书收集宏富、整理严谨，充分展示了陇南山歌的独特风格和艺术魅力，具有很高的可读性和资料性。

后　记

在甘肃进行全面性的文化资源普查属于首次，将普查成果汇编成大型的文化资源名录在国内也属于前列。《甘肃省文化资源名录》是按照《甘肃省文化提升行动协调推进领导小组工作方案》和《甘肃省文化资源普查和分类分级评估工作实施方案》要求推出的重要成果。经过甘肃省文化资源普查和分类分级评估工作领导小组办公室组织40多名专家学者，在甘肃省文化资源普查平台数据库基础上，历时两年精心编排，终于完成书稿，这是参与全省文化资源普查的所有工作人员集体智慧的结晶。

原甘肃省委常委、省委宣传部部长连辑，甘肃省委常委、省委组织部部长梁言顺，甘肃省委常委、省委宣传部部长陈青，先后领导和部署了本名录的编辑出版工作。原省委宣传部副部长、省社科院院长范鹏研究员协调推进了本名录的编写。甘肃省社科院院长王福生研究员组织实施了本名录的策划设计、内容编排、审定并最终定稿。甘肃省社科院副院长马廷旭研究员负责了审稿、统稿和出版发行事宜。刘玉顺同志全程负责了书稿编排工作。

在《甘肃省文化资源名录》面世之际，感谢甘肃省文化提升行动协调推进领导小组各位领导的大力支持与关心，感谢参与普查工作的各市（州）县（区）、有关省直厅局的鼎力相助，感谢参与普查的专家学者和基层工作人员的辛勤付出，感谢中国书籍出版社为本名录的出版所做的努力，感谢所有关心关注本名录的人们。《甘肃省文化资源名录》是从盘清全省文化资源家底的角度入手，收录范围极其宽泛，有部分内容还存在缺项，有的资源没有资源简介，有的资源缺图片等等，给该书的出版留下了遗憾。同时，由于我们的水平有限，可能还有错讹疏漏之处，恳请读者随时批评指正，以便在将来进一步完善和修订。

甘肃省社会科学院

2017年7月

甘肃省文化资源名录
总书目

第 一 卷　可移动文物Ⅰ（金银器、铜器）
第 二 卷　可移动文物Ⅱ（铜器）
第 三 卷　可移动文物Ⅲ（铜器、铁器）
第 四 卷　可移动文物Ⅳ（陶泥器）
第 五 卷　可移动文物Ⅴ（陶泥器）
第 六 卷　可移动文物Ⅵ（陶泥器）
第 七 卷　可移动文物Ⅶ（陶泥器）
第 八 卷　可移动文物Ⅷ（陶泥器）
第 九 卷　可移动文物Ⅸ（砖瓦、瓷器）
第 十 卷　可移动文物Ⅹ（瓷器）
第十一卷　可移动文物Ⅺ（宝、玉石器、石器、石刻）
第十二卷　可移动文物Ⅻ（纺织品、皮革、漆木竹器、珐琅器、玻璃器、骨角牙器、文具乐器法器、绘画）
第十三卷　可移动文物ⅩⅢ（书法、拓片、玺印、货币、雕塑、造像）
第十四卷　可移动文物ⅩⅣ（文献图书、徽章、证件、票据、邮品、度量衡器、交通运输工具、武器装备、航天装备、古脊椎动物化石、人类化石、其他）
第十五卷　不可移动文物Ⅰ（古墓葬、古遗址）
第十六卷　不可移动文物Ⅱ（古建筑、石窟寺及石刻、其他）
第十七卷　红色文化（故居、旧址、纪念地、纪念设施、烈士墓、其他）
第十八卷　历史事件与人物Ⅰ（历史事件、历史人物）
第十九卷　历史事件与人物Ⅱ（历史人物）
第二十卷　历史文献Ⅰ（古籍）
第二十一卷　历史文献Ⅱ（古籍、志书、档案、其他）
第二十二卷　非物质文化遗产Ⅰ（民间文学、民间音乐、民间舞蹈、民间戏剧、曲艺）
第二十三卷　非物质文化遗产Ⅱ（民间杂技、游艺传统体育与竞技、民间美术、民间技艺）
第二十四卷　非物质文化遗产Ⅲ（民间技艺、民间医药、民间信仰、岁时节令、生产商贸习俗、消费习俗、民间知识、人生礼俗）

甘肃省文化资源名录
总书目

第二十五卷　建筑、自然景观文化（建筑文化、自然景观文化）
第二十六卷　文学艺术Ⅰ（文学、艺术）
第二十七卷　文学艺术Ⅱ（艺术）
第二十八卷　饮食文化（饮食文化）
第二十九卷　节庆、赛事、文化之乡（节庆、赛事、文化之乡）
第 三 十 卷　地名文化Ⅰ（特色自然地理地名，市州、市县区、乡镇街道）
第三十一卷　地名文化Ⅱ（村、社区）
第三十二卷　地名文化Ⅲ（村、社区）
第三十三卷　地名文化Ⅳ（村、社区）
第三十四卷　地名文化Ⅴ（村、社区）
第三十五卷　地名文化Ⅵ（村、社区）
第三十六卷　文化产业、传媒Ⅰ（文化产业）
第三十七卷　文化产业、传媒Ⅱ（文化产业）
第三十八卷　文化产业、传媒Ⅲ（文化产业、传媒）
第三十九卷　社科研究Ⅰ（机构和团体、学术活动、社科刊物、社科网站、著作、研究报告）
第 四 十 卷　社科研究Ⅱ（论文）
第四十一卷　社科研究Ⅲ（论文、获奖成果）
第四十二卷　文化类高等教育、文化艺术机构团体Ⅰ（文化类高等教育、文化艺术机构、文艺团体）
第四十三卷　文化类高等教育、文化艺术机构团体Ⅱ（文艺场馆、群众文化艺术馆）
第四十四卷　文化人才Ⅰ（社科人才）
第四十五卷　文化人才Ⅱ（社科人才）
第四十六卷　文化人才Ⅲ（图书情报人才、档案人才、文博人才、新闻人才、出版人才、文艺人才）
第四十七卷　文化人才Ⅳ（文艺人才、体育人才、网络文化人才、动漫人才、民间文化人才）
第四十八卷　民族语言文字、宗教文化Ⅰ（民族语言文字、教职人员、宗教经卷）
第四十九卷　民族语言文字、宗教文化Ⅱ（宗教活动场所）
第 五 十 卷　民族语言文字、宗教文化Ⅲ（宗教活动场所）